U0067340

重度、極重度
心智障礙者的輔導

邱紹春　著

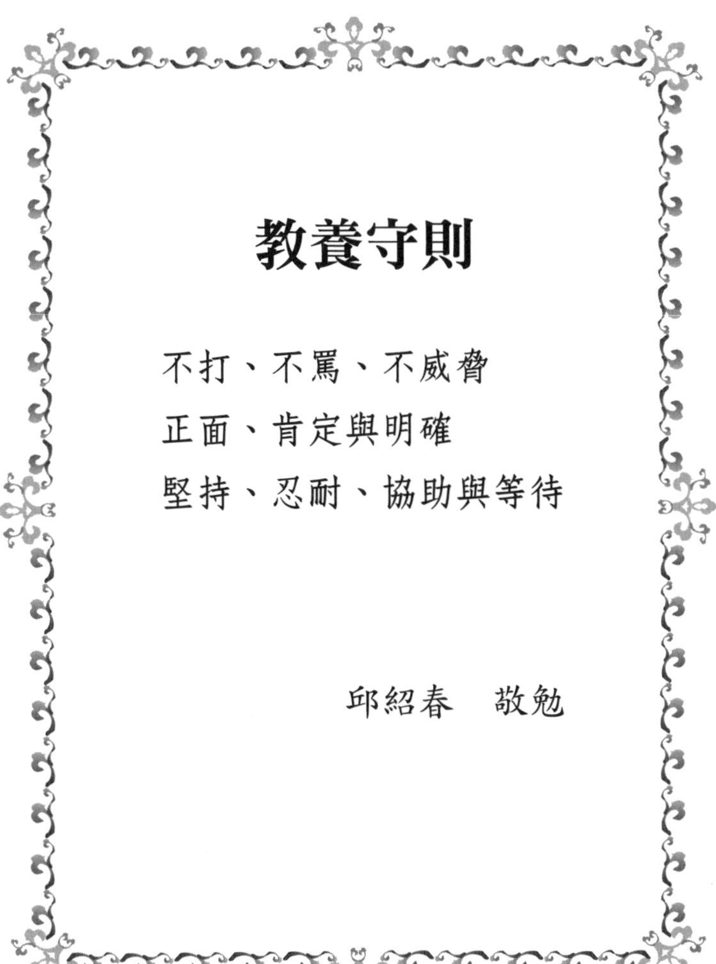

教養守則

不打、不罵、不威脅

正面、肯定與明確

堅持、忍耐、協助與等待

邱紹春　敬勉

作者簡介

邱紹春

學歷：國立臺灣師範大學美術系畢業
日本筑波大學教育研究所教育碩士（特殊教育專攻）
日本筑波大學心身障礙研究所博士課程修畢

經歷：小學教師
國立臺灣師範大學特殊教育中心助理研究員
國立臺灣師範大學特殊教育學系副教授（退休）

著譯作：《中華畫人測驗》（1997 著）
《障礙兒童的發展與學習》（1999 合譯）
《文蘭適應行為量表》（2004 編譯）
《管教孩子的 16 高招（第二版）（第一冊）：如何培養孩子良好的行為》（2011 合譯）
《管教孩子的 16 高招（第二版）（第二冊）：如何維持孩子良好的行為》（2011 合譯）
（以上皆為心理出版社出版）

推薦序

在特殊教育裡，重度、極重度心智障礙者的輔導一直是個難題，常聽到的一句話是：「障礙這麼重，能教嗎？」言下之意，「能養活就不錯了」。即使是特殊教育教師，也常束手無策，能迴避就迴避。但隨著「零拒絕」政策的確立、社會態度的改變及專業人員的投入，情況有了轉變，誠如昔日生命勇士朱仲祥說的一句話：「有呼吸，就有希望。」

我的老同事邱紹春教授，長期投入這項艱巨的工作，無怨無悔，其間的艱辛，外人很難想像；其中的經驗，彌足珍貴。很高興知道他終於提筆把一生對重度、極重度心智障礙的臨床教學經驗，加以彙整，公諸於世，分饗愛心世界眾同道，無論在傳承上或傳播上，都有重大意義。

我喜歡用「全球性的思維，本土化的行動」（thinking globally, acting locally）一語期許教育改革（尤其是資優教育革新），但似是陳義過高，終究只是理想。沒想到在特殊教育的另一端——重度、極重度心智障礙者的輔導，卻看到了一線曙光。這本書的精神符應了「尊重生命」、「有愛無礙」的普世價值和世界潮流，作者對重度、極重度心智障礙的特質、教育需求和輔導方法，提供了有最新、最好的資訊，這部分可說是與世界接軌的。然而，本書最寶貴的地方是經驗傳承，這部分是獨一無二的。一向要求嚴格的邱老師帶領了一批批可愛的特教系所學生，走入機構、走入家庭，共同構築了一個個「愛心＋技巧」的真實世界——許許多多真實的案例（呈現在本書附錄者為其中的16篇），如假包換、可歌可泣！因此，本書的最大特色為本土的、臨床的、實務的、合作的，也是個人在感動之餘，極願意推薦本書之故。

國立臺灣師範大學特殊教育學系名譽教授

吳武典

2013年5月10日

作者序

殘障機構的保育員一直要求六歲的男孩安安從包包中拿出安安的日常生活物品（牙刷、杯子等），可是安安始終哭叫拒絕要求。從包包中拿出指定的日常生活用品對一般六歲的兒童而言，應是輕而易舉的事情，但安安為什麼哭叫拒絕呢？因為安安雖已六歲，但他的能力發展僅在嬰幼兒階段，不但沒有口語，沒有注意焦點，行動僅止於不停的隨意走動、凡物亦隨意碰觸而不會把玩，也就是仍無法認識具體的日常用品，因此，保育員的要求已超過他所能的範圍，他無法了解指令的意義，也無法完成指令，只是感受到被拘束且無法反抗，而只好訴諸於哭叫。

被診斷為重度智障且具有異食症的二十八歲芳芳，是個個子瘦小，身高僅約 110 公分、皮膚白皙細緻的小女人，除用微弱哭聲表示需求外，毫無其他溝通能力。自幼被送入殘障機構以後，因走路平衡感差，為了安全而終日被束縛於椅子上，不能自由行動；又因隨意撿食周遭兩手可及的毛屑，導致曾因幽門阻塞而手術，因此，兩手被穿上連身裝（在肩膀附近用拉鍊連結無指長袖手套的套頭上衣）。每天除了呆坐及設法撿食毛屑外，無其他活動，凡事依賴他人的協助，幾無生活自理能力。這種綁於椅子並穿上連身裝的做法，似乎是莫可奈何的適當，但稍微深思一下便可知，這種做法豈不阻礙了芳芳生理、心理的發展？

現就讀特殊學校國中部二年級的十四歲翰翰，四歲時因重病退化，整天將手含於口中，不是全身倒靠大人就是不停的衝撞亂跑，表情狀如嬰兒般的可愛。為了安全與照顧的方便，天天被綁在一式兩張（一在家、一在學校）的特製輪椅上。其母認為翰翰什麼都不會，因此凡事代勞，雖已國中二年級卻未見絲毫進步，毫無生活自理能力。

從以上的例子可窺知，目前國內特殊教育的品質如何。雖然有十二年就學安置的辦法，雖然每個身心障礙的孩子均有就學的機會，但他們是否真的受到良好的教育，尤其不動（不然就是過動）的重度、極重度的心智障礙學生，他們不是被忽視地置於一旁，不然就是被綁在椅子上或關在小房間裡，這種教育品質豈是統計數字所能呈現的。

國內特殊教育的發展已達成熟的階段，今後的特殊教育發展將朝著更為精緻的方向發展。對於重度心智障礙學生的教育，不只是能夠上學而已，而是如何獲得更有效的服務。

重度心智障礙的學生常常被父母、教師認為無法學習，怎麼教也不會，或是跟他說什麼也沒用，凡事依賴大人協助。因此在學校、在家庭就只能希望不發生事件就好。即使在特殊班、特殊學校，名為上學，實際也仍然是一個客人的身分。問題行為從小學持續到國中，再到高中職，因為問題行為的干擾，導致他們未能參與學習活動。其原因在於教師未能掌握到重度心智障礙學生的教育需求，即使掌握到教育需求，卻未能編製符合其教育需求的教材及教法。

造成此種的現象，在於教師的品質。教師是否受過有關重度、極重度障礙學生的教育訓練，其能力是否足以突破重度、極重度心智障礙學生的發展、學習的瓶頸？

筆者為了解決這個問題，特將近三十年的個案輔導經驗，彙整成本書，提供負責輔導重度、極重度心智障礙者的參考。因此，本書從重度心智障礙學生的心智特質，談到他們的教育需求，然後根據需求給予適當的教學策略及教材，最後舉一些例子作為參考。

另外，即使是成人的重度、極重度心智障礙者，他們的心智功能如同嬰幼兒階段，並無太大差異，為顯示本書中的描述均可適用於所有的重度、極重度心智障礙者，因此，書中均使用重度、極重度心智障礙者一詞，而不是只針對學齡階段的學生。

本書附錄各篇的作者均是近十餘年來選修筆者所開設「行為改變技術」或「個案研究」課程之大學生、研究生、保育員、社工員等的期末報告。由於他們的努力、創意，使得這些內容可以作為本書的延伸，是頗值得參考的教學案例。另外，為了本書的一貫格式及篇幅的限制，各篇均做了增修。以上兩點，由於作者甚多無法一一聯絡，謹在此致歉。若有任何問題或意見敬請與筆者聯絡。

另外，本書適用對象極少，心理出版社不計成本，願意付梓，謹在此致萬分的謝意。尤其林副總經理敬堯先生謹慎處理、提出修改意見，頗顯現出其身為出版人的責任與風範。

邱紹春 謹識

目次

Part 3　個案輔導前的準備與輔導記錄

Part 4　重度、極重度心智障礙者的輔導理念與實踐

Part 1

重度、極重度心智障礙者的教育意義、學習特質與教育需求

第一篇主要敘述重度、極重度心智障礙者的定義、教育意義、學習特質及其教育需求，也就是先認識重度、極重度心智障礙的特質及教育需求，然後才能談介入的策略。

本篇共分兩章，第一章敘述重度心智障礙的定義，第二章敘述重度、極重度心智障礙者的特質及其教育需求。

第一章 重度心智障礙的定義

萱萱原是發展正常的女孩，三歲時由於吞食花生米，一不小心花生米跑到氣管中，卡在支氣管的分叉處，但並未影響呼吸，不過緊急送醫由外科手術取出後，卻昏迷一個月才甦醒過來。醒來之後叫其名無反應、手電筒照其眼無反應、放玩具在其手上亦不理會（手掌一直無力的張開著），讓其坐好後大人手一放即向右前方趴下。也就是說，不但所有已學會的正常三歲幼兒的能力完全消失，即使剛出生嬰兒的反射能力，除了吸吮、排泄之外，其他能力亦幾乎完全喪失，經腦部斷層攝影（CT scan）檢查結果發現，額葉、枕葉全面損傷。

萱萱由於額葉、枕葉損傷，導致動機缺乏、肢體障礙、語言障礙、視覺障礙。障礙由不同部位的腦損傷所引起，障礙與障礙之間並無因果關係，這是一個典型的多重障礙。

萱萱於甦醒後一個月即開始實施早期介入，從拿奶嘴送進口中吸吮開始，誘發行為動機，然後用手找奶嘴、聽聲音找玩具以培養其探索能力，其後並利用輔具訓練自行飲食能力。目前萱萱已二十歲，雖能自己飲食，聽到他人聲音會轉頭面向聲源方向，也會表示喜悅、扶著欄杆走樓梯等，但無口語表達能力，所有生活起居仍依賴大人的協助。

萱萱的後大腦除枕葉受傷之外，其他聽覺區、觸覺區、聯合區並未受到傷害，然而由於視覺資訊的缺乏與動機薄弱、行動困難、人際互動困難等因素，導致聽覺資訊處理困難、資訊統整困難，進而造成學習的困難，因此認知發展受到極大的限制。即使受過早期療育，她仍是極重度障礙的特殊學校學生。

從上述的例子可知，雖有例外者，但一般而言，重度障礙者幾乎多是多重障礙者，反之，多重障礙者也幾乎是重度障礙者。本章為求一致，採用重度障礙一詞，而重度障礙者中有許多如上例的極重度障礙者，因此本書為表示包括極重度障礙者，因此使用「重度、極重度障礙者」一詞。另外，本書所敘述者多為心智障礙者，而未談及其他感官功能障礙者，因此，本書前後一貫使用「重度、極重度心智障礙者」。

第一節　重度心智障礙兒童的教育沿革

在教育的各領域中，障礙教育發展得較晚，而居於少數族群中之少數的多重障礙教育就發展得更晚了。由前述案例可知，多重障礙幾乎可說是重度障礙，重度障礙兒童在生活上幾乎仰賴他人的照顧，學習能力極為低劣，在過去被列為需要他人照顧的一群，因此其受教育權也跟著被剝奪。他們被隱藏在家庭的深處，他們沒有人權、沒有受教育權、沒有工作權，他們不但不被尊重，反受侮蔑與欺辱。

障礙教育發展之後，無論在特殊兒童的分類或特殊教育機構的設置，都以單純類別為主，招生對象亦常以「單純……（類）障礙」的兒童。如啟智學校招收單純的智障兒童、啟明學校招收單純的盲生，若伴隨其他障礙的學生則被拒於門外。

至 1977 年《美國聯邦特殊教育法案》中才增列「多重障礙」這一類的障礙，多重障礙才受到重視。而我國在 1997 年《特殊教育法》修訂之後，重度、極重度心智障礙學生也開始被要求入學。

第二節　重度心智障礙的定義

根據美國教育部與復健服務局對重度障礙兒童的定義（王亦榮，1997），所謂重度障礙兒童是指：「因生理、心智或情緒問題，需要特殊教育的、社會學的、心理學的和醫學的服務，以發揮其最大潛能，始能實際參與社會生活並實現自我。重度障礙兒童包括嚴重的情緒困擾（包括精神分裂與自閉症）；極重度、重度智能障礙或同時兼具兩種或兩種以上顯著的障礙，如盲兼聾、盲兼智能障礙、腦性痲痺兼聾等。重度障礙兒童也許具有語言或概念——認知缺損和明顯的行為異常，如：無法對明顯的社會刺激做適當的反應，自我傷害、自我刺激、發脾氣強烈而持久、缺少語言控制的基本形式、生理狀況非常不健康。」

1999 年公布之我國「身心障礙及資賦優異學生鑑定原則鑑定基準」第十一條稱：「多重障礙，指具兩種以上不具連帶關係且非源於同一原因造成之障礙而影響學習者。」（教育部，1999）日本使用「重複障礙」一詞，顯然與我國的界定相類似。如本章開始時的案例為腦損傷所帶來的多重障礙，其共同的原因固然是痲醉藥使用不當，但各部位之損傷卻無相互因果。

在前者的定義中，重度障礙包括了單一障礙及多重障礙。另外一方面，我國多重障礙的定義則包括了重度及非重度的障礙者。兩者的界定各有其著眼點，美國的著重在障礙的程度，而我國與日本的界定則著重在障礙類別上。

不過，就實際狀況而言，重度、極重度障礙的兒童幾乎都具有多重的障礙，各個障礙間很難區分出源自不同的原因或互不相關，也就是說是否合乎所謂多重的界定，事實上是很難確定的。美國使用較為曖昧的重度障

礙來稱呼，確有其方便之處。另外從多重障礙的實際狀況而言，學生的能力與其障礙種類的多寡會形成反比的現象，亦即具有的障礙類別越多，則因障礙導致接收外在刺激、資訊的困難也越大，即使智力並無傷害，但由於接收資訊的管道越窄，因此能夠學得的就越少，當然發展就越慢、反應也越弱。除了少數例外之外，可以說大部分變成了重度、極重度障礙者。因此，幾乎可以說，多重障礙就是重度障礙，重度障礙就是多重障礙。

本書使用重度、極重度心智障礙的原因在於：(1) 多重障礙中可能只有單純的感官功能障礙，其心智功能可能未被波及，輔導方法也就不同。(2) 本書所敘述的各種內容均限定在具有嚴重的心智功能的障礙，或以重度心智功能障礙為主的多重障礙兒童。如此界定的目的在於避免誤導閱讀者，以為本書的輔導方法適合所有的障礙者。

第三節　重度心智障礙的分類

多重障礙分類非常的複雜，依據《特殊教育法》第三條有關身心障礙的類別有十二種，若以此十二類加以組合，則有 1,959 類。為了化繁為簡，我們可將主要的障礙分為如下六類：

一、以智能障礙為主的多重障礙。

二、以聽覺障礙為主的多重障礙。

三、以語言障礙為主的多重障礙。

四、以視覺障礙為主的多重障礙。

五、以肢體障礙為主的多重障礙。

六、以其他障礙為主的多重障礙。

本書所談的即是第一類，但其心智障礙的程度為重度或極重度。雖然輔導對象已限制到很小的範圍，但事實上重度、極重度心智障礙者還是變化多端，在輔導上很難使用相同的方法去處理所有的重度心智障礙者，為了便於說明輔導方法上的考量，筆者將重度心智障礙者從行為動機來分類。

使用行為動機來分類的原因在於，重度、極重度心智障礙者其智能表現往往受其行為的干擾而無法表現出來，學習也好、發展也好，均受其影響，在行為控制未達穩定的狀態（能夠接受指令、忍耐、等待及主動表達需求）之前，很難評估其心智發展的程度。因此以行為動機來分類、介入的話，介入時是比較容易的。

重度心智障礙依行為動機來分類的話，可簡單分為三類：

1. **缺乏動機型：**整天呆坐，即使呼其名亦無反應，一切要人拉著做動作。或是無目的不停的移動，與人毫無互動的行為。
2. **一個命令一個動作型：**只要接到指令會自己動，但不會主動做動作。
3. **多動型：**整天不停的衝動，或是哭鬧，或是自傷，或是攻擊、破壞等。

第四節　重度心智障礙的成因、出現率

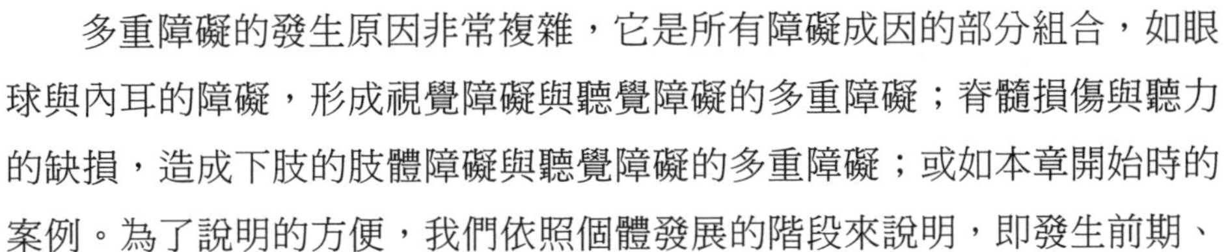

多重障礙的發生原因非常複雜，它是所有障礙成因的部分組合，如眼球與內耳的障礙，形成視覺障礙與聽覺障礙的多重障礙；脊髓損傷與聽力的缺損，造成下肢的肢體障礙與聽覺障礙的多重障礙；或如本章開始時的案例。為了說明的方便，我們依照個體發展的階段來說明，即發生前期、胎兒期、出生時及出生後的嬰幼兒期。

一、發生前期

1. **基因異常：**由於基因異常造成新陳代謝的障礙，如脂肪的代謝障礙造成黑內障白癡，是視覺障礙與智能障礙的多重障礙；澱粉的代謝障礙造成重度心智障礙的黏多醣症；蛋白質的代謝障礙因未早期治療而造成苯酮尿酸症等。
2. **染色體異常：**如唐氏症等。
3. **異常增生：**如神經結節硬化症等。

二、胎兒期

本期可分為：

1. **器官形成期：**受胎後三個月內為各部器官形成的時期，如遭受外來的侵害，則器官胞芽受損造成器官無法形成。
2. **器官增大期：**受胎三個月後至出生之間為器官增大的時期，如遭受外來侵害，則器官形成不全。

三、出生時

出生過程不順、器具傷害，或剖腹生產時麻醉藥的失誤造成腦傷等。

四、出生後

Rh 的不合造成黃疸、外力腦傷等。

至於多重障礙兒童的出現率，就 1990 年第二次全國特殊兒童普查的結果，學齡階段的多重障礙兒童（7,315 人）占特殊兒童（75,562 人）的 9.68%。不過需要注意的是：由於醫療科技的進步，許多過去無法生存的多障兒童得以存活，而形成多重障礙兒童的出現率會有逐漸升高的趨勢。

第五節　鑑定與安置

一、在鑑定方面

依照 1999 年公布之我國「身心障礙及資賦優異學生鑑定原則鑑定基準」第十一條稱：「多重障礙之鑑定，應參照各類障礙之鑑定原則、基準。」（教育部，1999）不過在重度、極重度心智障礙的鑑定上，可以參考各種的發展測驗、觀察、訪談等非正式評量工具鑑定之。鑑定的結果，應更明確的指出兒童的發展水準為何、優弱勢為何、獨特的教育需求是什麼，以及如何使兒童獲得更上一層樓的發展等。

二、在安置方面

多重障礙不一定是重度障礙，而類別之間又差異極大，因此在安置上要特別的注意。就目前國內的情況而言，安置的形式雖可依家長意願安置於普通班、資源教室、特教班、特教學校、在家教育等，不過，目前國內的重度、極重度心智障礙者大多安置於後三者。至於成人之後則安置於教養院或在家照顧者居多。

第二章 重度、極重度心智障礙者的學習發展與行為特質

在教學時，教師所提供的教材、教法、策略是否適合學生的需要，會影響學生的學習興趣與成效。若所提供的教材、教法與策略不適合個案的需要，則不但浪費師生的時間，更嚴重的是造成師生的挫折感。這個挫折感對教師而言，會使教師感到無力感，終而放棄，落到只要不發生危險或問題就可的保母心態，造成重度、極重度心智障礙者在學校只是被保護而未受教育的狀態，影響學生的受教權。對學生的挫折感而言，會造成對學校學習活動感到無聊，甚至恐懼。因此，形成拒絕學習、甚至發生嚴重的問題行為。譬如：某啟智學校建校初期，由於課程安排艱深的機械製圖課程，導致許多學生因無法學習而害怕學習，最後形成躲廁所的行為。

不過，要提供適當的教材、教法與策略輔導重度、極重度心智障礙者之前，首先要探討重度、極重度心智障礙者的學習特質，才能針對其特質提供適當的教材、教法與策略。因此，掌握重度、極重度心智障礙者的學習特質是極其重要的課題。

王亦榮（2000）認為，多重障礙兒童的特徵有：

1. 智力：絕大多數的重度與多重障礙兒童，在智力上有嚴重障礙。
2. 社會情緒：重度與多重障礙兒童的社會行為可分為不適應行為與不適當行為。前者包括對旁人非常退縮、不注意或表現得非常熱情；不適當行為包括刻板行為與自傷行為。
3. 健康狀況不良。

4. 溝通技能缺陷：大多數的重度與多重障礙兒童無法表達自己的需要和了解他人。
5. 生理與動作發展上的障礙。
6. 自我協助的技能缺陷。
7. 不常與人互動。

以上的特徵包括智力、生理及社會適應的外顯特徵。

郭為藩（2002）對重度、極重度心智障礙者的看法，集中在學習特質上，他認為重度、極重度心智障礙者的學習特質有：

1. 注意力的分散。
2. 辨認學習的問題。
3. 短暫記憶的拙劣。
4. 缺乏隨機應變的能力。
5. 組織訊息策略的問題。

這五個可以說是依據資訊處理歷程「注意→辨認→記憶→組織→應變」的特質，在國內已普遍被接受，但「注意力的分散」的問題實有待討論。筆者並非否定這個特質，而是這個特質是從大人的觀點來看，因而未呈現問題的核心，誤導了問題發生的原因，並誤導了教育內容的方向。

另外，還有一些特質未被探討，如：注意焦點（整體視與部分視、主體與背景）、耐度（飽和與共飽和）、動力（過敏與遲鈍）、動機（過動與寡動）、情緒以及發展階層化等特質問題，這些特質會影響教師在教學時不得不調整教學計畫、內容與方法。因此，本章將探討重度、極重度心智障礙者的注意焦點、自我行為控制（忍耐度、動機與動力）、情緒管理及認知發展階層化的學習特質。

第一節　注意焦點

大人經常要求孩子讀書要專心、做事要專心，而對於一個真正專注於一事物（偏好的刺激）的重度、極重度心智障礙者我行我素、不聽指令（沒有反應）的行為，卻將其視為注意力分散的行為。這個專注於一事物的要求，以及重度、極重度心智障礙者注意力分散的看法似乎很合理，事實上這是不正確的看法。因為一個人若真正的專注於一事物的時候，勢必忽視了其他的事物，因而無法接收到其他事物的刺激並做出反應。

注意包括了：(1) 警戒度與持續性注意；(2) 選擇性注意（王昭月譯，1999）。而重度、極重度心智障礙者並不是缺乏注意的能力，而是缺乏篩選注意焦點的能力。這個篩選注意焦點受到五個因素的干擾，這五個因素就是一心一用、部分視、主體與背景的逆轉、追視能力、共同注意等。

一、一心一用

一般人的注意並非真正的專注，而只是較為專注而已，對其他的刺激仍處於警戒的狀態，如果出現需要反應的刺激仍會接收並決定是否做出反應。譬如：在一個喧鬧的喜宴中，一面與他人聊天、談話，一面對於背後有人呼叫自己名字時仍會聽到，並回頭搜尋呼叫者。因此，一般人的注意可以同時監控兩個以上的刺激，並進而選擇需要反應的刺激，且加以反應。也就是同步注意、同步處理的能力，簡單的說就是「一心多用」的能力。

重度、極重度心智障礙者則相反，他們的注意過度集中於自己偏好的刺激上，對於非其所偏好的刺激則完全被阻絕於外，因而外界對他的呼叫、指令無法接收到，而仍繼續我行我素、不聽指令（沒有反應）。然而，大人用大人自己的角度去看重度、極重度心智障礙者的注意焦點，因為重度、極重度心智障礙者的注意焦點不在大人所認定的焦點上，因此，就認為重度、極重度心智障礙者的注意有分散的現象。若以重度、極重度心智障礙者的觀點，事實上只有重度、極重度心智障礙者才是真正能專注的人，也就是只有重度、極重度心智障礙者才能「一心一用」。

不過，這個「一心一用」的現象卻阻礙了重度、極重度心智障礙者的模仿學習，因為專注在其所偏好的刺激上，導致未能注意外界的其他刺激，而人類文化的發展與傳承上，模仿是居於一個極為重要的方法，譬如：人類的語言是經過模仿而傳承、發展的，突然創出一個全新的語言是無法與人溝通、學習的。在許多的教材教法上雖然也強調模仿的學習，但若「一心一用」的現象不能改善，則無法模仿，因此「一心一用」的現象需要加以突破，使重度、極重度心智障礙者能夠同步注意多個刺激，進而能夠選擇必須注意的刺激。

二、部分視（只注意細部不看整體）

所謂部分視，就如盲人摸象一樣，對一件事物係從事物的某一部分，而不是從整體來看；也就是說部分視把注意的焦點放在事物的一部分而忽視了整體，因此部分視也可以說只是部分的注意。這個部分視影響了對一件事物的看法或概念的形成，無法從整體的角度來判斷並形成對該事物的完整概念。

一般兒童在一個吵雜的環境中，會先掌握整個情境並從整個情境中選擇他要注意的、重要的刺激並加以反應，而對於其他的刺激仍維持警戒的狀態，一旦需要反應時可以立即反應。

但心智障礙者卻無法如此，因為他無法平行處理多項刺激或從整體上去觀察一件事物，因此他將注意集中在他有興趣的刺激上，對其他的刺激

卻加以忽略；或是從部分去觀察一件事物。因此重度、極重度心智障礙者的資訊取得，往往接收到不重要但他有興趣的部分，並遺漏掉重要的部分。也就是說，一般兒童會從整體來掌握，而重度、極重度心智障礙者卻只能從部分來處理。這種現象可以從圖 1-2-1（松岡武，1977）來說明。

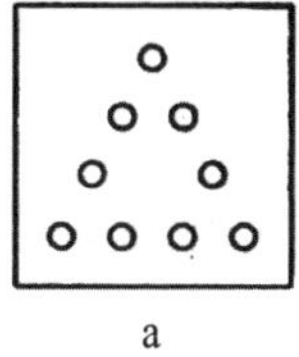
a

b

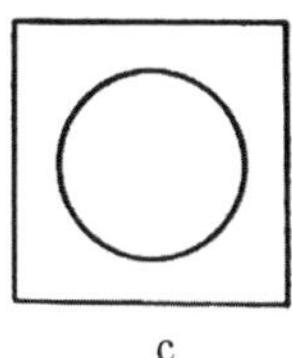
c

圖 1-2-1　視覺焦點的測試圖
（資料來源：松岡武，1977，p. 122）

提示 a 圖後問兒童，右邊的兩張圖 b 和 c 哪一張最像 a 圖？其結果有74%的心智障礙者選擇c圖，而一般兒童的結果則相反。其原因在於心智障礙者只注意到a圖的一小部分是圓圈，而未注意到整體的形狀所造成，顯示心智障礙者的注意焦點在事物的細部而非整體。這個現象當然造成心智障礙者的統整能力，也就是具有統整的困難，因此我們必須提供他們整體的訊息，否則他們將只獲得零碎、破碎的知識，而不是完整的知識。

另外在筆者的研究中也發現，要求畫一個「口」的時候，學前普通兒童會用一筆完成，但一般學齡兒童及輕度智能障礙的學童卻用分割的方式，一筆完成後中斷，然後再畫一筆。一般學齡兒童受漢字書寫的影響而用分割的方式畫，但未受漢字書寫影響的輕度智能障礙兒童卻與同樣未受漢字書寫影響的一般學前兒童不同。顯示，在同樣未受漢字書寫影響下，一般學前兒童會從整體來看，而輕度智能障礙的兒童則分割成一部分一部分（邱紹春，1983，1986a，1986b；邱紹春、井田範美，1985）。這是否與記憶容量有關尚有待研究。

三、主體與背景的逆轉

由於資訊科技、媒體、教育等的發展與普及，文化刺激不足型的智能障礙兒童減至最少的程度，但相反的也因為醫科學的發展，使許多在醫學發達之前無法獲救的早產兒或具有殘障的嬰兒得以生存下來，但是這些嬰兒大多具有知覺生理機能或腦神經機能的不成熟或缺陷，變成今日重度、極重度心智障礙的主要族群。

這種因腦機能的缺陷所造成的重度、極重度心智障礙者，會發生主體與背景逆轉的現象。Wernerc和Strous（松岡武，1977）利用圖1-2-2研究發現：75.5%的腦傷兒童在視知覺上有主體與背景逆轉的現象。也就是說腦傷的兒童對於應注意的主體未加以注意，卻注意到非關鍵的背景部分。

譬如：具有自閉傾向的障礙兒童，在發現遊戲室中央空調出風口的紙條之後，只要一進遊戲室即專注於紙條的飄動，而未能聽從教師的指令以從事學習的活動，但在紙條去除後即恢復正常。

這種注意焦點的偏差，不但干擾了重度、極重度心智障礙者的學習活動，並且阻礙了其完整概念的形成，以及語言、行為等的學習模仿。因此，這裡提醒了我們：重度、極重度心智障礙者的學習教材、教具以及教學情境需要加以控制，教材要統整、教具要正確精緻（該要的要，不該要的不要）、情境要樸素簡約。這裡舉些不自覺的錯誤措施：

1. 某次全國啟智教育教材教具比賽時，有一個視動協調訓練的教具，在一片木板上釘上兩排平行但彎曲（S形）的鐵釘，鐵釘間用銅絲相連至蜂鳴器及小燈泡，操作時拿起連著細電線的銅筆從平行鐵釘的入口移動至出口，只要銅筆碰到鐵釘的銅絲，蜂鳴器即播放音樂，小燈泡也亮起。這個裝置雖有創意，卻達不到視動協調訓練的目的，因為重度、極重度心智障礙者

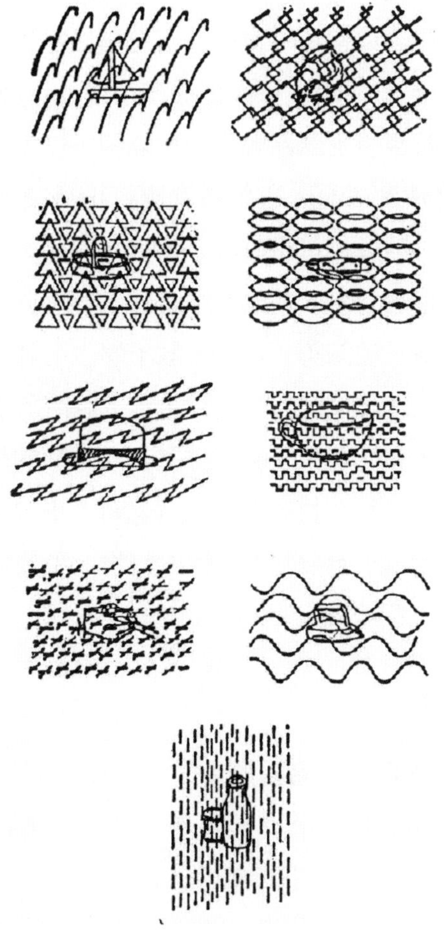

圖 1-2-2　1945 年 Wernerc 和 Strous 用之於腦傷兒童篩檢的圖形

（資料來源：松岡武，1977，p. 119）

會為了音樂刺激或燈光刺激而故意碰觸銅絲。

2. 有些特殊學校會舉行教室布置比賽，這是一個非常困難的行政措施，只是製造教師的困擾與浪費教師的教學時間而已。因為每個班級間或班級內的學生需求狀況差異極大，唯一的公約數指標就是簡樸而已。如果過於花稍，不但不能達到布置的目的，反而吸引了腦傷學生的注意，而忽視或接收不到教師教學的內容或指令。也就是不但無法達到教學的目的，反而干擾了學生的學習。但布置學習角以誘發學生自由、主動的學習確有其需要，此時，應用隔離板將上課區與學習角隔開，以免干擾上課的專注力。

3. 另外，如同上述之情況，有人主張教師應打扮得美美的以產生境教的效果。這個觀點不錯，教師的打扮確能令人賞心悅目，但要考慮到學生的狀況，尤其若是青春期的學生，教師的穿著就不能過於性感或過度的化妝，或戴著會閃亮的耳環、項鍊等，以免分散了學生上課的專注力或學生伸手拉扯。譬如：有一位青春期的自閉症男生，上課時視線跟著一位年齡大其兩倍的美女教師走，完全忽視了另一位主教女教師的教學，即使是那位美女教師上課，其注意力都在教師的臉上而忽略了學習活動。所以身為教師或上課時的周邊人物，一定要注意自己的打扮，不要過於花稍，尤其是國中以上階段的教師，穿著就宜更為保守。

四、追視能力

非常多的重度、極重度心智障礙者，對所處世界缺乏探索、好奇的行為，譬如：進到遊戲室，即繞著空間遊走、隨手去碰觸所遇到的物體，但他們不會對該物體發生興趣，即使拿起來看一下也馬上放下。這種程度的重度、極重度心智障礙者大部分沒有語言，其心智發展也可能未達物體命名期（二歲以下），可見探索能力的重要。

探索能力是學習的基本能力之一，探索行為是重要的學習活動，不會探索則無法積極的、自主的、好奇的尋取新的知識，亦即無法形成自我要求、自動學習的動機。

而在探索的活動中，需要追視的能力與物體恆存的概念。把球滾出去時要一直跟著球的滾動方向追視過去，當球滾到沙發底下時要知道：球雖

然不見了，但還是存在在滾過去的方向的地方，而且會往那個地方尋找。

有關追視能力，它會影響到孩子追蹤目標的能力。因為生活的世界裡，物體的存在有些固然是靜止，但也會移動，譬如人、車、球等的移動。能夠追視才能夠認識、掌握物體的全貌，進而形成對該物體的概念，否則只認識物體在靜止狀態時的外貌。譬如：能夠追視才能跟隨母親的移動，追視母親的動作、模樣，一旦母親過來會伸手要求抱抱，否則只形成如同服裝店頭的塑膠模特兒一樣是靜止的、冷冰冰的母親的概念而已。總而言之，追視能力會影響到完整概念的學習，如果缺乏追視能力，則將阻礙兒童認知的發展，這個也可能是造成部分視的原因。

在追視能力培養之後，接著就是探索能力的培養，而要培養探索能力，對重度、極重度心智障礙者而言，物體恆存概念的形成和動機是其必要條件。有關動機在下一節中再來探討。

五、共同注意

「共同注意」在學習活動中也是重要的影響因素。所謂共同注意是會依照對話者手所指的方向看去，而與對話者注意到共同的目標物；相反的，若未形成共同注意的能力，則只會看對話者的手，而不會依對話者所指的方向看去。很多重度、極重度心智障礙者缺乏此種能力，導致學習上與教學上的不便。尤其對於手不可及的目標物的學習更形困難，在平日的溝通上也極為不便。

為了訓練共同注意的能力，筆者（邱紹春，1991）曾用過走險橋的遊戲。使用高矮不一的課桌椅排成一排，讓個案站在一端，案母則站在另一端。然後筆者一手牽著個案，一手指著案母說：「走到媽媽那邊去！」如此處理下，讓原不會跟媽媽走路的六歲自閉症兒不但形成了共同注意的能力，也學會了跟媽媽走路的行為。

第二節　自我行為控制——忍耐度、動機、動力與探索行為

特教教師及重度、極重度心智障礙者的父母都知道：重度、極重度心智障礙者的動作反應很慢，但搶吃、喝的動作卻特別快。其原因在於重度、極重度心智障礙者一面缺乏動機或動力，一面又缺乏自我控制的能力，導致要求其做某些事時因缺乏動機、動力，因此動作遲鈍、反應慢好幾拍，但看到原始需求的食物時，又出現求生的本能，而無法等待、忍耐。也就是說，重度、極重度心智障礙者該動的時候不動，不該動的時候又極動。也由於此等因素，重度、極重度心智障礙者無法控制自己的行為、情緒，因而不但造成重度、極重度心智障礙者做出許多不適當的行為，同時這些不適當的行為也干擾了他們的生活與學習，阻礙了他們的發展。

為了改善重度、極重度心智障礙者的生活品質及學習效果，培養重度、極重度心智障礙者的自我控制能力是極為重要的課題。

影響自我行為控制的因素，包括忍耐度、動機與動力三項。

一、忍耐度

如圖 1-2-3 的實驗（松岡武，1977），讓兒童一直仿畫左圖到討厭（飽和）為止，然後要兒童仿畫右圖。其結果一般兒童雖然畫左圖可以畫得很久，但累了之後要換右圖時，則不願繼續畫右圖（共飽和）。然而重度、極重度心智障礙者畫左圖時很快就累了而不願再畫，但說換畫右圖時又興致勃勃的畫下去；誠如上一節所述，因注意細部而未考慮整體，因此認為那是不一樣的圖，而願意畫下去。從這個實驗結果顯示，重度、極重度心

圖 1-2-3　視覺焦點的測試圖

（資料來源：松岡武，1977，p. 124）

智障礙者對於單一工作的持久力很短，但只要變更一小部分就會認為不一樣而願意繼續下去。

關於這一點特質，提示了我們在安排一節課的教學時，要注意到他們的特質。一節課 40 分鐘對重度、極重度心智障礙的學生而言是太長了，依照一般專注力的研究，人們專注力的維持大概 10 分鐘左右，因此，我們可將一堂課分成四個階段，四個階段的主題不變，但活動方式與內容卻可以適當的改變。如上課單元為端午節，則四個階段要環繞主題「端午節」來擬定，如第一階段為端午節的故事，第二階段為端午節歌曲文字的閱讀，第三階段為歌詞中生詞的讀與寫，第四階段為包粽子。如此，環繞著主題「端午節」擬定四個階段，40 分鐘內有了變化，使重度、極重度心智障礙的學生不致因專注力不足而無心學習，又可給學生統整的「端午節」的概念。

缺乏忍耐力的結果除了上述學習的問題之外，最大的問題是自身體內的壓力、環境的變化或干擾，使他們無法忍受，進而產生壓力，為發洩壓力而做出不適當的行為，如自傷、攻擊、咆哮、衝撞等發洩行為。

在教學時除可利用上述方法之外，為根本解決其問題，實施忍耐度的培養才是根本之道。對於忍耐度的培養請參考第二篇第二章「動作法的運用」中之單手舉動作法。

二、動機

有關動機的理論不知凡幾，但是那些理論所談的主要是一般人的動機，對於重度、極重度心智障礙者並不適用。因為重度、極重度心智障礙者的動機是非常原始而單純的。

缺乏動機的重度、極重度心智障礙者，其障礙成因往往是因腦額葉的損傷或萎縮所引起，受一般環境的影響不大，而對於這一類的重度、極重度心智障礙者，一般教師或父母不知如何誘發他們的動機，常感束手無策，因為若是缺乏動機，整天呆坐，一動也不動，任何增強物均無法誘發他們的興趣。這種缺乏動機者因為不動，所以很安全，不需要太多的顧慮，教師們既無法讓他們學習，又不會發生危險，因此是最得不到教師關注的對象。日復一日，雖然天天上學卻無任何學習的行為，當然既無學習就無發展，高職階段畢業進入機構仍像木頭人似的一動不動。

然而事實上，這種額葉損傷或萎縮的重度、極重度心智障礙者是可以學習的，只要能誘發他們的行為即可。他們不是不能動，而是不想動。

另外一類的重度、極重度心智障礙者他們會動，只是所有的動均無目的，每次進入一個空間即繞著空間隨意的東摸西摸，但對摸過的東西卻不加觀看，摸了就跳到下一個物品，他們也不會破壞物品。這一類的重度、極重度心智障礙者與上面的類型相似，其所受的待遇也相似。

對於這種缺乏動機的重度、極重度心智障礙者的介入是所有障礙類別中最困難的，進步也最慢。但不是無法介入，而是要透過觀察，觀察其在自由時間他在做什麼，然後利用其偏好透過遊戲活動的方式介入，一旦介入後，就要用逐步養成的原理慢慢擴展其活動的內容。

有一個特殊學校高職部一年級的男生，第一次到遊戲室時，只是向左側歪著頭，用手指塞著木頭椅縫，任人如何招呼都不抬頭、不做任何反應。但從用手指塞著木頭椅縫的行為可知，他喜歡往縫裡塞東西。因此輔導小組即利用其偏好，設計將球塞往手偶的口中的遊戲。初期，一面由主教者手套手偶，張開手偶的口，一面由協同者協助其手握球，然後牽著其手將球往手偶的口中塞入，塞入時，主教者口發「ㄡ——」聲音，以誘發其興趣。待能主動握球塞球之後，即將手偶的位置稍微移位，並且逐步擴大，至最後用套上黑色塑膠袋（目的在強調球投入的視覺效果）的呼拉圈，並做超過一公尺距離的任意移位，個案勢須起立移動才能將球投入塑膠袋中。經過兩個多月每週一次 40 分鐘的輔導後，見到 20 餘公尺外的筆者時會主動舉手說「嗨！」（請參見附錄 9）。

又如另外一個經醫學診斷確定為額葉萎縮的三歲男孩，其發展評估結果僅十一個月，不會站、不會走，只有看到肥皂泡時會高興的笑，找不到其他增強物，因此，筆者即利用吹肥皂泡給他看，而訓練其站立、走動、爬樓梯等。經過一年每週一次的輔導，最後可以牽著他到公園散步。

三、動力

在重度、極重度心智障礙者中另有一類乖乖牌者，只會被動的反應，不會主動的行動，幾乎是一個命令一個動作。這一類的重度、極重度心智障礙者最受教師的喜歡，因為他們不會有嚴重的問題行為，唯一的問題是不會主動地去從事學習活動，因而影響了他們的學習與發展。因此，在輔導上主要的工作是如何利用行為改變技術及遊戲活動，培養他們的自我主張與自我要求的主動性行為。

第三節　情緒管理與學習成效曲線——干擾免疫力的培養

凡是從事特殊教育或身心障礙者的照顧者均會感受到：當天氣變化時（如忽冷忽熱、悶熱）或當季節變化時，甚多的身心障礙者會發生情緒不穩、暴衝、哭鬧等情形。這些現象會造成學習成效的低落，如圖 1-2-4 的重度智障者學習成效呈現出上下曲線。曲線下降時即表示他們無法管理自己的情緒與行為，隨著自己的需要直接行動，因而產生了各種問題行為。

當然，影響重度身心障礙者情緒的因素不只是季節或氣候的變化而已，尚有如內在的生理時鐘、疾病，外在的如所處情境以及周遭人員的變化等的刺激，也會造成嚴重的情緒與問題行為。因為這些刺激可能使重度、極重度心智障礙者感到恐懼、焦慮、痛苦、煩躁等，因而影響其情緒。而重

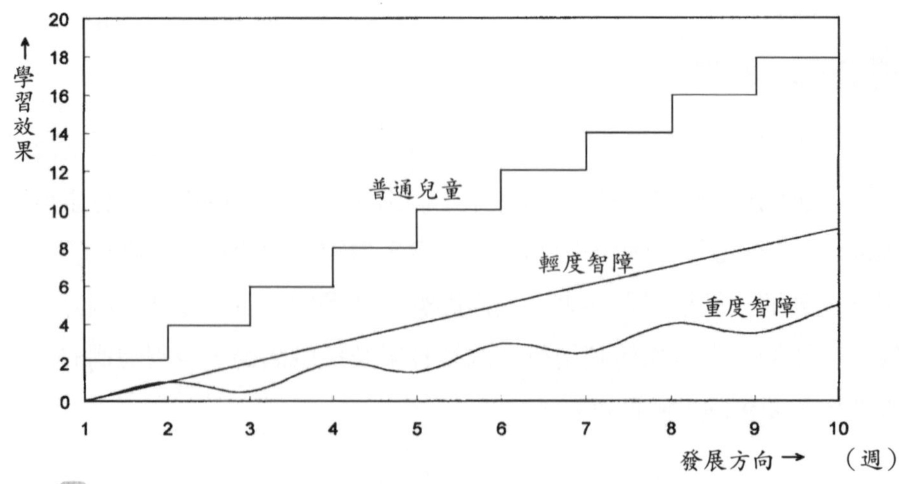

圖 1-2-4　普通兒童、輕度智障與重度智障者的學習效果模式

度、極重度心智障礙者更缺乏管理自己行為的能力，無法忍耐、等待，因而形成嚴重的問題行為。

學習成效曲線（圖 1-2-4 中的曲線）的產生有其條件。如果教材適當、策略正確，則重度、極重度心智障礙者在學習初期一定會有明顯的進步；但是由於前述的原因，即重度、極重度心智障礙者無法抵抗各項因素的干擾，產生情緒的問題，則學習成效即發生退步的現象。然而，當重度、極重度心智障礙者處於低潮的階段時，教師或照顧者若能夠冷靜、沉著、堅持應對，而不採取處罰、責罵、高壓等對抗手段的話，陪著他度過這個低潮期，則這個低潮將不會降到原點，而且學習的成效又會再度上升，且上升到更高點。如此上上下下的反覆，直到重度、極重度心智障礙者對前述干擾因素的抵抗力產生，學習曲線即不再那麼明顯。根據筆者的經驗，其曲線形狀大約是進步四週、退步兩週，當然這會因人而異。

一位特殊學校高職部一年級沒有口語的男生，第一次進遊戲室時，因一位家長擋住了他的進路，他即推開該家長，使得該家長撞到了牆壁。在遊戲室內整整 40 分鐘他不停地走動，完全無法穩定的坐下上課。

在輔導至第五週正逢低潮時，個案又非常躁動，衝出遊戲室並準備衝出系館大門，當時由一位大學生擋住並大聲斥責，命令其回遊戲室上課，個案更為發飆，推倒盆栽、抓泥土吃，顯示情緒已極端不穩。因此筆者只好高聲制止大學生勿再使用對抗，並由該組的一位組員與其對拍手三下後即停止當日的輔導。經過九週的輔導，第十週已可安靜的就坐學習 40 分鐘了（請參見附錄 1）。

從這個案例顯示，當重度、極重度心智障礙者情緒不穩時，不宜採用對抗、高壓的方式，這樣只會讓其情緒更為不穩，宜應堅持要求其完成一件簡單的要求後，再滿足其要求。

由於如上所述的特質，重度、極重度心智障礙者的情緒容易受到內、

外刺激的影響，而使得學習效果呈現如前所述的曲線。此曲線形狀依學生的障礙程度及年齡的大小而有所不同，一般而言，年齡越小、障礙越重，則曲線越明顯；亦即年齡越小、障礙越重，對於內外的干擾的適應能力越低。這些內外因素的干擾，造成嚴重的情緒困擾，形成嚴重的問題行為，這些行為又干擾了學習，使得學習結果顯現退化的現象。若是照顧者、輔導者未了解重度、極重度心智障礙者具有如此的困境，每當低潮時用高壓、責罵的處理態度，將會刺激重度、極重度心智障礙者，使情緒困擾更為嚴重，情緒更為惡化，產生惡性循環，學習效果更顯退化。但是如果照顧者、輔導者能了解重度、極重度心智障礙者具有如此的困境，並發現先前的進步，已顯示輔導的效果，表示輔導方法與內容是正確的，其間並應指導其發洩情緒的適當方法。此時，每當學生陷入低潮時，照顧者、輔導者若能以極大的耐心，陪伴其從事適當的發洩情緒（如在跳床上跳躍）或用適當的方法（如第二篇第二章中的壓肩法）安撫其情緒的話，一旦情緒回歸平靜，則學習又開始進步。

有很多重度、極重度心智障礙者對於某些人、事、物會有極端的反應，而形成嚴重的問題行為。當嚴重情緒行為發作時，首先設法穩定其情緒（可以使用壓肩動作法，但絕對不能使用安撫的方法，因為使用安撫的方法只會讓問題行為發生的頻率增加），然後指導其發洩情緒的正確方法（如深呼吸、跳床、投籃等），但最根本的做法還是干擾免疫力的培養，而干擾免疫力的培養可以使用行為改變技術的逐減敏感原理來訓練。

一位在機構的五歲沒有口語的小女孩，整天在教室走來走去，命其就坐也坐不到三秒又開始遊蕩。針對這個個案，在極為安靜的地下室，一面透過筆者發展的壓制式雙手舉動作法及拍手動作法（參見第二篇第二章）以訓練其自我控制的能力、人際互動的能力，一面透過圖卡選擇培養其認知能力。壓制的秒數、拍手的次數由 3 次開始逐步增加至 20 次，圖卡也由兩張開始

逐步增加至 20 張時，要求旁觀的母親與教學組長，在三公尺外開始聊天干擾，以後逐步接近。至壓制 120 秒、拍手 120 下時，甚至可以到上課桌邊談她的問題。

某日正在實施壓制式雙手舉動作法時，樓上突然有「咚！」重物落地的聲音傳來，個案僅僅往樓梯口看個兩、三秒即回頭繼續上課。因此，要求工友在木板門的另一邊約一公尺的地方，用榔頭敲打桌子來干擾其上課。但在 40 分鐘期間，她完全不受干擾而持續地參與學習活動。

第四節　認知發展階層化

重度、極重度心智障礙者的認知發展有一個非常明顯的階層化的現象。所謂階層化的現象（如圖 1-2-5），就是某一能力發展到充分成熟之後，才會開始發展下一階段；而一般兒童則不同，在某一能力發展的中途，下一階段的發展即開始萌芽。每一個階段的發展就發展而言，那是更上一層的發展，但是它也帶來新的問題，而下一階段的發展內容即是解決本階段發展所帶來的問題。例如：互動能力產生時，會做出被人誤解的攻擊行為；探索能力產生時，會做出讓大人心煩的翻箱倒櫃而不會收拾的行為。前者

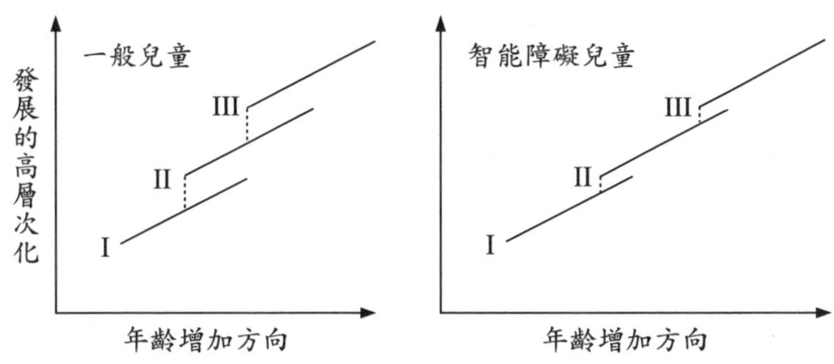

圖 1-2-5　一般兒童與智能障礙兒童的發展過程模式

是因互動開始產生卻尚未學會互動的方法，後者因為收拾行為需要以辨認、分類能力為基礎，而重度、極重度心智障礙者的辨認、分類能力並未在探索能力形成之後就開始萌芽，因此形成只會翻而不會整理的現象。這種階層化發展的現象以及重度、極重度心智障礙者的發展步伐緩慢，使得重度、極重度心智障礙者的問題行為出現得更為嚴重而明顯且持久（王昭月譯，1999）。

第五節　重度、極重度心智障礙者的教育需求

在某國中的資源教室成效評鑑時，校長非常熱情的拿出筆者最喜愛的客家菜包、草仔粿請評鑑委員們品嚐，不過沒人動手取用，這是非常尷尬的場面，筆者只好向校長解釋：「我們都是六十歲以上的老人，老人一定是吃過早餐才出門，而現在才九點怎麼吃得下。晚一些，有需求時自然就會吃。」需求會因人因時而有所差異，不是依給予者的觀點來決定。

重度、極重度心智障礙者看到其偏好時，會用迅雷不及掩耳的速度抓取該偏好物。這是生物的求生本能，是一種不考慮其他因素的直接性行為。針對這個行為，在教養上認為是不守規矩的行為，因此把教學重點放在品德教育上，但事實上加強品德教育並不是他的教育需求，他真正的教育需求是培養其自我控制的能力。因為，如果具有自我控制能力，他就不會那麼衝動、不會直接的伸手抓取，而會控制一下，思考是否可以抓取，如看看大人的臉色、眼光等。

再如隨地小便的行為，小便乃是生理的必然行為，不能禁止其小便，可是因隨地小便造成環境衛生的問題，因此必須加以訓練其到廁所才能小便的行為。不過，重度、極重度心智障礙者除了不知道為什麼要到廁所小

便的原因，最根本的問題在於他不會控制自己的行為：有尿意時要往廁所走、忍著到了廁所才能小便等自我控制的能力。

從前面提到的特質可以看出，重度、極重度心智障礙者的行為、發展問題在於自我控制能力的缺乏、容易受干擾的情緒、學習發展的準備不足所導致。也就是自我控制的能力（忍耐與等待）、情緒的穩定（干擾抵抗力與情緒發洩方法）以及接收、儲存外界資訊（注意、模仿、記憶）三個方向（圖 1-2-6）。

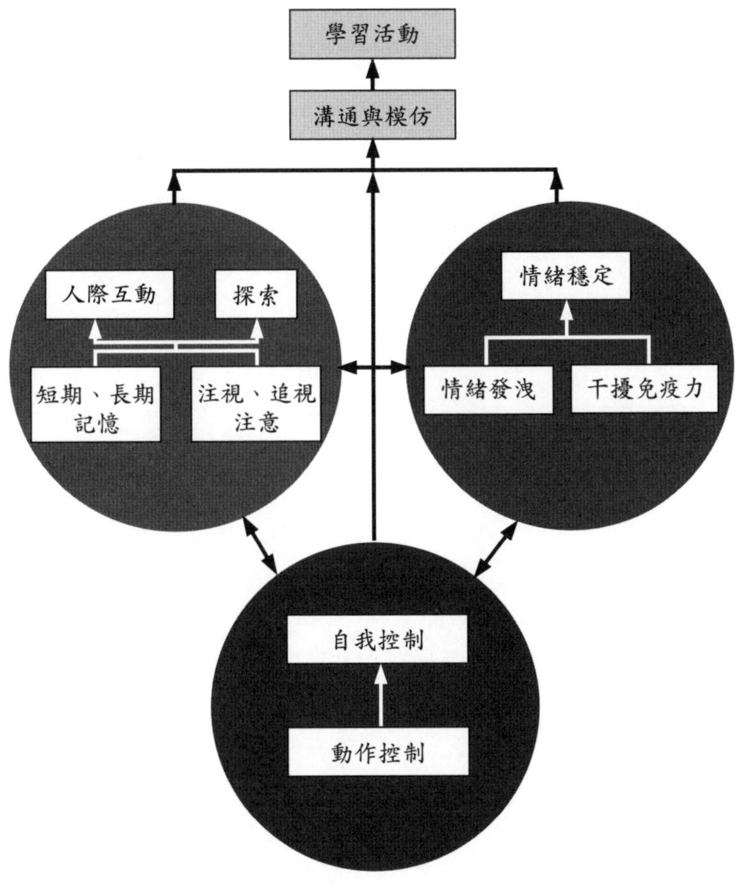

圖 1-2-6　重度、極重度心智障礙者的共同教育需求

但是這三個基本需求間卻無法分割，因為有了自我控制的能力，才能控制自己的情緒，才能接收、儲存外界的資訊（記憶、注意）；情緒的穩定才能增強其自我控制的能力，才不會干擾接收與儲存外界的資訊；能夠接收、儲存外界資訊，就能掌握、處理外界的狀況，而使行為能夠因應情境的變化，因而自我控制能力獲得增進、情緒更加穩定。因此，自我控制能力、情緒的穩定以及外界資訊的接收與儲存是重度、極重度心智障礙者開始執行學習活動的基礎，而且三者相互影響，不可切割。因而，從事重度、極重度心智障礙者的輔導，必須三者同時並進才能收到效果。而這三項能力就是重度、極重度心智障礙者的共同教育需求。

Part 2

重度、極重度心智障礙者的相關輔導方法

從第一篇的特質與教育需求可知，輔導重度、極重度心智障礙者的重要方式有二材一法，所謂二材就是遊戲活動與動作法，一法是行為改變技術。為什麼說是二材一法呢？因為遊戲活動及動作法是教材，而行為改變技術是教學效果的催化劑。

第二章 唱遊活動的運用

第一節 唱遊活動的意義

Garry Landreth 1991 年在其《遊戲治療——建立關係的藝術》書中對遊戲的意義做了如下說明：「聯合國明文強調：遊戲對兒童的發展及統整的重要性，遊戲乃是世界性且不可剝奪的兒童權利，遊戲是兒童期最主要的活動，可以在任何時間、任何地點發生。」（高淑貞譯，1994）的確如此，在學前的兒童除了睡覺之外，就是玩。「玩」占據了學前兒童除了睡覺以外的時間，同時這段期間也是兒童發展的關鍵期，可見學前兒童透過遊戲活動發展了他們的成長、學習所需要的基礎能力。不過，他又說：「兒童不需要被教才會玩，也不需要逼迫去玩。遊戲乃是自然而發，充滿愉悅，自願且無特定目的的活動。」這可未必如此，腦額葉損傷或萎縮的兒童就未必會玩，他們如果未被輔導、誘發遊戲的興趣，則即使令他去玩，他也不會想玩。

在一般幼兒的學習發展中，透過遊戲促進了知動協調、認知的發展。若不能遊戲則幼兒將如植物人般失去行為動力，對外界的刺激不動不應，更別說是主動的去學習。重度心智障礙的學生亦是如此，需要透過遊戲活動促進其學習的興趣。尤其缺乏行為動機的學生，更需要透過遊戲活動誘發學習的動力。

遊戲的動機一旦被誘發，則遊戲活動開始產生，但遊戲活動不是一人可以完成，即使如兒童一個人單獨的一面推著汽車模型，一面在口中發出「嘟嘟」的聲音，這個遊戲除了兒童之外，還有汽車模型（物）的存在，更何況大部分的兒童遊戲都要有其他人的共同活動，可見遊戲活動不是兒童本身的存在就可以滿足活動的條件，它需要其他「人」、「事」、「物」的共同參與，而在這共同參與的過程中自然與這些「人」、「事」、「物」發生關係，因此透過遊戲活動可以增進「人與物」、「人與事」、「人與人」的關係。

遊戲活動中透過遊戲的規則，建立了「人與物」、「人與事」、「人與人」的關係，就是建立了人際活動的規則，也就是透過簡單的遊戲活動學習遊戲規則，進而類化至生活規則（人際互動、教室等）。

由於重度、極重度心智障礙者常常有嚴重的問題行為，因此在嚴重問題行為的輔導中經常出現「順從訓練」一詞。其實，順從訓練就是要孩子聽話、依照指令行事。這個順從訓練可以行為改變技術來訓練，但也可以透過遊戲活動，學習依照遊戲規則行事的順從訓練。

第二節　唱遊活動與遊戲治療的差異

本書使用「唱遊活動」而不使用遊戲治療一詞的原因是，遊戲治療與遊戲活動有其層次上的差異。這兩者的差異為：

1. **實施對象：**本書所實施的對象是重度、極重度心智障礙者，他們不懂也不會玩象徵性的遊戲；而遊戲治療的實施對象主要是具有心理障礙且能進行象徵性遊戲的兒童。
2. **實施目的：**本書所指遊戲活動的目的，僅僅是誘發重度、極重度心智障礙者的遊戲動機，以便重度、極重度心智障礙者有了遊戲動機之後，透過遊戲活動促進人際互動的能力及從事認知的學習；而遊戲治療則是透過象徵性的遊戲治療兒童的心理問題。

3. **實施方法：**本書所實施的遊戲活動是與增強原理搭配，以誘發重度、極重度心智障礙者的遊戲動機；而遊戲治療卻是透過治療者與兒童的對話治療兒童的心理問題。

4. **實施者：**遊戲活動的輔導者只要具有簡單的唱歌、跳舞、遊戲活動的能力即可，因為遊戲活動就如幼兒的唱遊活動般簡單；但遊戲治療者需要透過專業的訓練才能勝任。

由於以上的差異，本書不能使用治療的字眼，只能說是遊戲的活動而已，因此本章的標題使用唱遊活動而不使用遊戲治療一詞。

第三節　唱遊活動的構成條件

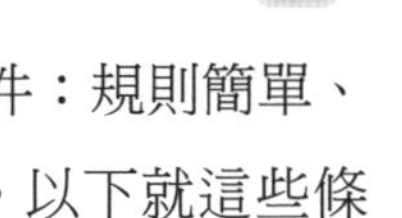

誘發重度、極重度心智障礙者遊戲的活動有其特殊的條件：規則簡單、肢體刺激、突然出現、競爭狀態、偏好行為、強制注意等。以下就這些條件舉例說明如下。

一、規則簡單

重度、極重度心智障礙者無法學習複雜的規則，如果規則過於複雜則不但無法理解，更會造成混亂而失去興趣。譬如簡單的打地鼠活動、唱遊活動均是誘發動機、促進人際互動及學習簡單規則很好的遊戲活動，因此，這些活動適合於寡動或不動的重度、極重度心智障礙者。至於猜拳遊戲也是很好的規則訓練活動，但它需要手部動作能力正常、中度以上的認知能力才可實施，因為需要理解三者（剪刀、石頭、布）的循環關係，因此猜拳遊戲可適用於過動、不遵守教室規則的重度、極重度心智障礙者。

以下就這三種遊戲活動簡介說明：

（一）打地鼠

1. 功能：能夠培養注視、追視、探索、手眼協調的能力，以及誘發和增進人際互動的能力。

2. 材料

(1)可以用木板或厚紙箱製作，紙箱上方挖三個圓洞讓地鼠伸出頭，訓練者之側面下方挖出長方形大洞，讓主教者的手可以伸入紙箱中自由掌控地鼠的出沒。

(2)敲下時會發出聲音的塑膠槌一支。

(3)類似地鼠之任何布偶一隻。

3. 活動方法與步驟

(1)入門步驟

①主教者的手伸入布偶中，將布偶頭自固定的洞口伸出，協助者捉著個案的手握住塑膠槌去敲打布偶。

②當槌出聲音後，主教者立即給予增強物。

③如此的訓練至個案能連續 10 次主動舉槌敲打布偶為止。

(2)進階步驟

①單一布偶在三個洞中任意出沒，個案會追尋布偶的出現並敲打之。

②兩個不同的布偶（如地鼠和老虎）在三個洞中任意出沒，個案會敲打主教者指定的布偶。

a. 若先學打地鼠，則一直要求打地鼠，若能連續 10 次成功，則改打老虎。

b. 連續成功地敲打地鼠後，換打老虎。直到連續 10 次成功為止。

c. 主教者任意指定地鼠或老虎，個案要敲打主教者指定的布偶，直到連續 10 次成功為止。

③換成個案掌控布偶，主教者敲打布偶。

（二）唱遊活動

節奏感也是天生的能力，只要音樂響起，身體或某一部位即會隨之起舞。例如兒歌「過山洞」，唱遊活動時教師要一起唱，並且節奏要明確、強化。

1. 功能：能夠促進聽覺與動作的協調反應、誘發和增進人際互動的能力。

2. 材料：錄放音機及「過山洞」兒歌錄音帶，或用電腦播放亦可。

3. 活動方法與步驟

(1)兩名協同者面對面站立，牽著兩手舉高有如山洞。

(2)由主教者帶頭與數名協同者排成一列隊伍，讓個案排在中間，每一個人將兩手扶在前面的人的腰部。

(3)音樂響起，由主教者帶頭，帶領隊伍穿過山洞。

(4)隊伍穿過山洞時，音樂突然停止，山洞落下圈住正在山洞下方的人，隊伍停止前進。

(5)音樂再起，山洞高舉，隊伍再前進。

(6)在活動中，當然是以個案為主要的被圈住者。

（三）猜拳

1. 功能：能夠促進理解剪刀、石頭、布三者之間的輸贏規則，進而學習規則並誘發和增進人際互動的能力。

2. 材料：增強物。

3. 活動方法與步驟

(1)主教者與個案面對面坐好。

(2)協同者坐於個案右後側（個案右手為優勢手時），右手協助個案做出猜拳動作。

(3)主教者說：「1、2、3 猜拳！」並做出猜拳動作。

(4)協同者協助個案做出可以贏主教者的拳式。

(5)主教者立即說：「好厲害，你贏了！」接著立即給予增強物。

(6)依據個案的了解狀況，逐步撤離協助的量。

二、肢體刺激

對於缺乏人際互動的重度、極重度心智障礙者，肢體的接觸可以說是最好的介入點，因為觸覺神經是人體最先成熟的神經，也就是最不會受到傷害的神經。在教導狼童的伊達（Jean Marc Gaspard Itard）的報告書中已證明，狼童只有觸覺的部分有進步，其他感覺則無任何進展。在重度、極重度心智障礙者中，觸覺方面遲鈍者固然是有，但畢竟是少數，一般而言不是正常就是過敏。因此，在重度心智障礙教育上有擁抱治療法的應用。也就是觸覺刺激是有效的介入方法。

對於一般觸覺正常的重度、極重度心智障礙者而言，其方法就如對待一般嬰幼兒的逗弄方式去逗弄，如抓癢、碰觸、搖動等即可。這些碰觸除了可以增進他們的人際互動的能力，甚至，也可成為學習活動的增強物。譬如當個案做對時，可以一面說：「答對了！」然後抓癢或輕拍臉頰或擊掌均可。

對於觸覺過敏的重度、極重度心智障礙者，他們害怕他人的碰觸，因此不能任意碰觸他們。但是，對這些障礙者而言，碰觸卻是要求他們學習的利器。有一位五歲的自閉症兒童，連回答要或不要都無法正確回答，若大人應對錯誤（如他答要就給他，或是他答不要就不給他），他就會哭鬧，但是觸覺過敏，碰觸其身體任何部位均會誘發大笑、扭捏逃避。因此在實施壓制式雙手舉法時，不喜歡被人壓制。筆者乃利用其怕癢的特性要求他：「自己把手伸直、把腳伸直，不要動，我就不碰你！」該個案為避免被筆者碰觸，因此乖乖聽話，依指令做出動作。經過八個月的訓練，在進入小學前不但不會答非所問、哭鬧，在認知方面也已學會了「2、4、3、5（學會順序）」的數量。

三、突然出現

任何人對於沒有預料而在眼前突然出現的聲、光無不產生驚嚇，由於這個特性，對於缺乏人際互動的重度、極重度心智障礙者而言，沒有預料而在眼前突然出現的聲、光是可以誘發他們的注意，進而使他們注意到周遭環境的人、事、物的好方法。

前已介紹過的打地鼠活動也具有這個特性，另外，捉迷藏也是一個好活動。

因個案人際互動水準的不同，捉迷藏可以分為兩個階段。

1. **階段一：**數名協同者分別躲在遊戲室的角落，並用各種物品遮掩。主教者帶著個案巡遊遊戲室各角落。當個案到達時，協同者突然出現並大聲發出「哇！」的聲音，使個案因嚇一跳而注意協同者的存在。
2. **階段二：**當個案開始會注意他人時，主教者兩手分別捉住個案兩手並將個案置於身後，主教者向右（左）後轉頭呼叫個案之名，一開始個案不會因被呼叫而反應尋找聲源，主教者用手拉個案的手使個案往右（左）傾與主教者四目對望，如此左右互換遊戲，直到個案聽到呼名即會主動向右或左看主教者為止。

四、競爭狀態

第四篇第四章的滾蛋教學模式就很容易引起個案的專心參與的行為，其原因除了具有模仿的效果之外，還有競爭的因素存在。因為搶到了就可獲得增強物，不搶就無法獲得偏好物，為了要搶就要依規則專心注意、追視。

五、偏好行為

重度、極重度心智障礙者的介入教學上，先從個案的偏好行為來介入是一個非常可行的方法，不過需要充分的觀察「個案在獨處時是在做什麼？」才能掌握其偏好行為（附錄 9 的投籃就是一個例子）。

六、強制注意

筆者曾進行走險橋的遊戲（邱紹春，1991），由於桌椅有高有低，必須十分注意才能走過，因此這種遊戲活動具有強制注意的效果。

以上六個條件，是重度、極重度心智障礙者遊戲活動的條件，有些遊戲可能只具有一個條件，有些遊戲可以包含數個條件。

整體而言，遊戲活動的設計與執行，完全依賴教學者的創意與熱心教學，只要設計得當、教學活潑，對重度、極重度心智障礙者的發展就會產生重大的效果。

Part 2

第二章 動作法的運用

動作治療法簡稱動作法，是由日本九州女子大學的成瀨悟策教授所發展，其主要的治療對象為腦性麻痺兒童。強調透過適當的協助，提供兒童成功完成原被認為不可能做出的動作的成功經驗，以誘發兒童企圖自主完成的動機，進而努力去克服困難，終能順利做出該動作（如圖 2-2-1），並進而達到部位與力量的覺知及身體運動的實現。譬如，利用推臀法提供不會站立的腦性麻痺兒童不自覺的由坐而站起的成功經驗，一旦成功，兒童發現自己也可以跟別人一樣能用兩腳站立。此後，兒童將自動的練習用力站起來的方法，進而感覺到緊張、放鬆的肌肉部位。

動作法的最終目的在於透過部位與力量的覺知及身體運動的實現，達到慢性緊張的鬆弛及動作執行過程中的控制訓練，形成身心調和的發展基礎。

筆者與謝岱珍（1997）在〈拍手動作法在改善國中低功能自閉症學生問題行為的應用〉一文中，對拍手動作法的功能曾做如下的敘述：「透過拍手動作法能夠使人際關係內化然後外顯，其主要原因在於拍手動作訓練時，訓練者反覆的、固定的唱數，提示案主開始與停止的時機，即使受訓練者無口語能力等溝通能力，但這種不斷的、相同的唱數與受訓練者拍手反應的節奏刺激配對呈現，唱數與拍手的動作感覺成了內在語言，然後由不斷的自我對話，使案主由內在語言控制了自己的拍手行為，這個過程如同首先研究語言與非語言行為的功能互動，亦即認知的自我引導機制、自

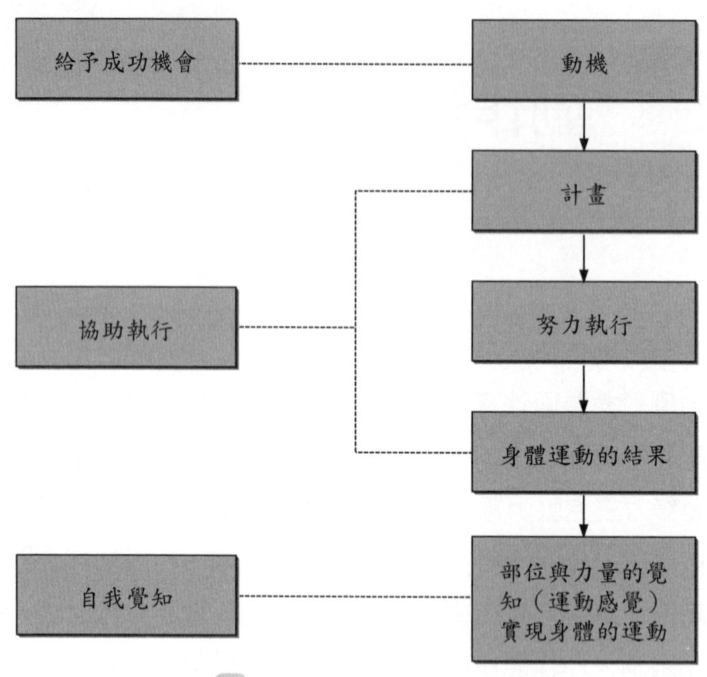

圖 2-2-1　動作法的原理程序
（資料來源：修改自成瀨悟策，1985a）

我對話的Luria和Vygotsky（Woodetal, 1993）的假設，他們假設兒童語言—行為的自我控制發展，必須經歷三個階段：(1)藉由他人的外在控制；(2)開始學會控制自己的行為，但需要透過自我對話來引導；(3)透過內化的、不可觀察的過程發展類化的修正策略及行為的自我控制（Goldstein & Goldstein, 1990; Tinsley & Waters, 1982）。動作法即是第一階段的藉由他人的外在控制，而漸漸地使案主學會控制自己的行為，達到情緒穩定及自我控制能力之下，參與學習活動。」

今野義孝（1977）依據成瀨悟策的觀點——提供兒童的成功機會，以誘發兒童自主的學習動機，而發展出單手舉動作法、壓肩法用之於心智障礙兒童的情緒的控制，如自閉症兒、過動兒等，使動作法不再局限於腦性麻痺兒童而擴增至其他障礙兒童。

許多研究如：今野義孝（1977，1978，1983，1988a），今野義孝、大野清志、田中久恵、新野政子、大木道子（1979），円井操、大野清志、今野義孝（1982，1983），今野義孝、大野清志（1983，1984），宮崎昭（1986），上野久、星野公夫（1986，1987，1989，1990），針塚進（1986），宇田川和久（1988），奈良てい子、今野義孝（1988），今野義孝、小林重雄（1989，1990），佐藤暁（1986，1992），小田浩伸、谷晋二（1994）等運用動作法實施於自閉症兒童、過動兒童、自傷兒童，增進了自我控制的能力，減輕了自閉傾向、過動及自傷行為，進而改善了人際關係、數概念、計算、語言、書寫、閱讀、行為、動作緊張、情緒、衝動、注意力、學習態度、姿勢、表情等。

二宮昭、小塩允護（1981a，1981b），円井操等人（1983），今野義孝（1986a），緒方登雄、藤田継道（1986），遠矢浩一（1988，1990），大北啟子（1991），田中信利（1991），工藤雅道（1994），小田浩伸、谷晋二（1994）等實施於智能障礙兒童，改善了智能障礙兒童的人際關係、溝通、姿勢、動作緊張、情緒穩定、學習態度、不適應行為等。Chiu（1999）使用壓肩法及單手舉法改善了特殊學校高職部一年級自閉症學生的攻擊行為。

今野義孝（1986b，1988b，1991a，1991b），奈良てい子、今野義孝（1988）等實施於發展遲緩兒童，改善了發展遲緩兒童的人際關係、身體意識、自我控制、認知等。

田中新正（1986）運用動作法實施於唐氏症兒童，改善了左右腳平衡的能力。

小田浩伸、北川忠彥、糸永和文（1991）、谷浩一（1996）用之於脊椎側彎等肢體障礙兒童，改善了上半身承受垂直的壓力。

大野清志、村田茂（1976），長田実、安藤隆男、原義人（1985），二宮昭（1986），長田実（1986），藤岡孝治（1987a），長田実、安藤隆男（1990），田中信利（1991），川端陽子、冨田博美、今野義孝（1994），冨田博美、川端陽子、今野義孝（1994）實施於腦性痲痺、小兒高尿酸血症（lesch-nyhan）兒童，緩和了動作、表情的緊張，改善了自我控制能力、自傷、人際溝通、語言、學習能力等。

衛藤裕司、富永良喜、小林重雄（1994）改善了雷特症候群兒童的視線、發聲。鶴光代（1981，1986）、藤岡孝志（1987b）分別處理了精神分裂症患者及歇斯底里患者的自我意識。

以上的研究係採用單手舉的動作法或其他姿勢訓練。要做這些訓練時，如果兒童可以接受指令即安靜就坐、接受訓練的話，當然容易實施，可是許多極端的過動或敏感的重度、極重度心智障礙者，被訓練時會做出強烈的抗拒時就無法實施。為此，筆者（邱紹春，1991）發展了壓制式雙手舉動作法及拍手動作法來因應這一類的障礙者，筆者（邱紹春，1998）使用壓制式雙手舉法改善了十歲快樂症候群女孩的僵直動作。但前者僅可用之於小學四年級（大約十歲）以下的兒童，後者則無限制。

另外，今野義孝（1991b）還發展了共感動作法的壓肩法與患者共享，不但紓解了兒童與訓練者之間的緊張，也穩定了兒童的情緒，減低了對訓練者的抗拒。其後共感動作法即受到動作法研究者的重視（今野義孝，1993；今野義孝、內田修、鈴木克俊，1994；木沢健司、衛藤裕司、有川宏幸、小林重雄，1994；石坂誠、衛藤裕司，1994；川端陽子等人，1994；冨田博美等人，1994）。

對於共感動作法方面，筆者（邱紹春，1991，1997）也發展了握手法，用於初次見面的個案，建立友誼，以減少個案與訓練者之間的緊張與焦慮。

法國的伊達在教育狼童的第一次給國務院的報告書中說：除了觸覺以外，其他均無進步（中野善達、松田清訳，1980）。此報告顯示人類最早成熟的感覺系統是觸覺，也是較不會受到傷害的感覺系統（鹿島晴雄訳，

1981）。如此證明，對於重度、極重度心智障礙者而言，觸覺刺激乃是最有利的介入點。由於動作法係透過肢體的協助，建立人類發展、學習的基礎能力──自我控制能力、情緒穩定、注意力（注視、追視、共同注意等）、短期記憶、人際關心（在意他人的表情、動作）等，因此，動作法僅適用於缺乏這些基礎能力的重度、極重度心智障礙者。而這也是介入重度、極重度心智障礙者學習、發展的一種有效策略。

茲就適用於重度、極重度心智障礙者的各種動作法分述於下面各節。

第一節　握手法

許多教師或父母常常為個案賴在地上而傷腦筋，年紀小時尚可用抱、拉、拖的方法，但進入青春期以後體重、力量增大，如何抱、拖得動呢？還有，他們賴著不動或拒絕時，大人的唯一方法就是用抱起來作為解決問題的方法，事實上，這個做法反而培養了個案賴在地上的行為，因為只要賴在地上，大人就會抱他，而滿足了個案的期望。

還有兩個經常發生的現象，一就是當大人用拖、拉的方式強迫個案去做他所不願意的事情時，個案會用咬大人的手的方法來掙脫。二是有些重度、極重度心智障礙者，當陌生人靠近或情緒發飆的時候，會以打人、踢人或自傷來拒絕或發洩。

當這些現象發生時，我們要如何處理呢？若能解決，豈不是可以減少大人的煩惱、個案問題行為的發生呢？

有一個國小五年級的自閉症男生阿雄，第一次到臺灣師大博愛樓三樓後就不肯進遊戲室，級任導師及父母用盡方法勸說、拖拉都不肯，約過了十分鐘之後，筆者前往觀看，看到個案坐在上課用桌椅一體的課桌椅上。

筆者靠近個案伸出右手並下指令：「握握手！」阿雄看著筆者稍顯遲疑即讓筆者握其右手，待手握住即用左手輕拍其右手臂下方並用肯定語氣喝令：「起立！」右手同時則往上輕拉（但力量不足以拉起），個案即自動站起。然後，筆者握住個案的右手輕引向前（朝遊戲室門口方向），左手輕拍其背肩胛骨處，並下令：「走！」個案即非常順從的走進遊戲室。

在上面的例子中，個案不進遊戲室係因是自閉症，第一次來到新的空間因不安而拒絕進入，這是可以理解的。但是，為什麼不接受日夜照顧他的父母及帶他已兩年以上的級任導師的要求，卻聽從第一次見面的筆者呢？原因是什麼？原因就在於筆者使用了握手法及提醒的溝通法，前者建立了兩人之間的心靈共享，後者使阿雄充分的了解筆者的指令。

（一）意義

所謂握手法，係用特殊的握手方法，使兩人的手心相密合而傳導兩人的感情，達到兩人感情的融合，使被握者感受到握其手者的關懷，而有安全、幸福的感受。正如一位被筆者握其手之後痛哭流涕的體育大學的學生所說：「突然感受到已好久沒有享受的父愛。」握手法可以融化、共享他人的心，而達到溝通的目的。

握手法的使用時機有兩個：

1. 與個案初次見面或情緒不穩時使用：因為使用握手法握手時，可以使個案感受到被關愛的感覺，而降低敵意或因陌生而排拒。這樣的關愛可以融化重度、極重度心智障礙者的心防、情緒，防止個案的拒絕、攻擊、自傷等行為的發生。
2. 要求個案移動位置時使用：因為可以獲得個案的信任進而接受指令。

（二）方法

實施步驟如下（參見圖 2-2-2）：

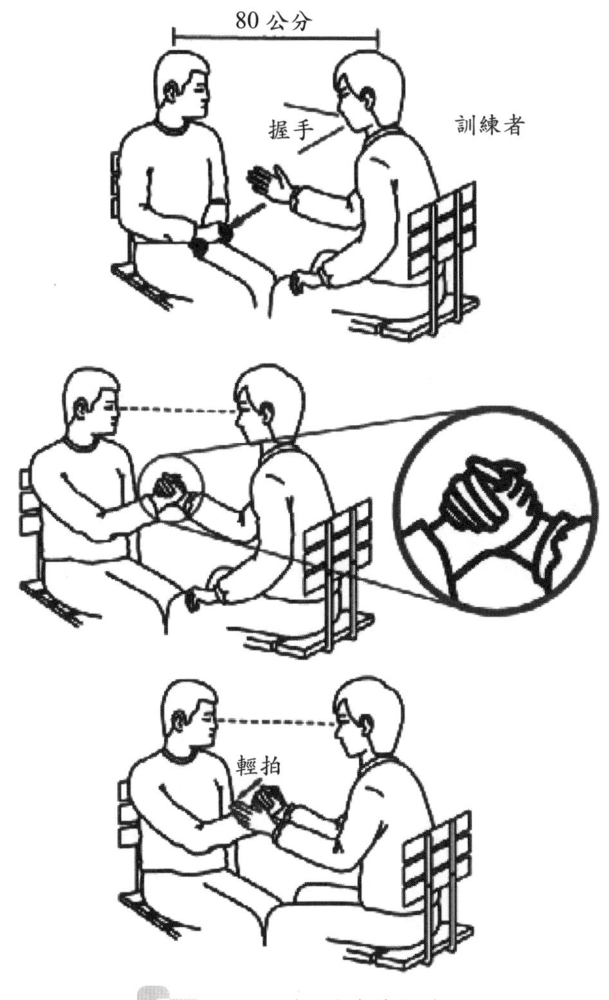

圖 2-2-2　握手法的程序
（繪圖：沈余愷）

1. 訓練者坐或立於個案前方約 80 公分的地方（避免因初次見面的焦慮或是因正在發飆所產生的攻擊），伸出右手說：「握手！」然後抓個案的右手。

2. 握手時，用拇指與其他四指圈住個案拇指根部，四指用力扣住個案手掌背，使兩人掌心密合，然後另一隻手輕拍個案被握之手的手背，眼睛以關愛的眼神看著個案。大約握個三至五秒、拍個三至五下即可。
3. 然後搭配肢體提醒的溝通方法要求個案接受指令，並依指令行動。
   (1)若要求個案站起來：右手握著個案的右手，左手肯定的輕拍個案右手臂下方，然後下令：「起立！」
   (2)若要求個案往前走：右手一面握住個案的手，一面指向行動的方向並微微牽引，左手則肯定的輕拍個案的肩胛骨，然後下口語指令：「走！」
   (3)如要求個案坐下：牽引個案至要求坐下的位置前，肯定的輕拍個案肩膀，然後下令：「坐下！」

（三）注意事項

任何方法均有其限制，因此，使用握手法時也要注意下列事項：

1. 勿存恐懼、嚴厲之心，否則無法穩定對方情緒，因為個案也會感受到握其手者的恐懼、嚴厲之心，因而產生拒絕的心理狀態。
2. 若個案強力拒絕，則不要勉強，因個案可能是肌膚過敏或自我防衛過強，不願與人接觸，或是覺得這種握手法很噁心。這類的個案可以對個案說：「你聽話就不碰你。」個案為避免被碰觸，自然會聽從指令行動。而且，這類個案若非強迫其從事所不願的工作，並不會因拒絕而攻擊他人。

第二節　壓肩法

在日常生活中，若個案情緒不穩或想離座時，照顧者兩手輕拍或輕壓個案肩膀，可以使個案情緒獲得穩定，因為被壓者會感受到關懷或放鬆的感覺。

有一位特殊教育學校高職部一年級的男生，具有嚴重情緒困擾的問題，每當情緒發飆時，即會攻擊附近的教師或同儕，因此，每次發飆時，同儕即立刻遠離，以免被揍。有一次個案輔導時，個案因發現陌生人進入遊戲室，便立即發飆，揮手欲打輔導教師。筆者立即進入遊戲室，一手與個案握手，一手輕拍其肩，並喝令其就座，個案就座後，筆者兩手搭於個案肩上，一面口語命令個案不能發脾氣，一面慢慢向下輕壓其肩，然後慢慢放鬆，如此反覆，壓力並逐步加大。按壓五次之後放開，個案站起並豎起拇指笑著說：「這招好！」其情緒已獲得紓解。此後，仍持續實施單手舉動作法以培養自我控制能力，並在特殊學校繼續學習情緒發洩方法（跳床 300 下或投籃 300 次）及認知課程。目前個案正在母親開設的月光餅店工作，除了烤箱工作由其母負責外，其餘工作包括材料準備、製作、包裝、送貨均由其負責。

重度、極重度心智障礙兒童發飆時，一般的教師或父母大都使用安撫的方法，如此的安撫使個案不知道不能發脾氣，且因大部分的個案都喜歡被照顧者安撫，為了獲得安撫，因此，發飆行為會越來越嚴重。安撫並非一個良方，重度、極重度心智障礙兒童發飆極度困擾著照顧者。

（一）意義

重度、極重度心智障礙兒童大都具有嚴重的溝通困難，經常無法獲得滿足或拒絕被要求，導致形成心理與身體（尤其頸部）的慢性緊張，肩部僵硬。此慢性緊張又造成更嚴重的溝通困難，形成惡性循環的狀況。此種慢性緊張、肩部僵硬的現象，在因心理因素造成的選擇性緘默症的兒童尤其明顯。要解決重度、極重度心智障礙兒童發飆的問題，首先必須要解除其肌肉的慢性緊張，以減輕其心理的焦慮，再搭配溝通能力的訓練，如此可以減少情緒困擾的發生。

要解除其肌肉的慢性緊張可以使用壓肩法，因為壓肩法不但可以逐步的放鬆肩部肌肉的緊張、僵硬，尤其照顧者兩手放鬆時，個案會感受到身體有如往上飄起的感覺，會使個案有一種舒暢感，因此，今野義孝稱壓肩法為與個案共享的方法。

另外，對於過動的個案，在上課時可以請助理教師站於個案身後，兩手置於個案肩膀，如此，助理教師可以立即感受個案的動向，在個案未站起前即可輕按其肩，而使個案無法站起離座，減少離座的行為。

（二）方法

實施壓肩法時，要求個案坐於椅子上或地板上，訓練者站在個案的背後，雙手有如要掐住個案脖子似的置於個案脖子基部，然後用靠近拇指側面的食指根部的關節處，壓在個案的上斜方肌（upper trapeziums），先慢慢的下壓，然後慢慢放鬆（圖 2-2-3）。向下的壓力剛開始時不能過大，以個案能接受為原則，避免個案因疼痛而拒絕。以後一面跟個案閒聊（分散其注意力），一面慢慢的逐步增加壓力。

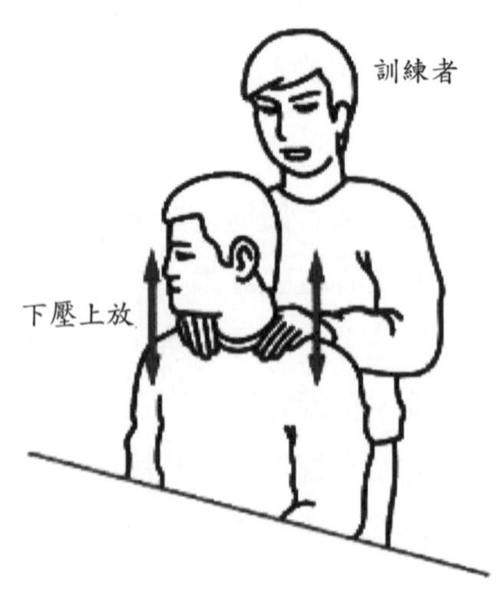

圖 2-2-3　壓肩法
（繪圖：沈余愷）

（三）注意事項

1. 第一次實施時勿壓過深，避免個案因疼痛而拒絕，在個案可以安靜接受後才慢慢加深。
2. 向下壓或放鬆時，速度要越慢越好。

第三節　拍手動作法

重度、極重度度心智障礙兒童的學習特徵為短期記憶拙劣、認知障礙，因人際互動欠缺導致教學介入困難，另外還有一個特徵為被誤認為是注意力分散，而事實上是專注於偏好事物的一心一用或注視、追視的注意力缺陷，而在行為特性方面則有被忽視的自我控制（忍耐、等待）能力的欠缺、行為不是漫無目標就是直接行動等。

（一）意義

拍手動作法不分場地、不分時間均可實施。其功能在追視、探索能力及同步處理（一心多用）能力的培養、穩定情緒、增進人際關係、增長短期記憶的記憶時間、學習唱數，一旦學會尚可作為增強物。其原理在於透過大部分心智年齡甚低的兒童均喜歡簡單的拍手遊戲，而透過教學者的唱數（聽覺刺激）、一面要拍手（動作刺激）、並要記住拍手次數（短期記憶）的指令，在適當時機停止拍手動作，甚至在移動式拍手動作法時，要注視、追視外，並要同時注意教師的雙手位置，否則就會拍空，因此形成同時注意兩件以上事務的同步處理能力。

（二）方法

實施步驟為：

1. 訓練者與個案相對站立或坐。
2. 訓練者對個案說：「來，拍手拍三下，開始！」
3. 然後把雙手舉起，等待個案舉雙手拍，若不會拍，則需要協同者握其雙手手臂協助之。
4. 待個案開始拍，即一秒一數的速度唱數，個案停止拍手時，亦停止唱數，但個案快速拍手時，則不跟著快，而仍依一秒一數的速度唱數。
5. 最後的一數，如拍三下，則數到三時語氣要加重，三下拍完訓練者即縮手，並稱讚個案：「好棒！」並給予增強物。若個案能連續拍三下以上，並於聽到：「三」即停止拍手動作的話即算成功。若連續 10 回合成功，則拍手次數依上述的成功條件，拍手次數即改為五下，爾後逐步依序 8、10、15、20、25、30、40、50、60、80、100 至 120 下為止。25 下成功之後，即由上述的靜止式拍手動作法改為移動式拍手動作法。

移動式拍手動作法與靜止式拍手動作法不同之處為：訓練者之雙手不再靜止不動，而是雙手忽上忽下、忽左忽右、兩手間距離忽近忽遠，個案必須追視訓練者之雙手方能完成（圖 2-2-4）。

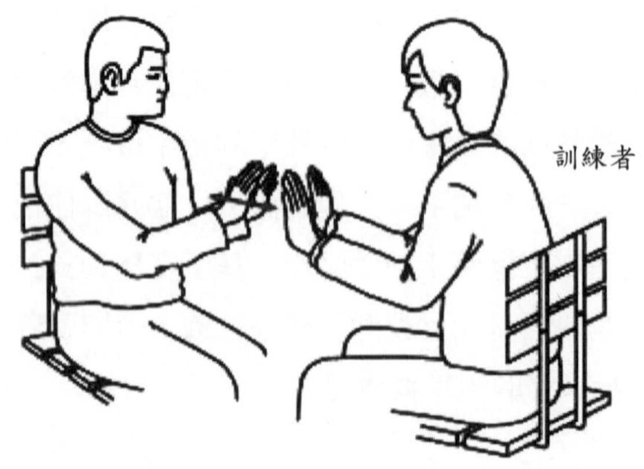

圖 2-2-4　拍手動作法

（繪圖：沈余愷）

（三）注意事項

1. 移動式拍手動作法時，訓練者的手只能左、右、上、下、斜上、斜下移動，有如在一面鏡子上滑動，千萬不要前後移動，否則失去了拍手動作法的意義。
2. 青春期學生勿過量，否則會引起性的興奮。若拍達 80 下以上時，每天拍的回合數要酌量減少。
3. 唱數工作由訓練者唱，不可要求個案唱數，但若個案跟著唱則不禁止。
4. 一秒一數，聲音要肯定、明確，則孩子的拍手節奏自然會出現。
5. 每日實施 10 回合即可，不可過量，否則會消除掉個案的興趣。

第四節　單手舉動作法

（一）意義

單手舉的功能在於單手上舉以解除慢性緊張的抵抗、對訓練部位的注意，如此可以促進對部位的控制，亦即促進部位動作分化，並經由此自我動作的控制、放鬆達到心靈的控制。

（二）方法

單手舉的實施可立姿、坐姿，亦可臥姿（圖 2-2-5、2-2-6）。訓練者一手握住個案的一隻手，另一隻手頂住個案的手肘關節處，不讓個案手臂彎曲及防止掙脫。個案完全放鬆不動，由訓練者緩慢帶動個案的手上下移動，一上一下為一回合。剛開始實施時，速度可以較快，約一上一下各耗時間 10 秒鐘，若個案不反抗、不用力，則逐步放慢速度。

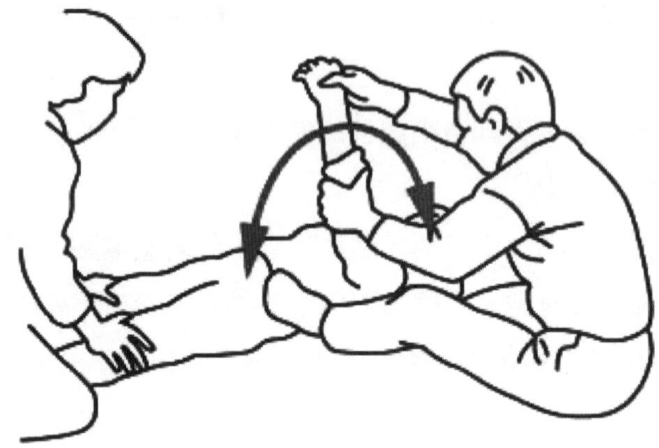

臥姿單手舉法

坐姿單手舉法

圖 2-2-5 單手舉動作法

（繪圖：沈余愷）

1. 一人抓住要舉的手，一人按住另一隻手，要求其不要動。

2. 慢慢的舉起個案的手。

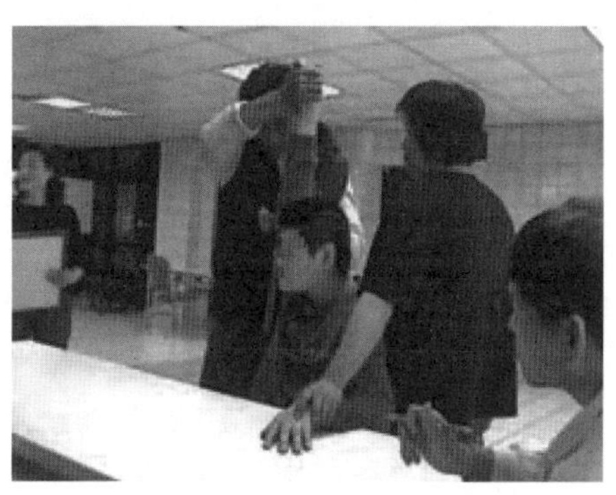

3. 舉到最高時，停留三秒。

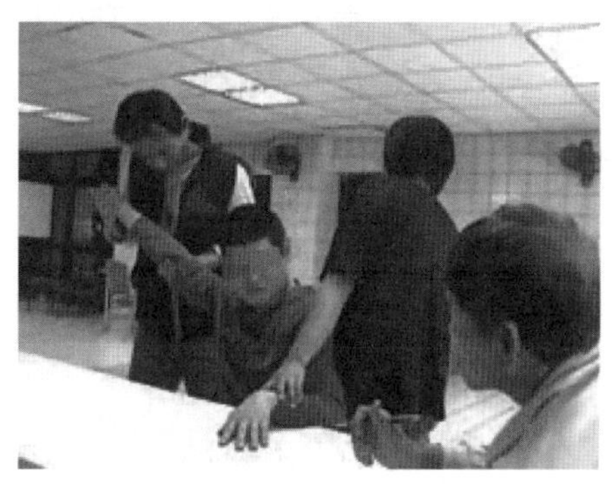

4. 慢慢放下。

5. 放至最底下。

圖 2-2-6　單手舉的執行過程

註：個案為 28 歲男性，喜歡脫光衣服躺在地上，他人一靠近就會被攻擊。經訓練後，不再脫衣服、隨地小便，也不攻擊他人（彭愛梅等，2009）。

（三）注意事項

1. 個案的另一隻手及雙腳不要讓其動來動去。
2. 實施的時機最好在拍手動作法達到 25 下時開始實施此法。但若個案不會強力反抗，則無此限制。
3. 每日實施左右手各 10 回合。
4. 若個案年紀達三十歲以上，則要注意是否肩膀過於僵硬，若過於僵硬則舉至可舉到的程度，不要勉強，否則個案會因疼痛而拒絕、掙扎。
5. 執行時，主教者的鼓勵非常重要，譬如：
   (1)「現在要舉起手」、「現在把手放下」。
   (2)「對！很棒！不要用力，要放鬆！」

第五節　壓制式雙手舉法

（一）意義

壓制式雙手舉法適用於過動、攻擊、哭鬧、注意力分散的十歲以下學童，若是缺乏行為動機或順從的個案則不適當。主要是筆者參考單手舉動作法及一般壓制法（發飆時壓於牆角或地上至安靜為止）改善而成，其差異在於訓練者的唱數功能。壓制式雙手舉法的功能在於透過外力培養自我控制能力、注意力、接受指令、忍耐、放鬆的訓練、親子關係及人際關係的增進、唱數能力的培養（為量的學習做準備）。其過程為壓制→反抗→無效→妥協→放鬆→忍耐→增強物。而其原理如圖 2-2-7 所示，係透過多感官的刺激與學習，從外在被動動作、然後內化，最後可以控制、表現自己的行為。

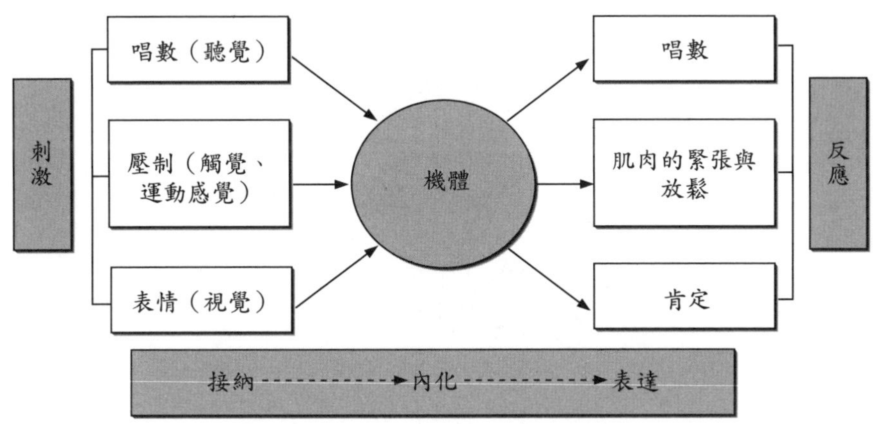

圖 2-2-7　壓制式雙手舉的學習歷程

（二）方法

實施的方法及步驟為（圖 2-2-8）：

1. 對個案下指令：「做動作！」
2. 將學生壓制於地，訓練者兩腳腳尖置於個案兩腳膝蓋內側，膝蓋則跪於個案兩腳膝蓋外側，腳踝彎曲處置於個案膝蓋上方（一則控制個案防止掙脫，一則不至於弄痛個案）。
3. 訓練者兩手握個案之手臂，然後慢慢往上推，使個案兩手舉過頭頂伸直，若個案掙扎則穩住不動，個案一放鬆即往上推。
4. 對個案下指令：「不要動！我們數到三！」訓練者一面目視個案臉部，一面一秒一數的唱數。
5. 數完兩手放開個案雙手，並抱於自己胸前，拍拍個案背部，稱讚：「好棒！」
6. 給予增強物並放開，讓個案自行活動兩分鐘。

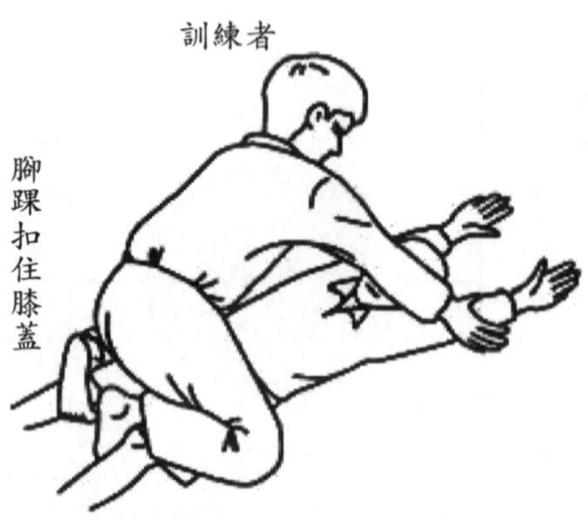

圖 2-2-8　壓制式雙手舉法
（繪圖：沈余愷）

第三章 行為改變技術的運用

行為改變技術是一般人熟悉的教養方法，雖然人本主義者批評行為改變技術忽視人性，精神分析學者批評行為改變技術只改變外顯行為，無法做根本的治療。不過，筆者認為這些批評只是因批評者不了解行為改變技術的目的與內涵所導致。

就人本主義者而言，他們認為行為改變技術運用動物實驗的結果應用於人的身上不合人性。但是，譬如說小孩子放學回家後是要先要求其寫作業，還是讓他先喝他最喜愛的綠豆湯？很多人認為：孩子放學回家時已經很累，先讓其喝綠豆湯再寫作業較合人性，否則在疲勞飢渴的狀態下如何寫作業？沒錯，對一個會認真、主動寫作業的孩子而言，要求寫完作業再喝綠豆湯確實不合人性。但是，這類孩子需要實施行為改變嗎？而對於一個缺乏學習動機、不願意寫作業的孩子而言，喝完綠豆湯之後還會寫作業嗎？人也是動物之一，何有賤貴之別？更何況一時之用而能增進其行為功能、改善其學習能力又有何不可？

就精神分析學者而言，他們認為只是改善了外顯行為，但事實上，行為改變技術的方案設計若是發現增強物（獨立變項）確實影響目標行為（依變項）的話，是可以再介入的，其處理策略是將增強方式由連續增強改為不固定比例的增強方式，且將增強比例逐步減少到內在增強物產生為止。亦即，行為處理初期雖用外在力量來改變行為，但到最後是由受試者自己管理自己的行為。換句話說，雖不是潛在意識的改變，但亦是受試者自主的行為改變。

行為改變技術的實施開始時係透過外力來改變孩子的行為，此種的改變方式對於缺乏語言溝通能力、自我控制能力、主動學習能力、需要依賴外在控制的重度心智障礙兒童來說，是非常合適的方法。

行為改變技術一詞中的「行為」並非限定於動作上的行為，事實上它除了一般所說的呈現出動作的行為之外，尚包括認知概念的學習行為。亦即行為改變技術不但可以矯正不良的適應行為，主要還是在增進適應的功能，使個體更進步、更幸福。

行為改變技術的各種原理（提醒、逐步、連鎖、逐減敏感、相互抵制、類化等原理）與方法，均可使用於重度心智障礙的學生身上。不過，任何原理都要在區辨增強策略的架構下實施。區辨增強策略與各原理間的關係可以說：區辨增強的架構需要各原理的支持或組成，而各原理則要在區辨增強的架構下才能獲得真正的效果。因此，區辨增強策略是行為改變技術的中心策略。

不過，在實施增強策略之前，需要先了解行為的功能，亦即掌握了行為的功能，才能確定使用何種原理、策略介入。因此本章第一節先談行為功能的觀察與分析，第二節談區辨增強的方法，第三節談重度心智障礙兒童適用的區辨增強中，因行為內容的差異所應用的各種原理——逐步養成、連鎖增強、類化、相互抵制、逐減敏感及提醒等原理。

第一節　行為功能的觀察與分析

大部分重度心智障礙的兒童都有溝通障礙，因而若有所要求或拒絕時，往往無法充分的表達或用錯誤的表達方式，譬如使用哭鬧、自傷、發飆、

拉扯等方式。為了解決重度心智障礙兒童的問題，我們必須先設法了解問題行為的功能，才能依據功能指導其適當的表達方法。

不過，要注意的是：重度心智障礙兒童也許用一種或數種行為表達一項功能，但也可能是一種行為包含了數項功能。因此，在分析時不能忽視這一點，否則輔導時會錯失了方向。

要了解行為功能的觀察方法有兩種，一種是設定情境觀察法，一種是自然情境觀察法。兩種方法可以獨立分析，也可以相互印證觀察結果的正確性。這兩種方法均可適用於具有溝通障礙的兒童，不必說明，只觀察其呈現的行為就可以推論。

一、設定情境觀察法

設定情境的觀察方法可以依照觀察者設定的情境來比較各情境間的差異，而推論出行為的功能、目的是什麼。譬如：要解讀重度心智障礙兒童自傷行為的功能，則可以設定如下的情境來觀察，透過比較自傷行為發生頻率或嚴重性，先取最大與次大的兩項，重做一次確認，即可知道功能是什麼。

舉例來說，下面五個情境的功能分別為無聊、自我刺激、要求注意、拒絕指令、懼怕噪音。

1. 在安靜的、空無一物的室內。（無聊）
2. 在安靜的、擺滿偏好玩具的室內。（自我刺激）
3. 在安靜的、擺滿偏好玩具、母親閱報的室內。（要求注意）
4. 在安靜的、擺滿偏好玩具、母親指導其玩玩具的室內。（拒絕指令）
5. 噪音很大、擺滿偏好玩具的室內。（懼怕噪音）

情境的安排可分兩種，上面的 1～3 項是情境因素的逐步增加，而 2 與 5、3 與 4 是情境因素的置換。

二、自然情境觀察法

自然情境觀察法也就是一般所說的 ABC 行為功能分析法。A 為前提事件（Antecedent），B 為行為（Behavior），C 為行為後果（Consequence）。凡是行為的發生均有其前因，亦會造成後果。前提事件、行為及行為後果間的關係如圖 2-3-1 所示。

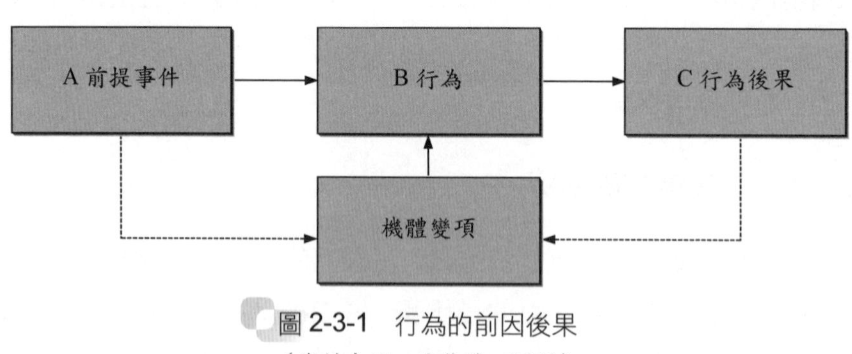

圖 2-3-1　行為的前因後果

（資料來源：陳榮華，1993）

其前因即為前提事件，即因某種原因導致此行為的發生。如果我們可以知道行為發生的原因，則我們可以控制情境，使該因素不發生，則行為就不會發生。譬如一位怕噪音的重度自閉症者，一旦處於噪音的環境中（老舊的交通車或電視機的聲音）就會痛苦得敲打發聲體或自己的臉頰；一位占有慾極強的精神患者，照顧他的護士去處理其他病患的時候，他就發飆摔桌椅等。但是，並非所有的孩子都有相同的反應，這會因人而異，此即機體變項（organismic variable）。譬如甲聞到臭豆腐的香味即趨前購買，而乙可能聞之掩鼻離開，因個人差異而有不同的反應。

行為之後必有後果，譬如說孩子發飆之後可能會被大人處罰或獲得安撫等。此大人給予的處罰或安撫即為大人的處理方式，但是，這個處理方式是否有效，則會因個體的不同而有不同的效果。某甲因受安撫而平靜下來，而某乙雖受安撫仍舊持續發飆，其原因可能是目的不在於想獲得安撫。還有要考慮的是，小孩發飆的原因若是想要獲得大人的關懷，則此安撫將會使發飆的頻率增加。

另外，透過這個觀察記錄，還可以發現不適當行為發生的先兆，在先兆發生時立即處理，則可消極的阻止不適當行為的發生。譬如有個二十八歲的極重度自閉症成人，在悶熱的情境中總會脫光衣服躺臥地上，而且每次要脫光衣服時右手會先抓衣領，然後脫衣。此時若加以喝止，他即會把手放下而停止脫衣的動作。

從上可知，前提事件、行為、行為後果及機體變項間是息息相關的。因此，我們可以透過這個行為功能分析的方法了解重度心智障礙兒童的行為功能，然後依其功能分析結果來控制情境，以避免此問題行為的發生，以及檢討大人的處理方式是否適當。

行為功能分析之前，需要將前述的前提事件、行為、行為後果加以記錄。記錄的方法可以利用表 2-3-1 來記錄。記錄的方式採隨機取樣，即行為若發生，則無論是被期待的、良好的行為或非期待的、不適當的行為均要加以記錄。至少連續記錄 20 次以上，以增加判斷的可能性、正確性。

表 2-3-1　隨機取樣記錄行為的前提事件、行為及其後果

	A 前提事件		B 行為	C 後果	
NO.	日期時間	情　境		處　理	結　果
1					
2					
.					
.					
.					
20					

記錄被期待的、良好的行為之目的在於發現怎樣的情境、增強物可以引起良好行為；而記錄非期待的、不適當的行為則在了解怎樣的情境、刺激之下會發生不良行為。這些結果可以作為往後設計輔導方案時的參考。

記錄時要將各欄位詳實填寫。

1. **序數**：依發生順序記錄。
2. **日期時間**：如果行為發生頻率很高，如一小時發生數次，則最好記錄到發生的「分鐘」，若一天才發生一次則記錄發生的「時」即可。
3. **前事情境**：描述行為發生時的情境。記錄行為係在什麼情況下發生，譬如：被要求寫作業的時候、教師正在板書、教師正在指導其他學生等具體的情境。情境的描述越具體則分類越精細，也就越容易比較不同情境的影響。反之，像是「在教室」的描述就太空泛，無法掌握真正的情境因素。另外，在記錄時千萬不要將個案正在做什麼事記錄在情境中，如：「個案正在睡覺」這不是情境的內容。
4. **行為**：描述出現的行為，無論是被期待的行為或非期待的行為均加以記錄。
5. **後果**：描述行為發生後照顧者是怎樣處理。
6. **結果**：描述經照顧者處理後，個案所呈現的行為如何。
7. **成效**：判斷照顧者的處理方式是否有效。處理後無效，顯示該處理方法不適當，但有效時也不一定是正確的處理方法，因為有些處理方法會帶來後遺症。譬如給糖吃就不哭了，表面上看是有效，但會帶來後遺症——以後要糖吃就用哭來要脅。

表 2-3-2 是觀察記錄的例子。紀錄分析是臺灣師範大學特教系大三學生楊子萱、翁佩儀、高文璿、彭震、胡瀚勻五人將個案林○○在連續兩節課中的情形記錄下來，以及他們的分析（表 2-3-3 及表 2-3-4）。

表 2-3-2　林○○的行為功能觀察記錄

	時間	行為發生情境	行為	教師處理	結果（個案行為）
1	8:10～8:27	早自習時間到運動房跑跑步機	跑步、回頭張望	忽略	繼續跑步
2	8:27～8:34	從運動房移動至教室	咬手	忽略	繼續此行為
3	8:34	準備上體育課	咬手	拿個案喜歡的書給個案看	翻書，停止咬手
4	8:35～8:39	教師指導其他同學	翻書、咬手	忽略	繼續此行為
5	8:39～8:40	教師指導其他同學	邊看書邊咬手	忽略	繼續此行為
6	8:40～8:42	教師指導其他同學	咬手或抓腳	口頭制止並幫個案翻書，將個案注意力拉回書中	停止咬手和抓腳，但老師一走又開始重複此行為
7	8:43～8:44	教師指導其他同學	抓腳、伸舌頭	忽略	繼續此行為
8	8:47	教師指導其他同學	抓耳朵並將目光轉向老師	忽略	繼續此行為
9	8:48	教師指導其他同學	咬書	口頭制止	停止咬書
10	8:49	教師指導其他同學	咬手	拍個案的手	停止咬手，拿老師的手拍書本
11	8:50	教師手移開	拉老師的手	讓個案拉	一起拍書
12	8:53	教師手移開	看著老師咬手	把個案的手從嘴裡拿開	停止咬手
13	8:54	教師手移開	看著老師叫並抓下體	口頭制止並把個案的手拿向書本	停止此行為
14	8:55	教師指導個案	開心、想玩同學玩具	叫個案做仰臥起坐	聽從老師指令

表 2-3-2　林○○的行為功能觀察記錄（續）

	時間	行為發生情境	行為	教師處理	結果（個案行為）
15	8:56	教師指導個案	不做仰臥起坐	搔癢個案	起來做仰臥起坐
16	8:59	仰臥起坐結束	抓下體	口頭制止並叫他注意書中的人物	做完最後一下心情很開心去拿書
17	9:00～9:06	教師指導其他同學	摸下巴	忽略	繼續此行為
18	9:08	教師指導其他同學	被同學擠，移到旁邊	老師把他帶回座位	回位子看書
19	9:09～9:13	體育課結束，在座位休息	咬手指	忽略	繼續此行為
20	9:15	準備上課	咬手指	忽略	繼續此行為
21	9:16	準備上課	咬手指、摳耳垂	忽略	繼續此行為

（一）行為與其發生情境的分析

從表 2-3-2 的行為觀察記錄表可知，各種行為出現的情境可分為兩個：(1)個案沒事做時；(2)教師指導個案時。而行為的種類有四個：(1)咬手指；(2)摳耳垂；(3)抓下體；(4)抓腳。各個情境所發生的各種行為之次數及百分比如表 2-3-3。

表 2-3-3　各種情境與出現的各種行為次數及百分比

情境	咬手指（%）	摳耳垂（%）	抓下體（%）	抓腳（%）	總計（%）
個案沒事做時	10（67）（100）	2（13）（100）	1（7）（50）	2（13）（100）	15（100）（94）
教師指導個案時	0（0）（0）	0（0）（0）	1（100）（50）	0（0）（0）	1（100）（6）
小計	10（62.5）（100）	2（12.5）（100）	2（12.5）（100）	2（12.5）（100）	16（100）（100）

由表 2-3-3 可知，除了抓下體次數較少以外，其他行為都是當「個案沒事做時」出現得比較多，推測可能是由於教師沒有對個案下達指令時，個案不知道要做什麼，便出現這些行為來自我刺激。

當個案沒事做時，最常出現的行為是咬手指（10 次，67%），其次是摳耳垂及抓腳，但次數明顯較少。咬手指行為的出現可能是因為無聊而出現的自我刺激，此行為在教師指導個案時，讓個案有事情做，便不會出現。可見，個案問題行為的出現與否，與教師是否有指派事情及個案是否有事做有關。

（二）教師處理方式及個案反應的關係

教師處理方式分為：忽視、口頭制止、轉移注意焦點。

1. 忽視：教師繼續上課指導其他同學。

2. 口頭制止：命令個案停止問題行為，並拉個案回座位坐好。

3. 轉移注意焦點：給予個案最喜歡的故事書並指示個案注意書中的人物（公主）。

各種處理方式及其結果的次數和百分比如表 2-3-4。

表 2-3-4　各種處理方式及其結果次數和百分比

	忽視（%）	口頭制止（%）	轉移注意焦點（%）	總計（%）
繼續原本行為	8（100） （100）	0（0） （0）	0（0） （0）	8（100） （44）
停止原本行為	0（0） （0）	4（40） （100）	6（60） （100）	10（100） （56）
總計	8（45） （100）	4（22） （100）	6（33） （100）	18（100） （100）

由表 2-3-4 可知，教師處理方式以「忽視」最多，共 8 次，達 45%。「口頭制止」及「轉移注意焦點」都能使個案停止原本行為，其中「給個案故事書」雖能減少個案的行為，但個案還是會一邊翻書一邊咬手，所以

效果不佳。

（三）行為分析結果

其行為功能屬於自閉症的自我刺激行為。

（四）輔導策略

1. 發展用手操作的替代性行為，使個案因操作的學習活動而減少咬手的行為。
2. 提供個案有興趣的操作性活動的學習。
3. 當個案有任何適當行為時，即給予增強。

第二節　區辨增強的方法

所謂區辨增強，係從輔導者的立場而言，若從學習者的角度而言，就是區辨學習，利用區辨、比較去學習、認識不同的概念和行為；就輔導者的立場而言，就是區辨增強，亦即透過區辨操作讓受操作者學習、認識不同的概念、行為。其操作模式如圖 2-3-2 所示：首先要控制情境，以誘發被期待的行為，一旦被期待行為出現即加以增強，非期待行為（原有行為、錯誤行為）出現時則加以忽視。學習者為了獲得增強就要做出被期待的行為，其頻率也就跟著增加；而另一方面非期待的行為則因被忽視而未能獲得增強，非期待行為的出現頻率自然減少。整個區辨增強的操作程序為：情境控制→行為出現→增強或忽視的操作。

筆者為了訓練小狗 Rich 養成在廁所小便的行為，因此到寵物店購買了兩種藥劑，一種是忌避劑，一種是引便劑。前者味道會使狗逃避開，而不會在該處小便，因此噴灑在狗喜歡小便的牆角、沙發椅下、電視機桌腳等，以阻止小狗在該處小便的行為；後者的味道則會引發狗做出小便的行為，

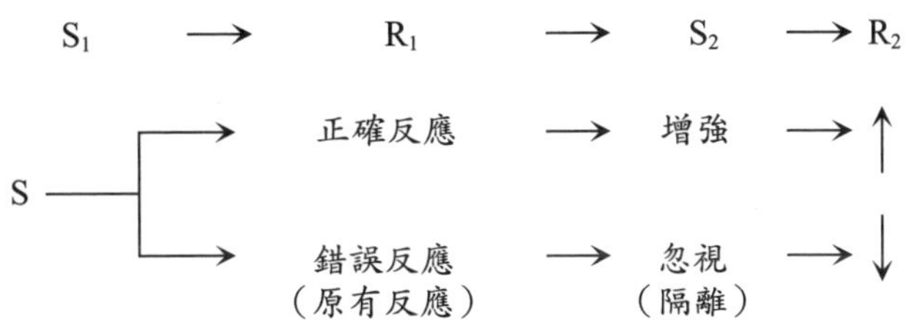

圖 2-3-2　區辨增強的操作模式

註：S 表刺激，R 表反應。

因此在廁所地板鋪上報紙，然後在報紙上噴上引便劑，狗不小心走進廁所因被引誘而做出小便的行為。不過，幾乎所有寵物店的老闆或狗醫生均告訴我，很多飼主反應說這兩種藥劑無效。之所以失敗是因為這些飼主不知道區辨增強的策略，而導致兩種藥劑未同步使用，且在狗成功在廁所小便時未加以增強之故。有關後半段的增強，每當 Rich 成功時，筆者及家人均會用強烈的稱讚：「Rich 好乖，會在廁所尿尿！來！這塊肉肉給你！」來增強牠。忌避劑與引便劑的使用是製造狗成功（在廁所小便的行為）的機會，亦即情境的控制。而後半段的處理，若狗成功的在廁所小便則加以增強，相反的若在原來的地方小便則加以忽視。如此操作之下，狗便會知道該在何處小便才可能獲得增強物，一段日子之後，狗便養成了在廁所小便的習慣，此後，情境的控制即可撤除，增強物的提供也可逐步漸進的減少（請參見附錄 2）。

一、情境控制

大家都知道孟母三遷的故事，也都知道環境會影響孩子的行為。孩子會受周遭環境的影響，而做出與周遭一致或類似的行為。譬如將孩子放在圖書館，則孩子會去觸摸架上的書籍，甚或翻閱書籍；將孩子放在堆滿積木的小房間（無其他刺激），則孩子會主動去觸碰積木；在孩子書桌上或身邊擺著放大鏡或顯微鏡，孩子自然會利用放大鏡或顯微鏡去探索微小的世界。蒙特梭利的教具也是利用如此的原理，提供孩子自由、自主的學習。

家長們經常犯了一個錯誤，電視連續劇要開始播放時，對孩子說：「去！去！去讀書！」然而父母自己卻沉迷於電視劇，在如此的情況之下如何要孩子專心讀書？要求孩子要彬彬有禮，說話要溫文儒雅，但父母自己卻是言行粗暴，在如此情況之下如何要孩子表現得知書達禮呢？因此，我們要控制情境，以誘發期待的行為，並使期待的行為的頻率逐步增加。

情境的控制主要目的在於積極的誘發、提醒被期待的行為的出現，亦即提供個案成功的機會，同時消極的阻隔非期待行為的誘發因素。總而言之，所謂情境控制，就是要兒童出現什麼行為，就要布置出會出現那個行為的情境，譬如要孩子主動讀書，就要全家都讀書。

例如：小雄的父母把晚餐的安排做了一些調整，所以小雄不會輕易的溜開。他爸爸要等到他媽媽把飯菜都準備就緒才把小雄帶到飯桌來，小雄一上桌就可以吃飯而不必乾坐等待。同時，小雄的椅子放在牆角，所以比較不會說走就走。但最重要的是在吃飯的時候給他適量的注意和照顧（施顯烇，1995）。

在操作的初期，個案的失敗仍是需要的，因為個案發生了失敗才有機會告訴他什麼是錯誤的（因被忽視而得不到增強物）。因此在情境的控制上要能夠使個案大部分能得到成功，少部分得到失敗才有效。譬如指導小孩下棋的時候，要使小孩獲得大部分的勝利，才能產生成就感，部分的失敗可以引發不服氣的氣勢及檢討的行為，在兩者的交互作用之下，強烈繼續學習的動機才會被誘發。相反的，若是完全成功，則兒童會覺得太簡單而失去挑戰的鬥志，若是大部分失敗或完全失敗則又會造成嚴重的挫折感而不願再學。因此，成功、失敗的比率控制是很重要的，雖然沒有研究顯示兩者比例為多少，但一般而言，大約是八成成功、兩成失敗的比率最能誘發學習的動機。

另外，教養者的觀念與做法也是情境控制的一部分，這個觀念與做法就是教養者必須以正面的態度、正面的看待孩子，亦即正視孩子的優點。當教養者能夠正面看待孩子時，即會發現孩子的許多優點，教養者的心情不但獲得改善，增強孩子優點的機會也會增多，增強行為也會增加。另外一方面，因為正面看待孩子，所以對於不良適應行為的注意力也跟著減少，負面的處理方式也隨之減少。

然而，一般心智障礙孩子的父母、教師，對於心智障礙的孩子的觀察往往是注意到孩子的缺點，而未注意到孩子的優點，這點對於教養效果產生極其負面的影響。筆者經常要求照顧者說出個案的優點，但他們往往思考了半天，然後才說：「他很貼心啦！不過……」因而他們失去了很多增強孩子的適當行為之機會。

二、增強與忽視的操作

從很多例子可知，在處理問題行為時，並不是把問題行為的控制作為處理策略的重點，而是在於如何控制情境以及行為發生時的處理方法。家長、教師們最大的困擾是：無論如何，嚴重的自傷行為若不遏止，在教育倫理上總說不過去。確是如此，看到嚴重的行為誰能忍心不加以遏止呢？但是，正如前面所述，情境的控制可以使被期待行為的成功率達八成，而失敗僅兩成的狀況之下才會發生非期待的嚴重問題行為，因此，這個程度應可以忍耐。如圖 2-3-3 所示，在控制的情境之下，良好適應行為的發生率由於增強的關係而逐步擴張，相反的，不良適應行為的發生率會跟隨著被壓縮至消失為止。

區辨增強策略所強調的就是當孩子出現我們所期待的行為時，即給予增強，因為出現的行為受到增強，孩子為了獲得增強物，因而出現我們所期待的行為的頻率即會逐漸增加。另外一方面因為被忽視，因此會逐漸壓

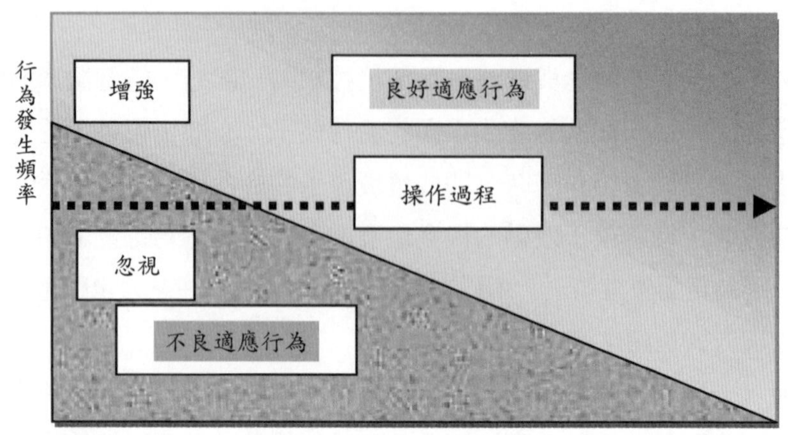

圖 2-3-3 區辨增強改善不良適應行為的效果變化示意圖

縮，最後達到只出現良好行為，而不良行為則會消失。

在某啟智學校國中部一年級的班上，實習教師正在黑板的旁邊用打保齡球（用排球打飲料罐）的活動從事知動訓練，教室後方則坐著指導教授和12位實習教師。有一位能力最好的男生不但未參與活動，而且坐在座位上，脫下球鞋拍打桌子，此後處理的過程如下：

1. 任課實習老師走到個案旁，左手叉腰右手指著個案說：「把鞋子穿起來！」
2. 個案露出喜悅的笑聲抬頭望著老師，持續的拍打。實習老師持續的要求，兩人僵持不下。
3. 指導教授下令使用忽視的手段，實習老師停止要求，但兩手叉腰怒瞪個案；個案仍露出喜悅的笑聲抬頭望著老師，持續的拍打。
4. 指導教授一面要求教學者回黑板處繼續教學，一面要求坐在後方的實習教師不得瞄個案一眼。
5. 個案一面持續拍打，一面環視全場無人注意他，教室前方又因擊倒瓶罐而傳來笑聲、稱讚聲不斷，因此只好穿好鞋往前方走去。

6. 走了數步，實習教師發現即對他說：「來！換你了！」個案因能力甚佳一擊全倒，因而獲得全場的喝采。此後至下課未再干擾。

上例的 1、2、3 項顯示個案的行為乃在要求他人的注意，而 4、5 項乃在控制情境，使其行為不但得不到任課老師的注意，也得不到其他實習老師的注意，同時教室前方的嬉笑聲又在誘發個案的參與慾望。第 6 點則顯示個案出現適當行為時，即可得到增強。

從這個案例可知，情境控制之後增強與忽視的交互或同步運用是有效的，並非懲罰不可。因此，教養重度、極重度心智障礙者時，很重要的是當其有良好適應行為出現時應加以增強，但當其出現不適當行為時要加以忽視。

區辨增強並非只限於良好行為的培養，對於重度、極重度心智障礙者的認知概念學習，也需要透過區辨增強的策略來增進他們的學習。譬如指導兒童了解「長度」的概念時，可以用長棒跟短棒並排呈現（長棒的長度要為短棒長度的兩倍以上——最大對比原理）（邱紹春、井田範美，1985），然後要求兒童：「長的棒子給老師！」此時為協助兒童能夠順利成功，指導者可以一手壓著短棒，一手攤開手掌放在長棒的前方，當兒童取短棒時，則手用力壓緊使兒童無法拿取，指導者忽視其行為；當兒童取長棒時，則立即接過來，並且一面說：「對了，這是長的棒子！」一面給予增強物。如此在協助下反覆的教學，依照學習狀況逐步撤離協助的量，直到完全建立「長」的概念為止。

三、增強物的運用與增強方式

在重度、極重度心智障礙者的輔導上，增強物的運用是極其重要的手段。使用增強時應注意增強物的選擇、增強量的控制以及增強方式的運用才會有效。

（一）增強物的選擇

每一個個案的偏好多多少少都會有所差異，有些就非常特殊，譬如：一個腦額葉萎縮的三歲小男孩他只愛看空中飄動的肥皂泡；一位快樂症候群的十歲女孩喜歡大人一面發出「砰」的聲音，一面拿東西輕碰其臉頰（請參見附錄3）；一位黏多醣症的九歲男孩唯一的偏好是八仙果；一位自閉症的十六歲男孩整日玩弄他的電視音樂盒。

但通常而言，一般的重度、極重度心智障礙者對於葡萄乾、小饅頭、泡芙、洋芋片都非常喜愛。

另外，重度、極重度心智障礙者也會有些偏好的活動，譬如將球塞入縫中、喝水等，我們可以利用其偏好的活動作為增強物以培養新的興趣，最後替代掉原有的偏好活動。

（二）增強量的控制

增強量的控制對於增強效果有很大的影響，如果量太大，則一下子就滿足了，會影響到後續活動的反應動機；如果量太少則又無法感受到增強物的滋味，也無法誘發動機。一般而言，葡萄乾、小饅頭、泡芙的話，一次一顆剛好，而洋芋片則四分之一片較恰當。

有很多家長反對使用食物作為增強物，其原因不外乎兩個，一個是怕孩子發胖，一個是像在訓練動物不夠人性。這一點要讓家長了解，這是輔導初期不得已的方法，一旦孩子進步之後會透過延宕增強的方式，逐步撤離食物的增強物。而有關傷害人性尊嚴的問題，這也是輔導初期的必要歷程，一旦能力有所發展之後，個案將更能自由的享受人性的尊嚴。

（三）增強方式

1. **立即增強**：個案完成要求行為後應立即給予增強，給予增強物時勿做其他活動，如故意晃動增強物捉弄個案等，這些活動會模糊了增強的目的，也就是個案會不易認知到係因前面的適當行為反應而受增強，反而將注意力轉到被捉弄的活動上，因而失去了增強的意義。立即增強的目的主要是要讓個案快速的理解到反應行為與增強物之間的關係，也就是建立反應行為與增強物之間的連結。另外，要注意的是：增強物的給予一定要由主教者，而不是協同者或旁人給予。由主教者給予的話，較容易建立反應行為與增強物的連結。

2. **延宕增強**：一旦增強物與反應行為產生連結成熟之後，可以改用延宕增強的方式，也就是善用代幣制度（邱紹春譯，2011a）達到減少實物增強的量。使用的方法是首先在白紙上畫 5 個空格，當完成一個反應，就讓個案在格子內畫個圈或塗鴉，5 個格子都滿了就給予增強。如此，逐步增加格子的數量，如從 5 格開始，然後 10 格、15 格……，到最後完全撤除為止。但在增強時要注意的是，除了：(1)要告訴個案：「你答對了，這是……」；(2)還要搭配社會性增強，如：「你好棒！」在逐步撤離食物增強之際，也要透過成就感來建立社會性增強的效果。
3. **不為增強物所動的個案，其增強物的給予方式可以稍做改變**：因為每次活動為 10 回合，因此可以把 10 顆小饅頭放在紙盤上，每做完一回合即讓他自取一顆。如此，個案可以明確的知道還要做多少次，達到預告的效果。

四、忽視的善用與懲罰、威脅的禁用

一個最愚笨、最沒耐心的教師才會使用懲罰、威脅的手段，因為他們認為懲罰、威脅可以帶來立即的效果，因此以為是最好的方法。殊不知，懲罰、威脅會帶來極為嚴重的後果。重度、極重度心智障礙者由於認知與溝通的限制而無法滿足生理、心理的需求，因此一直處在焦慮的狀態之中，如果使用懲罰、威脅的方式將使他們更為焦慮，不但無法做出適當的反應，反而做出更嚴重的不適當反應，形成一個惡性循環。

重度、極重度心智障礙者的暴力行為發源於兩個因素：

1. **照顧者的逃避**：由於重度、極重度心智障礙者得不到生理、心理的需求，因而做出不適當的行為反應，此時，照顧者若立即滿足其需要，則讓重度、極重度心智障礙者學到，只要做出該不適當的行為就可以獲得滿足。久而久之，該不適當行為就頑固的一再呈現。
2. **暴力教養**：照顧者對重度、極重度心智障礙者有所要求時，由於重度、極重度心智障礙者不願順從又無法解釋不願順從之原因，導致照顧者使用暴力的方式要求其順從以滿足照顧者的要求。其實，重度、極重度心智障礙者也會模仿照顧者的暴力行為來要求對方以獲得所需。注意！當重度、極重度心智障礙者出現不適當行為時，切勿使用處罰的方法，否則：(1)不但造成當時親子、師生間的情緒問題，尤其重度、極重度心智障礙者的情緒將變得更嚴重，不適當行為也跟著更激烈，親子、師生間的情緒問題變成惡性循環；(2)心智障礙的學生模仿了大人錯誤的問題解決方法，到了青春期將出現難以控制的挑戰性行為。因此，重度、極重度心智障礙者的暴力行為可以說是由於教養方法的錯誤所培養出來的，並非重度、極重度心智障礙者天生就會有暴力行為。

為此，當重度、極重度心智障礙者做出不適當行為時，唯一最適當的處理方式就是「忽視」。因為忽視，使重度、極重度心智障礙者無法如願，進而放棄不適當的行為，又不會因為模仿而造成後遺症。

不過，執行忽視時要注意：除了視覺的忽視以外，聽覺的忽視與觸覺的忽視也要同步確實實施。所謂視覺忽視是連瞄一眼都不瞄個案，聽覺的忽視是不談個案的相關事情，觸覺的忽視是與個案之間的空間間隔要夠，最好中間尚有其他同儕的存在。

然而，在執行忽視時也要注意個案的安全，為了達到忽視的效果，又要注意個案的安全，因此輔導者要善用眼角餘光來監視個案的安全，以便如有跳樓的危險行為發生時得以適時制止。

第三節　區辨增強過程中相關原理的應用

在實施區辨增強的過程中，需要一些相關的原理來協助完成。區辨增強策略只是一個模式，要發揮其功能則需要依照行為的特性，套上適當的行為原理才能竟其功。首先，在情境控制時，需要利用提醒的原理來增進成功率。而在引導行為改變方向的增強、忽視過程中則需要逐步養成原理、連鎖原理、類化原理、逐減敏感原理等來改變要求的水準，或是相互抵制的原理建立替代行為或相互抵制行為來消除不良行為。現就分別說明各原理的意義、操作模式及其實施要點。

一、提醒策略的運用（邱紹春譯，2011b）

（一）意義

提醒（prompt）可以提供成功的機會，減少失敗的可能性，也就是提供增強的機會，使增強獲得效果。暗示、協助也是提醒的方式之一，其目的相同，只是用詞不同而已，因此，筆者將提醒、暗示、協助用「提醒」一詞代表之。

很多父母或教師因為執行失敗，因而認為行為改變的策略無效，檢討無效的因素可以發現：他們只知道要跟孩子訂契約，以為只要定了契約，然後依契約執行即可成功。殊不知兒童的情緒、周邊情境的刺激等，往往干擾兒童履行契約的可能性。這些干擾常會使兒童失敗，導致其後因不可能再成功而放棄繼續努力。譬如跟孩子訂契約：「放學回來後要把書包掛放到書房的掛鉤上，若一週五天均達成，則週末帶你去動物園玩。」然而某一天在學校發生極為有趣的事，孩子回到家因急著要與母親分享，而把書包丟在沙發上。結果契約失敗了，此後幾天他還有把書包掛好的動機嗎？為了避免這種現象的發生，我們可以在他最常丟書包的沙發椅背上貼上：「書包掛好」的文字或書包掛在掛鉤上的圖形作為提醒，讓孩子因提醒而成功並得到增強，最後養成良好習慣。

（二）操作模式

實施提醒的時機不是訂定契約的時候，而是在行為即將發生之前，以防止行為的發生。譬如十字路口的小綠人，走在行人穿越道的人均可看見，在換成紅燈之前 10 秒即改為快步行走的圖樣，以提醒行人快速通過，免得變紅燈時還在路口上而造成危險。

提醒的方式有口語、聲音、文字、圖畫、材料、示範與肢體協助等。

1. 口語：口語的提醒執行時分成三個步驟：事前約定、事前提醒、事後增強。譬如週末假日要帶孩子去動物園，但是傷腦筋的是，孩子一進入動物園就會亂跑而容易走失。為了避免孩子亂跑，第一步在家裡跟孩子訂契約：若今天整天會跟在媽媽身邊，則回家前可以買一隻孩子最想要的無尾熊布偶。第二步在進入動物園門口前，提醒今天的約定。這一步非常重要，避免孩子一進動物園就高興得忘了約定。若是整天，在中餐之後也要再補充提醒，免得時間太長而忘了約定。第三步離開動物園時買一隻無尾熊布偶作為獎勵。

筆者曾在治療一位具有重度心智障礙、且有習慣性嚴重吸手指頭行為的小男生時，以冰棒為增強物，條件是一個早上連續四節課不吸手指頭。實施過程中使用拍其手及口語提醒：「你不要吃冰棒了嗎？」改善了習慣性嚴重吸手指頭的行為。因其已是習慣性的行為，不知不覺的就會把拇指放進口中吸吮，雖曾經被捆於椅子或塗抹辣椒油、白花油等數年無效，然經過提醒而達成了自主的控制、改善，可見以提醒協助兒童達成目標是多麼重要。

2. **聲音：**聲音的提醒可以使用鈴聲、音樂或計時器的震動均可。這種提醒的方法是最常被使用的，像是早上使用鬧鐘叫醒的方法、學校上下課的鐘聲等。對於注意力不能集中的學生，可以依據其專注時間的長短，在分心前出現短暫的音樂、鈴聲或震動提醒其要專注。

   腦額葉損傷或萎縮的兒童常常缺乏行為動機，總是一個命令一個動作，但大人無法一直在其旁邊，譬如：可以把洗澡的程序依照動作需要的時間錄下動作的指令，然後在其洗澡時播放以代替大人的提醒。

3. **文字：**對於已看得懂文字的兒童或成人，可以用文字張貼於行為發生前一定會看到的地方來提醒。如：冰箱門把邊貼上「剩菜先吃」，以避免忘了把剩菜吃掉而過期腐壞；沙發椅背貼上「衣物歸位」，以提醒把衣物掛好不亂丟；門把旁邊貼上「攜帶鑰匙」，以免出門忘記帶鑰匙等。家中老人容易用了瓦斯而忘記關，為了避免發生危險，可以在瓦斯爐前面貼上「開瓦斯時不能離開」之警語。

4. **圖畫：**圖畫很容易傳達提醒事項，交通標誌就是其中一例。圖畫如同文字提醒，要出現在行為發生前一定會看到的地方，如：行人穿越道旁的小綠人。

5. **材料：**物件材料也可以透過巧思，做出提醒的效果。例如：高爾夫球桿或球拍把手上的手指凹槽提醒正確的握法；國字練習簿的凸線提醒寫字不要超出格子；書法練習簿上的文字筆畫箭頭提醒書寫的筆順；使用砂紙割成的字型提醒文字的寫法。

6. **示範與肢體協助：**就指導者的立場而言，示範就是將肢體動作分解，然後一步一步的做出動作，讓學習者模仿並做出要求的動作。就學習者而言，就是模仿的學習。模仿的學習對重度、極重度心智障礙者是一個非常重要的學習方法，重度、極重度心智障礙者的語言、動作都需要依賴模仿習得。但是，即使只是模仿一個簡單的動作，卻也非常困難，因為重度、極重度心智障礙者的注意、短期記憶、認知理解有很大的困難。

為此，提高重度、極重度心智障礙者的模仿學習效果，在要求其模仿的同時，需要肢體的協助、觸覺的提醒、視覺性動作的暗示。這三者都是協助重度、極重度心智障礙者很容易成功完成要求的方法，只是協助的量與方法不同而已。

(1)肢體的協助

在此肢體的協助就是抓著兒童的肢體做出要求的動作，譬如要求個案：「把蘋果的圖卡給老師。」這個指令雖然很簡單，但有很多重度、極重度心智障礙者聽不懂指令，此時即需要肢體的協助。如另一協同教師從兒童的背後握住兒童的手去抓取桌上的圖卡交給主教者（註：個案如有用頭敲打地板或牆壁的行為時，協助者勿立於個案身後，以免被個案的頭敲到），一旦完成即給予增強。這個協助直到兒童手被握而不反抗，並依指令將指定的圖卡交給主教者，即可改為觸覺的協助。

(2)觸覺的提醒

所謂觸覺的提醒就是輕拍兒童的適當部位，以肢體語言告知要求的動作。譬如：要求兒童起立，則一隻手用握手法握住兒童的手，並輕輕向上拉以為暗示（引導），一隻手輕拍兒童手臂下方，讓兒童用自己的力量起立；要求兒童坐下，則輕拍兒童肩膀。要兒童向前走，則一隻手指出方向，一隻手輕拍兒童的肩胛骨暗示向前移動；若要求兒童轉向，則一隻手輕拉兒童的反向的手，一隻手輕拍兒童反向的肩臂部等。這些肢體語言在對重度、極重度心智障礙者下指令時特別有用，也就是在下口語指令的同時，給予觸覺的協助，重度、極重度心智障礙者就會了解口語指令而依令執行動作。有部分重度、極重度心智障礙者喜歡賴在地上或躲在牆角，照顧者往往用抱起來或強拉起來的方式解決，其實，這種用抱起來或強拉起來的方式正中其下懷，因為他們喜歡大人的擁抱，因此這種方法只有使其賴在地上或躲牆角的行為更為嚴重而已。若用上述的提醒，則兒童自然依令而行，而不需要花費很大的力氣卻得到反效果。

譬如下面是在一次國中特教班的訪視中的例子：

①下午三點，筆者走到生活教育教室的門口即聽到從通鋪內傳來男學生的哭聲，筆者好奇的從通鋪門望內看時，助理教師即從左側靠過來說：「這個學生從早上進校門就哭到現在。」並舉起自己的右手說手臂上的傷痕都是他咬的（意味著這個學生會咬人）。

②聽完後筆者脫下鞋子上到通鋪，默默的走到學生面前蹲下，一面伸出右手到學生的右手處，一面要求學生握手，學生被動的讓手給筆者握，當筆者用握手法握其手時，學生即停止哭泣眼望著筆者。

③然後，筆者右手往上輕提，左手輕拍其右手臂下方，並肯定的下「起立」的指令，學生如令站起。此時，筆者向上輕提的右手轉為向筆者右側，學生的前方輕拉，左手輕拍其肩胛骨，並下令「走」，學生即往前走至床緣處。

④筆者輕拍其肩膀，並下令「坐下！……把鞋子穿好！」

⑤學生穿好鞋子即如③、④要求學生至上課位置的圓凳上坐好，並將兩手置於學生的肩膀上。

⑥學生安靜就座後，突然發現站於教室對角處的助理教師從右側靠近，學生即欲起立往左側逃。待筆者輕按其肩，並命令助理教師走開，才又安靜坐好。

⑦筆者發現每個學生面前均有一紙盤上置一片土司，筆者問學生要不要吃土司，學生因無口語，以點頭示意「要吃」。任課教師即刻給予一片土司，學生也兩三口吃完土司。

在上面的例子中顯示：學生會咬人是因助理教師不知如何與該生溝通而用強拉以達目的，學生為拒絕助理教師強拉的要求，而做出咬人的行為來達到逃避的目的。可見他們兩人的溝通有了障礙。

(3)視覺性動作的暗示

「出發、過來、停止、安靜」等的手勢是一般所熟知的視覺性動作指令。在重度、極重度心智障礙者的概念學習、文字、圖卡，甚至實物二擇一的學習時，也經常要用到視覺性動作的暗示，使兒童成功的達成要求，也就是獲得成功的機會。

有關二擇一指導的協助依協助量可分為下列四個步驟：

①指導者一手按住非要求目標物的一部分，使兒童無法拿取非要求目標物，以避免兒童選錯，一手在要求目標物的旁邊輕敲桌面以為提醒。

②只用一手在要求目標物的旁邊輕敲桌面以為提醒。

③一隻手手掌向上置於要求目標物的旁邊。

④不做任何暗示。

筆者曾使用示範與肢體協助突破居住在教養院的保護個案。

個案為小一女生，無口語、具嚴重情緒問題、自己抓傷臉部、抓亂頭髮、完全無法聽從指令，極度偏愛洋娃娃，尤其越像人形者越愛，若入其手則甚難奪走；其獲得洋娃娃後即將之抱於胸前、左右輕輕搖動，就像一般母親抱嬰兒似的，不過，不到兩分鐘即會瘋狂的拉扯洋娃娃，將洋娃娃五體分屍並丟棄。照顧者將「屍體」拾回並組合好，她又立即去搶洋娃娃。

為了輔導這個個案使其學習接受指令，因此，筆者運用如圖 2-3-4 的三對一個別教學，教學流程如下①、②兩個步驟交替執行，直到個案學會規則為止。

①主教者將蘋果、香蕉（模型）置於示範者前，然後對示範者說：「蘋果給老師！」示範者拿起蘋果交給主教者，主教者一面接過蘋果說：「對了，這是蘋果。」然後將洋娃娃給示範者說：「給你玩 5 秒鐘。」示範者模仿個案抱洋娃娃的動作，主教者唱數 5 秒之後，示範者將洋娃娃交回主教者。

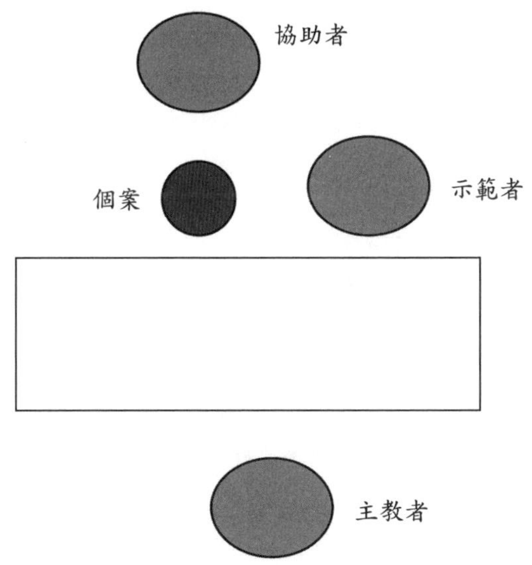

圖 2-3-4　示範與肢體協助三對一個別教學示意圖

②主教者將蘋果、香蕉（模型）置於個案面前，然後一面對個案說：「蘋果給老師！」一面一手伸至蘋果後方（靠近主教者一邊），一手壓著香蕉讓個案無法拿取香蕉，協同者從個案身後伸出手抓著個案的手，協助個案去拿蘋果並交給主教者。主教者一面接過蘋果說：「對了，這是蘋果。」然後將洋娃娃給個案說：「給你玩 5 秒鐘。」主教者唱數 5 秒之後，協同者及主教者奪回洋娃娃。

③如此反覆十數回後，個案終於理解了規則——知道把洋娃娃還給老師沒關係，等一下只要依循老師指令做就可以再玩。

上面的例子中使用了示範、肢體協助、視覺性提醒，終於使個案首次理解了人際互動的規則，並使以後的學習活動順利進行。

以上的六種提醒策略，在重度、極重度心智障礙者的學習輔導時，以口語、聲音、圖畫、示範與肢體協助的提醒最多。

二、逐步養成策略的運用

（一）意義

在發展一項新的行為過程中，連續增強與終點行為有連帶關係的一種連串反應，並逐步消弱先前發生而已不復重要的反應，一直到終點行為完全建立為止的有效學習歷程（陳榮華，1993）。

這個逐步養成（shaping）的原理在重度、極重度心智障礙者的學習輔導中用得最多。因為重度、極重度心智障礙者的能力發展極為遲緩，學習能力低劣，因此必須從起點開始，慢慢的提升其達成的標準。也就是在區辨增強的模式下逐步改變要求的標準。

（二）操作模式

逐步養成的操作如圖 2-3-5a、2-3-5b。

要提高孩子各項成績，可以運用圖 2-3-5a 的模式，譬如孩子每次考試都在 40 多分，一直都考不到 50 分以上，若要求考 80 分才可以得到增強，這種增強方式一點意義都沒有，因為孩子認為不可能做到，因此，增強物再大都無法吸引孩子的努力動機。不過，我們可以使用逐步養成的方式，逐步要求考到 80 分的水準。

首先，與孩子約定：「只要能考 50 分以上即可得賞 10 元（零用錢完全控制），50 分以下不給。」此時，孩子會覺得非常容易，因為只要努力一下就可以達成，因此願意努力達成。如此一段時間，孩子均可達 50 分以後，與孩子更改契約：「因為表現很好，都能達 50 分以上，因此要提高標準，即達 60 分才有獎金，未達 60 分則沒有。」如此逐步遞升，在孩子的努力之下，最後終能達到 80 分以上，甚至更高，孩子也因而產生內在增強物——成就感與自信心。其後即可逐步撤離增強物。

這個策略對於重度、極重度心智障礙者的學習尤其重要，對於重度、

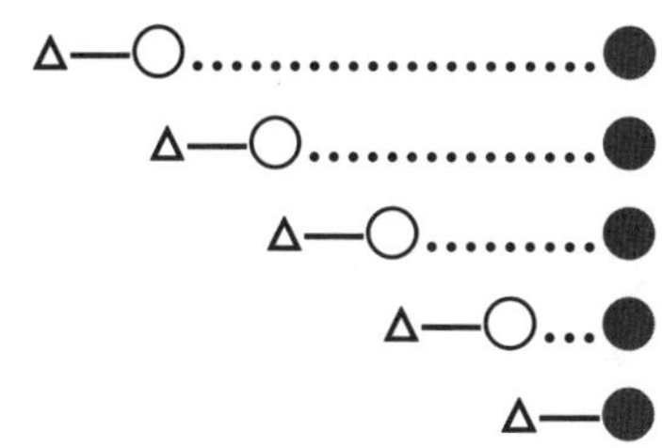

圖 2-3-5a　逐步養成的模式圖

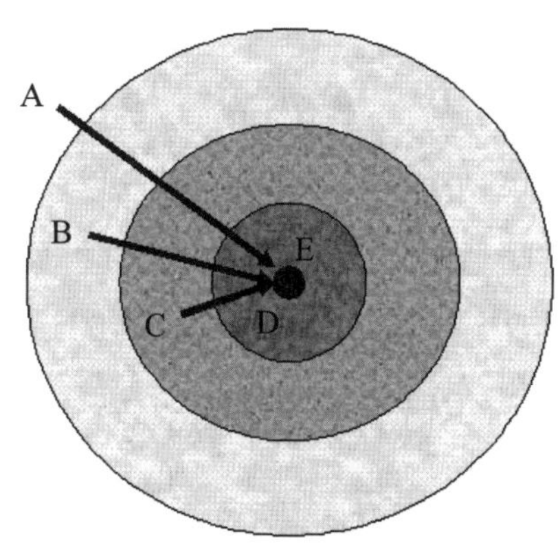

圖 2-3-5b　逐步養成的模式圖

極重度心智障礙者的學習幾乎都要使用這個策略，如圖卡認知的學習，可以從二擇一開始，成功之後逐步遞升，三擇一、四擇一……；或投球進籃的距離逐步增加等。

圖 2-3-5b 的模式可以用在訓練重度、極重度心智障礙者在廁所小便桶小便的行為。在訓練之前 50 分鐘先讓兒童喝進約 300c.c.的飲料，時間的長短因人而異，大約一小時後即會有便意，因此，在 50 分鐘後（即在任意小便前）用繩子一端綁於小便桶E，另一端則綁於兒童的腰帶。地上用色帶黏貼範圍。繩子的長度如圖所示，開始的長度如 A，如果兒童在範圍 B 以內小便，則給予增強，若在 B 範圍外則不給予增強（如本章第二節之情境控制）。數次之後，兒童未獲得增強物而選擇在 B 範圍內小便。一旦形成即將條件提高，繩子縮短如 B，並要求在 C 範圍內小便才能獲得增強，而在 A、B範圍則不給增強，如此逐步提高標準，最後即可在小便桶E的地方小便。

三、連鎖增強策略的運用

（一）意義

在發展一項新的行為過程前，由訓練者先分析工作，把複雜的工作細目化，並設計成順次有序的序目。在實施時留最後一步由學習者完成，其餘則由訓練者做好。當學習者完成最後一步時立即給予增強，依此再逐步往前推進至完全由學習者完成為止（陳榮華，1993）。

（二）操作模式

訓練重度、極重度心智障礙者穿、脫衣褲鞋襪時可以使用逆向的連鎖（chaining）操作。操作的程序如圖 2-3-6。步驟 1 時，前面的步驟「△」由訓練者協助完成，只留最後一步「○」由兒童自己完成，一旦完成即立即加以增強。如此，因最後的完成者是兒童本身，因此，兒童可以感受到被增強的滋味而提高增強的效果。若最後一步學會並熟練以後，即改為步驟 2，即倒數兩步由兒童自己完成，如此進展至整個過程由兒童自己完成為止。

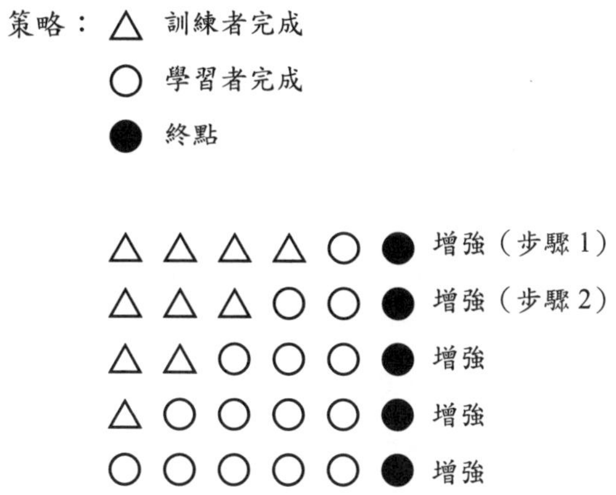

策略：△ 訓練者完成
○ 學習者完成
● 終點

△ △ △ △ ○ ● 增強（步驟 1）
△ △ △ ○ ○ ● 增強（步驟 2）
△ △ ○ ○ ○ ● 增強
△ ○ ○ ○ ○ ● 增強
○ ○ ○ ○ ○ ● 增強

圖 2-3-6　連鎖策略的操作模式

但是，有些生活片段需要一段時間，且構成因素較多者，如：從早上起床至背書包上學的一連串活動、收拾活動等，並非如上的順序進行。此類活動可以選擇較易學習的因素先訓練，然後再訓練較困難的因素，最後將所有因素全部串連起來訓練。

四、類化策略的運用

（一）意義

讓重度、極重度心智障礙者在自然情境中學習是最有效的方法，但事實上卻是不容易做到的，常常需要在實驗室內（如遊戲室）執行，但室內執行的情境跟自然情境往往差異極大。為了使在實驗室學到的能力能夠應用到自然情境，這時必須使用類化的策略。尤其自閉症者，往往換個位置都不行的情況，更需依賴類化的策略使訓練的成果類化在自然情境中。

十餘年前在某大學召開身障生參加大專聯招事宜，討論到是否開放讓全盲生參與考試時，某大醫院的復健醫師堅決反對盲生參與，其理由是：「譬如在其醫院中復健得很好的患者，一回到家就無法適應，我們設法讓盲生參加，考上了大學又有什麼用呢？」這是頗值得深思的問題。在醫院中是無障礙的環境，患者自然容易適應，但在外在的自然環境是否可能做到百分之百的無障礙呢？特殊學校是一個無障礙的環境，這個無障礙環境當然使身障生可以愉快的學習，但從學校畢業以後的生活、就業、訪友是否可能都是無障礙環境呢？我們是否要輔導其學習如何克服種種障礙的方法呢？害怕噪音干擾的重度身障生，我們是否可能永遠讓其安置在一個沒有噪音干擾的生活情境呢？我們是否要輔導其適應強烈噪音的環境呢？也就是說，在輔導的初期當然要在控制的環境中學習，然而，一旦學習動機或行為能力進步之後，就應開始學習克服環境障礙或適應干擾的能力，而不是只是一味地從事環境的改善就能滿足其需要。

（二）操作方式

類化策略的操作需要把從實驗室的情境到自然情境的中間分隔成幾個階段，越往自然情境的階段越類似自然情境；反之，越往實驗室的階段就越類似實驗情境。如圖 2-3-7 將類化情境分成 A、B，新的學習在實驗情境中執行，一旦學會之後，即移至類化情境A，然後依序至自然情境。兩個情境之間類似程度越高，類化效果越大；反之，類似程度越低則越不容易類化。

在實驗室中的教學，一般都已使用最強的增強物，這個現象會造成類化的困難，但在教學中為了效果當然使用最強的增強物。為了解決這個問題，我們可以運用增強方式來解決。

如圖 2-3-7 當實驗情境中使用 100%的連續增強，當成功率達到 100%時，即開始實施類化，企圖將在實驗室中學到的能力類化至類化情境A。此時一面在實驗室的增強方式改為不固定比率，以維持在實驗室的表現，其比率逐步下降，一面在類化情境A中使用 100%的連續增強。如此，即容易將學到的能力類化至類化情境 A 中。以此類推，逐步類化至自然的情境。

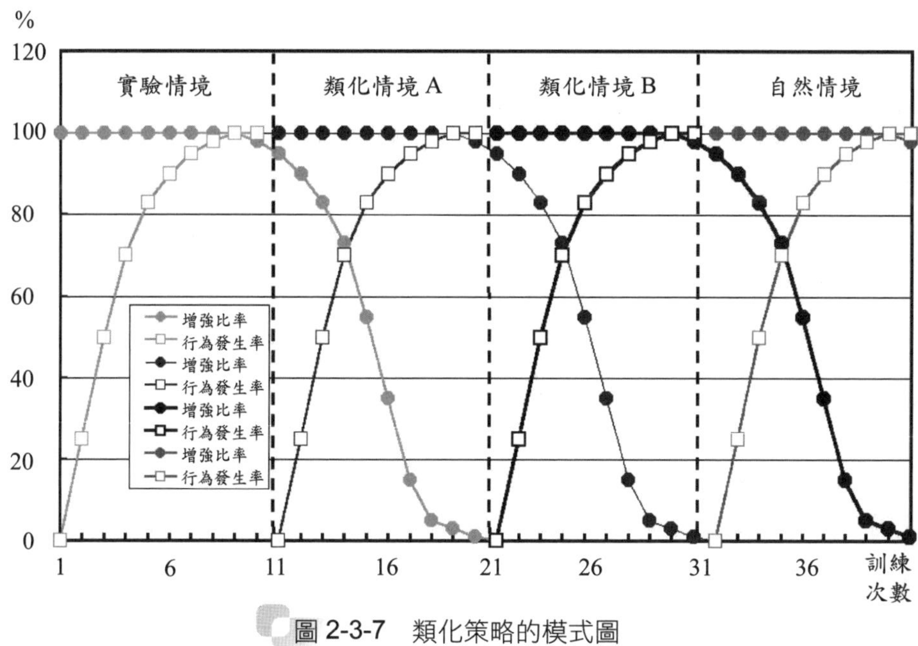

圖 2-3-7 類化策略的模式圖

五、逐減敏感策略的運用

(一)意義

逐減敏感的策略與前項類化策略的操作方式幾乎相似，只是類化是能力的類化，而逐減敏感是對某人、事、物的焦慮、恐懼逐步減低至自然的相處。如附錄 11 中選擇性緘默症的個案，透過在遊戲室的互動→在球場的互動→與好朋友的互動→郊遊中與未來導師的互動，最後進入學校綜合職能科後再逐步增加回歸普通班，到了高三時已成功回歸普通班與普通班學生互動。這一連串的操作在於逐步減低個案在學校與同儕互動的焦慮。

重度、極重度心智障礙者，一面在原始需求的驅動之下，一面又受到溝通能力的限制，造成與周遭環境的互動焦慮，又由於問題解決能力的缺乏，進而形成嚴重的情緒困擾及問題行為。因此，在加強重度、極重度心智障礙者的溝通能力及問題解決能力之外，逐步減輕對周遭環境人、事或物的敏感亦是重要的工作之一。

（二）操作方式

逐減敏感策略的操作方式與類化策略相似，只是將敏感的刺激程度從最敏感到自然接受程度分成若干水準。訓練時一樣使用最強的增強物，然後利用增強方式，從敏感度最低的水準開始，之後逐步讓其適應較高的敏感水準，最後對敏感的刺激不再恐懼為止。

有一個四歲的男孩看到筆者飼養的皮皮（吉娃娃犬）又愛又怕，另外一方面，皮皮對陌生人也非常敏感，不准陌生人接近。此時，筆者將皮皮抱起讓牠坐在腿上，並用左手圈住皮皮的脖子（情境控制），然後右手牽小男孩的手去接觸皮皮靠近尾巴的背部（最不敏感之處），再逐步往頭部方向移動，最後牽著小手到皮皮的鼻子處，讓皮皮認識新朋友。就這樣解除了兩者的互對敏感。

六、相互抵制策略的運用

（一）意義

相互抵制的原理係使用與嚴重問題行為相對抗的行為來遏止嚴重問題行為，使嚴重問題行為減少發生，甚至最後消失。譬如 2008 年 8 月 2 日中午，在臺北市國軍英雄館，中華民國唐氏症基金會成立二十週年的慶祝會——感恩表演會舞臺上，一位男孩在敲打木琴的空檔總是舔著打擊棒的棒頭，但輪到要敲的節奏時則立即拔出打擊棒敲打木琴，並擊出正確的旋律。舔棒頭及敲擊木琴即為相互抵制的行為，兩者只能擇一而為。

（二）操作方式

相互抵制的原理之操作，在於增進良好行為以替代嚴重問題行為。在增進良好行為方面可分為兩種狀況：

1. **增進已有但出現頻率很低的良好行為：**這是較易著手的方法，不過要找到此良好行為需要仔細的觀察。因此，筆者每次在如何教養子女的親職座談上，常要求家長或教師在平時即要觀察兒童，並列出至少十項兒童的優點，以增加增強兒童的機會。
2. **建立新的良好行為：**這對重度、極重度心智障礙者而言，是較難於介入的方法，因為對他們必須使用有趣且簡單就可學會的方法才有可能介入，否則會使重度、極重度心智障礙者產生更嚴重的挫折，而使學習動機更為低弱。對於此點，筆者建議使用拍手動作法可以較輕易的介入。

不過，對於嚴重自傷行為的替代行為的選擇，並非一開始即用真正的良好行為，而是先用傷害性較低的、且與原有自傷行為相類似的不良行為來替代，一旦成功之後即逐步改用傷害較輕的，最後改由真正且有意義的良好行為來替代。

例如有一位用下巴與肩頭相敲擊，且肩頭的皮膚已被敲掉而露出白骨的六歲自閉症兒童，其治療過程如下：

1. 在母親的視線正前方敲打時，母親即加以擁抱以避免持續打下去，但在非視線正前方的位置敲打時，則加以忽視甚至將視線轉至其他事物上，以減少自傷行為的發生頻率。如此操作的原因在於個案擔心母子分離，而其母又有過敏的現象，每當個案有任何搖動的細微動作，即加以擁抱以避免其自傷，因此導致自傷行為越來越嚴重；且在觀察時發現，個案在母親前面自傷時要等母親擁抱後才會停止，但在母親背後時，則只習慣性的敲打兩、三下即自動停止。
2. 經過一年的時間後，個案突然喜歡做出用腳踢地板的行為，此時即要求其母，每當個案用腳踢地板時即加以擁抱，但用下巴敲打肩膀時則加以忽視。經過一段時間的操作，用下巴敲打肩膀就被傷害較輕的腳踢地板的行為替代了。

3. 又過了兩年，個案又突然出現兩手互拍的行為，同樣的要求其母，每當個案拍手時即加以擁抱，但用腳踢地板時則加以忽視。經過一段時間的操作，拍手的行為終於替代了用腳踢地板的行為，肩頭的肉也已長回。
4. 再過兩年，個案突然用冰涼的飲料罐放置於脖子上，然後用脖子及肩夾住，個案覺得好玩，有時改用軟球（球池用球），最後兩肩各夾一罐飲料或一個軟球。
5. 國中二年級時，在級任導師的建議下，其母親嘗試強制剝奪其夾罐或夾球的行為一星期，然而，個案又恢復最早的用下巴敲打肩頭的行為。其母只好又把球、飲料罐塞回。
6. 進入高職階段之後，因夾球或夾罐的行為妨礙了職業課程的工作動作而逐漸主動放下球或飲料罐，其自傷行為終於完全消除。

Part 3

個案輔導前的準備與輔導記錄

個案的輔導工作可分為三個階段：個案輔導前的準備、輔導時的記錄以及輔導後資料的彙整與分析，並撰寫報告作為傳承或分享之用。有關輔導後的工作在各種期刊的稿約中均有描述可供參考，故本書不談輔導後的工作。

第一章 個案輔導前的準備

輔導重度、極重度身心障礙學生，在輔導之前需要從事事前的準備，事前的準備工作包括學生能力發展、情緒行為的評量及其教育需求的分析，以及教學策略、教學內容、教學流程的擬定。有了周詳的準備，才不會因嘗試錯誤導致浪費時間或不適當的處理，而使得問題更為嚴重。閱讀本章時可同時參閱附錄 4 一位自閉症兒童之案例。

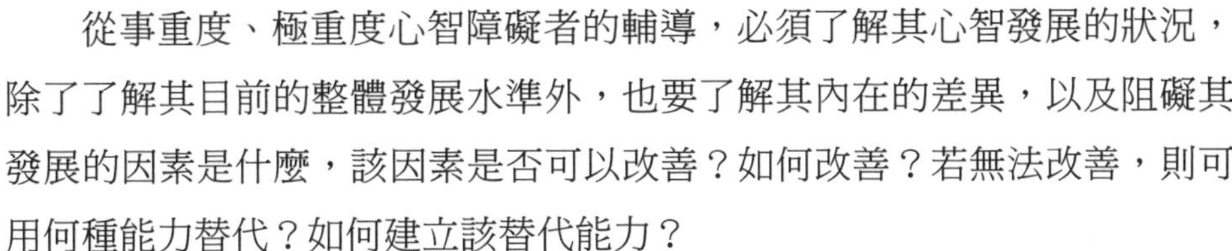

第一節　能力發展的評量

從事重度、極重度心智障礙者的輔導，必須了解其心智發展的狀況，除了了解其目前的整體發展水準外，也要了解其內在的差異，以及阻礙其發展的因素是什麼，該因素是否可以改善？如何改善？若無法改善，則可用何種能力替代？如何建立該替代能力？

要了解目前的心智發展狀況，就要評量目前的發展水準，也就是目前的基本能力的評量，其內容包括動作技能、溝通技能、認知技能、社會技能及活動表現技能（李淑貞譯，1997）。這些基本能力可以透過教育診斷的程序來獲得。重度、極重度心智障礙者的教育診斷步驟為「晤談→觀察→發展測驗、社會適應能力測驗→非正式評量→分析」（圖 3-1-1）。

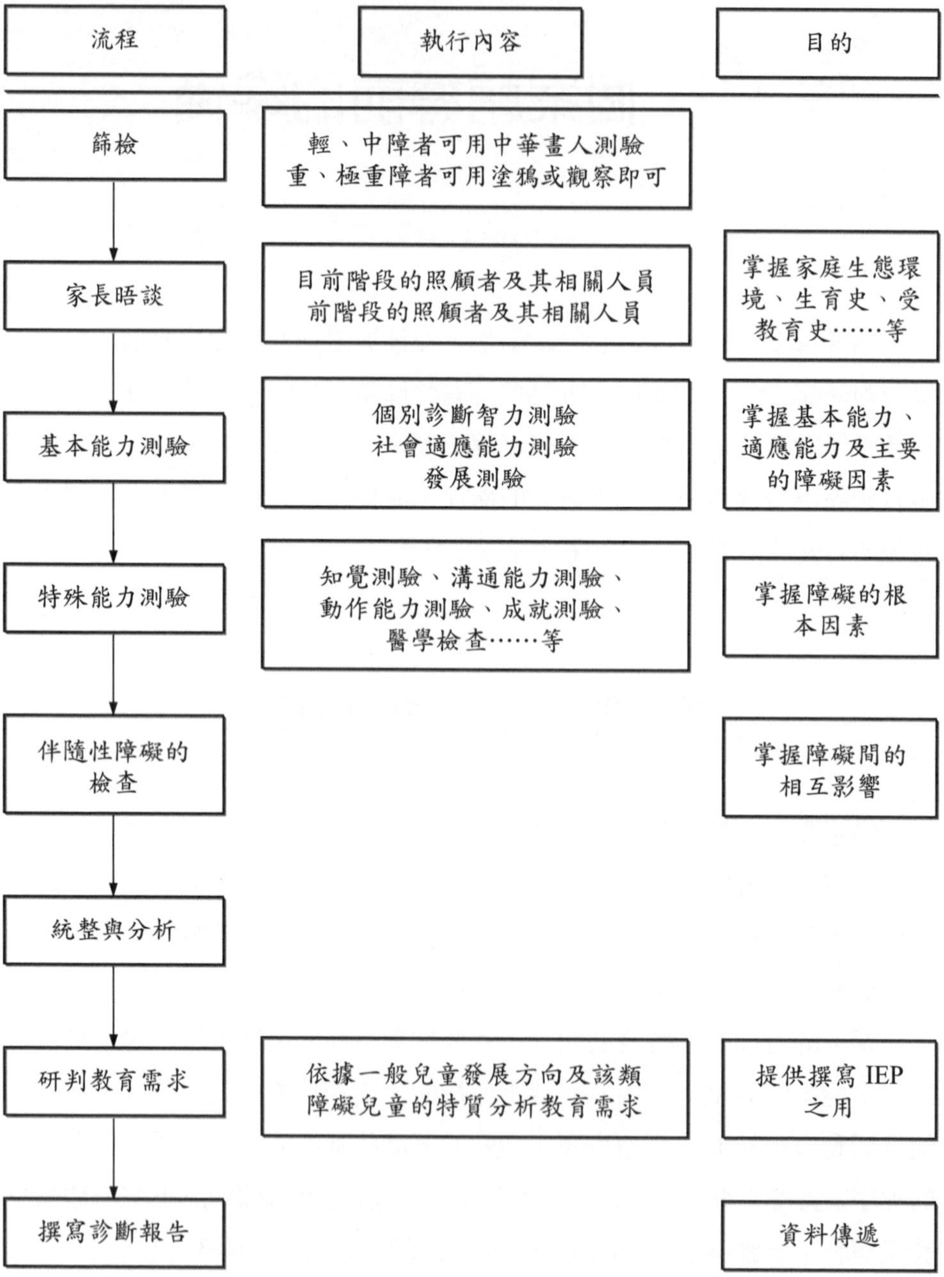

流程	執行內容	目的
篩檢	輕、中障者可用中華畫人測驗 重、極重障者可用塗鴉或觀察即可	
↓ 家長晤談	目前階段的照顧者及其相關人員 前階段的照顧者及其相關人員	掌握家庭生態環境、生育史、受教育史……等
↓ 基本能力測驗	個別診斷智力測驗 社會適應能力測驗 發展測驗	掌握基本能力、適應能力及主要的障礙因素
↓ 特殊能力測驗	知覺測驗、溝通能力測驗、 動作能力測驗、成就測驗、 醫學檢查……等	掌握障礙的根本因素
↓ 伴隨性障礙的檢查		掌握障礙間的相互影響
↓ 統整與分析		
↓ 研判教育需求	依據一般兒童發展方向及該類 障礙兒童的特質分析教育需求	提供撰寫 IEP 之用
↓ 撰寫診斷報告		資料傳遞

圖 3-1-1　教育診斷流程

一、晤談

這裡所指的晤談主要是與照顧者、班級導師的晤談，而不是與個案的晤談，因為重度、極重度心智障礙者幾乎都沒有口語，即使有也是非常簡單的字詞。透過與照顧者、導師的晤談，可以了解重度、極重度心智障礙者的發展史及生態環境。晤談時一面要注意受訪者的表情、動作、語氣，語言不要傷害受訪者，有時要讓受訪者暢所欲言，但提問卻要事先擬定內容，不要雜亂；一面要詳細記錄回答的內容。從發展史、生態環境及受訪者的語氣、表情，不但可以約略的察知個案的目前發展水準、阻礙發展的原因，也可以分析出影響個案行為的發生因素。

二、觀察

晤談結果往往含有受訪者的主觀看法，常會因不夠客觀而導致影響教育需求分析的結果，因此除了使用前述第二篇第三章的行為功能分析之外，在與受訪者談話之際，觀察個案在做什麼、偶爾呼叫其名看其表情、動作的反應，或提供白紙及彩色筆供其塗鴉或玩具供其操作等，這些觀察可以看出個案的能力水準、人際互動能力等等。

三、發展測驗

由於重度、極重度心智障礙者的發展極為遲緩，即使已為成人，其心智能力可能不及三歲水準，但身材、動作能力則有較高的發展，若用智力測驗測其智能發展恐得不到真正的答案。因此只能用一些適合嬰幼兒階段的發展測驗，來了解其內在的發展差異，以提供教育需求分析及擬定教育方案的參考。

四、社會適應能力

重度、極重度心智障礙者的社會適應能力都有嚴重的問題，但同樣的社會適應問題，內在差異也極大。在輔導過程中要先掌握真正的問題是什麼，然後針對問題提出解決策略，譬如：整天喝水喝到水中毒的程度，可以用行為改變技術逐步建立其他替代行為的策略來改善。也就是利用其愛喝水的特性，要求個案完成一件簡單的工作後給予一些水喝，然後逐步漸進的增加工作量。如此，一面可以逐步減少喝水的量（拉長不喝水的時間），一面也可以建立另外一項新的興趣工作。

有關社會適應能力的評量，可以利用已有的量表如《文蘭適應行為量表》來施測，也可以用行為功能的分析方法來掌握。

五、非正式評量

在上述評量之後，若對個案尚有不了解的部分，則可以用非正式的評量來施測。非正式的評量若設計得當，往往可以得到更具體的事實，提供教育需求的掌握、教材的編輯等。

六、分析

教育需求的分析詳見下節說明。

第二節　教育需求的分析

一、教育需求分析的意義

重度、極重度心智障礙者的教育需求有四個大方向：自我控制能力的培養、情緒的穩定、溝通認知的發展及親職教育。但每個個案的差異很大，如何培養自我控制能力？如何穩定其情緒？如何促進其溝通認知的發展？每個個案都各有其適當的策略，因此必須先從事教育需求的分析。

而經過適當分析的教育需求，可以引導輔導者去擬定因應個案需要、適合的策略與教材，因此它具有下列功能：

（一）避免教非所需、浪費時間及減少師生的挫折感

一個不適當、不適合個案需要的策略與教材，只會讓個案無法了解而產生挫折，因而拒絕參與學習，其拒絕的方法可能就是逃避、哭鬧等。

譬如：一個十歲的男孩，進入遊戲室即沿著遊戲室的四周，隨便抓起摸到的東西，摸一下又放下，然後換下一個物品。輔導者教學時要求其從袋中拿出指定的物品，這些物品都是個案每日必用的牙刷、茶杯等。這對於一個十歲的孩子來說應該是非常簡單的教材才對，但是對於一個對任何具體物均無興趣的重度、極重度心智障礙者而言，那就顯得太難了。每次上課被要求時個案就哭鬧拒絕，因此筆者建議改用如圖 3-1-2 等遊戲的方式，個案即非常的喜悅，開始與輔導者互動。

圖 3-1-2　輔導者躺下、屈膝，兩手抓住個案的兩手臂，並讓個案坐於輔導者的膝蓋上，輔導者口數 1、2、3，然後突然將腳伸直讓個案驟然下墜。反覆為之，個案即學會聽到「3」就要用兩腳撐住，否則臀部就會突然落下。也因而開始注意輔導者的表情，注意輔導者的唱數，而誘發該個案的人際互動與關心周邊事物的行為。

（二）提供教學方向，不致發生盲人摸象的偏頗及嘗試錯誤的辛勞

在某次訪視某校特教班的教學時，因為當時的特教法尚未規定要撰寫個別化教育計畫（IEP），當筆者要求級任導師要做教育診斷時，導師答覆：「為什麼要做教育診斷，只要一個月的相處，我就知道孩子的狀況啦！」聽來似乎有理，但是，她不但已耽誤孩子一個月的學習機會，況且在這一個月中，因老師的嘗試錯誤，導致孩子受到多少的挫折。而且，沒有從事教育診斷與教育需求分析的話，將會容易因教師的主觀影響了教學的方向。因此，教育診斷與教育需求分析是有其必要的。

（三）增進學生學習動機

教材的難度是否適當往往影響了學習者的動機，太難的話因為聽不懂、搞不清楚學的是什麼，當然就失去了學習動機。相反的，難度太簡單，學習者會認為已學會而不夠新奇，因此也失去了學習動機。最好的水準是八成容易二成難，譬如學習加法十題，難度要控制在學習者可以做對八題、做錯兩題的狀態，則學習者會因做對八題而產生成就感，因錯兩題而誘發想要去突破的動機。其他如教孩子學象棋、圍棋等亦是如此。

因為正確的做過教育需求分析，就能掌握最適當的難度，也就會引起學習的動機。

二、教育需求與服務需求的差異

教育需求與服務需求，顧名思義就知道兩者不同，但兩者亦有相同之處，兩者都談：「缺了什麼能力？需要什麼協助？」

兩者相異的地方在於需求的範圍。服務需求是提供什麼協助或輔具，以解決其困難，如走路困難則提供輪椅或交通車就可以解決。又如某國小特教班的腦性麻痺男童，右手寫字時，左手也會緊張得發抖而影響寫字的動作，字體變得扭曲。只要在課桌椅上釘上一根木條，讓其右手寫字時，

左手握住木條分散其緊張的狀態就可，如此不但書寫速度加快，字體也變得非常端正。但教育需求不但要解決其移動的需求，還要協助解決學習上的問題，亦即如何從根本上培養、改善走路能力或建立替代能力。

又如具有衝動行為的障礙者需要從事自我控制能力的訓練。很多教育者認為對具有衝動行為的障礙者，只要給予藥物或從事生態環境的改善就可以，殊不知藥物有副作用，而後者生態環境是否可以完全控制且永久有效？藥物的提供或生態環境的控制只是在輔導初期，因為極端衝動導致無法介入時使用，藉著藥物或生態環境的控制以得到短暫的穩定，形成自我控制能力訓練的介入時機。然後逐步漸進增進其自我控制能力，並逐步撤離藥物或逐步增強干擾的刺激，最終個案可以因自我控制能力而控制了自己的衝動行為。因此，這種自我控制能力的訓練才是根本的解決問題之道。

三、教育需求分析的基礎知識

從事教育需求分析的工作，需要下列的基礎知識：

（一）兒童發展方向的基本知識——順序性

重度、極重度心智障礙者的發展方向與一般人並無太大的差異，只是在發展速度上較一般人遲緩，且到了某個程度若沒有給予協助的話，其發展就會停滯不前。譬如探索能力，一般人可能只要一次或一天就可以發展完成，而重度、極重度心智障礙者卻需要相當長的時間才能完成。但輔導者若能診斷出原因，並針對其原因運用適當的策略，就可以很快的協助重度、極重度心智障礙者的問題解決。譬如第四篇第四章「探索行為」一節中物體恆存概念的案例，由於個案從小被綁而無法自由行動，只能在可及的範圍內活動，學習機會受到剝奪，因而物體恆存概念無法形成，影響了探索能力的發展，進而陷入無聊的狀態之中，因此形成類似異食症的行為。但經過適當的策略就可以培養出物體恆存的概念，並解決其吃毛屑的行為。

（二）兒童發展的結構要素及其相互影響

兒童的發展有如圖 3-1-3 所示，由下層能力組成上層能力，如 B_1 及 B_2 組成 A_1，或由上層能力分化成下層更精細的能力。

因此，分析教育需求時，要能夠了解這種能力間的因果關係，才能夠選擇適當的教材。譬如個案已具有 B_1 的能力，但始終無法達到 A_1 的能力的話，顯然的其原因在於 B_2 的欠缺，導致 A_1 無法形成。因此，只要培養其 B_2 的能力，就能與 B_1 組成 A_1 的能力。同樣的，已具有 A_1 及 B_1 的能力，則要運用 A_1 及 B_1 的能力引發出 B_2 的能力。

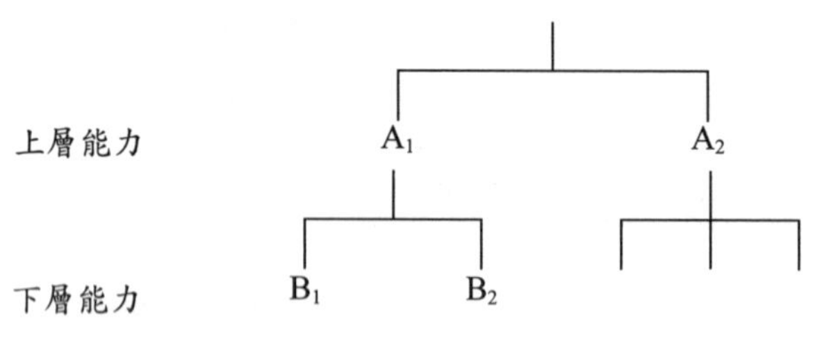

圖 3-1-3　上、下層能力發展示意圖

（三）各類障礙者的發展與學習特質

如第一篇第一章有關重度心智障礙的定義中所述，重度、極重度心智障礙者幾乎都屬多重障礙者，因此從事重度、極重度心智障礙者的輔導必須具有各類障礙者發展與學習特質的知識。障礙越多重則其障礙程度越重、障礙間的相互影響越深，因此要能掌握各類障礙者的發展與學習特質、障礙間的相互影響，方能找出適當的解決之道。

（四）各類教育診斷測驗的知識

在分析教育需求之前，評量者須具備各類教育診斷的知識，並且從晤談、觀察中可以判斷該用或不該用何種評量工具。若是該用而不用則無法獲得真正的訊息，若是不該用而用則只是在浪費時間與精力。

對於各類診斷工具的功能為何、限制為何，以及各類工具間類似與相異之處等知識，均應充分了解。

（五）各類資料的統整與分析能力

從事教育診斷，不是為了診斷而做診斷，而是為了掌握個案的真正面向，其能力狀況如何？其障礙狀況又如何？因此，所有的診斷結果均要加以分析，各種診斷間也要加以統整、分析，否則所得到的只是片段而凌亂的資訊，而無法從整體來看個案的狀況並擬定適當的教育計畫。因此，評量者必須具備統整與分析的能力，才能擔負起評量的責任。

四、教育需求分析的方法

教育診斷的結果（包含行為功能分析）經過統整與分析之後，可以獲得個案的優、弱勢以及各種能力間的因果關係。其分析步驟如下：

1. 單一診斷工具的分析。
2. 同類診斷工具的統整、分析，分析其類似的結果、相異結果的原因。
3. 整體資訊的分析。

分析時要注意各個資訊成分間、優弱勢間的關係，其問題是由於原生性因素所造成，或是衍生性因素所造成。譬如：咬人的行為是由於本身的妥瑞氏症所造成，或是由於溝通困難所衍生出來的問題。一旦能夠釐清其問題點，則容易找到解決問題的方法。如因本身的衝動因素，則要加強自我控制能力的訓練；如為溝通的因素，則要改善溝通的能力。

重度心智障礙的教育需求，雖然每個個案均會有所差異，但整體而言，可歸納為四項：(1)自我控制能力（含行為動機的誘發）的培養；(2)情緒的穩定；(3)認知溝通的學習；(4)生態環境的改善。也就是我們要掌握到各個個案其自我控制行為能力如何、情緒穩定狀況如何、認知及溝通能力如何、生態環境的狀況如何，然後依據各個個案本身的狀況提出輔導策略。

第三節　教學目標、策略與流程的擬定

教學目標、教學策略、教學流程以及輔導時間的安排必須依據教育需求來安排，否則不但不能達到教學的目的，甚至製造出更為嚴重的問題。為了使所安排的教學目標、教學策略能夠契合個案的教育需求，可以利用表 3-1-1 的對照表來撰寫。

表 3-1-1　教育需求、教學目標、教學策略對照表

教育需求	教學目標	教學策略
1.自我控制能力的培養	1.	1. 2.
	2.	1. 2.
2. 穩定情緒	1.	1. 2.
	2.	1. 2.
3. 基本學習能力的訓練	1.	1. 2.
	2.	1. 2.

利用上表，依個案的教育需求來填寫，譬如表 3-1-2 就是針對一位十二歲男生的教育需求所撰寫的對照表。如此，教學內容可以非常的明確、具體，切合個案的需要，而不至於雜亂無章、沒有方向。

表 3-1-2　教育需求、教學目標、教學策略對照表例

教育需求	教學目標	教學策略
1. 增進口語能力	能以口語回答是或不是	運用 Yes or No 的教學（詢問：這是……嗎？）
2. 提升唱數能力	唱數 3、5、8、10	拍手動作法
3. 提升認知能力	能分辨二種形狀（圓形、方形）	依積木形狀（圓形、方形）分別放入不同的盒子裡
4. 維持良好坐姿	培養良好坐姿	行為塑造，可帶入遊戲，談話矯正，再適當鼓勵

一、教學目標

掌握了教育需求之後，就要依據可實施的時間長短擬定教學目標，一般而言，以半年為一短期目標較為適當。目標達成時間不要過短也不要太長，過短則很難看出進步的狀況，畢竟重度、極重度心智障礙者進步不會那麼明顯，過長則較難掌握。

二、教學策略

擬定了教學目標，就要思考使用什麼策略，才可以達到擬定的目標。譬如缺乏動機或百依百順、一個命令一個動作，或過動、衝動、易怒等，各應使用什麼策略來對應才會有效，這些都是需要思考的問題。

而在擬定策略時也要考慮到使用什麼教材、教具，這是非常重要的，如果教材教具不適當，一樣無法達成目標。

三、教學流程

依照擬定的策略，各設定為一個單元，然後每個單元分別編製教學流程，表 3-1-3 就是個案周○○的教學計畫表（一）至（三）。

表 3-1-3　周○○的教學計畫表（一）

個案教學計畫表

組別：＿＿＿＿＿＿　個案姓名：周○○

單元名稱：拍手法
編 製 者：

行為目標 已經學會什麼？ 1. 四肢機能健全，視、聽覺無礙 2. 平時指令配合度高	協助方法	通過標準	評量記錄日期（月／日）							通過日期
1. 會和老師拍手拍 3 下（靜止式）	視聽覺提示	10/10	11／23		／	／	／	／	／	11／23
2. 會和老師拍手拍 5 下（靜止式）	視聽覺提示	10/10	11／24	11／25	11／26	11／28	／	／	／	／
3. 會和老師拍手拍 8 下（靜止式）	視聽覺提示	10/10	／	／	／	／	／	／	／	／
4. 會和老師拍手拍 10 下（靜止式）	視聽覺提示	10/10	／	／	／	／	／	／	／	／
5. 會和老師拍手拍 15 下（靜止式）	視聽覺提示	10/10	／	／	／	／	／	／	／	／
6. 會和老師拍手拍 20 下（靜止式）	視聽覺提示	10/10	／	／	／	／	／	／	／	／
7. 會和老師拍手拍 25 下（靜止式）	視聽覺提示	10/10	／	／	／	／	／	／	／	／
8. 會和老師拍手拍 25 下（移動式）	視聽覺提示	10/10	／	／	／	／	／	／	／	／
9. 會和老師拍手拍 30 下（移動式）	視聽覺提示	10/10	／	／	／	／	／	／	／	／
10. 會和老師拍手拍 35 下（移動式）	視聽覺提示	10/10	／	／	／	／	／	／	／	／
11. 會和老師拍手拍 40 下（移動式）	視聽覺提示	10/10	／	／	／	／	／	／	／	／
12. 會和老師拍手拍 50 下（移動式）	視聽覺提示	10/10	／	／	／	／	／	／	／	／
13. 會和老師拍手拍 60 下（移動式）	視聽覺提示	10/10	／	／	／	／	／	／	／	／
14. 會和老師拍手拍 80 下（移動式）	視聽覺提示	10/10	／	／	／	／	／	／	／	／
15. 會和老師拍手拍 100 下（移動式）	視聽覺提示	10/10	／	／	／	／	／	／	／	／
終點行為： 1. 個案能依照指令，完成應該擊掌的次數 2. 由靜止式拍手法，培養自我控制力→由移動式拍手法，培養追視的能力			／	／	／	／	／	／	／	／

表 3-1-3　周〇〇的教學計畫表（二）

單元名稱：單手舉法（左手）
編 製 者：

行為目標	協助方法	通過標準	評量記錄日期（月／日）							通過日期
已經學會什麼？ 1. 四肢機能健全，視、聽覺無礙 2. 平時指令配合度高										
1. 利用 30 秒完成一次單手舉（上下各 15 秒）	視聽覺提示	10/10	11／23	11／24	11／25	11／26	11／28	／	／	／
			／	／	／	／	／	／	／	／
2. 利用 40 秒完成一次單手舉（上下各 20 秒）	視聽覺提示	10/10	／	／	／	／	／	／	／	／
			／	／	／	／	／	／	／	／
3. 利用 50 秒完成一次單手舉（上下各 25 秒）	視聽覺提示	10/10	／	／	／	／	／	／	／	／
			／	／	／	／	／	／	／	／
4. 利用 60 秒完成一次單手舉（上下各 30 秒）	視聽覺提示	10/10	／	／	／	／	／	／	／	／
			／	／	／	／	／	／	／	／
5. 利用 70 秒完成一次單手舉（上下各 35 秒）	視聽覺提示	10/10	／	／	／	／	／	／	／	／
			／	／	／	／	／	／	／	／
6. 利用 80 秒完成一次單手舉（上下各 40 秒）	視聽覺提示	10/10	／	／	／	／	／	／	／	／
			／	／	／	／	／	／	／	／
7. 利用 90 秒完成一次單手舉（上下各 45 秒）	視聽覺提示	10/10	／	／	／	／	／	／	／	／
			／	／	／	／	／	／	／	／
8. 利用 100 秒完成一次單手舉（上下各 50 秒）	視聽覺提示	10/10	／	／	／	／	／	／	／	／
			／	／	／	／	／	／	／	／
9. 利用 110 秒完成一次單手舉（上下各 55 秒）	視聽覺提示	10/10	／	／	／	／	／	／	／	／
			／	／	／	／	／	／	／	／
10. 利用 120 秒完成一次單手舉（上下各 60 秒）	視聽覺提示	10/10	／	／	／	／	／	／	／	／
			／	／	／	／	／	／	／	／
終點行為： 1. 個案能放鬆完成單手舉動作法 2. 每次課程中，兩手皆須進行完成各 10 回合，培養自我控制能力			／	／	／	／	／	／	／	／

表 3-1-3 周○○的教學計畫表（三）

單元名稱：體能活動
編 製 者：

行為目標 已經學會什麼？ 1. 視聽覺正常，雙手具抓握能力 2. 能配合老師的指令	協助方法	通過標準	評量記錄日期（月／日）							通過日期
1. 會牽著老師的雙手跳 3 下	動作提示 視聽覺提示	8/10	11／23	11／29	／	／	／	／	／	11／29
			／	／	／	／	／	／	／	／
2. 會牽著老師的雙手跳 5 下	動作提示 視聽覺提示	8/10	12／7	／	／	／	／	／	／	／
			／	／	／	／	／	／	／	／
3. 會牽著老師的雙手跳 8 下	動作提示 視聽覺提示	8/10	／	／	／	／	／	／	／	／
			／	／	／	／	／	／	／	／
4. 會牽著老師的雙手跳 10 下	動作提示 視聽覺提示	8/10	／	／	／	／	／	／	／	／
			／	／	／	／	／	／	／	／
5. 會牽著老師的雙手跳 15 下	動作提示 視聽覺提示	8/10	／	／	／	／	／	／	／	／
			／	／	／	／	／	／	／	／
6. 會牽著老師的雙手跳 20 下	動作提示 視聽覺提示	8/10	／	／	／	／	／	／	／	／
			／	／	／	／	／	／	／	／
7. 會牽著老師的雙手跳 25 下	動作提示 視聽覺提示	8/10	／	／	／	／	／	／	／	／
			／	／	／	／	／	／	／	／
8. 會牽著老師的雙手跳 30 下	動作提示 視聽覺提示	8/10	／	／	／	／	／	／	／	／
			／	／	／	／	／	／	／	／
9. 會牽著老師的雙手跳 35 下	動作提示 視聽覺提示	8/10	／	／	／	／	／	／	／	／
			／	／	／	／	／	／	／	／
10. 會牽著老師的雙手跳 40 下	動作提示 視聽覺提示	8/10	／	／	／	／	／	／	／	／
			／	／	／	／	／	／	／	／
11. 會牽著老師的雙手跳 50 下	動作提示 視聽覺提示	8/10	／	／	／	／	／	／	／	／
終點行為： 1. 培養體能活動休閒 2. 增強：單次完成皆增強			／	／	／	／	／	／	／	／

這個計畫表內容包含了行為目標、協助方法、通過標準及教學評量日期。

行為目標要非常具體，評量時只有通過或不通過，這樣才能客觀。從起點能力「已學會了什麼？」開始到終點行為，也就是本單元在本階段的教學目標。

如下面為一逐步漸進的連續行為目標舉例：

1. 曉明在全協助之下（握住其手），不會拒絕將湯匙的食物放入其口中。
2. 曉明在輕拍其手背後，會將湯匙的食物放入口中。
3. 曉明在聽到「吃」的指示後，會將湯匙的食物放入口中。
4. 曉明在看到盛滿食物的湯匙時，會主動握住湯匙將湯匙的食物放入口中。

協助的方法有視覺的提示（示範）、聽覺的提示以及肢體的協助，肢體的協助可分為半協助（輕拍）及全協助。這些協助方法在本書中已多處談及，不再贅述。

至於通過標準的決定要依教材的內容來決定，譬如動作法的部分要100%（10/10回合）的成功率才算通過一個行為目標，而認知的學習則只要80%（8/10回合）就可。千萬要注意的是，成功率只達50%的話，那是機會水準而已，不能算成功。若每次都在50%以下的話，就要檢討是否行為目標不夠具體，也就是不夠細，若是，就要修正行為目標或協助方法。

另外，教學計畫表擬定完成後，可以使用圖3-1-4的流程圖來檢驗行為目標是否足夠具體。

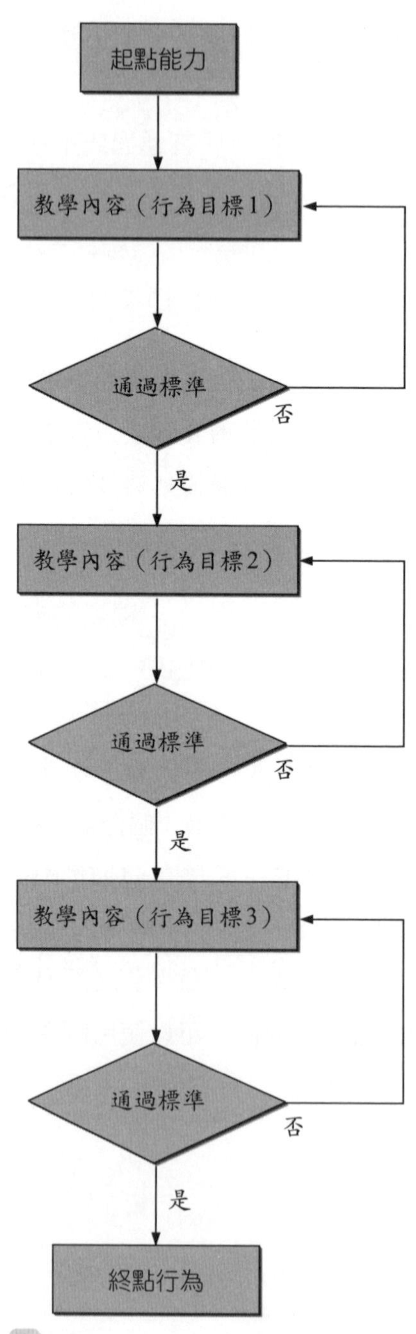

圖 3-1-4　單元教學流程圖

四、輔導執行模式

個案的輔導執行模式因安置的不同而有所差異。重度、極重度心智障礙者的安置可以分為特殊教育班、特殊教育學校及教養機構。

（一）特殊教育班

特殊教育班因教師及學生數較少，對於重度心智障礙學生的輔導無法依賴他人，特教教師也幾乎都具有特殊教育教師資格，而且安置在特殊教育班的身心障礙學生並非全數是重度障礙者，因此在執行上有其限制，但也有其方便處。

以苗栗縣某國中為例，班上有三名原本在家自行教育的極重度身心障礙學生，一名為腦性麻痺患者（個案A），一名為從小就被綁在椅子上的過動且經常吼叫者（個案 B），一名是任意拉人且堅持物歸原位者（個案C），後兩者均有行動能力。除了這三名極重度障礙學生外，尚有數名反應緩慢的重度障礙者，但也有數名障礙較輕、能夠聽從指令的智能障礙或自閉症的學生。

教材為拍手法、單手舉法、肢體動作（模仿動物、認識自己的身體部位等）。每一個教材都實施 10 回合，實施時間為每天的下午第一節課。第一學期班上四位教師（含助理教師）全數上場，級任導師為主教者，並負責協助個案C做動作示範，助理教師協助個案A做動作，另外兩名教師一人協助個案B，另一人則一面巡視其他學生，一面指導能力較好的學生去協助其他較重度的學生做動作（圖 3-1-5a）。

圖 3-1-5a

經過一學期的輔導，雖然無法達到整齊劃一的動作，但導師一聲令下，除了三個極重度的學生外，其他的學生均能依指令做出動作。個案A因係腦性痲痺，雖無法自己做出動作，但能喜悅的在助理教師協助下參與活動；個案C不但拉人的次數顯著減少，雖然只是「答答」的聲音，但已發展出要與人溝通的行為（圖 3-1-5b）；個案B雖然束縛帶不能脫身（久縛成習慣），但束縛帶的另一端已不必綁在椅子上，且不吼叫，在協助之下不反抗的做動作（圖 3-1-5c）。因此，下個學期只要導師一人就可執行，而極重度的三名學生則可由能力較好的學生來協助。

圖 3-1-5b

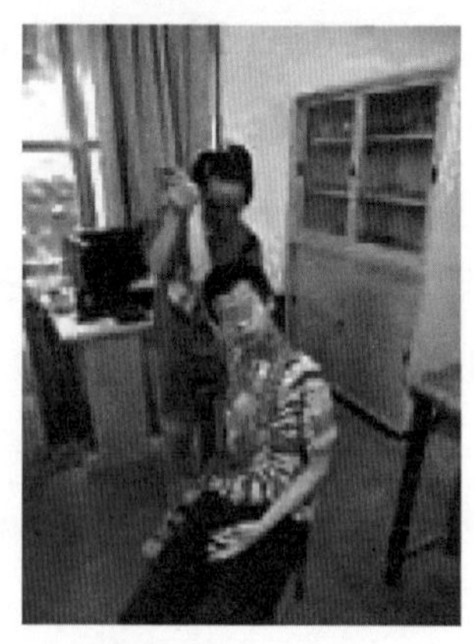
圖 3-1-5c

由此特殊教育班的成果顯示：

1. 活動使所有的學生均能參與學習活動。
2. 教師與學生的人力只要適當的安排就可以實施。
3. 經過一個學期每天一節課的實施，不但極重度的學生獲得改善，其他學生也獲得進步。

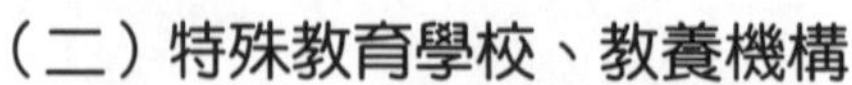

（二）特殊教育學校、教養機構

特殊教育學校與教養機構因規模大，教師與學生人數多，且學生都為重度、極重度的身心障礙者，有些學生尚具有嚴重的情緒、問題行為，讓級任導師有疲於奔命的狀況，無法針對某一個個案的問題做根本的解決，因此在特殊教育學校、教養機構可以甄選出數名優秀教師，組成有如資源教室功能的正面行為輔導小組來負責。級任導師遇到棘手的個案卻又沒有人力來處理的話（尤其機構的教保人員，雖然接受過教保人員的研習，但其研習畢竟不如畢業於特殊教育系的教師所受到的嚴格訓練），他們遇到重度、極重度心智障礙的學生就會不知所措，因此更需要如資源教室的支持系統的協助。但即使是受過嚴格訓練的特殊教育系畢業的教師，在受大學教育四、五年的時間裡，也不是專注於重度、極重度心智障礙的教育，在訓練上往往有不足之處，因此在處理方法上常常失去了準頭。又因為工作的忙碌或缺乏學生數過多，無暇照顧到極重度心智障礙的學生，或是沒有太多的時間可以去思考改進所遇到的問題，尤其遇到重度、極重度又有嚴重問題情緒、行為或缺乏學習動機的個案，只好放置一邊，只要不出事就好。表面上障礙者是上學了，但是否享受了教育的好處，則頗值得關注。為了改善這種教育的死角，使每個障礙者均能獲得真正的、適當的教育，特殊教育學校、機構有必要設置一個支援小組來協助教師和保育員。

譬如宜蘭教養院就設置了一個正面行為的輔導小組，成立以來已協助班級保育員解決數個個案，減輕了班級保育員的困擾。輔導過的重度、極重度心智障礙者看到陶器不再衝過去搶來丟、不再整天抓他人的衣領、不再到辦公室搶餅乾等。

下面以宜蘭教養院為例，來說明實施方法：

1. **行為功能輔導小組成員：**由院方選取大學畢業、認真、負責、充滿熱情的年輕保育員十名組成，其中一名為組長。成員們一面輔導個案，一面學習輔導個案的方法。
2. **個案的挑選：**由全院保育員推薦出最困擾的個案六名。
3. **執行時間：**每兩週實施一次（週二上午），小組成員分成A、B兩組，每組依序各輔導三名個案。輔導完畢後全體小組成員詳細檢討、分享成果與修正教材、策略。
4. **輔導期間：**一名個案輔導的期間並無限制，只要問題行為或學習障礙解決，原班保育員覺得不再嚴重困擾，即可經過小組討論是否可以結案。

5. **輔導報告：**結案後要撰寫個案輔導報告。第一名的個案輔導報告已在 2011 年 8 月 6 日於韓國釜山舉行的臺日韓特殊教育實務研討會中發表，引起日韓教授的興趣與提問。
6. **執行流程：**如表 3-1-4 是級任導師提個案時的申請表，圖 3-1-6 則為特殊學校個案輔導執行模式所示。

表 3-1-4　個案特別輔導申請表

個案特別輔導申請表

申 請 者：__________

個案姓名：__________

年　　級：______部____年____班

申請日期：____年____月____日

問題內容：

嚴重程度：

期　　待：

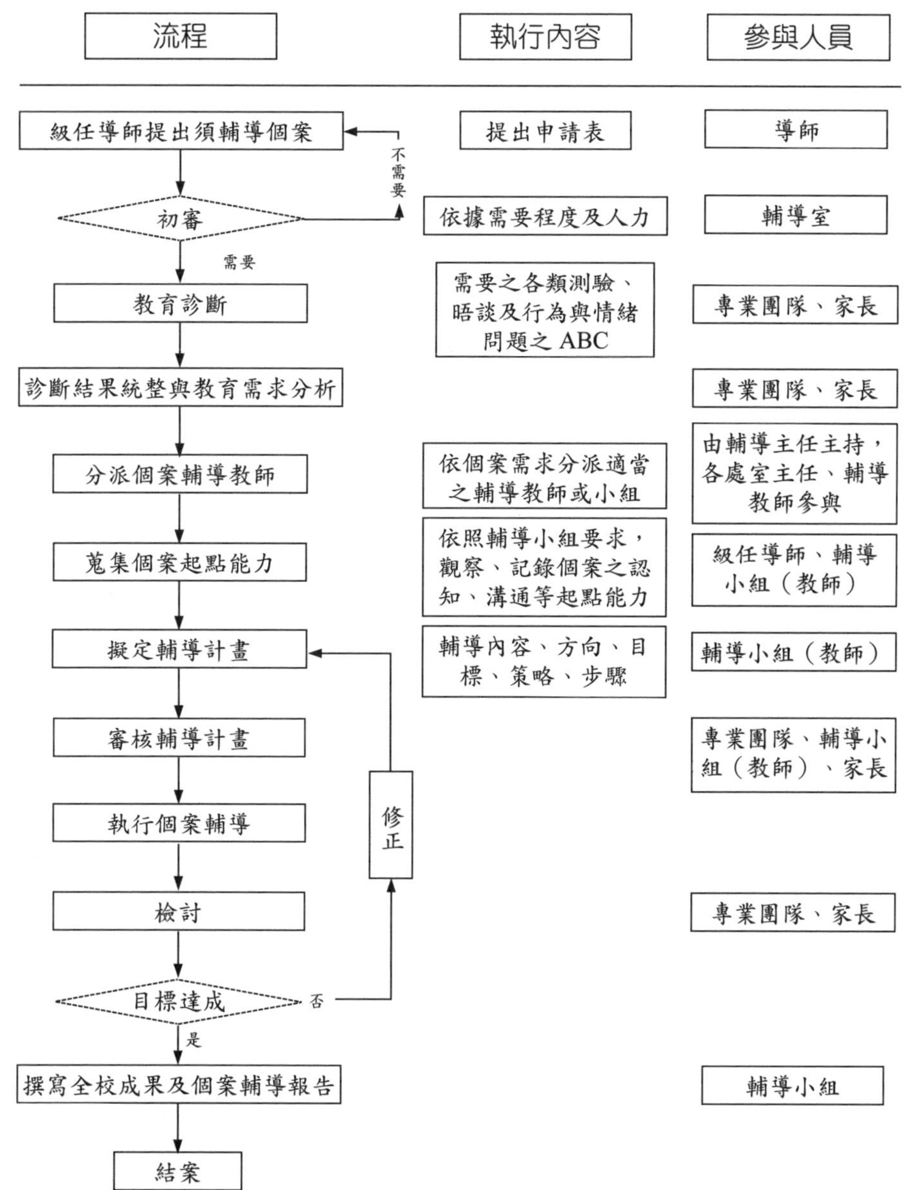

圖 3-1-6 特殊學校個案輔導執行模式

第二章 個案的輔導與記錄

在開始輔導之際，不可忽略的是個案介入的方法與輔導過程中的詳實記錄。本章即就此兩項加以說明。

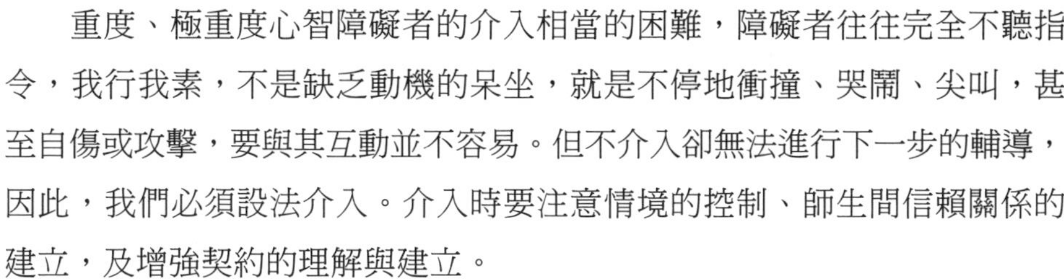

第一節　個案介入的方法

重度、極重度心智障礙者的介入相當的困難，障礙者往往完全不聽指令，我行我素，不是缺乏動機的呆坐，就是不停地衝撞、哭鬧、尖叫，甚至自傷或攻擊，要與其互動並不容易。但不介入卻無法進行下一步的輔導，因此，我們必須設法介入。介入時要注意情境的控制、師生間信賴關係的建立，及增強契約的理解與建立。

一、情境的控制

一般而言，輔導的情境要控制在刺激少的環境，因為過多的刺激會使個案無法將注意力集中在師生的互動上，尤其因腦傷所造成的重度、極重度心智障礙者，他們幾乎缺乏篩檢刺激的能力，往往專注於偏好的刺激上，而完全忽視了我們認為應注意的刺激。或是某些聲、光、事、物的刺激會使個案感到痛苦、恐懼、焦慮等，而誘發了不適當的行為。因此，環境的控制對於重度、極重度心智障礙者的輔導會有極大的影響。

刺激少的環境包括：

1. 室內面積不可過大或過小，過大如超過四、五坪，則個案的活動空間過大而不易控制；過小如一坪大小，則不易活動且有壓迫感。因此，過大或過小均不適宜。
2. 室內除了輔導時所需教具教材外，所有的物品（包括玩具）盡可能撤除乾淨。
3. 噪音要控制到最小，有些個案即使音量小到 25 分貝以下也會受到干擾，因此遊戲室要有隔音設備。
4. 光線要充足，但燈光不能刺眼。
5. 天花板、牆壁以及空調出風口都不要五顏六色或有飄動的紙條，也就是空間內要越單調樸素越好，不要給予多餘的刺激。
6. 地面、牆壁都要用軟墊包覆，避免個案因自傷等所造成的傷害。

以上的情境控制是在輔導初期所必要的，但當個案的自我控制、認知能力進步之後，干擾的刺激就要逐步給予，以便讓其未來能夠適應一般的環境。

二、師生信賴關係的建立

師生間的信賴關係也是非常重要的因素，尤其初次見面之際，若能立即獲得個案的信任，就可以開始介入輔導的活動，也就是一個成功的開始，否則個案將不會接受輔導者的指令。有關此信賴關係的建立，請參考第二篇第二章的握手法。

三、增強契約的理解與建立

重度、極重度心智障礙者的輔導效果有賴增強契約的催化，而增強的效果又取決於對契約的內容是否了解、契約是否會被執行的信任等問題上。

重度、極重度的心智障礙者無法了解聽從指令之後有什麼後果，他們不僅看不懂文字契約，即使口頭契約也無法了解，這一點就像對鴿子說「過來，握握手，我給你穀粒吃」，對池中的鯉魚說「跳起來，我給你麵包吃」一樣，鴿子、鯉魚聽不懂你說的是什麼。因此，契約的建立對重度、極重度心智障礙者而言並不是簡單的事。

增強契約的理解與建立需要明確的要求、協助成功以及確實的執行，才能達到效果。

（一）明確的要求

所謂明確的要求就是在要求個案做什麼事的時候要明確清楚，這個明確包括語句的長短、咬字、速度、音調。

1. **指令要簡短明確：**譬如「乖，把蘋果給老師」、「蘋果給老師」這兩句話哪一個較好，或許有人習慣性地認為前者較完整、親切，但就重度、極重度心智障礙者的資訊處理能力而言，前者太長、太複雜，反而混淆了重度、極重度心智障礙者的聽覺理解；而後者簡短、明確，反而讓重度、極重度心智障礙者更容易了解你的指令。
2. **咬字要清楚：**要一個字一個字的說清楚。
3. **口語速度不能太快：**因為重度、極重度心智障礙者的資訊處理速度較慢，若說得太快就會讓他們處理不及而無法了解你的指令。
4. **音調要肯定：**有一位小學教師問筆者「為什麼我說的跟老師說的一字不差，可是孩子聽你的，卻不聽我的呢？」這就是音調的問題。說話的音調是否將你的意思有力的傳送進重度、極重度心智障礙者的心坎裡，這是一個很重要的關鍵。有些教師說話有氣無力的，如何能讓個案感受到你的要求呢？

（二）協助成功

協助重度、極重度心智障礙者成功的完成要求，是一件極其重要的事，因為讓他們獲得成功，他們才有成就感，有了成就感才有行為學習的動機。

輔導者絕對不能故意刁難他們，因為刁難只會使他們失敗而放棄學習。也就是，輔導者要利用協助的方式來建立可信的增強契約，使重度、極重度的心智障礙者雖然無法從口語上了解增強契約的內容與意義，但可以透過協助的方法讓他們了解增強契約，而增進以後的學習活動動機。

對於重度、極重度心智障礙者的協助方法，可依協助者或知覺協助內容來分。

1. 依協助者區分而言，可分為：
 (1)主教者的協助。
 (2)協助者的協助。
 (3)示範者的協助。
2. 依知覺協助內容來分，可分為：
 (1)肢體的協助：肢體協助可分為「抓」、「握」、「抱」等的全協助，以及「輕拍」、「輕點」等之半協助。
 (2)視覺的協助：示範者的示範、手指的指示等。
 (3)聽覺的協助：口語的協助。

至於詳細的協助方法，請參照第二篇第三章的提醒策略。

（三）確實執行

要使增強契約能夠建立，還有一件很重要的事，就是確實的執行增強契約，也就是要使用連續（立即）增強的方式。在介入初期，不要因為一次成功就以為成功了，而改為間歇增強方式。要確定增強契約是否已經成功，其條件就是要連續十回合成功才可判定為已經成功。但要改為間歇增強方式則尚遠，至少要經過數個行為目標的成功之後才可改為間歇增強方式。

第二節　個案輔導的進行

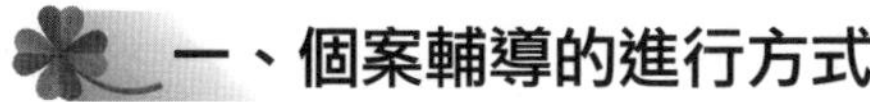

一、個案輔導的進行方式

實施個案輔導時，教師人數最好是三到五人為一組，其中一人為主教者，一人為協助者，一人為示範者（若無需要則可兼作記錄者），另一人為記錄者。

成員中每人固定擔任一個需求的課程主教者，課程的順序盡可能固定，除非因個案的情緒影響而做適當的調整。

在輔導進行中，除了主教者下指令外，其他人均須保持沉默，以免干擾個案的學習。記錄者宜距離一公尺外，以減少干擾。

二、時間

每週輔導一次，每一次的輔導時間以 40 分鐘為最適宜，切勿過長，否則個案會失去耐性而得不到效果。而且要再分成四個階段，每個階段一項需求的課程。

第三節　個案輔導的記錄

從介入開始，就要從事輔導的記錄，因為有了記錄，才能正確的檢討輔導方案是否正確、適當，以及作為撰寫結案報告時的資料。

在輔導過程中，一面要輔導個案，一面要從事記錄的工作，難免會有手忙腳亂的現象，導致記錄不夠正確與詳細而無法使用。為了解決這個問題，一個良好的記錄方法是不可或缺的。記錄的方法包括兩方面，一是記錄者，一是記錄表。

一、記錄者

在個案輔導時，記錄者與輔導者最好是分別兩人，因為輔導者已忙於教學，若要再做記錄會產生兩個問題：

1. 記錄內容干擾個案的情緒，因為記錄表上畫×或畫○時，難免影響個案的情緒。
2. 輔導者為忙於記錄而中斷教學，導致弄亂了教學節奏，重度、極重度心智障礙者在學習過程中最容易受到教學節奏的影響，太快固然不行，太慢或中斷也不行，因為太慢或中斷會造成學習活動的中斷，他們會無所事事、不耐等待而做出自傷、過動等問題行為。

如果人手足夠，則可以由兩人同時分別記錄，這樣一面可以做記錄的信度考驗，也可以用來檢討行為目標的具體性。

二、記錄表

記錄表的設計會影響記錄時的速度與正確度，因為記錄時也要從事觀察，如果為了記錄而忽略了觀察，則會遺漏了訊息而導致記錄不正確。因此一個簡單、方便的記錄表是極為重要的。

筆者經過數年的嘗試，設計了如表 3-2-1 的個案輔導記錄表。這個記錄表是依據重度、極重度心智障礙者的三大教育需求所設定的教育內容來定的。也就是利用動作法來訓練自我控制能力及情緒的穩定，而利用認知與溝通的教學來建立問題行為的替代行為——正確的認知與溝通。前者只要記錄通過或不通過即可，後者因為較為複雜，因此除了記錄通過或不通過之外，還要記錄具體的行為表現以作為改進教材教法之用。

表 3-2-1　個案輔導記錄表

個案輔導記錄表

組別：＿＿＿＿＿　　個案姓名：＿＿＿＿＿＿＿＿＿
編製者：＿＿＿＿＿＿＿
教學日期：＿＿月＿＿日（第＿＿次）
認知（行為目標）：＿＿＿＿＿＿＿＿＿＿＿＿＿＿＿＿＿＿＿＿

正確	具　體　表　現
1.□ 2.□ 3.□ 4.□ 5.□ 6.□ 7.□ 8.□ 9.□ 10.□	

溝通（行為目標）：＿＿＿＿＿＿＿＿＿＿＿＿＿＿＿＿＿＿＿

正確	具　體　表　現
1.□ 2.□ 3.□ 4.□ 5.□ 6.□ 7.□ 8.□ 9.□ 10.□	

動作訓練：壓制式雙手舉法　□□□□□ □□□□□
　　　　　靜止式拍手法　□□□□□ □□□□□
　　　　　移動式拍手法　□□□□□ □□□□□
　　　　　單手舉動作法（左手）　□□□□□ □□□□□
　　　　　單手舉動作法（右手）　□□□□□ □□□□□
行為觀察記錄：＿＿＿＿＿＿＿＿　□□□□□ □□□□□（　　記錄法）
＿＿＿＿＿＿＿＿　□□□□□ □□□□□（　　記錄法）
＿＿＿＿＿＿＿＿　□□□□□ □□□□□（　　記錄法）

另外，在表的最下方則記錄發生的問題行為內容及其發生率。如果使用時距記錄法，一次教學為 40 分鐘，則以 5 分鐘為一時距。此時，只要記錄○或×即可。

Part 4

重度、極重度心智障礙者的輔導理念與實踐

第四篇共分為五章，第一章敘述輔導重度、極重度心智障礙者的重要輔導理念與實踐，第二章至第四章針對三大教育需求提供輔導實踐方法，最後一章就各類問題舉例說明處理方法。

輔導理念

輔導重度、極重度心智障礙者時要注意以下三個重要理念，否則會輔導無效。

一、建立其優良行為要優先於消除不良行為

要消除重度、極重度心智障礙者的問題行為或增進他們的心智發展，首先要建立他們優良的行為來替代他們的不適應行為。若只是消除其不適應行為，則不適應行為消除後，他們仍不知要怎麼做才是適當的，仍會出現其他或許更為嚴重的問題行為。這不是治本之道，真正的治本之道在於讓他們自發的控制自己的行為，也就是表現出適當的行為來替代不適當的行為。因此，治療的重點不在於問題行為的消除，而是適當行為的建立。

二、輔導個案不只是要個案接受輔導者的指導，更要增進全面性的適應

輔導重度、極重度心智障礙者要注意到全面性的適應，不是只適應一部分的人、事、物和環境就可，許多老師常常說：「他很聽我的話啊！為什麼不聽你的話？」這只是二流老師的自以為是。一個一流的教師不但要讓重度、極重度心智障礙者聽自己的話，也要能去適應其他人的指導。譬如：沒有雙足的重度、極重度心智障礙者是否要指導其用兩手爬樓梯的能力，如果有這個能力自然可以出門訪友，即使朋友家沒有電梯他也可以去；相反的，其生活範圍將被限制在自宅之內，而影響了他們的生活品質。同

樣的，學校交通車也會帶來後遺症，家長認為這是福利，不享白不享，卻不知已剝奪了他們學搭公車的機會，也就限制了他們未來的發展。為此，輔導重度、極重度心智障礙者要利用逐步養成會逐步類化的策略，讓他們去適應各樣的人、事、物及環境，能達到輔導的意義。

三、輔導個案不只是在處理階段獲得改善，策略撤除之後亦要能繼續維持，且要能自發的進步、發展，亦即處理個案不但要處理問題行為，更應從事根本的自我控制、溝通能力的訓練，才能持續的發展、成長

自從重度、極重度心智障礙學生進入校園之後，有關重度、極重度心智障礙的教育陷入了三個迷思之中：(1)只要掌握住重度、極重度心智障礙學生的學習起點行為；(2)教學內容要依照部頒課程綱要方向去執行；(3)重度、極重度心智障礙學生的問題行為只要使用行為功能分析、了解其行為功能，然後控制情境就可避免問題行為的發生。但是上述三個看法無法真正的、根本的解決重度、極重度心智障礙學生的行為與學習問題，因為若可行，那為什麼小學或學前的問題行為會一直延續至高職，甚至畢業以後仍舊繼續存在？誠如施顯烇（1995）的看法：陳年的行為痼疾形成了錯綜複雜，如何的抽絲剝繭化解嚴重的問題的確是千頭萬緒。我們如果單看行為問題來解決行為問題，往往會因眼光狹隘而事倍功半，甚至毫無功效。我們犯過最大的錯誤是面對問題時，一心一意的要解決問題而忽略了根基的改造。新的想法是：除了設法處理行為問題之外，更重要的是傾力改善這個人所處的環境，同時促進整個人生的改變。

施顯烇固然指出了處理嚴重問題行為的重點，但是，他並未指出根基的改造是什麼？若從其說法，似乎就是環境的改善以及促進整個人生的改變。

不過，筆者並非說上述三個迷思是錯誤的，而是說上述三個看法只是輔導重度、極重度心智障礙者的必備方法，但未能足以根本改善重度、極

重度心智障礙者的行為問題及改善學習問題。茲就上述三個迷思未能改善問題行為及學習問題的理由說明如下：

1. 掌握起點行為：掌握學習的起點行為是必要的，但是單單掌握起點行為是不充分的。

(1)**認知概念方面**

如圖 4-1-1 所示，因為認知概念的發展是一面向上統整，一面向下分化的進行。當向上統整時，抽出共同因素形成一個上層的統整概念；相反的，區辨出非共同因素時，則分化形成下一層的個別概念。往上統整時需要具有抽出共同因素的能力，往下分化時須具備區辨的能力。譬如：牛、豬、羊、馬的上層概念是家畜，往下則一方面要分辨兩兩之間的差異，亦即建立個別的概念，一方面是四者各自的下層分化，如牛的概念往下可分成哪些牛？在概念的建構過程中需要注意力、分辨能力等，若注意力、分辨能力等能夠建立，則概念自然可以形成。

(2)**行為能力方面**

行為能力的發展，一面往熟練、精緻的方向，一面結合其他能力形成新的能力。譬如探索動機（好奇）形成後要形成探索行為時，此時，探索

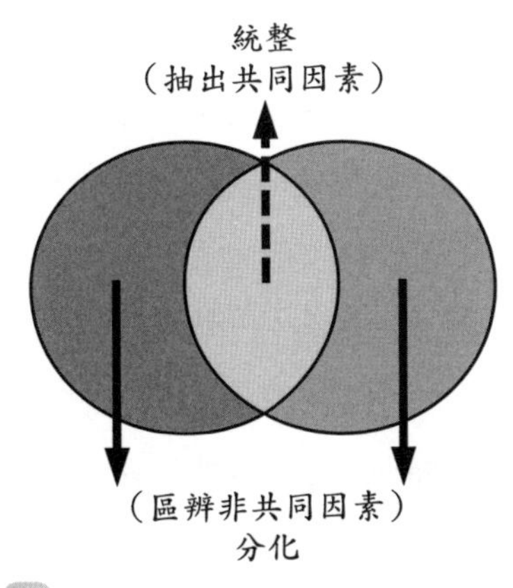

圖 4-1-1　認知概念的發展

動機必須與手腳動作能力結合才能形成探索行為。如果僅僅形成探索動機，而沒有手腳動作能力配合，則無法形成探索行為。

無論認知概念的發展或是行為能力的發展，都需要其他能力的配合。那麼，僅僅掌握起點行為，而不去考慮其需要配合的能力的話，實際上很難發生教學的效果。因此，在擬定教學計畫時，除了考慮起點能力之外，應考慮其周邊的配合能力是否已經形成。

2. 課程綱要：部頒啟智學校（班）課程綱要，大家都知道那只是參考之用，並非要完全參照，但是，因為那是部頒的課程綱要，因此大家仍依舊使用而未考慮學生的水準在哪裡？課程綱要內容是否適合學生的需要？譬如：最基礎的生活教育領域而言，對重度、極重度心智障礙學生就不適當。因為重度、極重度心智障礙學生尚有如自我控制能力、注意力等更基礎的能力尚未建立，這些更基礎的能力若未建立則會阻礙了生活技能的學習。

王亦榮（2000）對多重障礙兒童的課程提出五項內容：家居生活技能、做選擇、溝通技能、休閒技能及職業訓練，另外也提出了十二項教學原則：

1. 精確評量兒童的起點行為：才能決定教何種技能、從哪一水平開始教。
2. 明確界定所教的技能：目標要具體明確，才知道要教什麼，也才容易評量。
3. 教材要具有實用性：透過生態環境的調查，已決定何種技能對該兒童而言是很實用的，可以立即應用在日常生活中。
4. 所教之技能必須排定適當的順序：依照具體步驟教學。
5. 在自然情境中進行教學：因為多重障礙兒童的類化能力薄弱，所學不容易類化到自然情境，因此要盡量在自然情境中教學。
6. 教學時整合各單元目標：例如將溝通與動作技能教學方案，合併在日常生活中，藉由日常活動來訓練溝通技能與動作技能。
7. 小組教學：除了可解決某些共同問題，也可使多重障礙兒童有參與感，即模仿同儕的某一項特別的技能。

8. 提供機會與非障礙兒童互動。
9. 教師必須提供明確的提示或線索：以協助多障礙兒童形成正確的反應。
10. 教師要適時的給予回饋與增強：以維持習得的技能。
11. 教學時要以學生資料為依據。
12. 評量學生學習表現。

以上的五項內容及十二項原則固然不錯，但並未說出具體的內容及系統的教學原則，尤其對重度、極重度心智障礙者而言，究竟要教什麼？本篇將具體的說明輔導重度、極重度心智障礙者的教學內容及輔導技巧，供從事輔導重度、極重度心智障礙者的參考。

第二章 自我控制能力的訓練與行為規則的建立

行為自我控制能力包括行為的驅動力及控制力，如同汽車的行進系統（引擎、方向盤）及煞車系統，如果行進系統的引擎馬力過強，而煞車系統太弱，則行為無法控制的往前飆進，若方向盤無法控制，則行進方向無法確定。反之，若引擎馬力不足或煞車系統太強，則車輛將無法前進。

因此，重度、極重度心智障礙者的行為可以分為兩個極端的類型及一個無意義行為的類型。前者可分為一端是幾乎不動的寡動，他們並非無動作、肢體移動的能力，只是缺乏移動的慾望；另一端是極端衝動、過動的類型。在上述兩極端之間，另有一種無意義行為的重度、極重度心智障礙者，他們會緩慢走動，但其走動卻是無意義、無目的的移動。

寡動可以分為兩類型，一是呆坐型，一是乖乖型。呆坐型的重度、極重度心智障礙者缺乏主動行為的動機，這一類的重度、極重度心智障礙者大多源自大腦額葉的損傷或萎縮所引起。他們對任何事物幾乎完全缺乏興趣，只會整天一動不動的坐著發呆，與人也無互動，導致無法學習，因而發展受到很大的限制。另外，乖乖型的重度、極重度心智障礙者，雖不會主動的行動，但大人命令他動他就會依指令的動，他們主要是由於智能障礙所造成。這一類的寡動也是缺乏動機，同樣阻礙了他們的的發展。對於呆坐型的重度、極重度心智障礙者而言，行為動機的誘發乃是極為重要的課題；對於乖乖型的重度、極重度心智障礙者而言，除了主動行為動機的誘發之外，就是要加強自我意見表達能力的培養。

有關極端衝動、過動的重度、極重度心智障礙者，由於心智功能發展極度遲緩，幾乎停留在皮亞傑的感覺動作期，導致自我控制的心智功能成熟度不足，因此行為往往依其生理需求做直接的反應，譬如：看到喜歡吃的食物就速度很快的伸手拿取、看到偏好的東西就直接動手、人或物阻礙了他的行進路線就直接的推開等。若不能獲得所求，又由於溝通的障礙無法表達，因而開始出現生氣、哭鬧、發飆、自傷或攻擊的行為。因此，忍耐、等待的自我控制能力的訓練，是重度、極重度心智障礙學生的重要教育內容之一。

至於無意義行為的重度、極重度心智障礙者，他們雖然會動，也不停的走動，也會碰觸途中所遇到的物品，但他們的走動卻毫無目的、毫無意義，碰觸物品也顯不出探索、想要認識該物品的行為，只是碰一下又放下。這類的重度、極重度心智障礙者成年後就到處遊走，無所事事。要改善他們的問題，如何誘發其認識人與人、人與物之間的關係是重要的關鍵。

因此，本章即在上述的理念之下，說明培養重度、極重度心智障礙者自我控制能力的方法。

第一節　呆坐型之主動行為動機的誘發

一、呆坐型寡動的原因

「寡動」這一名詞在國內外均甚少談及，其主要因素在於寡動的心智障礙者不會干擾他人或教學活動，也不會造成困擾，所以在教學活動中屬於被忽略的一群。然而，他們的寡動卻阻礙了他們自己的發展，因為成長或學習是在不斷的活動與互動中進行，如果不動就失去了學習活動，也就無法成長，所以行為動機的誘發是極其重要的工作。

寡動的原因就是缺乏動機，而缺乏動機的因素可能是大腦額葉的損傷、萎縮或內分泌的失調所致。俗語有言：「餅乾掛在脖子也會餓死」，用以形容一個人的懶惰程度，但這不是寓言，而是真實的發生在許多心智障礙者的身上。他們幾乎整天靜坐在一個地方一動也不動，他們雖然四肢可動但就是不動，眼睛可看卻連瞄一下也不瞄，即使呼叫其名或是拿美食在其面前搖晃也沒有反應。這一類型的障礙者在教室中不會動來動去、跑來跑去、不尖叫、不大鬧，因此他們的存在幾乎完全被人忽略了。也因如此，他們不參與學習活動，教師也不要求他們參與學習活動，因為叫了也沒用。他們只是教室的客人，就學率的裝飾品。

二、動機誘發的教學

在談及缺乏動機的教學活動之前，先舉個例子，雖然該個案並非腦傷的孩子，但行為頗為相似。

一位媽媽在筆者面前稱讚她一歲多的女兒非常的乖：「從來就不哭不鬧。」筆者驚覺不對，請她帶女兒來讓筆者看看。父母倆帶著女兒到筆者家，果然，她不只不哭不鬧，也不會笑。筆者花了一個小時才逗她笑出來，可是其父逗她仍不笑，甚至大便了也無表情。經詢問照顧狀況才知：因父母工作而將女兒交由保母照顧，但保母沉溺於股票買賣。顯示孩子的哭、鬧、笑均未得到任何刺激的回饋，因此哭、鬧、笑雖是人類基本的能力，卻失去了意義。經輔導其父母教養方法後，將孩子帶回自行照顧。如今該個案已非常順利的從大學畢業，並已就業。

從上面的例子可知，即使本能的哭、鬧、笑也需要照顧者的回應。也就是沒有互動的話，即使是本能的能力也會消失。因此，父母與子女的互動乃是教養子女的首要關鍵。可見，主動行為的產生包括兩個因素，一個是內在本能的動力，一個是外在環境刺激的回饋。所以要誘發主動行為，要從本能的動力及給予適當的回饋刺激兩方面著手才會有效。

內在本能的驅動力，包括個體內在的需求以及好奇心的驅動。

個體內在的需求不一定是原始的維持生命的飲食，毋寧說是個體內在特有的驅動力。譬如一位額葉萎縮的三歲圓圓胖胖的小男孩，智力發展十一個月（日文版 MCC baby test），整天坐於地板上一動也不動，尋遍所有增強物均無法誘發他的動機，經過一年的尋找，在偶然的情況下他看到旁邊小孩吹出的肥皂泡後，便突然面露喜悅笑容並拍起手來。對肥皂泡的興趣就是個體內在的特有的驅動力，而這就成了對他最有效的增強物。找到了增強物自然就容易輔導了，往後利用吹肥皂泡給他看作為增強物，成功的訓練他站起、走路、爬樓梯與人際互動。

要掌握個體內在的需求需要透過綿密的觀察，最主要的觀察重點有二：

1. 在沒有任何介入的情況下，究竟個案在做什麼？其所做的事就是最有效的增強物。
2. 由輔導者提供各種刺激，觀察其對何種事物最有興趣。譬如一位腦性麻痺的國中女生，剛開始時任何方法均無法誘發她的注意，後來輔導者拿出電子琴在她面前操弄，終於引起了她的注意，並誘發了舉手碰琴鍵的行為。

好奇心的驅動則需要一些基本能力已形成才可能出現好奇心，譬如物體恆存的概念就是必備的基礎能力，而若具備了物體恆存的概念，則好奇心會自然產生。

至於好奇心的誘發除了輔導其形成物體恆存的概念之外，就是透過操弄物件，使物件突然出現或突發聲音來引起個案的注意。譬如：(1)打地鼠時地鼠的突然出現；(2)在個案面前手帕突然掉落而突然出現輔導者的臉，輔導者同時發出「哇——」的聲音；(3)玩捉迷藏時，被找到的協同教學者突然從雨傘下出現等遊戲活動，均能有效的誘發他們的好奇心。總而言之，要誘發重度、極重度心智障礙者的好奇心的活動，要具備突然的、快速的出現的特性才會有效。

在掌握了特有行為或增強物之後，就要思考他們所做的行為是否可以當作介入的起點，若不能則可以作為增強物，來培養新行為的興趣。

（一）作為介入的起點

所謂作為介入的起點，就是教學內容從這個點來發展，一面逐步增加難度，一面增加廣度。譬如喜歡往洞裡塞東西或牆壁縫丟東西的行為，塞東西入洞是一個介入點，那麼從這一點開始，利用蒙特梭利教具的嵌板，從一個圓開始，一面可以逐步增加形狀的變化，一面可以逐步增加洞的數量。

圖 4-2-1 的擊鼓活動可以用來處理偏好亂丟東西的行為。開始從擊鼓兩下，然後一面逐步增加工作的複雜度，如把鼓棒交回給輔導者，一旦學會就可以增加動作，如圖的退回、坐下→聽指令起立、前進、擊鼓→交回鼓棒→退回坐下；一面可以把敲鼓的次數增加，經過這個訓練之後就可以改善隨興亂丟東西的行為。

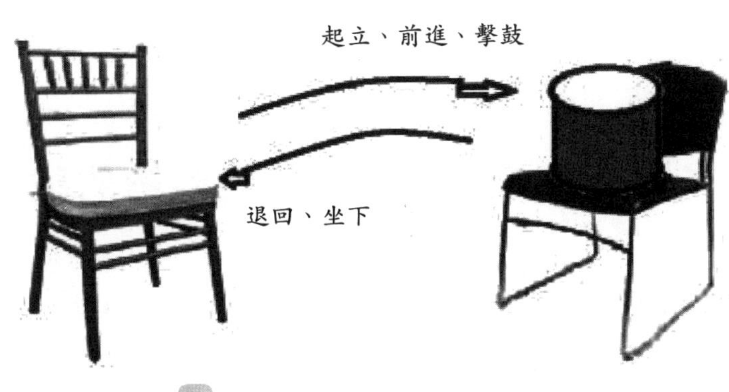

圖 4-2-1　敲擊行為的運用

（二）作為增強物

對於無法作為介入點的行為可以作為增強物，只要完成一個指令就讓他執行其特有行為一次，而且這個特有行為不一定要良好行為，即使不良行為也可以使用，只要他喜歡就好。因為我們要利用其偏好的行為建立適當的替代行為。

譬如某高職綜合職能科一年級的男生，不但每節課都會攻擊同學，而且菸癮很大。對於這類的個案危害性較大的是攻擊行為，最難戒除的是菸癮，因此，我們可以以菸為不攻擊他人的增強物，即與個案訂定契約，菸控制於導師之手，剛開始時只要每兩節課不打人，就可以向導師領一根菸到指定的地方抽。一週每天均能達成的話，就可以將節數拉長，最後，個案都不打人的同時，菸也戒掉了。

不過，對待自閉症患者時要注意，因為自閉症患者只要有人模仿他的行為，他就會停止他的行為，這樣子雖然可以使其停止問題行為，但這是變相的處罰、壓制，容易誘發其他也許更加危險的行為。因此，筆者並不贊成此種做法，這是除非要制止極為嚴重危險的行為時，才不得不採取的緊急做法。

第二節　乖乖型之學習行為動機的誘發

乖乖型寡動的心智障礙者，不若之前所提到呆坐型寡動的不動，而是要求他動他就動，不要求他動他就不動。這一類型的重度、極重度心智障礙者容易讓輔導者忽視其問題，也不知道如何去輔導。反正他很乖，不會製造問題。

一、乖乖型寡動的原因

乖乖型寡動的心智障礙者其行為發生的因素，在於智能障礙及動力不足所造成。因為智能障礙的關係導致不知道怎麼動，因此經常是一個命令一個動作。再加上動力不足、缺乏好奇心，因此不會主動去尋找問題解決的方法或去探索新奇的世界，也因而影響了他的學習，因為他不會主動學習。

針對這樣的問題，他們的教育需求有兩個：主動行為動機的誘發及自我意見表達能力的培養。

二、主動行為動機的誘發

主動行為的誘發與上一節呆坐型主動行為動機的誘發相同，強調行為內容的觀察，亦即找出其空閒時行為的內容，然後只要觀察出不一樣的行為（但不能是不適當行為）即加以增強。或是製造情境，使其主動做出適當行為即給予增強。所謂情境的製造，就是製造情境以誘發出他的需要，進而做出解決需要的行為。譬如當個案很餓的時候，在個案面前擺出個案特別喜歡吃的食物，只要個案些微伸出手或說出要吃即給予該食物，或問其要不要吃，只要點個頭即滿足其需要。以後把要求行為的標準逐步提高。

也可以用示範的方法誘發主動行為，跟上述方法相同，但配合使用模仿策略，即找另一個有所要求的個案或示範者伸出手即給予增強物，然後問個案要不要，若個案些微伸出手就給，若不伸出手就不給。反覆操作之後，一旦個案會主動做出伸手動作後，再逐步增加其要求行為的內容。

三、自我意見表達能力的培養

提供表達意見的機會也就是提供選擇權的機會，只要會選擇即可獲得其所需。譬如呈現兩種食物，一為個案的偏好食物，一為個案所討厭的食物。訓練時先問個案要吃哪個，若個案不表示意見，則將討厭的食物要個案吃下。若個案指出或說出其偏好的食物，便立即給予偏好的食物。其他如做家事、旅遊等均可要求個案選擇喜歡的，若不選擇則給予不喜歡的。如此反覆操作之後，個案為了獲得偏好的事物，避免收到不喜歡的事物，因此迫使個案不得不做出選擇的行為。

個案在獲得選擇權並享受選擇後的幸福之後，主動選擇的行為就會產生。這個選擇的行為就是自我主張表達的開始。一旦二擇一的選擇行為產生之後，就可以逐步增加選擇的複雜度及難度，甚至如：問他今晚吃什麼好，在沒有選項之下讓他選擇。

第三節　衝動、過動行為的控制

很多的重度、極重度心智障礙者經常出現衝動、過動、攻擊或自傷的行為，造成照顧上極端的困擾。

一、衝動、過動的原因及教育課題

（一）心智發展與生理發展的不均衡

重度、極重度心智障礙者的心智發展速度、水準與生理發展的速度、水準有極大的差異。生理發展的方向與一般人並無太大差異，只有在速度上稍微遲緩。但是，心智上的發展卻極為遲緩，即使已成年，其心智發展水準幾乎都在三歲以下。在如此不平衡的狀況之下產生了極大的行為問題，也就是心智能力無法控制生理的需求，因而產生如搶食等直接的衝動、過動、攻擊或自傷的行為。因此衝動、過動行為的克制、忍耐、等待行為的培養是重度、極重度心智障礙者輔導的主要課題。

（二）溝通障礙

在因需要而搶食等付諸行動之前，若能透過溝通就可以獲取滿足而不必直接執行該項行為，然而，重度、極重度心智障礙者往往缺乏溝通能力，導致出現直接的行為。因而，培養重度、極重度心智障礙者的溝通能力也是一項重要的課題。

（三）認知障礙——規則的遵守

重度、極重度心智障礙者由於如第一篇第二章所描述的注意焦點的問題，導致無法模仿學習，因此在團體中無法學會應遵守的規則。在不了解規則的情況之下，又有生理或心理的需求因素，因而在團體中做出許多違反規則的行為。因此，除了注意焦點的培養以外，規則的遵守也是不可忽視的課題。

二、輔導方法

對於嚴重情緒行為的問題，很多輔導者往往採用的有兩種策略，一個是高壓制止其行為，一個是滿足其要求，這兩種策略都是非常嚴重的錯誤。

就前者而言，無論是嚴重自傷或攻擊行為都是情緒壓力的抒發，因為他們不知道有其他情緒發洩的方法，若用高壓制止的方法，該行為固然可能被壓制下來，但其情緒的困擾不但仍未解決，且對抗的關係可能造成更強大的情緒困擾壓力，因此，勢必尋找其他可能更危險的管道來發洩，其後果將不堪想像。

就後者而言，則因能獲得滿足，事後為滿足其需求，將導致該行為沒完沒了。

針對上述的因素，對於過動、衝動的重度、極重度心智障礙者而言，在教育上除了溝通能力的訓練及情緒的穩定之外，需要考慮使用區辨增強的原理，一面忽視他們的問題行為，一面同步增進他們自我控制的能力與認識行為的規則。

（一）自我控制能力的建立

重度、極重度心智障礙者由於存在著本能的內在需求，卻又因缺乏溝通的能力，也就是無法透過溝通的手段來獲得需求的滿足，因此外在上常常出現直接的行為。所謂直接的行為就是看到想吃、想喝的，他們不管是否可以吃、喝，不管是否屬於他們的，他們直接的就搶來吃、喝；或是人們擋住了他們的去路，他們不管是否有危險，就直接的將擋住他們去路的人推開等等行為就是直接的行為。

由於如上的需求無法獲得滿足的情況下，在內在心理方面造成了焦慮，而內心的焦慮又帶來肢體肌肉的緊張，長期之下成為慢性的緊張；同時又因發展層次較低，在內心焦慮與肌肉慢性緊張的惡性循環之下，自我控制能力無法產生，因此產生了種種的問題行為。

這種直接的行為、內心的焦慮以及肌肉的慢性緊張若由外在的控制，不但無法改善，更可能使問題更為惡化。要解決這些問題就要從根源解決，也就是設法建立自我控制的能力，由自己來管理自己的行為。對於重度、極重度心智障礙者而言，要用一般的行為管理技巧來輔導他們那是不太可能的事，因為他們既不懂你的要求，也無法控制自己的行為，更無法引導自己的行為。

要培養自我控制的能力要從解除肌肉的緊張開始，而肌肉的緊張、放鬆，可以透過肢體的動作來達成，但是重度、極重度心智障礙者的內心焦慮係因溝通能力的問題，不是諮商技巧可以達成。也就是處理的順序是肢體緊張的解除，然後透過肌肉的放鬆，形成自己控制自己的肌肉緊張與放鬆的能力。當然在形成肌肉控制能力之同時，需要配合情緒的穩定與認知、溝通的學習才可能完整的達成。

為了讓重度、極重度心智障礙者能夠控制自己的行為，可以透過壓制式雙手舉動作法（十歲或小學四年級以下的兒童）、單手舉動作法（十歲或小學四年級以上的重度、極重度心智障礙者）及拍手動作法（不分年齡）的訓練達成。至於操作法請參閱第二篇第二章「動作法的運用」。

（二）行為規則的建立

有一國中九年級的男生，上課時不上課，走到室外拿水倒在教室地板上，然後用衛生紙吸水，或是躺在地上用腳踢同儕的椅子，甚至把課桌疊到另一張課桌上，然後將之推倒。而從其行為功能分析觀之，無論是理會他或忽視他均無效，阻止他則脾氣更大。從上面的描述，這個學生雖然沒有口語，但肢體運動能力是不錯的，問題是他不遵守上課的規則，但毋寧說他不懂教室規則，從小的發飆行為使照顧者不知如何介入，一味的禁止、忽視、滿足其不合理的要求，因此到了九年級仍是干擾教學的學生。為了改善其不守規則的行為，採取剪刀、石頭、布的猜拳遊戲，透過遊戲學會規則這件事。結果經過 10 次的輔導，問題行為完全消失，變成非常「乖」的學生（請參閱附錄 6）。

從上例可知，許多重度、極重度心智障礙者的行為係來自「不懂得」行為規則，而不是「不遵守」規則。為了教導他們了解規則並遵守規則，可以透過遊戲活動學習遊戲規則。當然，當他們遵守規則時要加以增強。

第三章　情緒問題的處理

在進行事前準備之時還有一個重要的確認工作，這個確認工作就是先掌握生態環境的狀況。因為學生的認知、行為的發展與周邊環境有著密切的關係，亦即周遭環境的狀況是否會誘發嚴重情緒、問題行為，而嚴重情緒、問題行為又是否會干擾認知學習的發展。

如同第一篇第二章所述，重度心智障礙者由於其心智障礙的影響而衍生出許多情緒與行為的問題，也就是經常伴隨著嚴重的情緒障礙，而這個情緒障礙又影響了生活、學習與發展。因此，在輔導之前必須先確定是否有情緒的障礙。

雖然依據「身心障礙及資賦優異學生鑑定原則鑑定基準」（教育部，1999），本法第三條第二項第七款所稱嚴重情緒障礙，指長期情緒或行為反應顯著異常，嚴重影響生活適應者；其障礙並非因智能、感官或健康等因素直接造成之結果。情緒障礙之症狀包括精神性疾患、情感性疾患、畏懼性疾患、焦慮性疾患、注意力缺陷過動症、或有其他持續性之情緒或行為問題者。

以上的定義排除了智能、感官或健康等因素直接造成之結果，但事實上，重度心智障礙者幾乎是重度智能障礙與情緒障礙並存。也就是說，這兩者究竟是誰影響了誰是很難釐清的，而在輔導過程中去劃清是智能障礙或情緒障礙並無太大的助益，也無必要，因為輔導時不能將智能的問題與情緒問題分割開來處理，也就是要從根本的問題點去處理才會有效。

不過，上述鑑定原則鑑定基準中，嚴重情緒障礙之鑑定基準的第二款基準為：「除學校外，至少在其他一個情境中顯現適應困難者」可以釐清其情緒行為的發生是由於生態環境或因個案本身的問題，如符合第二款者顯示其問題發生於個案本身，若非，則可判斷為生態環境的問題。至於第一款基準：「行為或情緒顯著異於其同年齡或社會文化之常態者，得參考精神科醫師之診斷認定之」及第三款基準：「在學業、社會、人際、生活等適應有顯著困難，且經評估後確定一般教育所提供之輔導無顯著成效者」則可以提醒我們，這個個案的處理是需要醫學與教育合作才會有效。

第一節　問題行為的發生因素

影響嚴重問題行為的因素，上出弘之與伊藤隆二（1984）認為可以從照顧者、學生（重度、極重度心智障礙者）本身、社會和文化、發展，以及教育的五個角度來看。因此要判斷兒童是否具有嚴重問題行為，可以從這五個角度來檢驗。

一、照顧者

首先有關照顧者的角度方面，可以從教育理念、教育方法及對子女的態度來探討。

照顧者的教育理念會影響照顧者的教育方法、教育態度，因而影響兒童的行為與學習。因此對兒童教育的看法是否正確，是極其重要的因素。

照顧者的教養理念與方法可分為三類：

（一）嚴苛型

很多傳統的父母認為孩子應乖乖的聽話，即使是學前階段的孩子也要安靜的坐在椅子上學習。無論身心障礙有多重的孩子都應從事生活能力、認識圖卡等的學習，若孩子未能順利學習，即用高壓、嚴格的手段要求孩子，結果孩子對學習產生恐懼，又無法適當的拒絕，因此產生嚴重的情緒、問題行為。如：因無法專心學習、任意翻找物品、尖叫而接受早期療育的個案萝萝，她哭鬧、拒絕學習生活物品的名稱，但把學習內容改為肢體遊戲之後，她的人際互動即開始發展，也因而減少了問題行為。

很多教科書上寫著：心智障礙的學生因為短期記憶太低劣，因此要反覆的教，教到會為止。這豈不是在折磨孩子嗎？教養方法正確的話，可以使孩子迅速的進步、發展；方法錯誤的話，不但會阻礙孩子的學習、發展，甚至會使已學會或已發展的能力退化。譬如好不容易發展出來的人際互動動機，因為還未學會正確的互動方法，而做出如拉、打、拍等不適當的行為，大人往往以為是攻擊行為而加以責罵、禁止，導致人際互動的能力非但未獲得發展，反而連已發展出來的動機也會被消除掉。

所謂過分嚴格就是過分要求，過於嚴格會培養出沒有主見的孩子或因模仿而形成挑戰性的行為。對於較為退縮的孩子而言，過於嚴格會導致凡事需要父母決定，一切要依照父母的要求，因此做子女的未能思考或思考亦無用而失去主見；對於較為衝動的孩子而言，過於嚴格會產生反抗，挑戰照顧者可容忍的極限，進而形成惡性循環，不但使親子之間的感情受到影響，孩子也在不知不覺當中學會了挑戰性的行為。此種現象最容易發生在自閉症的孩子身上，從小被打罵、被要求長大的自閉症孩子，到了青春期會發展出極為嚴重的挑戰性行為，筆者曾遇過數位這類個案，其中有一位其父母被打、抓得滿身傷痕。另外，有些教師、父母認為對於自閉症的學生只要手拿藤條他就乖乖就範，不必真打，因此不能算是體罰。但這是否讓孩子變好了呢？難道離開學校進入社會之後，還要拿藤條在他們身後伺候嗎？

（二）過度保護型

另外，若認為重度、極重度心智障礙者很可憐，因此百般呵護，任何事都為其代勞，結果剝奪了個案的學習機會。其能力非不能也，是沒機會學習，因此過度的保護也阻礙了個案的發展。

（三）逃避型

還有些逆來順受的父母，只要孩子有所求，不論其要求是否合理，為了避免哭鬧所帶來的困擾，因此採取逃避的態度。大家都知道：當孩子哭鬧時，父母即給予所偏好的東西，會養成孩子哭鬧的行為。可是，真正遇到時卻又無法堅持或不免一時的心軟。這類的照顧者一切順著孩子的好惡，凡事滿足其要求。

以上三類型照顧者的教育理念與方法均是錯誤的。因此，在輔導個案的同時，親職教育也是不可忽視的一部分。

二、以重度、極重度心智障礙者的角度來看

就兒童本身而言，形成嚴重問題行為的因素，可分為以下三方面：

（一）從平均數來看偏差

這是由於自然因素所產生的情緒行為異常，也就是分布在常態分配的兩端，一般而言，離平均數兩個標準差以上，無論是正或負均屬於過於偏差。重度、極重度心智障礙者的情緒行為往往分布在兩個極端，也就是他們的反應行為不是過於激烈就是完全沒反應。

（二）從病理的觀點來看

重度、極重度心智障礙者由於病理的因素造成情緒行為上的異常，這些異常有直接的因素，也有因衍生性的因素所造成。譬如因腦傷所造成的衝動是直接性的因素，而心智障礙者由於溝通的障礙，進而形成問題行為，

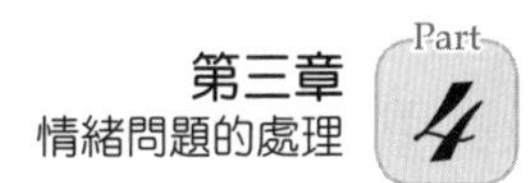

心智障礙是間接的因素，溝通障礙則是直接的因素。前者衝動的輔導重點在於自我控制能力的培養，而後者的行為問題則著重在溝通管道的建立。

（三）從心理的觀點來看

重度、極重度心智障礙者由於心智功能的低劣，無法運用自己的心智功能去應付個人內在的需求及外在環境壓力與要求，因而經常運用了錯誤、不適當的方法去滿足內在的需求或應付外在的壓力，導致問題行為的發生。從心理的觀點來看，讓重度、極重度心智障礙者學習適當的溝通方法，去表達、滿足內在的需求或排除外在的壓力是重要的課題。

三、社會、文化的觀點

每一個社會、文化都有其獨特的觀點，在西藏人的看法，對親人使用天葬，乃是最孝順的做法；但對漢族的人而言，暴露先人遺體是最大的不孝。也就是說，每一個民族文化都有其特點，合乎其要求就是正確的做法，不合其要求則變成大逆不道。因此，一個人的行為是否適當，要看是否合乎所在環境的文化觀點。人類的文化經過數千年的錘鍊，其所要求的標準已經過極大的改變，與原始狀態有了很大的差異。而重度、極重度心智障礙者即使實際年齡達到二十歲以上，其心智卻仍處於三歲以下的原始的、基本的能力。譬如搶東西吃，這是重度、極重度心智障礙者經常出現的行為，也是幼兒經常出現的行為，這是原始的人類的求生行為。這種搶食的行為在文化高度發展的成人環境中是不可行的行為，因此嬰幼兒的搶食行為雖被允許，但年齡較大的重度、極重度心智障礙者的搶食行為是不被容許的。

四、發展的觀點

嬰幼兒的搶食行為雖被允許，但年齡較大的重度、極重度心智障礙者的搶食行為卻不被容許，其原因也可能是從發展的觀點出發。人類隨著成長，其行為的要求標準也隨著改變，一般社會的看法認為，人類到了某一年齡之後就要做出合乎社會規範的行為，若仍存在著嬰幼兒期的行為就不合乎社會的要求。而重度、極重度心智障礙者即使青春期以後，仍存在著搶食的行為，顯然不合社會的要求。因此，一個人的行為是否適當，也要看其發展的狀況。

五、教育的觀點

教育的目的之一就是教育人們去做合乎社會要求的行為，但是許多教育者的教育手段卻造成師生對立，其原因在教師的教育觀點，以為孩子「不打不成器」，因此採用了嚴苛的手段，企圖要孩子達成其要求的標準。殊不知，高壓的手段對一般能夠溝通的兒童尚有解釋的餘地，對缺乏溝通能力的重度、極重度心智障礙者而言，那就成為火上澆油的現象。重度、極重度心智障礙者已經無法要求其所需要，倘被高壓要求之後就陷入有理說不清的情況，情緒更加懊惱，不但不能獲得需求的滿足，更受到高壓的處罰，真是情何以堪。此時，問題行為即使幸運的被壓下，但他們在無法獲得需求的滿足，受到極大的冤枉之下，更無法表達心意，且不知如何解決問題，因此，極易形成無法預測、可能更為嚴重傷害的問題行為，這是多麼危險的事。譬如：某高職一位具有 ABS 症候群的高職生，教官採用高壓的處罰、記過的手段，導致這名學生逃學、在外鬼混、吸菸、喝酒，即使到了學校也無法與同學相處、衝動、暴怒，從二樓教室將課桌椅往窗外丟出，幸虧未砸到他人，否則不堪設想。但當該位教官因為去世而由另一位接納他的教官輔導他後，即順利返校，且目前已申請進入大學就讀。

由以上的因素可知，對於重度、極重度心智障礙者而言，正確的輔導方法是極其重要的課題。

第二節　情緒問題的處理步驟

對於重度、極重度心智障礙者的情緒行為問題的處理，無論是什麼因素所產生的，其處理的步驟均可分為發作時情緒的回穩、穩定時情緒發洩方法的學習及干擾刺激的免疫三項。

一、發作時情緒的回穩

當重度、極重度心智障礙者正在發飆時，很多教師或照顧者使用的方法有兩種，一種就是安撫，一種是用高壓的手段。這兩種都會帶來後遺症。

以安撫的方法如：「乖，這個糖給你吃！」、「乖，不要哭，我們去散步！」等方式，這種處理方式只有使問題行為更為嚴重，因為當他們哭鬧、發飆的話就可以滿足他們的需要，結果培養了更嚴重的行為。譬如第二篇第三章中的例子，為了怕媽媽離開而用下巴敲打自己肩膀的自閉症男孩，把自己肩膀的肉都敲得露出白骨了。每次孩子稍微一動，媽媽就以為他要自傷了，為了避免其自傷，因此立即將他抱住安撫他，結果只有使自傷行為越來越嚴重。

至於使用高壓的手段其後果如前面嚴苛型的教養方式中所述，顯示這種方式也是不恰當的。

那該如何是好？如何讓他安靜下來呢？以下有兩個有效的處理方式：

（一）先完成指令及滿足其要求

執行的步驟如下：

1. 使用握手動作法與發飆者握手，以取得心靈分享。
2. 一手輕拍其背之肩胛骨處，一手指示前往方向，並用沉著嚴肅的表情及語調說：「回去！上課！」堅持繼續從事所要求的工作，或是至少完成一項簡單的工作。絕對不能責罵，否則只會造成火上加油的結果。

譬如：一個發飆吵著要回家的重度自閉症高職部的學生，指導者要求他與指導者拍手三下（拍手動作法）後即讓他回家達到他的目的，結果此後這個個案即願意安靜上課。另一機構中的男性居住者，在圖卡學習中突然發飆離開座位。指導者嚇呆了，曾帶過他的一位照顧者見狀即說：「我來安撫他！」筆者聽了立即禁止安撫，親自用上述方法讓他回座。下課時筆者特別叮嚀他：「下次不能再發脾氣！」他即點頭回應（無口語），以後也確實未再發飆過。

從上面兩個例子可知，使用堅持的口吻，要求完成一項簡單的工作後，即滿足其要求的話，是一個相當有效的方法。

（二）壓肩動作法

這個方法也是非常有效的，其步驟如下：

1. 使用握手動作法與發飆者握手，以取得心靈分享。
2. 在與發飆者握手後，讓發飆者坐下，然後指導者轉身至發飆者身後，使用壓肩動作法壓肩。這個方法也可以使發飆者安靜下來。

二、穩定時情緒發洩方法的學習

重度、極重度心智障礙者為什麼會發飆的做出一些嚴重傷害的問題行為？最主要的原因固然因溝通障礙而使需求無法獲得滿足，但其主要的原因在於：一個是來自外在環境所帶來的焦慮與壓力，一個是來自個人內在心理情緒的壓力或生理的過剩精力。這些壓力會使重度、極重度心智障礙者喘不過氣來，又缺乏問題解決的能力，導致使用錯誤的發洩方法。因此，指導他們如何發洩他們的情緒是不可或缺的課題。

至於重度、極重度心智障礙者發洩情緒最好的方法是運動，如成人跳床、投籃等，這兩種特別適合自閉症患者，因為它包含了兩個因素：快速移動、消耗體力的特性。實施時，可以每天執行10回合，每回合跳躍30次或投籃30次。如果是唐氏症患者，則搖滾樂是最好的發洩方法。但以上只是大部分如此，仍要依個案特性來選擇最適合的方式。

三、干擾刺激的免疫

情緒困擾的處理除了情緒發生時要回穩、學會情緒發洩方法之外，還有一個極其重要的工作，就是干擾免疫力的培養。因為在複雜的自然情境中要去控制情境是不太可能的，在遊戲室或實驗室中可以控制，但自然環境卻非指導者所能控制。因此，即使在控制的情境中已能解除情緒的困擾，但在自然情境中情緒的困擾仍會被干擾因素所誘發。控制情境只是用在輔導初期的消極做法，積極的做法仍是要重度、極重度心智障礙者自己去抵抗外在的刺激，才能徹底的、根本的解除情緒困擾因素的干擾。為了培養干擾刺激的免疫力，可以在控制的情境中，運用區辨增強的策略，依照下列逐減敏感原理的步驟來實施。

（一）行為功能的分析

培養干擾免疫力的第一步是找出誘發情緒困擾的因素，針對前述上出弘之與伊藤隆二（1984）指出的五個造成情緒困擾的因素，可以運用行為功能分析法來分析情緒究竟是何種因素所造成，能夠掌握了困擾因素之後，才可以執行控制情境的工作，製造一個安心、沒有干擾的情境，讓重度、極重度心智障礙者學習適當的、正確的替代行為。

（二）控制情境

在輔導初期，控制情境可以讓重度、極重度心智障礙者的心理在一個沒有干擾刺激的情境中學習。情境的控制包括生態環境所可能發生的干擾因素，譬如第二篇第三章運用逐減敏感原理輔導過的過動的小女孩為例，在初期必須在安靜的小環境中，不受任何刺激干擾的情境中學習。

（三）新的認知與溝通的學習

學習的內容依個案的水準來決定，如實物、圖卡、塗鴉等的學習。

（四）干擾因素的給予

當重度、極重度心智障礙者對學習產生了興趣之後，可以如第二篇第三章過動的小女孩的例子，逐步提高干擾的強度，至該強度大於自然情境所可能發生的強度為止。如此在自然情境中的干擾將不會誘發重度、極重度心智障礙者的情緒問題。

第四章　認知增進與溝通訓練

重度、極重度心智障礙者的認知與溝通能力發展處在極低的層次，因此，在認知與溝通能力的培養必須從最低的層次開始。增進認知與溝通能力的內容包括：(1)注意、追視與探索行為的培養；(2)同步處理能力（一心多用）的培養；(3)接受指令的指導；(4)主動要求行為的培養；(5)區辨能力的培養；(6)溝通表達能力的培養；(7)塗鴉能力的培養。本章僅就這些內容的指導加以闡述。

第一節　注意、追視與探索行為的培養

重度、極重度心智障礙者的注意是極端固著的，也就是極端注意其偏好的刺激，尤其自閉傾向者更為明顯，譬如：飄動的物體、閃爍的光線、特有的聲音或旋律等。每個重度、極重度心智障礙者均有其特殊的偏好，對於非其偏好的刺激則完全採取忽視的態度，因此更別說追視或探索行為的產生，因為這兩種行為須以注意為基礎。

如第一篇第二章所述：重度、極重度心智障礙者不是缺乏注意力，而是缺乏篩選注意焦點的問題，而篩選注意焦點受到一心一用、部分視、主體與背景的逆轉、追視能力、共同注意等五個因素的干擾，導致無法接受指令、並依指令執行的問題行為，更進而干擾了學習活動。但這五個因素

其根源可歸納為缺乏共同注意、追視以及探索行為。因此，本節重點在說明這三種基本的注意能力的輔導。

一、共同注意的學習

有關共同注意的訓練，主要是如何誘發與他人共同注意同一遠方的目標。

譬如：一位學前自閉症兒童，外出時不會跟著母親，只專注於馬路上的來往汽車，無口語，一笑就要笑到累才會停，當大人指著某處時，個案只會看大人的手，而不會依著所指的目標看過去。為誘發其共同注意的能力，筆者（1991）將有高有低的課桌椅排成一列（走險橋），要求個案從一端走到媽媽那邊去（另一端），在要求的同時用手指著其母。因為母親是個案最親切、熟悉的目標物，因此效果特別好，個案也因而學會了共同注意的行為。

二、追視的學習

對於缺乏追視能力的重度心智障礙者，要訓練其追視能力時，可以利用兩顆「滾蛋」及增強物從事如圖 4-4-1 競爭狀態的追視學習活動（請參閱附錄 7）。其教學程序如下：

1. 如圖所示，隔著桌子，主教者坐於個案對面，協同者坐於個案側面。
2. 主教者在個案面前將增強物置於一個滾蛋中（滾蛋如蛋形，兩端不同大小，故其滾動為不規則方向，且一個滾蛋可旋轉開成兩半，內可置增強物）。
3. 主教者將兩個滾蛋分左右往個案方向推滾過去。
4. 第一次時將置有增強物的滾蛋滾往個案前，使個案輕易地獲得增強。
5. 第二次則將置有增強物的滾蛋滾往協同者方向，而無增強物之滾蛋滾往個案面前，當個案拿取無增強物的滾蛋時，協同者即拿取置有增強物的滾蛋並打開滾蛋，故意在個案面前吃增強物。

6. 步驟 4、5 反覆操作，個案即會注意追視置有增強物的滾蛋滾的方向，也就是學會追視的能力。

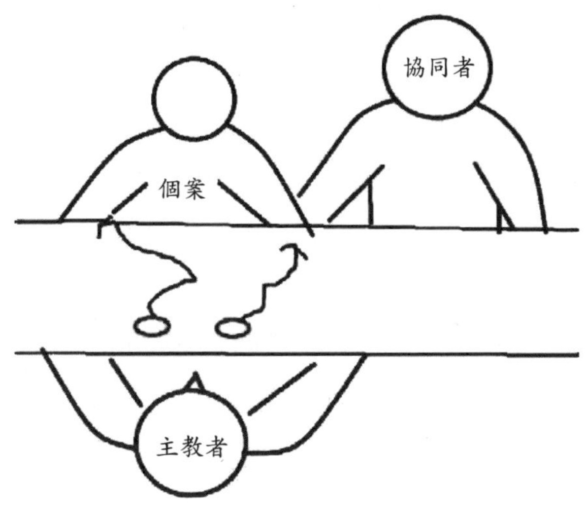

圖 4-4-1　競爭狀態的追視學習活動

三、物體恆存概念與探索行為的形成

一位被收容在教養機構的二十八歲重度心智障礙女性，個子瘦小，皮膚白皙。因平衡不良，從小即被綁於椅子上，不讓她隨意走動，以免摔倒受傷。她會撿拾桌上或地上的毛屑吃，曾因幽門堵塞而手術，但術後仍舊持續撿拾毛屑吃，一直被誤診為異食症。因此，職能治療師即強調盤中小饅頭可食，掉在桌上的小饅頭不可食的學習，但是經過數週仍無法改善，顯然不是辨認能力的問題，而是還有其他問題存在。

某日，筆者站於個案左側，發現個案直視左側桌角附近放在紙盤上的小饅頭，筆者即用左手持盤，然後慢速移動紙盤往左後側。個案乃起立從筆者前方追視小饅頭，筆者在身後將紙盤交給右手，然後將之放於個案右側桌上。筆者將左手伸出給個案看，個案一看筆者左手中的小饅頭不見了，急得哭了起來。這個現象顯示，個案尚未形成物體恆存的概念。因此，筆者依照下列步驟促其產生物體恆存概念：

1. 筆者將小饅頭放於紙盤上，然後用 B4 的白紙遮住一半小饅頭，剩下一半讓個案看到，接著要個案拿取小饅頭吃。
2. 筆者將小饅頭放於紙盤上，然後用 B4 的白紙遮住三分之二小饅頭，剩下三分之一讓個案看到，接著要個案拿取小饅頭吃。
3. 筆者將小饅頭放於紙盤上，然後用 B4 的白紙邊邊遮住小饅頭，但仍看得到小饅頭，接著要個案拿取小饅頭吃。
4. 筆者將小饅頭放於紙盤上，然後用 B4 的白紙完全遮住小饅頭，讓個案完全看不到小饅頭，接著要個案拿取小饅頭吃。

經過這四個步驟（各實施一次），當日成員們正在舉行檢討時，個案突然起立（筆者要求在輔導時不得綁於椅子上），離開教師身邊，走到別組的輔導桌旁，打開桌上的塑膠袋（內放積木）看，但隨即放棄改尋目標。顯示個案已開始探索周邊世界，也就是個案已可形成看不到未必不存在的物體恆存概念了（請參閱附錄 12；實施方法參考蔡娟姿譯，1999）。

第二節　同步處理能力（一心多用）的培養

有關同步處理的能力，無論在生活上或學習上均是一項極其重要的基本能力，因為同步處理能力包含了同步監控周邊環境的眾多刺激，並加以篩選是否需要加以反應的能力。如果未具有同步處理的能力，則只專注於其偏好的刺激，如此依賴將會漏失掉重要的刺激，如學習活動中，他只注意其偏好的冷氣孔的紙條的飄動，而忽略了學習的活動，又如許多自閉症患者與他人溝通時眼睛不會注視對話者，他們無法了解為什麼要看對方，即使再多的口語指示，如許多的母親都會說「看媽媽」卻均無效。因此，同步處理的能力是一項非常重要的學習基本能力。可惜在我們的教育中幾乎無人注意到此能力，而重度、極重度心智障礙者，尤其腦傷者卻又幾乎完全缺乏此項能力。因此重度、極重度心智障礙者的輔導中，此項能力的培養是一個非常重要的課題。

對於重度、極重度心智障礙者的同步處理能力的培養，筆者開發了拍手動作法，尤其其中的移動式拍手動作法更能有效改善他們的同步處理能力（有關拍手動作法請參閱第二篇第二章）。

第三節　接受指令的指導

對於重度、極重度心智障礙者接受指令的指導，要善用行為改變技術的增強策略。

指導開始時可以使用極其簡單的指令與動作，讓重度、極重度心智障礙者完成動作，即可獲得增強物。若仍不行，則可依第二篇第三章圖 2-3-4 三對一的個別教學，學會接受指令即可獲得增強物的規則。

第四節　主動要求行為的培養

很多重度、極重度心智障礙者缺乏主動要求的行為，但為了滿足內在

的需求，因而逼他們使用不適當的方式表達他們的需求，而這些方式有可能是危險的行為，也有可能是照顧者根本無法了解的動作，甚至不知道要去要求照顧者的協助。因此，培養主動要求的行為也是重度、極重度心智障礙者輔導的一個重要課題。而主動要求行為的基礎能力就是人際互動行為及問題解決能力，因此只要人際互動行為及問題解決能力產生，就可以產生主動要求的行為。

一、人際互動開始的培養

人際互動的開始可以從兩方面來著手，一是利用遊戲活動（任何年齡）或擁抱法（嬰幼兒期）自然產生人際互動，一個是利用拍手動作法（任何年齡）、壓制式拍手動作法（小學四年級以下）的強制性產生人際互動。

有關遊戲法及動作法的方法前文已有闡述，這裡僅將擁抱法加以說明。

所謂擁抱法，就是針對完全沒有人際互動反應的嬰幼兒抱於懷中，讓嬰幼兒面向擁抱者的臉，擁抱者除了抱著嬰幼兒之外，有時一面輕唱兒歌，一面依節奏輕拍嬰幼兒背部、臀部或輕輕搖動；有時則對著嬰幼兒輕聲細語來誘發嬰幼兒注意擁抱者的眼神；有時亦可讓嬰幼兒突然上下輕輕震盪個 10 公分左右，但要注意力量不宜過大，以避免造成腦震盪。

二、問題解決能力的培養

問題解決能力的培養是學習發展的重要課題，因為有了問題解決能力，才能夠在學習過程中或生活活動中去解決問題，也因為能夠解決問題，因此不但使認知能力獲得向上提升，也因為成功解決了問題而產生成就感及學習的動機。重度、極重度心智障礙者由於缺乏解決問題的能力而形成了許多的問題行為，若能培養出問題解決的能力，則當他們遇到問題時會去設法解決該問題的話，就可以用適當的方法去解決，而不會形成問題行為。

要培養問題解決的能力，就要製造問題情境讓學習者去解決。譬如：

1. 問三、四歲的孩子：「一輛機車可以坐兩個人，那三個人要幾輛機車？」
2. 在側面如竹編的多孔洗衣籃裡放著幼兒的偏好物（如偏好的玩具），先讓孩子從籃外看到籃裡的偏好物，然後教孩子推倒洗衣籃以取得偏好物。
3. 讓孩子拿著長棒（比門寬長一倍）過門。
4. 蒙特梭利教具之形狀不同的嵌板、大小不同的圓柱插孔。

第五節　區辨能力的培養

區辨能力也是學習活動與生活活動的基礎，因為能夠區辨，才能夠區辨何者為是、何者為非，何者可為、何者不可為，也因而增進認知的能力，促進心智的發展。區辨能力的認知培養可以從二擇一的學習及量的學習開始。

一、二擇一的認知學習

二擇一的學習可以從顏色辨認開始，一旦成功可以從兩方面繼續發展：

1. 可以從二擇一改為三擇一、四擇一……，逐步增加難度。
2. 可以從顏色辨認開始，而後形狀、大小、長短……，甚至實物認知、文字認知等逐步擴展學習範圍。

其執行步驟如下：

步驟一：二擇一的指導策略如圖 4-4-2 所示的協助策略，但這僅是第一步驟而已，若本步驟連續 10 回合成功的話，就可以依下列步驟逐步進展。

步驟二：指導者的一隻手放在紅色的積木旁，輕敲桌面以暗示學習者要取紅色積木。

1.呈現紅綠兩塊積木。

2.要求個案將紅色積木給指導者。

3.指導者用手指按住綠色積木使個案無法拿取綠色積木，而改選紅色積木。

4.個案選對積木後，立即給予增強物。

圖 4-4-2　二擇一認知學習的協助策略

步驟三：指導者的一隻手放在紅色的積木旁，以暗示學習者要取紅色積木。

步驟四：指導者的一隻手放在兩個積木中間，不做任何暗示。

（連續 10 回合成功後，改為選取綠色積木。）

步驟五：指導者一隻手壓住紅色積木，不讓學習者取得，協助學習者改取綠色積木。

步驟六：指導者的一隻手放在綠色的積木旁，輕敲桌面以暗示學習者要取綠色積木。

步驟七：指導者的一隻手放在綠色的積木旁，以暗示學習者要取綠色積木。

步驟八：指導者的一隻手放在兩個積木中間，不做任何暗示。

（連續 10 回合成功後，改為任選其中一色積木。）

步驟九：任意指定紅色或綠色，確認是否已確實認識紅色、綠色。

步驟十：以後可以逐步增加顏色，以增加難度。

為什麼是二擇一，而不是一擇一呢？因為一擇一的話就不能比較正確或錯誤，而二擇一則可以呈現出一個正確的，一個是不正確的。所以，所有的區辨學習絕對不能一擇一的做法，否則將無法成功。

二、量的學習

量的學習比區辨學習要晚很多，其基礎從拍手動作法開始。

由於在進行拍手動作法時，每次指導者均會唱數，學習者每日聽唱數聽久了也會跟著唱（或有咬字不清亦無妨），若可唱至 50，則量的學習可以開始。

量的學習可分為兩個階段：

1. 數字 2～4：學習順序是 2、4、3（呈現 5 個積木）。
2. 數字 5～9 及 1：5 以後可依數字序教學，但 1 留在 9 之後再學習（呈現 10 個積木）。

重度、極重度心智障礙者的量的學習大約到 9 就已經很不錯了，若要 10 以上則很難達成。

為什麼量的學習從 2 開始？這是讓學習者學會兩個一數的策略，一旦發現兩個一數的策略之後，其他數量的學習就變得簡單多了。

對於 2 的教學步驟如下：

1. 教學者與學習者對面而坐，中間隔著桌子。
2. 教學者將 5 個積木散亂的放在桌上。
3. 教學者伸出手放在積木與教學者之間說：「兩個積木給老師。」
4. 學習者將積木一個一個放在手上，當達到兩個時，教學者的另一隻手立即按住其他三個積木，不要讓學習者有再拿到積木的機會。並且把拿積木的手伸到學習者面前說：「對了，這是兩個積木。」然後立即給予增強物。
5. 上述步驟反覆為之，學習者一旦一次同時拿兩個積木給教學者，則兩個一數的策略即形成。

對於 4 的教學，與 2 的教學步驟相同，但當學習者給了兩個之後，步驟 4 的立即回饋則不給予，而只是繼續下指令：「4 個積木給老師。」等到學習者再拿兩個積木給老師之後才給予立即回饋：「對了，這是 4 個積木。」然後給予增強物。

對於 3 的教學，當學習者給了兩個之後，若學習者再拿兩個時則不接受，而只是繼續下指令：「3 個積木給老師。」等到學習者只再拿 1 個積木給老師之後，才給予立即回饋：「對了，這是 3 個積木。」然後給予增強物。

經過 2、4、3 順序的學習之後，學習者已學得兩個一數的策略，也了解再加 1 個就是「3 個」的量的意思。因此，此時就可以學習「1 個」的量的意思了。

至於 5 以後的量，可以依照上述的做法繼續教學，但放在桌上的積木就要變成 10 個。為什麼總是多放呢？因為要提供比較的機會，有了比較才容易了解。

第六節　溝通表達能力的培養

大部分重度、極重度心智障礙者都沒有口語，其原因可能是語言障礙，也可能是心智障礙所造成，原因實很難區辨。但無論如何，重度、極重度心智障礙者的口語溝通可分為：

一、連手勢、動作都沒有

這只能在實施各種刺激之下，去發現刺激之後的各種細微反應，如手指頭、嘴唇、眼球等的變化，然後從會有變化的動作開始，透過區辨增強的策略，培養彼此了解的細微動作作為溝通的管道，並從此逐步擴張、加大動作的明確度。

二、會手勢、動作者

對於會手勢、動作但無發生語言的可能者，一面可以透過學習一般人使用的手勢、動作作為溝通的管道；一面透過區辨學習，學習圖卡、字卡，以便發展至使用溝通板、圖卡小冊或字卡小冊的溝通。

三、會發單字、雙字詞者

對於會發單字、雙字詞者，採用逐步養成的策略，一面逐步增加字詞的量，一面由單字詞逐步擴增為短句、長句。

四、回聲語言者

回聲語言大都出自於智能障礙者，由於接收資訊的速度較慢，無法接收到完整的資訊，因而無法了解對談者所說的內容，尤其疑問句的時候，因此，在回答時只能重複對談者的語言。譬如問他：「吃飯了沒？」他可能的回答有幾種：「吃飯了沒」、「沒」、「飯」等，讓人無法理解其回答的意義。又如一個六歲的自閉症男孩，問他：「要不要？」他若回答要，而你將東西給他的話，他會發脾氣，因為實際是不要；相反的他若回答不要，因此你就不給他，此時他也哭鬧，因為實際是要。對於這類型的重度、極重度心智障礙者的語言溝通訓練，我們可以使用「Yes or No」的教學。

「Yes or No」的教學時，需要有一個協同教學者及兩個實物如鉛筆、蘋果。協同者坐在個案的身邊，實物放於隔著個案與主教者的桌上，開始時均單指一種實物（以蘋果為例），個案只要回答「是」或「不是」。教學程序如下：

1. 主教者拿起蘋果問個案：「這是蘋果嗎？」無論個案回答如何，協同者均在個案耳邊小聲說「是」，誘發個案模仿說「是」。
2. 個案說了「是」，主教者立即回應說：「對！這是蘋果。」然後給予增強。
3. 依此步驟 1、2 反覆教學，直到個案在沒有協助下，連續 10 回合答「是」為止。
4. 主教者拿起鉛筆問個案：「這是鉛筆嗎？」無論個案回答如何，協同者均在個案耳邊小聲說「是」，誘發個案模仿說「是」。
5. 個案說了「是」，主教者立即回應說：「對！這是鉛筆。」然後給予增強。
6. 如此同步驟4、5反覆教學，直到個案在沒有協助下，連續10回合答「是」為止。
7. 接著下來要回答「不是」，其程序如 1～6。只是主教者拿蘋果問的卻是「是鉛筆嗎？」或反之。
8. 以上都通過後，要以回答「是」或「不是」的問句亂數呈現。

五、鸚鵡式語言者

鸚鵡式語言多出現於自閉症者，譬如學會說「吃飯不能掉飯粒」之後，不分場合、時間、地點，都一直重複說這句話。為改善這個問題，可以一面擴張其語句的量，一面用區辨學習的方式讓他學習說適合場合的話。

第七節　塗鴉能力的培養

塗鴉是文字學習的基礎，塗鴉的過程中要運用手眼協調的能力、認知的再現（消極知識變為積極知識），它是抽象文字認識、書寫的基礎，因此，它也是重度、極重度心智障礙者學習的基礎之一，不可忽視。

塗鴉時，指導者不宜干涉要求要畫什麼，而是要讓學習者自由地發揮。塗鴉的發展可分為如圖 4-4-3 之六個階段：

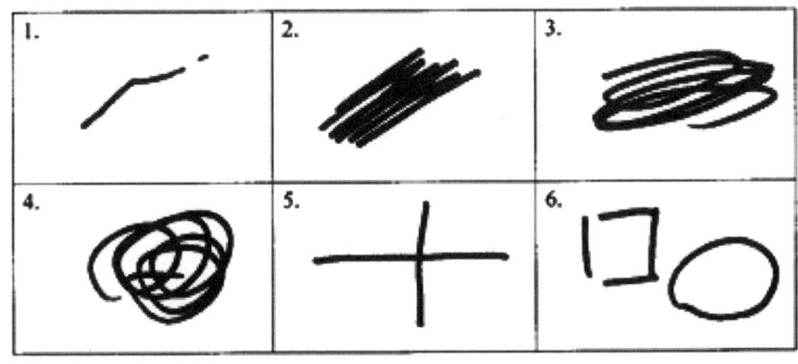

圖 4-4-3　塗鴉各階段之圖形

1. 初次執筆的鐵絲卻無力的線條。
2. 左下右上的來回連續斜線，轉折處為銳角。
3. 左右來回的連續水平線，轉折處是圓形。
4. 螺旋狀的旋轉連續線條。
5. 水平線、垂直線。
6. 圓形、四角形。

指導塗鴉時在自由的氣氛之下享受知動協調的快感，在熟練度的成熟之下自然的往下一階段發展（請參閱附錄8），最後達到圖形及文字的書寫能力。學習者若過於固著，歷經一段時間仍無發展的話，可以做一些塗鴉的示範。

第五章 各類問題行為的處理方法

本章就各類問題行為的處理方法說明於下。

一、缺乏動機

1. 運用遊戲活動誘發行為動機：利用突發之刺激，誘發人際互動、執行動作之行為。
2. 掌握偏好的增強物及偏好行為：利用偏好行為作為增強物，誘發行為動機。
3. 行為一旦誘發，即用逐步養成原理，逐步擴大活動量及範圍。

【案例】

透過遊戲活動，培養不理人的啟智學校高職部二十二歲男生的人際互動行為。該生整日呆坐只將物品塞入細縫，而且出外絕不外食。應用其將物品塞入隙縫的行為特性，設計塞球入手偶的嘴、打地鼠等遊戲活動，逐步增大其活動量。經過 10 次的訓練後，終於已可將籃球投入套在呼拉圈（直徑 1.2 公尺）的黑色塑膠袋中，並突然在 20 公尺外舉起手向筆者打招呼，且在第 17 次訓練時，首次在家以外的地方吃了三根薯條（請參閱附錄 9）。

二、無選擇性過動行為（注意力分散）——使用逐減敏感原理的策略

1. 在小且少刺激的空間中，指導認知課程的學習。
2. 運用增強物增進學習效果，建立學習的成就感與動機。
3. 運用動作法減輕慢性的緊張、穩定過動的行為。
4. 逐步增加負性的刺激，建立免疫能力。

【案例】

對象：無法就坐 3 秒以上的六歲女孩。

操作：透過壓制式雙手舉動作法、拍手動作法及圖卡認識，培養無法就坐維持 3 秒以上的過動六歲小腦症女院童的專注學習行為。訓練過程如下：

1. 在無任何聲音干擾的控制情境中，從事壓制式雙手舉法、拍手動作法、二擇一的圖卡選擇學習。
2. 壓制式雙手舉法可以達到 10 秒不動、拍手動作法可以正確拍 10 下以後，其母及教學組長開始在三公尺外低聲聊天干擾其上課。
3. 之後根據進步的程度，講話距離越來越近，聲音也越來越大，甚至就在旁談論個案的狀況。
4. 經過兩年的訓練，達到安靜平躺、雙手上舉 120 秒，拍手 120 下，從事 120 選 1 的圖卡學習。她不但可以在座位上持續上課一小時，且在二公尺距離的榔頭敲桌子聲音的干擾下，仍可專注於從散亂的圖卡中找出指定圖卡的活動。結案時已學會 41 張圖卡，口語三個字（邱紹春，1997）。

三、遊蕩行為——拍手動作法

1. 掌握造成遊蕩行為之因素。

2. 依據個案的偏好，提供偏好的活動。
3. 利用剝奪偏好活動的策略，建立學習行為，提供成功機會，建立成就感。

【案例】

對象：上課時間總在校園內遊蕩的國中七年級啟智班男生。

操作：利用拍手動作法，引誘留在教室。其操作如下：

1. 找個案過來，實施拍手動作法。
2. 上課時，找個案拍手。
3. 個案主動要求拍手後，要求留在教室五分鐘之後再拍，拍完即任其出外遊蕩。
4. 一旦達成，逐步增長留在教室的時間至一節課。
5. 八年級時已完全能留在教室，但會溜至課桌下面。繼續實施拍手法後，九年級時已會就坐上課。

四、自傷行為——相互抵制原理

1. 掌握自傷行為的原因。
2. 減少照顧者的過敏反應，徹底執行忽視的策略。（引起他人注意者）
3. 利用適當的技巧，減少自傷行為的頻率。（無聊，自我刺激者）
4. 利用增強策略，建立相互抵制的功能性替代行為。

【案例】

對象：特殊學校高一自閉症自傷行為的男生，從小咬自己的雙手手背、手肘，且已結成四個痂達數公分厚。其自傷原因肇因於害怕噪音，加上其父過於嚴苛，個案又無溝通能力，導致以咬自己的手為拒絕的方法。

操作：輔導時一面忽視其十餘年歷史的自傷行為，一面利用拍手動作法的活動，抵制他咬兩手的行為，並建立人際互動、自我控制的行為。經過 10 週次的訓練，增強其良好行為，約兩個半月後自傷行為消失。

五、攻擊行為——單手舉動作法

1. 掌握誘發攻擊行為的因素。（情緒或教養方法的影響）
2. 控制情境，減少誘發攻擊行為的因素。
3. 利用動作法穩定情緒，培養忍耐、等待的能力。
4. 利用增強策略建立正確的自我抒發情緒的方法及溝通方法。

【案例】

對象：每天發飆打人的特殊教育學校高職部一年級男生。

操作：透過拍手動作法、單手舉動作法培養忍耐、等待的能力，壓肩法穩定情緒、使用跳床及投籃活動發洩情緒。經過一年訓練後，個案開始學習寫字及接受職業訓練，畢業後順利與其他三位同學在麵包店工作（Chiu, 1999）。而今在自家製作月光餅已數年（如圖 4-5-1），從原料製作、裝盒到完成出門送貨，除了烤箱製作過程由媽媽處理外，幾乎全程由個案一個人完成。但當其母拒收筆者購買月光餅的錢時，個案即以奇怪之眼神觀察其母，顯示無法理解社交活動的狀況。

圖 4-5-1 具有攻擊行為的自閉症者工作的情況（年代新聞）

六、哭鬧行為——區辨增強

1. 掌握誘發哭鬧行為的因素。（探討教養方法的因素）
2. 控制情境，減少誘發哭鬧行為的因素。
3. 利用區辨增強策略，一面忽視哭鬧行為，一面建立適當的溝通方法——替代的溝通行為。

【案例】

對象：經常哭鬧的六歲自閉症男孩。

操作：因為溝通困難，無法理解及回答問句，因此使用壓制式雙手舉法及「Yes or No」的教學，結果經過每週一次 40 分鐘的訓練，溝通問題解決，量的學習也提早一個月學會數量「5 個」的意義。

七、過度興奮——壓制式雙手舉動作法、單手舉動作法、壓肩動作法

1. 掌握造成過度興奮的因素。（過敏）
2. 控制情境，減少誘發的因素。
3. 利用壓制式雙手舉動作法、單手舉動作法、壓肩動作法，培養自我控制的能力。

【案例一】

對象：一笑笑不停，要笑到累才停止的自閉症男童。

操作：只要發笑即加以壓制 3 秒，有一次要再發笑時轉頭看筆者，發現筆者正在看他，他硬生生地吞下笑聲之後，至今將近二十餘年來在機構中相遇數次及詢問教保員，均未再發作（邱紹春，1991）。

【案例二】

對象：容易興奮而拉扯或腳踢他人的特殊教育學校國中部九年級之自閉症男生。居住於教養機構，自小由祖父照顧，但祖父年紀大無法照顧，因此將他關在鐵籠子中。平時自己玩手、擺動作，或躲在小空間裡，睡覺時要用棉被蓋頭，顯示躲在小空間中已成了他的安全堡壘，無口語，但一興奮起來會踢、打他人或拉手。因此，無論在學校或在機構均被控制在小範圍內，幾乎無法參與學習活動，看到鞋上的亮珠或拖鞋就要抓。

操作：將刺激物撤除，然後一面使用壓肩動作法，一面實施單手舉動作法後即安靜下來。該生使用錯誤的人際互動方法，容易過度興奮，因此不適合拍手動作法。因為使用拍手動作法會使其更為興奮。

八、習慣性行為、強迫性行為

1. 檢視行為是否造成個人生活、人際、工作的困擾？
2. 若無前項困擾，則無須禁止或矯正。
3. 若有，則建立相互抵制的替代性行為。
4. 利用習慣性行為作為增強物，令其學習新的行為或利用逐減敏感原理減少強迫行為對象的敏感度。

【案例】

請參閱附錄 10。

九、選擇性緘默行為

1. 掌握特殊的興趣。
2. 運用系統的逐減敏感策略，逐步漸進的類化至焦慮的場所。
3. 焦慮的場所人員的參與。

【案例】

請參閱附錄 11。

十、睡眠問題

在自閉症患者中有許多具有睡眠問題的案例，對於照顧者而言是相當大的負擔，但對這個問題幾乎都是束手無策。自閉症者其日夜顛倒的原因在於患者的生理時鐘不是物理時鐘的 24 小時，而是稍快或是稍慢。患者又是重度、極重度心智障礙者，他們無法調整自己的生理時鐘去配合物理時鐘，每天生理時鐘比物理時鐘稍快或是稍慢，導致越差越大，以致一段日子之後就變成了日夜顛倒。為了改善這個問題，必須調整生理時鐘，但要調整生理時鐘則必須要依賴自我控制（自我調整）的能力，亦即要能自我控制睡眠時間依物理時鐘來執行。

因此，要改善睡眠問題可以透過動作法的拍手動作法及單手舉動作法，來達到自我控制能力的培養，而後去控制自己的睡眠時間。

【案例】

請參閱蔡惠芬（2004）。

十一、不斷的喝水

利用個案愛喝水的特性，要求個案完成一件簡單的工作後給予一些水喝，然後逐步漸進的增加工作量。如此，一面可以逐步減少喝水的量（拉長不喝水的時間），一面也可以建立另外一項新的興趣工作。

十二、只喝加味飲料而不肯喝水

個案口腔極為敏感，堅持只喝飲料而不喝水的話，為其健康著想，可以依下列步驟逐步改善。

1. 將飲料加水，1,000c.c.飲料中加 5c.c.的水，若能接受則以 5c.c.程度逐步增加至個案驚覺而拒喝的臨界點。
2. 臨界點若為 500c.c.，則每次提供加水 495c.c.的飲料，至完全習慣為止。
3. 是否習慣的探試，可以偶爾給予加水 500c.c.的飲料試喝，若如步驟 2 可以接受就給予加水 500c.c.的飲料至完全習慣為止，再繼續進一步，逐步增加水量。

十三、走路不穩

1. 可以將紅色塑膠拼板拼成 2×4（60 公分×120 公分）的長方形，每塊拼板背後貼上塑膠小鳥，一旦腳踩在上面，則小鳥被踩而發出「啾！啾！」的聲音以誘發心智重度障礙者踩過拼板的興趣。

2. 要求重度、極重度心智障礙者從一端踩過拼板至另一端，踩過時立即給予增強。
3. 熟練後，將一片拼板改為綠色，且不加小鳥，讓重度、極重度心智障礙者不去踩綠色拼板。以後隨機更換綠色拼板的位置，至重度、極重度心智障礙者完全不去踩綠色拼板為止。

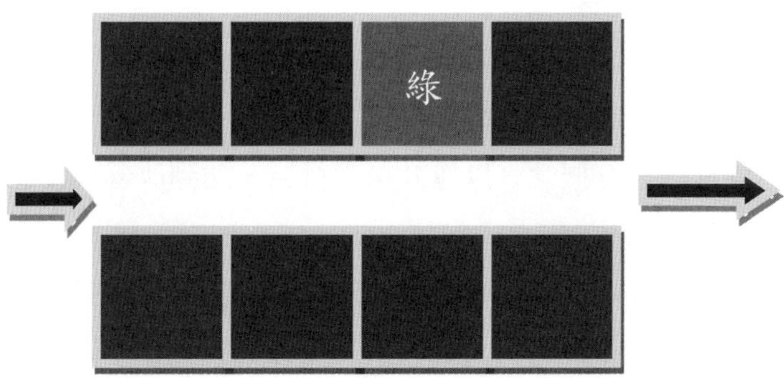

4. 將紅色拼板數量改為 1×4 的一直線，訓練重度、極重度心智障礙者走過 30 公分寬度的拼板。

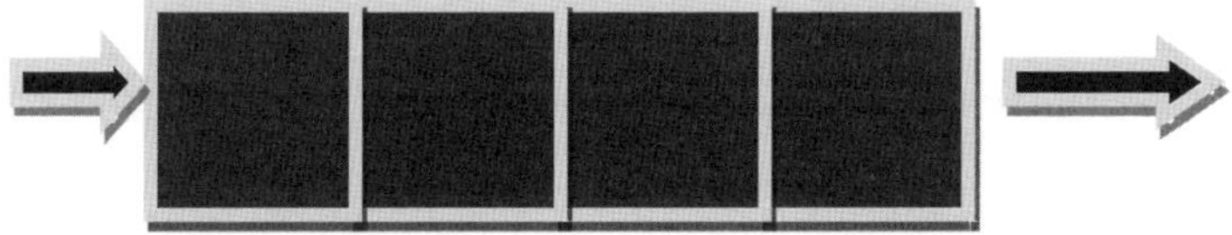

5. 將四片拼板中的一片如步驟 3 改為沒有小鳥的綠色拼板。

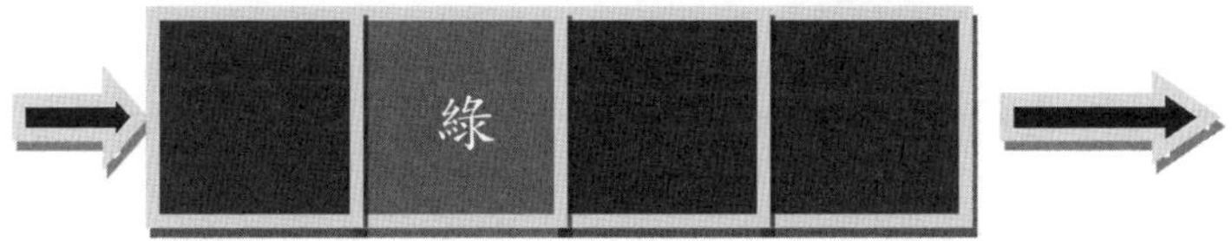

6. 以後逐步增加長度，也逐步增加綠拼板數，訓練心智障礙者跳躍障礙物的能力。

十四、探索行為

【案例】異食症

透過建立物體恆存概念，以建立探索行為，達到改善異食症的問題行為。

對象：具有異食症之重度心智障礙的二十八歲女性教養機構居住者。因個案平衡不良自小被綁於椅子上，由於撿食毛屑，曾手術取出，但無改善，因此，平日穿著套著連手套的衣服，並被束縛坐於椅子上。

操作：請參閱前章 158 頁。

十五、脫光衣服

透過單手舉動作法（以鄧麗君的歌為增強物），改善暴躁行為的二十四歲男院生喜歡脫光衣服賴在地上、不理人，且不能等待、易怒、推打母親的行為。經過四個月的訓練，目前已可面露微笑、坐在椅子上參與學習活動 40 分鐘，且喜歡別人稱讚其頭髮「很帥！」，亦不再推打其母（彭愛梅、韓昌志、葉律章、張嘉勝、邱紹春，2009）。

十六、咬人行為

透過拍手法及扮家家酒（出門整裝）遊戲動作改善容易焦慮、具中度智能障礙的妥瑞氏症十歲女孩之不自覺咬人、學習易受干擾的行為。經過一年的訓練已不再咬人，且在拍手法活動時，協同教師故意問其同學問題等以干擾其拍手活動，個案均能一面拍手，一面嬉笑回答問題（請參閱附錄 13 和附錄 14）。

十七、人際互動行為

【案例】雷特症候群

透過尋找人的活動，改善具重度智能障礙的雷特症候群十一歲女童之人際互動行為。經過一年的訓練，已能主動找人、揮手並說再見（請參閱附錄 15）。

十八、噴口水

在重度、極重度心智障礙者中，會噴口水、吐口水的案例不少，這可能跟唾液分泌有關，但可以透過建立其他個案有興趣的行為來替代（請參閱附錄 16）。

十九、不喝牛奶

【案例】

對象：五歲半不喝牛奶但吃生肉、啃積木的自閉症男孩。

操作：透過壓制式雙手舉法訓練自我控制的能力，拍手動作法訓練人際關係。經過半年的訓練雖不再吃生肉、啃積木，但積木掉入沙發底下後仍不會尋找。某日，其母謂：「個案不喝牛奶，只要喝了牛奶立即吐在日式草蓆上。」筆者乃將牛奶 10c.c.倒入紙杯中給個案喝。當個案喝下牛奶準備吐出時，立即喝令：「吞下」，個案驚嚇一下，不由自主地吞下牛奶。如此經過兩次之後，個案看到牛奶就搶著喝。

參考文獻

一、中文部分

王文科（主編）（1997）。**特殊教育導論**。臺北：心理出版社。

王亦榮（1997）。多重障礙之教育。載於王文科（主編），**特殊教育導論**（頁467-497）。臺北：心理出版社。

王亦榮（2000）。多重障礙兒童心理與教育。載於王文科（主編），**特殊教育導論**（第三版）（頁521-526）。臺北：心理出版社。

王昭月（譯）（1999）。田中道治、松常禮子著。發展的階層化現象。載於清野茂博、田中道治（編著），**障礙兒童的發展與學習**（頁178）。臺北：心理出版社。

江慧齡（譯）（1999）。大塚　玲著。注意與學習。載於清野茂博、田中道治（編著），**障礙兒童的發展與學習**（頁203-223）。臺北：心理出版社。

李淑貞（譯）（1997）。K. Hollowach著。**中、重度障礙者有效教學法：個別化重要技能模式（ICSM）**。臺北：心理出版社。

邱紹春（1991）。動作訓練對低功能自閉症傾向兒童人際互動行為的效果。**特殊教育研究學刊，7**，165-176。

邱紹春（1997）。**動作法對於重度智障、低功能自閉症兒童行為與情緒控制能力及認知學習的效果**。未出版手稿。

邱紹春（譯）（2011a）。T. Ayllon著。如何獎勵孩子？載於吳武典（主編），**管教孩子的16高招（第一冊）：如何培養孩子良好的行為**（頁79-108）。臺北：心理出版社。

邱紹春（譯）（2011b）。R. V. Houten 著。如何提醒而不嘮叨？載於吳武典（主編），**管教孩子的16高招（第二冊）：如何維持孩子良好的行為**（頁93-120）。臺北：心理出版社。

邱紹春、謝岱珍（1997）。拍手動作法在改善國中低功能自閉症學生問題行為的應用。**特殊教育研究學刊，15**，257-273。

施顯烇（1995）。**嚴重行為問題的處理**。臺北：五南圖書公司。

高淑貞（譯）（1994）。G. Landreth 著。**遊戲治療——建立關係的藝術**。臺北：桂冠圖書公司。

教育部（1999）。**身心障礙及資賦優異學生鑑定原則鑑定基準**。臺北：教育部。

郭為藩（2002）。**特殊兒童心理與教育**。臺北：文景出版社。

陳英三、林風南、吳新華（1999）。**動作教育的理論與實際**。臺北：五南圖書公司。

陳榮華（1993）。**行為改變技術**。臺北：五南圖書公司。

彭愛梅、韓昌志、葉律章、張嘉勝、邱紹春（2009）。遊戲活動與拍手、單手舉動作法對改善極重多障成人情緒穩定及參與活動意願的效果研究。載於**「2009 特殊教育國際學術研討會」論文集下冊——情緒障礙與兒童藝術治療**（頁 1-14），臺中教育大學。

蔡惠芬（2004）。拍手動作法替代鎮定藥水改善低功能自閉症少年睡眠的功效。載於郭靜姿、陳秀芬、陳紀璇（主編），**用愛灌溉，用心耕耘——特殊教育學生個案輔導實例彙編**。臺北：國立臺灣師範大學特殊教育中心。

蔡娟姿（譯）（1999）。近藤文里著。隨意性行為的發展與障礙。載於清野茂博、田中道治（編著），**障礙兒童的發展與學習**（頁 77）。臺北：心理出版社。

二、英文部分

Goldstein, S., & Goldstein, M. (1990). *Managing attention disorders in children*. New York: A Wiley-Interscience Publication.

Chiu, S. C. (1999). Effects of the movement method on aggressive behavior of mentally retarded senior high school student. In H. Nakata (Ed.), *Adapted physical activity—self-actualization through physical activity*(pp. 101-109).

Tinsley, V. S., & Waters, H. S. (1982). The development of verbal control over motor behavior: A replication and extension of Luria's finding. *Child Development, 53*, 746-753.

Wood, D. A., Rosenberg, M. S., & Carran, D. T. (1993). The effects of tape-recorded self-instruction cues on the mathematics performance of students with learning disabilities. *Journal of Learning Disabilities, 26*(4), 250-258, 269.

三、日文部分

Luria A. R.著，鹿島晴雄訳（1981）。**神経心理学の基礎——脳のはたらき**。東京：医学書院。

石坂　誠、衛藤裕司（1994）。動作法におけるからだに対する気づき——日常場面での検討。**日本特殊教育学会第32回大会発表論文集**，956-957。

上野　久、星野公夫（1986）。動作法を適用した自閉児の言語発達。**日本特殊教育学会第24回大会発表論文集**，428-429。

上野　久、星野公夫（1987）。動作法を適用した自閉（傾向）児の認知の発達——書字の能力の形成を中心に。**日本特殊教育学会第25回大会発表論文集**，480-481。

上野　久、星野公夫（1989）。臨床における動作法の特徴。**日本特殊教育学会第27回大会発表論文集**，498-499。

上野　久、星野公夫（1990）。動作法の効用。**日本特殊教育学会第28回大会発表論文集**，482-483。

宇田川和久（1988）。自閉的傾向を持つ子どもに対する腕上げ動作コントロール訓練法の試み。**日本特殊教育学会第26回大会発表論文集**，470-471。

衛藤裕司、富永良喜、小林重雄（1994）。Rett症候群への動作法——新しい援助法の適用の試み。**日本特殊教育学会第32回大会発表論文集**，494-495。

遠矢浩一（1988）。重度精神遅滞児に対する動作訓練法の効果——行動と姿勢の改善過程。**特殊教育学研究，26**（3），57-64。

遠矢浩一（1990）。重度精神遅滞児に対する動作訓練法の効果——訓練継続による効果の増大。**特殊教育学研究，28**（3），53-59。

遠藤　真、塚越昌幸（1984）。動作対話法による経過——動作誘導コントロール法を適用した 8 事例の分析。**教育相談研究，22**，43-50。

大野清志、村田　茂（1976）。**脳性まひ児の養護、訓練——動作訓練の実際**。東京：慶應通信。

大北啓子（1991）。多動を伴う重度精神遅滞児への動作訓練の適用——自己と，自分の身体および外界との関係性に気づく過程。**特殊教育研究，29**（1），39-46。

小田浩伸（1990）。**動作法——理論と実際**。大阪：大阪動作法研究会。

小田浩伸、北川忠彦、糸永和文（1991）。障害児の姿勢に関する研究——動作訓練を適用して。**特殊教育研究，29**（1），1-12。

小田浩伸、谷　晋二（1994）。動作法による自閉的傾向を持つ精神遅滞児の学習への構えの形成。**特殊教育研究，32**（3），13-21。

上出弘之、伊藤隆二（編）（1984）。**乱暴なこども多動性のこども**。福村出版。

川端陽子、冨田博美、今野義孝（1994）。学習に障害をもつ児童に対する動作法の試み（1）——指導者と児童とのかかわり方の変化を中心に。**日本特殊教育学会第 32 回大会発表論文集**，482-483。

木沢健司、衛藤裕司、有川宏幸、小林重雄（1994）。動作法におけるコミュニケーション行動に関する研究——「とけあう体験」の援助手続きにおけるアイコンタクトの生起。**日本特殊教育学会第 32 回大会発表論文集**，488-489。

邱紹春（1983）。精神遅滞児および普通児における描画の視空間認知。**知能障害実践教育研究，2**，12-13。

邱紹春（1986a）。軽度精神遅滞児におけるプラニング能力の一検討——積み木を高く重ねさせる実験を通して。**知能障害実践教育研究，5**，6-7。

邱紹春（1986b）。軽度精神遅滞児における図形の連続描き能力の一検討。

日本特殊教育学会第 24 回大会発表論文集，208-209。

邱紹春（1998）。Angelman 症児の硬直性に対して押さえて両手挙げ法の弛緩効果。**日本適応体育 1998 広島年会口頭発表**。

邱紹春、井田範美（1985）。軽度精神遅滞児における角度，図形，立体に関する知覚と表現との一検討——普通児との比較をとおして。**心身障害学研究，10**（1），29-45。

工藤雅道（1994）。自閉的傾向を伴う精神発達遅滞児への動作指導の乗り組み。**日本特殊教育学会第 32 回大会発表論文集**，492-493。

今野義孝（1977）。多動児の行動変容における腕あげ動作コントロール法の試み。**日本心理学会第 41 回大会発表論文集**，300-301。

今野義孝（1978）。多動児の行動変容における腕あげ動作コントロール法の試み——行動変容における弛緩訓練の効果について。**東京教育大学教育学部紀要，24**，187-195。

今野義孝（1983）。腕上げ動作コントロール訓練における自閉症児群，多動児群，学習障害児群の訓練経過の比較。**文教大学教育学部紀要，17**，38-50。

今野義孝（1984）。腕上げ動作コントロール訓練における訓練における訓練経過と症状の改善との関係。**文教大学教育学部紀要，18**，24-35。

今野義孝（1985）。動作法の障害児治療教育への適用。**特殊教育学研究，23**（2），61-66。

今野義孝（1986a）。年長重度精神遅滞児に対する腕上げ動作コントロール訓練法の試み。**日本特殊教育学会第 24 回大会発表論文集**，420-421。

今野義孝（1986b）。発達障害児の対する動作法の展開——身体への能動的な働きかけによる自己の確立。**文教大学教育学部紀要，20**，20-33。

今野義孝（1988a）。腕上げ動作コントロール訓練による多動児の指導事例。**日本特殊教育学会第 26 回大会発表論文集**，468-469。

今野義孝（1988b）。発達障害児の対する動作的アプローチの指導，訓練的要因に関する考察。**文教大学教育学部紀要，22**，73-85。

今野義孝（1991a）。**障害児の発達を促す動作法**。東京：学苑社。

今野義孝（1991b）。動作法による発達障害児の行動変容——とけあう体験の援助を中心としたアプローチ。**日本特殊教育学会第 29 回大会発表論文集**，378-379。

今野義孝（1993）。自閉症児のからだ・こころ・ことば論（2）——からだの体験の共有の障害と共同注意の障害。**文教大学教育学部紀要，27**，74-85。

今野義孝、大野清志（1983）。症状別にみた腕あげ動作コントロール訓練における訓練経過の比較。**日本特殊教育学会第 21 回大会発表論文集**，202-203。

今野義孝、大野清志（1984）。腕あげ動作コントロール訓練における訓練経過と行動変容の関係について。**日本特殊教育学会第 22 回大会発表論文集**，424-425。

今野義孝、大野清志（1991）。動作法の現状と課題。**日本特殊教育学研究，28**（4），45-52。

今野義孝、大野清志、田中久恵、新野政子、大木道子（1979）。動作コントロール訓練法による多動行動の変容について——仰臥姿勢における全身弛緩動作コントロール訓練の効果。**日本特殊教育学会第 17 回大会発表論文集**，30-31。

今野義孝、小林重雄（1989）。動作法による自閉症児の言語行動の変容経過の分析（1）——行動療法的アプローチとの提携モデル作製ための探索的な試み。**日本特殊教育学会第 27 回大会発表論文集**，490-491。

今野義孝、小林重雄（1990）。動作法による自閉症児の言語行動の変容経過の分析（2）——行動療法的アプローチを併用した発語の形成。**日本特殊教育学会第 28 回大会発表論文集**，488-489。

今野義孝、内田　修、鈴木克俊（1994）。動作法における「とけあう体験」の援助——「なぞり活動」の形成を中心に。**日本特殊教育学会第 32 回大会発表論文集**，486-487。

參考文獻

今野義孝、田中久恵、大木道子（1979）。多動児の行動変容における腕あげ動作コントロール訓練法の効果について。**教育相談研究，18**，29-48。

今野義孝、衛藤裕司（1989）。動作法による自己像の変容過程についての検討。**日本心理学会第 53 回大会発表論文集**，370。

今野義孝、衛藤裕司（1991）。動作法の現状と課題。**特殊教育学研究，28**（4），45-52。

佐藤　暁（1986）。緊張動作の誘導と行動変容との関連。**日本特殊教育学会第 24 回大会発表論文集**，484-485。

佐藤　暁（1992）。動作法の適用が学習障害児の学習困難に及ぼす効果。**特殊教育学研究，29**（4），55-59。

緒方登雄、藤田継道（1986）。重度精神遅滞児に対する動作訓練とその効果。**リハビリテイション心理学研究，14**，105-110。

田中新正（1986）。ダウン症児の動作訓練事例V——体重移動に関して。**日本特殊教育学会第 24 回大会発表論文集**，434-435。

田中信利（1991）。動作訓練におけるコミュニケーション構造。**九州大学教育学部紀要，36**（1），87-94。

谷浩　一（1996）。側湾を有する肢体不自由児・者に対する臨床動作法の効果——適切にタテの力を入れることに気づくための体験の重要性。**特殊教育学研究，34**（3），55-62。

鶴　光代（1981）。動作訓練による精神分裂病者の行動変容。**日本心理学会第 45 回大会発表論文集**，675。

鶴　光代（1986）。精神分裂病者の動作訓練。**リハビリテイショん心理学研究，14**，53-61。

冨田博美、川端陽子、今野義孝（1994）。学習に障害を持つ児童に対す効果。**日本特殊教育学会第 33 回大会発表論文集**，508-509。

富永良喜（1989）。訓練技法からみた動作訓練の歴史と展開。兵庫，**リハビリテイション心理研究，4**，59-71。

長田　実（1986）。Lesch-Nyhan 症児への動作訓練法の適用（II）。**日本特**

殊教育学会第 **24** 回大会発表論文集，432-433。

長田　実、安藤隆男（1990）。動作法による Lesch-Nyhan 症候群児童の自傷行動の変化。**特殊教育研究，6**（4），43-48。

長田　実、安藤隆男、原　義人（1985）。Lesch-Nlyhan 症児への動作訓練法の適用，**日本特殊教育学会第 23 回大会発表論文集**，526-527。

中野善達、松田　清訳（1980）。（新識）**アヴェロンの野生児——ヴィクトルの発達と教育**，40-41。東京：福島出版社。

奈良てい子、今野義孝（1988）。動作法による自閉症児の発達援助の試み。**日本特殊教育学会第 26 回大会発表論文集**，412-473。

成瀬悟策（1973）。**心理リハビリテイション研究**。東京：誠信書房。

成瀬悟策（1982）。動作・心・自己（1）——障害児への「動作訓練」の適用。**精神薄弱児研究，288**，90-97。

成瀬悟策（1982）。動作・心・自己（2）。**精神薄弱児研究，290**，80-87。

成瀬悟策（1984）。**障害児のための動作法**。東京：東京書籍。

成瀬悟策（1985a）。**動作訓練の理論——脳性マヒ児のために**。東京：誠信書房。

成瀬悟策（1985b）。**発達障害児の心理臨床**。九州：九州大学出版会。

成瀬悟策（1985c）。**心理リハビリテイションの展開**。心理リハビリテイション研究所。

成瀬悟策（1986）。動作法のための理論的考察。**リハビリテイション心理学研究，14**，1-17。

二宮　昭（1986）。重度障害児における動作訓練の効果——見立った変化がないように見える子供の事例。**リハビリテイション心理学研究，16**，73-83。

二宮　昭、小塩允護（1981a）。重度、最重度精神遅滞児の心理リハビリテイションII——動作訓練による外界との交渉行動の開発の試み。**日本特殊学会第 19 回大会発表論文集**，300-301。

二宮　昭、小塩允護（1981b）。重度、最重度精神遅滞児の心理リハビリティションII——動作訓練による外界との交渉行動の開発の試み（その2）。**日本特殊教育学会第20回大会発表論文集**，244-245。

針塚　進（1986）。自閉、多動児への動作訓練。**リハビリテイション心理学研究，14**，41-52。

福島　亨、富永良喜（1995）。脳性マヒ児への動作訓練における援助タイプと筋電図パターン。**特殊教育学研究，32**（4），1-9。

藤岡孝志（1987a）。重度障害児における動作訓練の効果。**リハビリテイション心理学研究，15**，45-53。

藤岡孝志（1987b）。動作療法の治療過程に関する一考察——転換ヒステリーの事例を通して。**心理臨床研究，5**（1），14-25。

松岡　武（1977）。**精神薄弱児の心理**。東京：福村出版株式社。

円井　操、大野清志、今野義孝（1982）。多動行動とその関連症状をもつ重度精神遅滞児に対する立位動作訓練の試み。**日本特殊教育学会第20回大会発表論文集**，588-589。

円井　操、大野清志、今野義孝（1983）。自閉症症状を示す重度発達遅滞児に対する立位動作訓練の適用。**日本特殊教育学会第21回大会発表論文集**，224-225。

宮崎　昭（1986）。動作法による多動児の行動変容となぞり描きの変化。**日本特殊教育学会第24回大会発表論文集**，424-425。

宮崎　昭、川間健之介、長田　実（1990）。動作訓練における個別指導計画作製方法の開発、養護、訓練研究（筑波大学学校教育部），**3**，101-106。

宮崎直勇一全国特殊学級設置学校長協会（編）（1986）。**特異行動のある子供の指導，ページ2**。東京：東洋館。

附　錄

本附錄為數年來執行過的各類型實際案例，內容都是學生們的創意，以及在本文中無法詳述、曾於上課時所討論的注意細節，因此，雖名為附錄，但實際上其輔導方法、需注意的細節等方面均可供利用與參考。

附錄 1

以拍手動作法、指認圖卡、遊戲活動改善極重度自閉症學生上課離座問題行為的效果研究

周艾蓁、吳思瑩、林依萱、杜依璟
（國立臺灣師範大學特殊教育學系100級）

壹、緒論（略）

貳、文獻探討（略）

參、研究方法

一、研究對象

個案張〇〇為十六歲領有極重度自閉症證明，現在就讀特殊教育學校高職部二年級的男生。與家人關係良好，日常生活需要仰賴家人照顧與外傭阿姨協助，主要照顧者及學習協助者均為母親。喜歡聲音與光線、喜歡食物，感官正常，有時會出現自慰、自傷、大力踏腳等行為，情緒穩定度較低，常會出現衝動的行為（如：看到食物時），會發出無意義聲音，無口語，認知方面情緒穩定時能接收簡單指令，人際互動通常是有目的的時候才有，極少與人眼神接觸。大多數時候處於不穩定的狀態，安靜的坐下來學習對個案來說很困難。家人對個案的期望為生活自理獨立、身體健康、快樂，開拓溝通管道。現階段母親最大的期待是「帶張〇〇到外面的餐廳用餐」。

個案在《文蘭適應行為量表》中各分測驗結果對照年齡分數結果如表 1：

表 1　《文蘭適應行為量表》測驗結果

	次領域	年齡分數（年－月）
溝通領域	接受性	4-10
	表達性	1-6
	讀寫	2-0
	領域總分	2-0
日常生活技巧領域	個人	3-4
	家庭	3-6
	社區	2-0
	領域總分	2-4
社會化領域	人際關係	0-2
	遊戲與休閒	3-0
	應對進退技巧	0-6
	領域總分	0-6
動作技巧領域	粗大動作	3-4
	精細動作	3-0
	領域總分	2-10
適應行為總量表		2-2

綜合以上資料，推估個案心理年齡約兩歲，整體來看對情緒穩定和自我控制較弱，故個案的教育需求及策略如下：

1. **增進個案情緒與行為的自我控制能力（自我控制、情緒穩定）**：利用拍手動作法搭配食物作為增強，讓個案聽從並遵守指令、穩定情緒。
2. **增進個案的認知能力**：利用蒙特梭利教具（插棒）、紅綠色圓圈、圖卡搭配食物為增強，啟發個案增加認知能力。
3. **上課時就座的能力**：利用各種遊戲與活動，引起個案的學習興趣，並在遊戲過程中讓個案坐在位子上。

二、研究設計

1. 時間：2010 年 9 月 24 日至 2010 年 12 月 31 日（共 12 次），除第一次為教育診斷、第二次為基準線的觀察時間達 90 分鐘外，其餘各次均約 40 分鐘。
2. 地點：師大博愛樓特 222 教室。
3. 教學程序：依照單元順序進行教學，四位組員輪流擔任每個單元的主教者、協助者，及兩個教學記錄者、行為記錄者（離座、其他問題行為）。
4. 增強策略：使用立即性增強策略。
5. 教學單元內容：如表 2。

表 2　教學單元內容

單元	課程	教學內容	教具
1	拍手	依照邱紹春教授發展之「拍手動作法」進行教學。	
2	堆積木	呈現三塊大積木，要求各將積木疊高。	教具（蒙特梭利）
3	紅綠色	自製紅、綠色圓圈（裁剪瓦楞板），要求個案聽從老師的指令，將正確的圓圈給老師。	教具（紅、綠色圓圈）
4	塗鴉	提供彩色筆數枝、白紙，要求個案隨意在紙上畫圖。	白紙、彩色筆
5	插棒	呈現最大、最小的洞，要求個案將正確的木棒放入洞內。	教具（蒙特梭利）
6	指認圖卡	提供公車、馬桶的圖卡，要求個案聽從老師的指令，將正確的圖卡給老師。	教具（圖卡）
7	打地鼠	以自製的打地鼠木箱，搭配壓下去會出聲音的小鴨子、槌子，要求個案以槌子敲擊隨機出現的小鴨子。	教具（鴨子、槌子）

6. 教學評量：教學部分採用形成性評量。使用課程記錄表記錄其成功率，每個單元教學 10 次，若個案能達到該單元的目標，則在記錄單上註記，並累計成功的百分比率。
7. 行為記錄：離座率及問題行為出現率採用時距記錄法，以 30 秒為一單位，不論次數與發生的時間長短，若個案有出現行為，皆在記錄單上註記，累計成百分比率。

肆、結果

一、各次訓練之教學內容、結果，及教學中之行為觀察（如表 3）

表 3　各週次教學的記錄

日期	教學內容	教學結果	行為觀察
09/24	個案起點行為觀察		初次與個案接觸，幾乎無法聽從教師指令，離座次數頻繁達 78%，東張西望不理會老師，摸生殖器官、脫褲子自慰、喜歡躲在牆角、撕牆上的海綿、跪在地上不想回座、躺在地上不起來、趴在地上不起來、吃拼圖、舔牆壁。
10/08	個案起點行為觀察		評量個案起點行為，但因課程設計未結構化，也未搭配增強制度，教師在下指令時，個案對於規則無法了解，離座比率 58%。
10/22	1. 與訓練者雙手對拍三下。 2. 呈現紅色與綠色圈圈，訓練者壓住綠色圈圈時，會將紅色圈圈拿給訓練者。 3. 先給大的木棒，再給小的木棒，能插入正確的相對位置（本週未將木盒換邊）。	0/10 10/10 10/10	課程結構化且搭配增強制度，個案能了解指令及規則。到第四個單元時，不願意配合，在教師堅持下，完成一次指令才下課。離座比率 22.5%。

表 3 各週次教學的記錄（續）

日期	教學內容	教學結果	行為觀察
	4. 在教師的肢體協助下，當鴨子從洞裡出現時能正確敲打鴨子。	6/10	
10/29	1. 與訓練者雙手對拍三下。 2. 呈現紅色與綠色圈圈，訓練者在紅色圈圈前輕敲暗示時，將紅色圈圈拿給訓練者。 3. 先給大的木棒，再給小的木棒，能插入正確的相對位置。 4. 在教師的肢體協助下，當鴨子從洞裡出現時能正確敲打鴨子。	0/10 7/10 8/10 10/10	個案對於行為與增強的連結有初步成功。因下午的游泳課後未休息，因此較疲累。離座比率 35%。
11/05	1. 與訓練者雙手對拍三下。 2. 呈現紅色與綠色圈圈，訓練者在紅色圈圈前輕敲暗示時，會將紅色圈圈拿給訓練者。 3. 先給大的木棒，再給小的木棒，能插入正確的相對位置。 4. 在鴨子出現的五秒內能正確敲打鴨子。	0/10 5/10 7/10 5/10	出現挑戰性行為，離座次數頻繁達 57.5%，在老師指導下我們使用壓肩法防止他離座，但我們未能確切使用壓肩法，因此離座次數頻繁，推測是想要與人有更多的接觸。在第四單元時個案將棒子敲斷，因此知道要控制力道。課堂進行中，個案會去玩電燈開關，已開始注意到周遭環境。
11/12	1. 與訓練者雙手對拍三下。 2. 呈現紅色與綠色圈圈，訓練者在紅色圈圈前輕敲暗示時，會將紅色圈圈拿給訓練者。 3. 先給大的木棒，再給小的木棒，能插入正確的相對位置。 4. 在鴨子出現的五秒內能正確敲打鴨子。	0/10 8/10 7/10 4/10	此次上課個案有感冒的症狀，有氣無力。十分聽從老師的指令，並且已了解課程間轉換模式，知道休息時能坐到地上聽音樂。出現自傷行為，推測是因身體不舒服而出現此行為。離座比率 10%。

表3　各週次教學的記錄（續）

日期	教學內容	教學結果	行為觀察
11/19	1. 與訓練者雙手對拍三下。 2. 呈現紅色與綠色圈圈，訓練者在紅色圈圈前輕敲暗示時，會將紅色圈圈拿給訓練者。 3. 先給大的木棒，再給小的木棒，能插入正確的相對位置。 4. 當鴨子從洞裡出現時，個案能比競爭者先敲打到鴨子。	0/10 8/10 10/10 未進行	因上課前的結構規則被改變，在進教室前的情緒就非常不穩定。經過第一單元的堅持下，第二、三單元表現十分穩定，但是在第四單元時，一直想要開鎖衝出教室，第一次在未防範下個案將鎖打開，且衝到一樓門口。在學姊的協助下，個案跟Rose（個案的外傭阿姨）一起回到教室，回到教室時情緒已較穩定，在Rose快速離開教室後，個案情緒又開始不穩定，出現攻擊行為、自慰、玩開關、玩監視器、玩天花板，且大力踏地板次數高達167次。第二次衝到一樓時，將花盆打翻，在老師的指導下，臨時更改為拍手拍三下即可下課。離座比率為35%。
11/26	1. 與訓練者雙手對拍三下。 2. 呈現紅色與綠色圈圈，訓練者在紅色圈圈前輕敲暗示時，會將紅色圈圈拿給訓練者。 3. 先給小的木棒，再給大的木棒，能插入正確的相對位置。 4. 當鴨子從洞裡出現時，個案會比競爭者先敲鴨子。	0/10 8/10 6/10 7/10	整體表現穩定。在單元轉換時，相較於前幾次的上課，這次較能順利將教具放回櫃子。第三個單元時表現良好，成功進到下一個目標。 第四個單元時，因為協同老師與他一起進行打地鼠遊戲，能感受到與人競爭的感覺，會在意增強物被協同老師吃掉。離座比率為15%。
12/10	1. 與訓練者雙手對拍三下。 2. 呈現紅色與綠色圈圈，訓練者在紅色圈圈前輕敲暗示時，會將紅色圈圈拿給訓練者。 3. 塗鴉十張紙。 4. 先給小的木棒，再給大的木棒，能插入正確的相對位置。	0/10 5/10 10/10 8/10	第一單元僅一次離座，第二單元離座了四、五次，但是都很快的回座。有出現溝通的意圖，一直發出聲音，想要說話。有難過的表情出現，後來就哭了，之後詢問媽媽上學時發生了什麼事，媽媽說因為校外教學發生了一些事。此次上課加入了兩個新單元：塗鴉、指認圖卡。

表 3 各週次教學的記錄（續）

日期	教學內容	教學結果	行為觀察
	5. 呈現公車與汽車圖卡，訓練者將汽車圖卡壓住時，能將公車圖卡拿給訓練者。 6. 當鴨子從洞裡出現時，個案能比競爭者先敲打到鴨子。	10/10 6/10	
12/17	1. 與訓練者雙手對拍三下。 2. 將一塊積木疊到兩塊積木上。 3. 呈現紅色與綠色圈圈，訓練者在紅色圈圈前輕敲暗示時，會將紅色圈圈拿給訓練者。 4. 塗鴉十張紙。 5. 先給小的木棒，再給大的木棒，能插入正確的相對位置。 6. 呈現公車與汽車圖卡，訓練者在公車圖卡前輕敲暗示時，會將公車圖卡拿給訓練者。 7. 當鴨子從洞裡出現時，個案能比競爭者先敲打到鴨子。	0/10 8/10 10/10 10/10 5/10 5/10 3/10	離座次數頻繁，有可能想要故意搗蛋（有使用壓肩法減少個案離座次數）。有點感冒，會打噴嚏。踏地的聲音變小，已經會控制力道。開始練習用圖卡溝通（公車、馬桶），希望媽媽在家配合使用。玩開關次數高達八次，會自己再把燈打開。在敲打鴨子的單元，個案會以為是和競爭者輪流敲打，因此老師建議下次上課撤掉競爭者。
12/24	1. 與訓練者雙手對拍三下。 2. 將一塊積木疊到兩塊積木上。 3. 呈現紅色與綠色圈圈，訓練者在兩個圈圈中間輕敲暗示時，會將紅色圈圈拿給訓練者。 4. 塗鴉十張紙。 5. 先給小的木棒，再給大的木棒，能插入正確的相對位置。	0/10 10/10 6/10 10/10 7/10	表現良好沒有離座，踏腳的次數減低許多，有發出「三」、「好」類似的音，可能有溝通的能力。 很聽從老師指令收拾教具。

表 3　各週次教學的記錄（續）

日期	教學內容	教學結果	行為觀察
	6. 呈現公車與汽車圖卡，訓練者在公車圖卡前輕敲暗示時，會將公車圖卡拿給訓練者。 7. 在鴨子出現的五秒內能正確敲打鴨子。	9/10 3/10	
12/31	1. 與訓練者雙手對拍三下。 2. 將一塊積木疊到兩塊積木上。 3. 呈現紅色與綠色圈圈，訓練者在兩個圈圈中間輕敲暗示時，會將紅色圈圈拿給訓練者。 4. 塗鴉十張紙。 5. 先給小的木棒，再給大的木棒，能插入正確的相對位置。 6. 在鴨子出現的五秒內能正確敲打鴨子。	0/10 10/10 6/10 10/10 6/10 2/10	表現良好沒有離座，因為吃太多了，所以出現想要嘔吐的現象，而且吃太飽了，增強物效果有限，有出現搖頭和推開老師手的溫柔拒絕行為，單元的轉換拖很久，可能是單元轉換沒有音樂。

二、各單元課程表現

（一）拍手動作法

圖 1 為拍手動作法的通過率，可以看出個案從第一次教學到最後一次教學，都未達設定的通過率，且通過率都為 0%。但因為個案只要有拍手就好，不必要求太多，且個案在過程中，有明顯減少其力氣。

第一次教學時，在教師唸指導語後，個案會延宕一下，這個時候教師用拍個案的手作為提醒並呈現增強物，個案經教師提示後，即可與教師進行拍手動作法。在第二次教學時，個案會一直趴著，後來詢

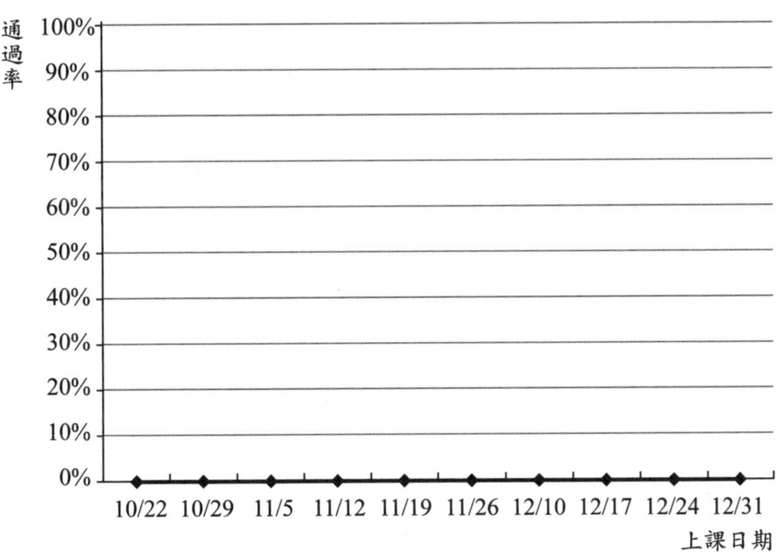

圖 1 拍手動作法通過率

問個案母親，個案母親表示是因為中午沒睡、下午游泳，所以精神才會不好；本次教學，個案很多都是拍超過三下或拍兩下就停止。第三次教學時，個案出現挑戰性行為，這時候教師堅持，等到個案完成一次拍手動作法時，才給予增強；本次教學，個案在拍手的第一下和第二下時，會停下來，這時使用輕點的方式提醒個案，但需給個案反應的時間。第四次上課時，個案因為身體不舒服，故出現用正反手與教師拍手的情形，但因為身體不舒服，所以本次未給予糾正。第五次上課時，個案情緒很不穩定，表情很猙獰，一直發出「ㄜˊ」的聲音；與教師拍手時，會自己先拍一下再與教師拍手，且會在拍手前用手纏住背包的帶子，但未給予理會，待教師說出指導語後，個案自動伸出手，顯示個案已將動作與增強物做連結。第六次教學時，個案會拍超過三下或拍兩下就停止，但情緒大致上都很穩定。第七次教學時，個案與教師拍手時，會用一隻手，用手背、用點的方式與教師拍手，因此都沒成功。第八次教學時，與個案拍手時，若教師把手收回來，個案會自己停止拍手。第九次教學時，個案單手出現時，只要教師手退後，就會伸出兩隻手。第十週教學時，個案表現與前週無異。個案從第一週到第十週只有成功一次。

（二）堆積木

圖 2 為個案在堆積木單元時的通過率，在 12 月 17 日開始上本單元，第一次教學，在教師肢體協助下，個案的通過率為 80%；第二次教學的通過率為 100%，個案在教師的肢體協助下能快速且順利的完成指定的活動；第三次教學時，教師無肢體上的協助，個案在本次教學的通過率為 100%。

第一次教學時，個案馬上學會堆積木就會有食物吃，代表其行為與增強間的連結很快；在本次教學時，曾弄倒過兩次積木。第二次教學時，因為教師有扶著積木，故個案堆的速度很快。第三次教學時，

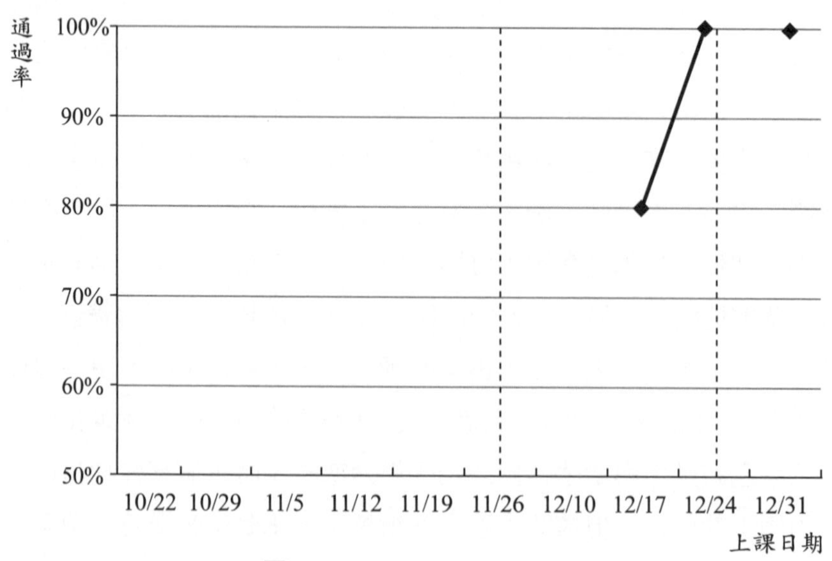

圖 2　堆積木活動通過率

原本預定的教學目標是堆兩個積木，但個案在看到兩個積木放在眼前時，會拿起積木玩，而不會去堆積木，檢討後發現原因是未示範堆兩個積木的動作給個案看，故個案不知如何反應；當個案不會堆積木時，教師改變教學目標，改變為堆一個積木，跟第一次的教學目標相同，經此調整後，個案能馬上拿起積木堆疊。

（三）紅綠色的辨認

此單元第一個階段為：訓練者將綠色圈圈按住，請個案拿紅色圈圈給訓練者。個案在此階段表現得非常好及穩定，第一次上課即達到十次成功的目標。第二個階段：訓練者的手在紅色圈圈前輕敲，請個案拿紅色圈圈給訓練者。此階段經過七次的訓練後通過標準，個案在此階段的表現大多都在眼睛沒有看圈圈的情況下固定拿他喜歡的那一邊，表現情形較不穩定。不過第二階段觀察到個案在拿教具、收教具及聽指令方面，有明顯的進步。第三階段為：訓練者將手放在紅色與綠色圈圈中間，請個案拿紅色圈圈給訓練者。此階段目前只訓練兩次，個案的表現也是未看圈圈，就拿他習慣的那一邊給訓練者。兩次的成功率皆為 60%（如圖 3）。

單元的教學必須要注意的事項，於以下做說明。在單元進行時，當個案拿到對的顏色，要給予立即增強物並搭配口語增強：「對了，這是紅色！」個案通常不會仔細看桌上的圈圈，而會習慣拿左邊的，因此每二至三次的指令後，要將兩個顏色的圈圈換邊再下指令，以確定個案是否真的看完顏色後才拿，或只是拿固定的那一邊。進行單元時，個案通常會因為急著想吃增強物，而隨意拿一個圈圈給訓練者，若個案拿的是錯的顏色，則不需要跟他說「錯了」，只要靜靜等他做修正即可。未下指令前，若個案急著拿圈圈，必須先將圈圈按住並說「等」或是「等老師說完」。單元進行中，個案雖然會將圈圈拿去玩或是不小心掉到地上，但在訓練者的指令下，個案都能立即停止玩教具

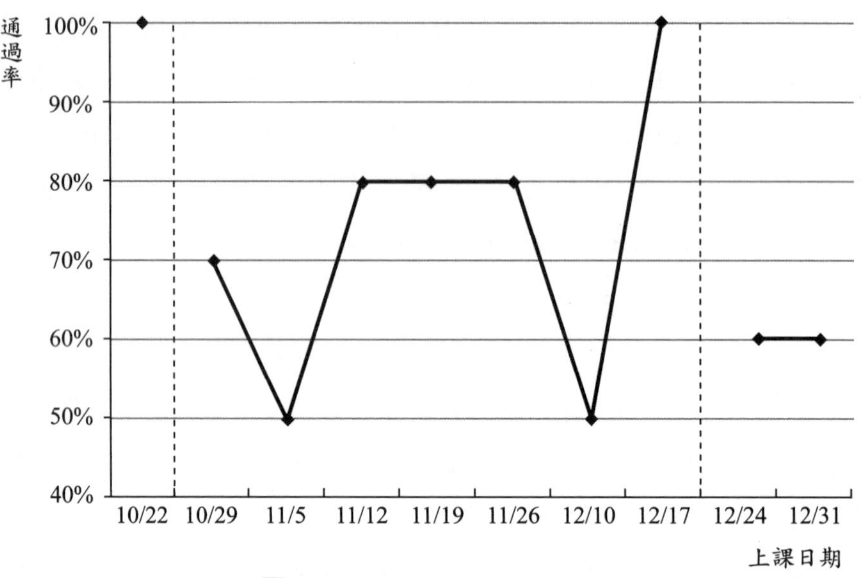

圖 3　辨認紅綠色通過率

或是將掉到地上的教具撿起來，下指令時記得要具體明確，並給予學生適當的延宕時間。此單元的教具設計應更堅固，否則容易被個案摺壞。

（四）塗鴉

由於個案在國中時被要求畫畫，但是這是一件他不喜歡做的事，因此可能在個案心中有留下一些深刻的印象。單元進行中，曾觀察到個案出現特別難過的表情，也特別的焦慮（踏腳次數較其他單元多），甚至會出現想哭的情形，最後流下眼淚。個案更表現出說話的意圖，似乎有表達的意圖，觀察到此現象時，可以問個案「很難過嗎？」或是「發生什麼事？」藉由此單元來達到藝術治療的效果。

起初個案不了解此單元的規則時，會有抗拒或是不知道該如何進行而吃畫筆的行為，但是經由訓練者提供示範或是給予肢體協助，幫助個案了解此單元的進行規則，並讓個案畫完後，將筆蓋好放回盒中，即給予增強物之後，個案了解了規則。訓練過程一切以孩子的決定為主，想要拿什麼顏色的彩色筆、是否要換顏色、什麼時候是畫完的，皆由孩子自行決定。雖然塗鴉對個案來說是一件很痛苦的事，但是有進行的必要，因為塗鴉能建立個案認字、寫字的基礎，在不干涉其塗鴉的進行並搭配獎勵的情況下，挽回個案對塗鴉的信心，讓他在線條的表現能越顯穩定，也減少對塗鴉的焦慮感與厭惡感。

個案上課進行到此單元時主動意圖較低，需要透過親眼看到增強物出現在眼前的吸引才願意動筆塗鴉。個案目前在塗鴉的表現，是屬於隨意畫斜線的階段。雖然個案不喜歡進行此單元，但是每次上課依然有要求個案畫完十張空白紙，在增強物的吸引下都能順利通過（如圖4）。

（五）插棒

第一階段老師先給個案大的木棒，再給小的木棒，這階段還未移

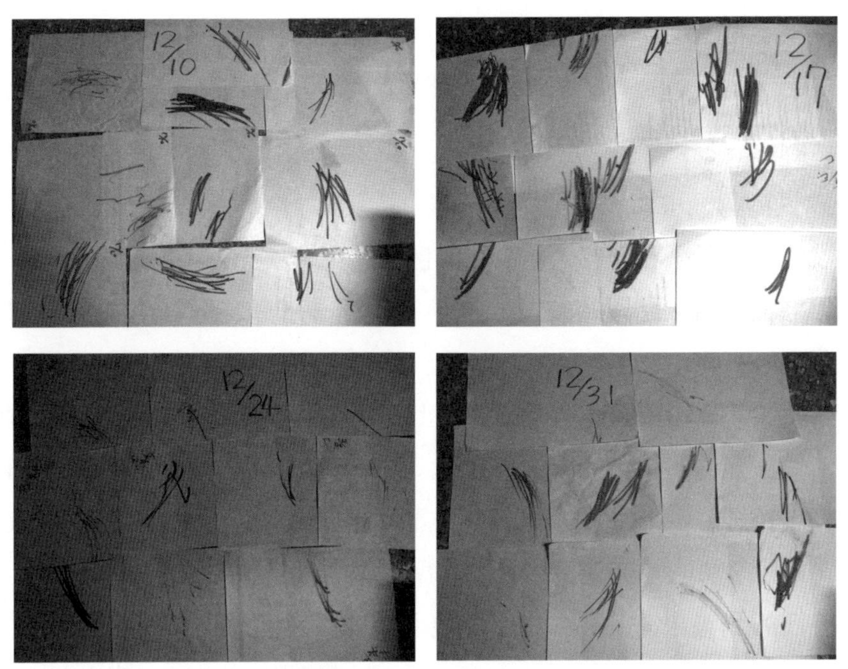

圖4　各次塗鴉成果

動木盒，個案在這次插棒通過率達 100%。第二階段老師先給大的再給小的木棒，且有移動木盒。當個案延宕時，老師用木棒敲桌子提醒個案。每次教學，給木棒的位置要放在木盒的中間，讓個案自己想想木棒要插入哪個位置。當個案放錯位置會自己再修正，記錄為失敗，但仍給予個案增強。上課中，個案突然自慰時，利用課程讓個案轉移注意此行為，讓他有事做（如：扶著木盒）。或老師要求請個案把褲子穿起來。自慰時不必制止，直接進行教學活動即可。當個案出現丟木棒和木盒的行為，要求他自己撿回來。他會自己拿或收拾教具，表現很好。個案出現咬木棒的行為時，先忽視其行為。教學進行到第六次時，個案已經成功完成拿大木棒的目標。第三階段教學目標為：先給小的木棒，再給大的木棒。12 月 17 日上課，個案有點流鼻水、冒汗、恍神次數多，有感冒的症狀。個案在插棒時，有溝通的意圖。個案在上課中，有出現幾次玩教具或把教具拿去敲玻璃。12 月 31 日個案上課之前吃了兩隻雞腿，所以上課中老師給予個案增強物，個案會拒絕。插棒的通過率如圖 5。

（六）指認圖卡

個案在指認圖卡部分，第一個目標在第一次，即通過 10/10，第二個目標在接下來課程的表現是 100%→50%→90%，整體表現優於紅綠色圈圈的指認。

由圖 6 可知，第一階段第一次上課個案達正確率 100%即通過，在第二個目標裡，第一節課正確率達 50%，第二節課正確率達 90%，整體表現比紅綠色的圈圈指認好，推測可能是因為「公車」對個案而言比「紅色」更容易在生活中聽到，所以指令與圖卡的連結學習較快。

在前幾次課堂的觀察中，發現個案有溝通的意圖，因此從個案生活中最常見的圖卡教起，如公車、馬桶、計程車……等。使用圖卡可以增加溝通的詞彙，也讓溝通更具有社會效度。

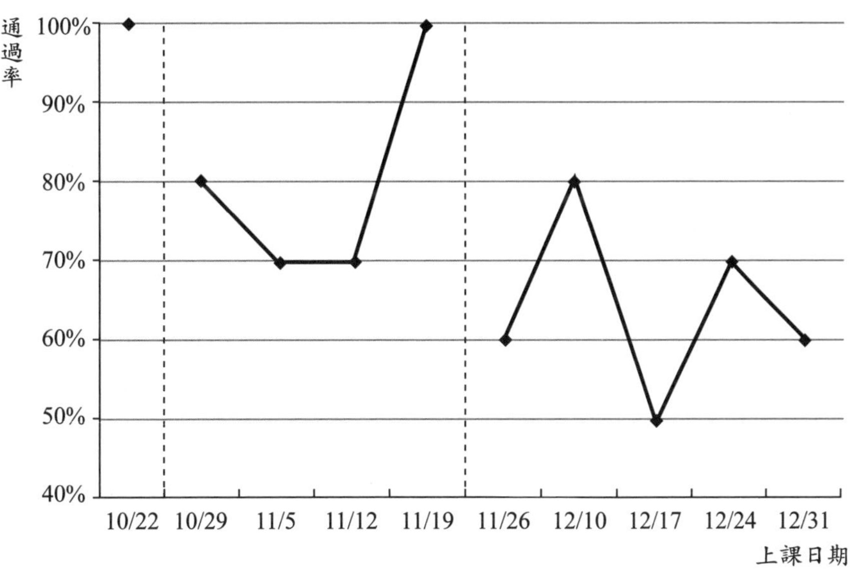

圖 5 插棒通過率

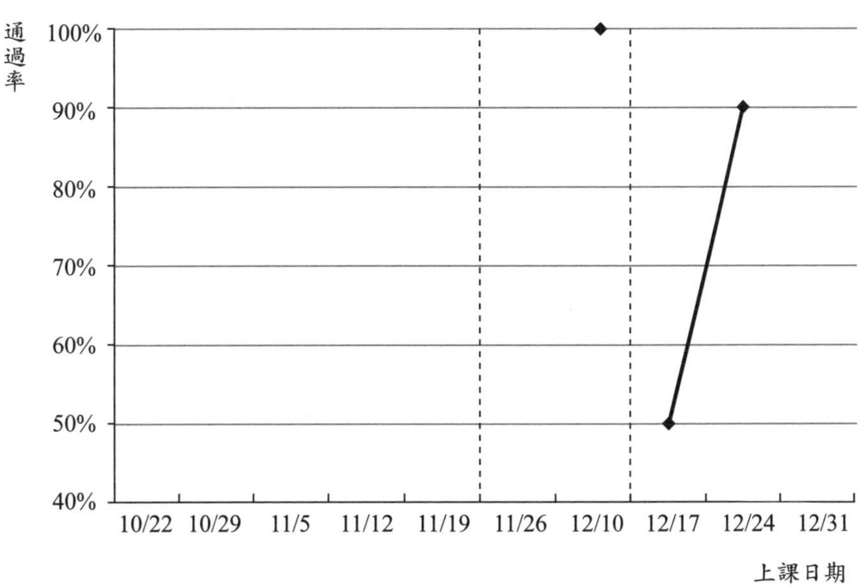

圖 6 指認圖卡通過率

圖卡的選擇一開始先呈現差異極大的兩張，以利個案區辨。廁所圖卡教學可在個案有出現想要上廁所的動作時（摸下體），帶個案到貼上兩張（或以上）圖卡的牆旁，當個案把圖卡給老師時，立即帶他去廁所。在呈現圖卡時，以個案出現需求才呈現，避免個案學會以廁所逃避課程。另外，也可以給個案母親廁所的圖卡，請媽媽在家裡也使用圖卡。

（七）打地鼠（打鴨子）

從圖 7 中可見，在第一個階段，個案有老師的肢體協助且沒有時間限制下，表現漸穩定。進到第二階段時，由於沒有協助，且若鴨子出現五秒仍未敲鴨子，即記錄為未成功，因此個案的表現明顯下降許多，於是研究者決定改採加入一位競爭者（協同老師），希望能提高個案的反應速度，此為第三階段。第三階段的前半段，個案的反應速度有明顯增快，且開始注意到競爭者的出現，但是到後半段，個案誤以為是要跟競爭者輪流，所以未成功率約一半。研究者發現這個情況

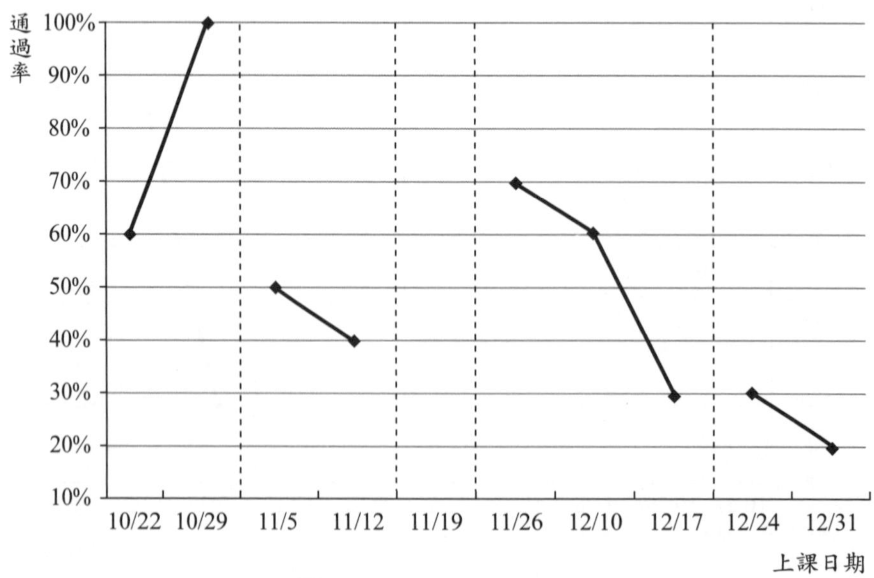

圖 7　打鴨子通過率

後，決定撤除競爭者，此為第四階段，在這個階段裡，個案成功率回復到第二階段的情形，因為時間的關係，很可惜沒能嘗試其他可以提高個案反應速度的策略。

在教具設計的部分，用一捏就會發出聲音的鴨子是個很好的設計，如果個案在敲擊時沒有打得很準讓槌子發出聲音，老師也可以善意的謊言用手捏出鴨子的聲音，讓個案得到聲音的增強。另外，因為是要做出看出現在哪一個洞，並做出搥的動作，所以桌子不能太高，個案的視線才有辦法注意到每個動作，而且搥的時候才會順手。在老師的操作方面，要讓個案打的時候再讓鴨子露出頭，如果放得太明顯，個案會不專心，也會拿去玩。當個案伸手去拿鴨子時，要小心藏好，不要被拿走。

在標準方面，通過 8/10 即可進入下一個目標。一開始只要個案有拿搥子做出「壓」鴨子的動作，即給予增強。接下來，要求個案做出「敲」的動作。下一個階段是加入競爭者，在此階段，原訂目標是當鴨子出現超過八秒時，協同老師擔任競爭者就會敲鴨子，此時協同老師可以得到增強，但個案得不到。在這個階段裡，一開始的確有增加個案的積極度，但是也造成反效果，個案以為是要跟協同老師輪流敲鴨子。

在某次的活動中個案把槌子敲斷，不過敲斷之後使用的力道都變小了，推測應該是學習控制力道的開始。個案曾在本單元出現自慰行為，只要拿槌子給他，他會自己把褲子穿起來。

伍、討論

一、整體表現

個案在十次的教學活動中，自我控制與情緒穩定度有顯著的提升。在自我控制方面，個案從原本離座頻繁到現在最多能持續 20 分鐘不離開座位；在情緒穩定度方面，可以發現個案減少許多問題行為的次數，且踏腳的力道也減輕了，表示個案的情緒控制能力漸佳。

表 4　整體的達成表現情形

領域	教育需求	達成情形
情緒與行為表現	自我控制	力量的控制變好了，課程剛開始個案會大力的踏地或大力的握老師手，但是現在已經能自己減輕力道。能在教師的指示下，將教具放回指定的位置。
	情緒穩定	可從個案在課堂上的行為表現得知，個案的問題行為次數逐漸減少，整體來說有下降的趨勢。
	離座次數減少	剛開始個案離座次數頻繁，須靠教師或增強物讓個案回座，雖然中間有出現倒退的行為，但到最後離座次數越來越少，甚至第九、第十次沒有出現離座的行為。
認知能力	聽懂簡單指令	剛開始是以增強物與簡單的動作，讓個案連結做完了一件事就有增強物，以此增加個案的動機，後來發現在課堂上個案能依教師簡單的指令做出反應，例如：將教具放回櫃中、把物品給老師，這些都是個案進步的例子。
溝通能力	人際互動	個案在課程中，曾在「塗鴉」中發出聲音和流淚，表現出想與人溝通的意圖；而在「打地鼠」時，在自己打完地鼠之後，會看著競爭者並露出微笑，開始出現輪流的意圖，想與競爭者玩遊戲。這兩個例子顯示了個案已開始出現想與他人互動與溝通的意圖。
	表達需求	最後一次教學時，在教師要求個案回座後，個案有出現搖頭或將教師的手揮開的行為，代表了個案出現了拒絕的意圖，跟剛開始教學時的拒絕行為不同，個案剛開始會直接不回座位以表達不想上課，這個例子顯示個案已增進了如何適當的表達拒絕的需求。
生活技巧	親職教育	與母親溝通：在課程開始前，個案母親會先告知我們今天在學校有無發生特別的事，也會與我們交流個案在家中的表現，個案母親也有在家中訓練個案拍手動作法。母親學會了稱讚，用正面的角度看孩子，學會了對孩子堅持，而過去是滿足孩子的各個要求。

二、分項能力表現

1. 離座行為的次數

如圖 8，個案在觀察期（9 月 24 日）的離座百分比為 78%，在課程介入後，雖然沒有很穩定，但個案的離座比率有逐漸減少的趨勢，在 12 月 24 日、12 月 31 日的離座率更為 0%，此數據證明了本課程介入可以有效改善個案的離座率。

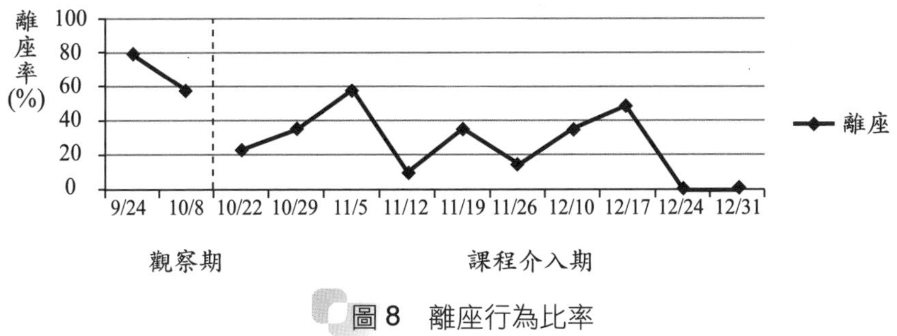

圖 8　離座行為比率

2. 其他問題行為的發生率

從圖 9 可看出個案問題行為的發生率有下降的趨勢，後半段課程的發生率比前半段課程低。雖然問題行為發生率的降低還尚未穩定，仍會起起伏伏，但是有部分問題行為的發生率已是 0，像是怪異行為裡的自慰，前半段課程已穩定連續三週不出現，甚至到最後一次上課也都未出現。顯示本課程的介入，對個案的問題行為改善有一定的效果，如果能繼續進行課程並搭配良好的增強制度，則可能讓個案問題行為的發生率越顯下降及穩定。

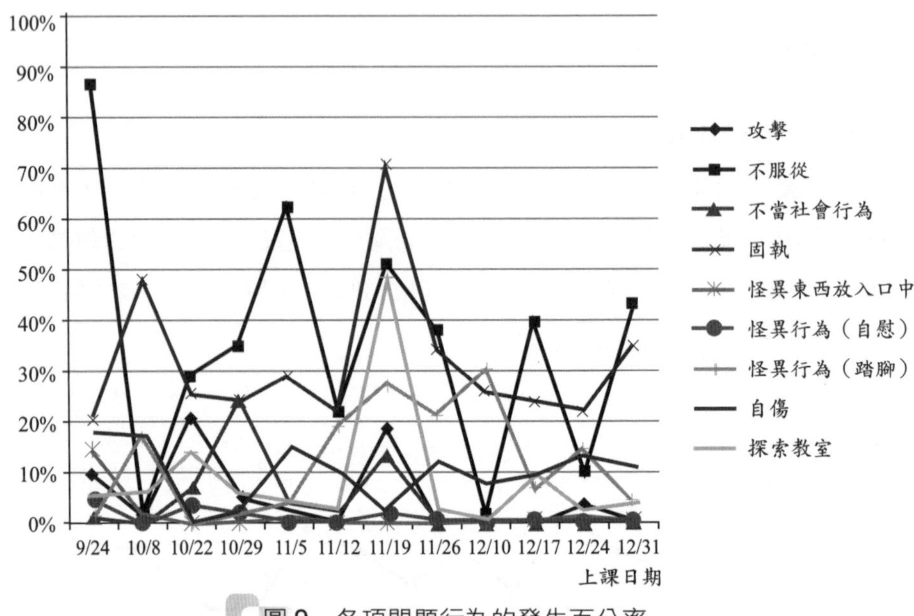

圖 9　各項問題行為的發生百分率

陸、結論

邱紹春（1991）指出，拍手動作法可以改善個案的問題行為，增加個案的自我控制能力和情緒穩定度，在增進自我控制和情緒穩定後，可增加個案學習參與度的教材。本研究依此文獻，在課程中加入拍手動作法，經十週教學後，可發現個案的離座比率有明顯減少，代表拍手動作法對本個案來說，確實能有效增進其學習參與度。

處理問題行為的方法有很多種，本研究採取以拍手動作法、指認圖卡、遊戲活動的課程設計，符合其教育需求，並忽視問題行為，在十週的教學後，個案的離座率及問題行為皆有下降的趨勢，且個案母親表示成功帶個案出外用餐數次，個案皆表現良好，顯示符合教育需求的課程設計及忽視問題行為的處理策略，能減少極重度自閉症的問題行為發生率。

參考Isaacs（1977）、侯禎塘（2000）藝術治療的研究，在課程上加入塗鴉來達到藝術治療的效果，經十週教學後，發現個案出現溝通的意圖，在情緒與行為問題、人際互動等方面，有些微進步。另外在線條表現方面，目前仍在生硬、隨意或缺乏力量的線條階段，未來如果持續進行，希望個案能進展到流暢、控制、規律、變化、有力、平衡和肯定的線條階段，屆時可能看到個案在各向度有更多的進步。

柒、省思檢討與建議

一、課程設計方面

整體的課程設計皆依照教育需求而來，在課程的連貫度上，每個單元開始前可以先有上課儀式（例如跟老師一起做的動作：握手、擊掌、打勾勾），幫助個案了解已經要開始上課了。單元轉換的時間，以一首音樂的長度作為引導。個案對於轉換單元的模式逐漸熟悉，要轉換時會坐在喇叭旁等音樂。活動轉換使用音樂，個案很喜歡，但會摔喇叭，可以考慮其他方式播放音樂（例：大的 CD player）。每個單元十回合即停止，若個案能力和速度允許可增加新單元。

二、教具設計方面

教具方面，要準備耐用且安全的，如果學生拿來摔或拿來吃，都不會有太多的顧慮。另外，結構化的教學環境對自閉症學生的學習是有利的。可讓個案漸漸熟悉教學的流程，對老師下達的指令（如：拿這個去桌上）慢慢能理解，並做出正確配合的動作。

三、教學環境方面

對於衝動型的個案，如果上課中有人要進出教室時，另一個人要先擋在個案與門的中間，以防個案突然爆衝出教室。到了上課的後期，個案探索教室的行為增加，如：學會開門鎖、開關燈（註：出現開關燈的行為，要繼續進行教學，等一兩分鐘後再開燈，且老師要保持冷靜）。

四、教學進行方面

（一）在問題行為處理上

大部分的問題只要忽視就可以了，並且快閃以保護自己的安全。出現挑戰性、反抗性行為，老師要繼續堅持下去！推測有可能是個案想要增加人際互動故意製造的行為，不要用禁止的方式處理，不然會有人際退化的可能。其他問題行為處理方法建議如下：

1. 個案脫下褲子自慰時，要求他自己穿上，老師避免自己大驚小怪。要鎮定，並繼續用課程要求轉移注意，讓他有事做（例：扶著教具）。
2. 個案離座時，要堅持讓個案回座，離座太頻繁，可以壓住個案肩膀，以防他離座，屁股離開前就要壓住（把個案向下壓）！若個案跑走時，不能追，不然個案會跑給人追，可以請守門的人幫忙。離座頻繁，也有可能是個案想要故意搗蛋的情形。
3. 個案有用力踏地的行為，但是只要情緒穩定下來，踏地的次數與力道都會變小。到後半段的課程，踏地的聲音變小，已經會控制力道。最後幾次，雖然剛進教室時，踢地板的情況嚴重，後來穩定就沒有踏腳了，直到下課離開教室時才出現踏腳。
4. 個案出現丟東西的行為，要求他自己撿回來。

5. 書包不肯放下來，千萬不要剝奪，這是他的安全感，不焦慮才能學習。等待到某活動讓他覺得有書包不舒服時，自然會把書包放下來。

（二）在教學進行上

主教老師盡量不要離開座位，讓個案知道現在仍在上課進行中。教學時下完指令，要給個案充足的反應時間，在最後幾次的觀察有發現，個案聽完指令後會有一點延宕後才反應的情況。另外發現，個案發出的聲音，有表達的意圖，有發出過「三」、「好」的相似歪曲音，有可能會想要使用語言，未來可以考慮溝通的教學。

五、增強給予方面

增強物的選擇要符合個案需求，並跟家長討論，提醒家長課堂前的飲食控制，並選擇最適合的增強物。此個案喜歡鹹、酥、脆的食物，但是避免個案吃個幾回合就飽了，所以要切小塊，並且為了避免厭煩，要適時換口味。若中途離座後回座時，要先要求個案做完該單元的一回合再給增強物，不能因為回座的表現即給予增強。教學進行時，增強物給予的時間要立即，且不必刻意藏起來，讓個案看到可以當作誘餌，現階段個案需要連續且立即性增強，暫不考慮其他增強形式。

六、時間控制、教學管理方面

記錄問題行為，可以多元記錄，以方便進行事後分析。單元的轉換時，不要說「下課」，不然個案會想出教室，改說「休息」、「我們換下一個活動」。若個案有流鼻水、冒汗、恍神等感冒的症狀，身體不舒服的話，不需要太嚴厲糾正錯誤的表現，可降低標準和要求。但是要確認是否真的身體不舒服，避免個案以此用來當逃避學習的藉口。盡量請父母配合規律的課堂前行程，增加個案上課的穩定度與品質。

七、爆發性行為處理

首要的是老師自我保護，不要站在個案正前方，避免正面面對面衝突。避免用嚴厲口吻制止，因為可能讓個案情緒更加不穩，激化更多問題行為。個案爆衝時，不要去追，避免個案以此模式威脅大人，或是覺得很好玩跑給你追。程度較重的個案，改變是需要時間的，要讓他發自內在做出好的表現，雖然不像藤條這麼有效，但是效果卻可以是永遠的。老師在處理的過程中，要明確、肯定、堅持、不懼怕，且不要把責任推給父母或不相干的人。

捌、參考文獻（略）

附錄 2

改善小狗亂尿尿的不良行為

林嵐婷（臺北醫學大學牙醫系）

一、研究日期

2008 年 5 月 16 日至 2008 年 6 月 19 日

二、個案的問題分析

實驗的對象是我家的小公狗「麻糬」。從出生兩個星期開始飼養，小時候有訓練牠至廁所的報紙上尿尿。但自從開始會抬腿尿尿後，便開始在家中四處尿尿，而且情況越來越嚴重，連家人的鞋子都遭殃，並使家中彌漫著小狗的尿騷味。曾經試過許多方法都無效，希望能夠藉由這次的實驗改善這個困擾。

三、實驗方法

1. 實驗設計

本實驗採用 A-B-A 設計，先量行為基準線（A），然後進入實驗處理（B），最後再倒返到基準線階段（A），以便觀察目標行為的改變情形。

2. 目標行為的記錄

每天早上出門上課前，先巡視一次家中各個角落，只要不是尿在廁所的報紙上就記錄下來。

3. 訂定終點行為

讓小狗能固定到廁所鋪好的報紙上尿尿。

4. 信度考驗

為了確認登記無誤，未遺漏任何一個角落，請女傭每週四來打掃時，幫忙做記錄。每個階段各一次，共五次，每次結果都相同，信度達 100%。

5. 實驗步驟

(1)基準線階段（A_1）：從 5/16 至 5/22，共一週的觀察，維持平常的生活習慣。

(2)實驗處理階段 I（B_1）：從 5/23 至 5/29，為期一週。因為白天家中都無人在家，無法注意小狗尿尿的行為，及時給予嚇阻或鼓勵，所以每天早上在記錄完後，用「避尿劑」噴在所有牠曾經尿尿卻不該尿的地方。晚上回到家後，只要發現牠在廁所的報紙上尿尿時，就立即給予口頭的讚美，摸摸牠的頭，並給牠一口水果以作為鼓勵，因為牠非常愛吃水果，任何水果皆可。

(3)倒返階段（A_2）：從 5/30 至 6/5，為期一週。此階段回到和基準線階段一樣，取消所有的增強誘因。觀察目標結果的改善情形，以及使用方法的效果。

(4)實驗處理階段 II（B_2）：從 6/6 至 6/12，為期一週。此階段除了以「避尿劑」噴在牠曾經尿尿卻不該尿的地方外，還以「引便劑」噴在廁所鋪的報紙四周。回家後，同樣只要有看到牠在報紙上尿尿時，就立即給予口頭的讚美，摸摸牠的頭，並給牠一口水果以作為鼓勵。

(5)維持階段（A_3）：從 6/13 至 6/19，為期一週。此階段條件和基準線階段完全相同，也就是取消所有增強誘因後，看受試者是否能持續達到行為目標。

四、實驗結果

此實驗的自變因是增強因素，依變因是亂尿尿的次數。觀察亂尿尿的次數是否會隨增強因素降低或去除。

表 1 小狗亂尿尿的次數

5 月 16 日	5 月 17 日	5 月 18 日	5 月 19 日	5 月 20 日	5 月 21 日	5 月 22 日	平均數
9	7	9	6	10	8	9	8.29
5 月 23 日	5 月 24 日	5 月 25 日	5 月 26 日	5 月 27 日	5 月 28 日	5 月 29 日	平均數
0	2	3	0	5	2	2	2
5 月 30 日	5 月 31 日	6 月 1 日	6 月 2 日	6 月 3 日	6 月 4 日	6 月 5 日	平均數
3	4	7	5	7	5	6	5.29
6 月 6 日	6 月 7 日	6 月 8 日	6 月 9 日	6 月 10 日	6 月 11 日	6 月 12 日	平均數
2	3	0	0	1	0	1	1
6 月 13 日	6 月 14 日	6 月 15 日	6 月 16 日	6 月 17 日	6 月 18 日	6 月 19 日	平均數
0	1	3	1	5	3	2	2.14

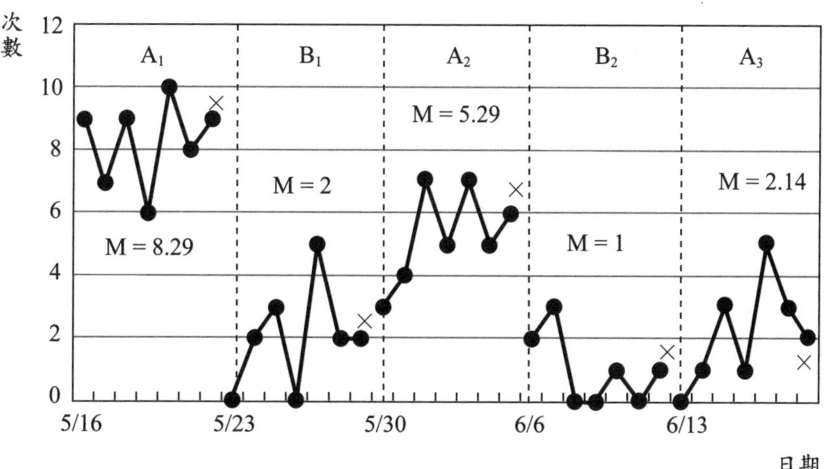

圖 1 小狗亂尿尿的次數變化

註：×＝信度考驗

1. 基準線階段（A_1）

亂尿尿的次數平均在八次左右，上下起伏不大。最常見亂尿尿的地方有：廚房往陽臺的門、放牠的碗旁邊的櫃子角、沙發的角落、客廳電風扇、客廳茶几的四個腳、放在地上的音箱和爸爸及弟弟的拖鞋。

2. 增強階段 I（B_1）

以避尿劑介入、給予口頭稱讚和水果的獎賞後，亂尿尿的平均次數明顯下降到了兩次，顯然這個方法是有效的。不過其中 5 月 27 日亂尿尿的次數卻高達五次，判斷是因為前一天亂尿尿只有零次，所以避尿劑噴的地方比較少，造成亂尿尿的情形又變多。

3. 倒返階段（A_2）

平均亂尿尿的次數有 5.29 次，比增強階段亂尿尿的次數多，但又未完全回到基準線。代表目標行為有改善，而且實驗的方法有成效。

4. 增強階段 II（B_2）

再次介入後，亂尿尿的平均次數下降到僅一次，比第一次增強階段的兩次還少，代表此階段利用避尿劑與引便劑共同使用的效果較佳，更有三天完全沒有亂尿尿的記錄。不過仍然無法完全百分之百達到訂定的終點行為——每天每次要尿尿時都會到規定的報紙上。

5. 維持階段（A_3）

平均次數 2.14 次。與一開始的基準線階段及倒返階段相比較，有一定的進步，亂尿尿的次數降低不少。不過與增強階段相比，此階段的結果顯示之前增強的成效延續得不是很好，而且從圖表中可看出亂尿尿的情形又有慢慢增加的趨勢。

五、討論

1. 這次的實驗採用避尿劑、引便劑和口頭讚美及給予水果的增強同時並進的策略，因為希望白天沒有人在家時也能規範小狗不可到處亂尿尿，但又不想要只是以避尿劑遏止牠，希望仍然能夠有正增強，以鼓勵的方式，讓牠知道尿尿要固定到廁所的報紙上尿。
2. 因為家中小狗都睡在父母房間內，而六月初開始，父母晚上常常都是開著冷氣，所以晚上狗狗就不會在家中四處亂尿尿，影響了實驗結果。下次實驗時的記錄應該分為白天和晚上兩次，不僅可區別有無人在家時的情形，也可避免上述可能影響結果的因素。
3. 這次實驗時選擇噴避尿劑的地方，除了在基準線階段觀察到牠常亂尿尿的 12 個地方外，還噴在前一天牠亂尿尿的地方。但從結果中可看出，在前一天為 0 次時，隔天噴避尿劑的地方變少了，就使得牠亂尿尿的情形增加。而且因為每次噴的量無法固定，使得效用也不一定。
4. 像桌腳等四個面的地方，需要一整圈都噴避尿劑，因為有觀察到未整圈噴，只噴一點時，牠會在另外一側尿尿。不過原本擔心會不會出現轉移的情形，在牠未曾亂尿尿的地方尿尿的情況並沒有見到。
5. 實驗效用維持的情形並不好，推測是因為增強階段持續得不夠久，畢竟狗狗不是人，無法在那麼短的時間內徹底改善，而且牢牢記住。在避尿劑的味道散去後，就又舊態復萌了。

附錄 3

Angelman 症児の硬直性に対して押さえて両手挙げ法の弛緩効果

邱紹春

（臺湾師範大学）

日本適應體育 1998 廣島大學年會口頭發表

一、はじめに

今野義夫（1977）障害児に対して腕挙げ法を創案してから、多くの研究が、腕挙げ法は、障害児の慢性緊張の弛緩に有効であることを証明した。しかし、指示が知らない、指示に従わない、着席ができないごく過動、または触覚が過敏で、ちょっと触ると、全身が振れる障害児に対して、実施が、困難になる。

筆者は、1991 年に指示が知らない、指示に従わない、着席もできないごく過動の自閉症児の注意力と人間関係を対象児の身体を床に押さえて両手を挙げさせる法で改善した。押さえて両手を挙げる法が、他の過動児に対しても有効かどうかについて実証して見ようである。

二、研究方法

1. 対象

いつも舌吐き、そうして触覚が過敏で、ちょっと触ると、または物を取るときも全身が振れて、硬直になってしまう。そして、いつも笑いながら手を振る。

2. 手続き

(1)2 週 1 回 40 分で、計 33 回を訓練した。

(2)訓練する時、訓練しながら母親を指導する、そうして毎日自宅で 30 分ほど訓練することを母親に要求した。

(3)訓練の手順は、まず対象児を床に上向き寝かせるように、対象児の身体を押さえながら、両手を頭の上の方に真直ぐ伸ばして挙げさせる。そして対象児に「動がない」ように要求しながら、「……まで数えます」「始め！」と指示する。数唱が、1 秒 1 唱の速度で数える。その後、対象児に訓練者の両手を打つことを要求する。打たれる回数が、上の数唱の数と同じである。終ったら自由に遊ばせる。2 分後、また繰り返して操作する。

三、訓練經過と結果

1. 静かに我慢してねる時間の変容は、図 2 のようである。

(1) 6 回目までほとんど要求を聞かないで、反抗した。

(2)そのあと徐々に進歩したが、13～16 回目の間に自宅の改装で情緒が不安になった。

(3) 17 回目から急に伸ばしたので、21、22 回めに座らせて片手を挙げさせた時、強く反抗して硬直になった。

(4)23～26 回目押さえながら、両手を挙げさせる方法に戻って、我慢する時間が、まだ元の水準に達成した。

(5) 27 回目もう一度片手の腕挙げ法を試みた。結果は、図 1 のように非常に協力して、32 回目に左右手とも 10 回を完成した。手を打つことも、40 回を打って自動的に止めた。

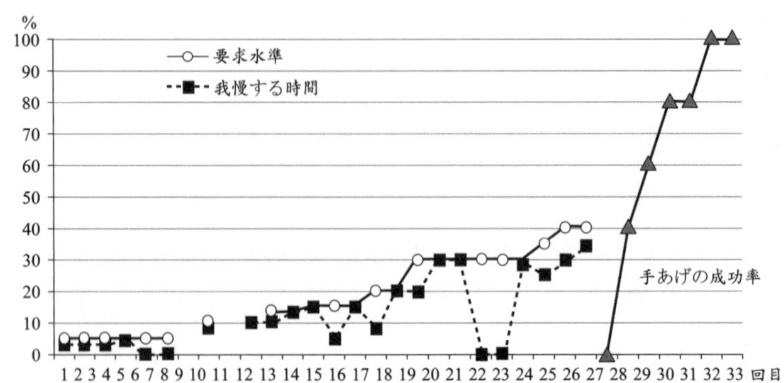

図1　身体を押さえて両手を挙げさせる時、静かに我慢する時間と片手挙げの成功率

2. 行動の変容

(1)外へ出る時、通り道を邪魔しているクラス・メートを押さないで、そばを通って出ることがみられた。

(2)5回目訓練後、生まれから見ないテレビを見た、17回目以後「志村劇場」が好きになった。

(3)7回目（夏休み）後、授業中いつもドアによって廊下の人を見る行動を変わって、静かに椅子に座った。この急に変わることは、動作訓練の効果か別の教室と教師に変わることの影響かを確認するために、2度元の教室、元の教師に教えることを試みた。結局同じく静かに椅子にすわった。

3. 人間関係

(1)指示に従ってボール・プールのボールを1つずつ取って全部10こ、4メートル遠さのかごに入れさせる時間の変容が、図2のように、早たり遅ったりになったが、全過程を見ると、やはり進歩していった。

(2)15回目から、3メートル距離で名前を呼ぶと、反応ができ、呼者を見ることができた。18回目以後5メートルの距離もできた。

(3)18 回目後、排泄したがる時、大人に「アーアー」としらせた。

(4)20 回目の訓練する時、自発的に訓練者に手を打つことを要求した。

(5)26 回目から、遊戯室に入ると、訓練者に抱くことを要求した。

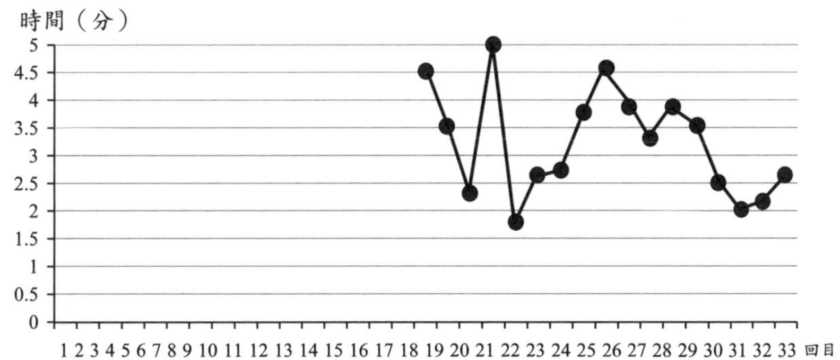

図 2　ボールプールから 10 コのボールを籠に入れる時間

四、考察

以上の結果から、身体を押さえて両手挙げさせる法は、情緒を安定させ、筋肉を弛緩させ、動作を分化させること、そして self control 能力の形成と人間関係を促進することに、有効であることを示唆していた。この結果が、Luria & Vygotsky の仮設「児童の言語ー行動の発達は、三段階に分け、第一段階には、外界のコントロールによることが必要であること（Goldstein & Goldstein, 1990）と一致していた。

五、結論

身体を押さえて両手挙げさせる法は、本ケースにとって、有効に情緒を安定させ、筋肉を弛緩させ、動作を分化させること、そして self contro1 能力の形成と人間関係を促進した。

附錄 4

以遊戲活動提升自閉症兒童口語表達及人際互動能力之效果研究

陳美麗（基督基層宣教訓練學院）、陳立群（新竹晨曦發展中心）

一、前言（略）

二、基本資料

填表日期：2008 年 7 月 26 日

<table>
<tr><td>學生姓名</td><td colspan="2">康小弟</td><td>出生日期</td><td>2001.2.20</td></tr>
<tr><td>性別</td><td colspan="2">男</td><td>實際年齡</td><td>七歲五個月</td></tr>
<tr><td rowspan="2">家長資料</td><td>父職業</td><td>業務</td><td>出生日期</td><td>1971 年</td></tr>
<tr><td>母職業</td><td>家管</td><td>出生日期</td><td>1971 年</td></tr>
<tr><td>住家電話</td><td colspan="2">02-********</td><td>緊急聯絡電話</td><td></td></tr>
<tr><td rowspan="4">醫療史及教育史</td><td>時間</td><td colspan="3">醫療史</td></tr>
<tr><td>二歲～三歲左右
三歲～目前
三歲～目前
三歲～目前</td><td colspan="3">署醫（一個星期二次）
北縣某診所－職能治療（一個星期三次）
北縣某診所－物理治療
馬偕醫院－語言治療（斷斷續續）</td></tr>
<tr><td colspan="4">教育史</td></tr>
<tr><td colspan="4">2003-2005 北縣某自閉症協會　2005.8-2006.7 幼稚園（中班）
2006.8-2007.7 幼稚園（大班）　2008.9-2009.7 國小一年級
2009.9 升國小二年級</td></tr>
<tr><td>出生發展史</td><td colspan="4">個案在一歲多的時候，媽媽發現沒有口語和眼視的接觸，帶去診斷時醫師判定疑似自閉症，所以媽媽帶個案到三重自閉症協會上課，四歲時鑑定為中度自閉症。</td></tr>
<tr><td>父母手足狀況</td><td colspan="4">父親：負責工作，教養責任交給母親。
母親：專職照顧孩子。
妹妹：會照顧和陪伴個案，偶爾會跟個案搶東西。</td></tr>
<tr><td>教養態度</td><td colspan="4">1. 個案家為三代同堂家庭。
2. 爺爺奶奶：溺愛個案，只要個案要求的東西，爺爺奶奶一定會滿足個案的要求。
3. 父親：非常關懷個案，會盡力滿足個案的需求。
4. 母親：會要求個案做事情，平常當個案犯錯時以罰站居多，嚴重犯錯時才會體罰。</td></tr>
</table>

三、教育診斷

個案為小二男生，無口語能力，人際溝通能力低弱，以下為針對此個案所做的行為分析量表與行為觀察記錄，及目前總體能力評估表。

（一）文蘭適應行為量表分析

次領域	原始分數	標準分數 X=100 SD=15	標準誤%的信賴區間	百分等級	標準九	適應水準	年齡分數
接受性	19					適中	8-2
表達性	4					低	1-8
讀寫	4					低	4-0
溝通領域　總分	**27**	**55**	**±7**	**0.1**	**1**	**低**	**2-6**
個人	5					低	0-6
家庭	7					中低	4-6
社區	18					低	3-2
日常生活技巧領域　總分	**30**	**50**	**±8**	**0.1以下**	**1**	**低**	**1-8**
人際關係	6					低	0-2
遊戲與休閒	16					低	3-4
應對進退技巧	6					低	2-4
社會化領域　總分	**28**	**62**	**±7**	**1**	**1**	**低**	**1-0**
粗大動作	22					低	4-2
精細動作	14					低	4-0
動作技巧領域　總分	**36**	**70**	**±11**	**3**	**1**	**低**	**4-0**
各領域分數總和							
適應行為總量表	**121**	**54**	**±4**	**0.1**	**1**	**低**	**2-4**

個案沒有口語，故在溝通領域的表達性中分數偏低。其次在社會化領域中的人際關係與應對進退技巧中的分數也屬於偏低。因此，人際關係與應對進退技巧為康生的教育重點。另外，個案在日常生活技巧領域部分，整體分數偏低，再者其中個人生活技巧領域一項，也是個案須加強的部分。

（二）行為功能觀察記錄表

NO.	A事件		B行為內容	C後果	
	時間	行為發生情境		處理方法	結果（個案行為）
1	9:10	媽媽和訓練者到樓下訪談	個案手指著媽媽	訓練者：「媽媽跟我在樓下，等一下上來。」	個案點頭
2	9:12	訓練者拿蠟筆問個案：「這是什麼？」	個案不理會訓練者	訓練者又問：「你幾歲？」	個案看著門不理訓練者
3	9:13	訓練者在紙上畫時鐘	個案看著紙上的時鐘	訓練者告訴個案：「10：40 媽媽會上來。」	個案點頭
4	9:15	訓練者在紙上畫○，請個案畫一樣的。	個案在紙上畫○	訓練者：「好棒，再畫一個。」	個案在紙上又畫一個○
5	9:16	訓練者在紙上畫□，請個案畫一樣的。	個案在紙上畫□	訓練者：「好棒，再畫一個。」	個案在紙上又畫一個□
6	9:17	訓練者：「換一個顏色畫。」	個案拿紫色的筆	訓練者再畫一個□	個案不畫，只坐在位子上
7	9:18	訓練者在紙上畫一個棒棒糖	個案看著紙上的棒棒糖	訓練者假裝在吃棒棒糖	個案也假裝吃
8	9:19	訓練者：「棒棒糖好好吃。」	個案手指著畫在紙上的時鐘	訓練者：「你要找媽媽？」	個案點頭
9	9:19	訓練者指著紙上的時鐘說：「10:40 找媽媽，時間還沒到。」	個案點頭	訓練者：「我們來畫媽媽。」	個案跟著訓練者在紙上畫媽媽
10	9:24	訓練者：「這是誰？」	個案看了一下訓練者	訓練者：「這是不是媽媽？」	個案點頭
11	9:24	訓練者：「我們寫『媽媽』」，訓練者在紙上寫「媽媽」的注音。	個案仿描「媽媽」的注音	訓練者：「好棒喔！」	個案指著紙上的媽媽
12	9:25	訓練者：「10:40 找媽媽。」	個案指著紙上的時鐘	訓練者：「時間還沒到。」	個案點頭

（下頁續）

NO.	A事件		B行為內容	C後果	
	時間	行為發生情境		處理方法	結果（個案行為）
13	9:25	訓練者在紙上寫1到10，問個案：「1在哪裡？」	個案指紙上的1	訓練者：「把它圈起來。」	個案把1圈起來
14	9:27	訓練者在紙上寫11到50。訓練者：其中的一個數字（如：27）	個案指出訓練者說的數字（如：27）	訓練者：「好棒，把它圈起來。」	個案把訓練者說的數字圈起來
15	9:29	訓練者：「找一找30在哪裡？」	個案指13	訓練者協助指出30。 訓練者：「把30圈起來。」	個案也指30，再把30圈起來
16	9:34	訓練者：「這是什麼顏色？」	個案一直晃筆，眼睛看著門	訓練者：「現在9:35分，等10:40分找媽媽。」	個案點頭
17	9:36	訓練者：「給我黃色。」	個案拿黃色的蠟筆	訓練者：「對了好棒，給我紅色。」	個案拿對訓練者說的顏色
18	9:38	訓練者拿蠟筆和紙要求個案自己畫畫。	個案在紙上塗鴉（銳角折線）	訓練者：「你畫什麼？畫媽媽是不是？」	個案點頭
19	9:45	訓練者繼續引導個案畫媽媽。	個案咬小指	訓練者沒有理會	個案五秒後繼續畫
20	9:48	訓練者：「要不要尿尿？」	個案點頭	訓練者帶個案去尿尿	個案跟訓練者去廁所
21	9:51	訓練者：「要不要玩積木？」	個案點頭	訓練者拿一桶積木給個案	個案把積木拿出來放在桌上
22	9:53	訓練者把積木疊起來	個案把長方形的積木疊起來，斜角的疊不起來	訓練者幫忙個案疊斜角積木	個案手一直按壓斜角積木
23	9:55	媽媽出現	個案看著媽媽，口型說媽媽	媽媽問個案有沒有專心	個案看著媽媽

（下頁續）

<table>
<tr><th rowspan="2">NO.</th><th colspan="2">A 事件</th><th rowspan="2">B 行為內容</th><th colspan="2">C 後果</th></tr>
<tr><th>時間</th><th>行為發生情境</th><th>處理方法</th><th>結果（個案行為）</th></tr>
<tr><td>24</td><td>9:56</td><td>訓練者和媽媽說話</td><td>個案起來、走動、跳、拍手</td><td>訓練者：「還要不要玩積木？」</td><td>個案搖頭</td></tr>
<tr><td>25</td><td>10:03</td><td>訓練者拿球問：「要不要玩球？」</td><td>個案點頭要玩球</td><td>訓練者丟球給個案</td><td>個案也和訓練者互丟</td></tr>
<tr><td>26</td><td>10:05</td><td>妹妹也要玩球</td><td>個案到處走動不玩球</td><td>訓練者：「還要不要玩球？」</td><td>個案走到積木邊，手抓積木拿起丟下（反覆動作）。</td></tr>
<tr><td>27</td><td>10:07</td><td>訓練者又拿一顆球問個案：「要不要玩球？」</td><td>個案點頭</td><td>訓練者在地面轉球</td><td>個案看球轉動</td></tr>
</table>

【綜合分析】

1. 媽媽和老師去做文蘭測驗後，其他老師和個案互動，找媽媽三次、不理會三次、完成要求四次、配合要求八次、站起來走動一次等。個案的配合度不錯，老師要求個案做的事情，個案幾乎都會完成。
2. 老師處理的方法有：關心介入 18 次、行為轉移兩次、誇獎五次、不理會一次。
3. 老師適時的關心介入讓個案都能主動配合訓練者的要求，剛上課時老師無法成功讓個案轉移找媽媽的行為，課程活動大約十分鐘後，老師成功轉移個案找媽媽行為。媽媽回來後，個案的主動性馬上出來，會和老師玩積木、丟球等。

（三）重度、極重度心智障礙兒童教學成效檢核表

姓名：康小弟　性別：☑男、□女　出生：2001 年 2 月 20 日

檢核日期：第一次（紅筆）：2008 年 9 月＿日　檢核者：F1 組員

第二次（藍筆）：2009 年 2 月＿日　檢核者：F1 組員

第三次（綠筆）：＿＿年＿＿月＿日　檢核者：

1. 自我控制能力

安靜就座	□3 秒以下	□10 秒以下	□30 秒以下	□1 分鐘以下	□3 分鐘以下	□5 分鐘以下	□10 分鐘以下	□20 分鐘以下	■■20 分鐘以上

等待、忍耐	□看到偏好食物無法等候 0 秒	□看到偏好食物會等候 3 秒	□看到偏好食物會等候 5 秒	□看到偏好食物會等候 10 秒	□看到偏好食物會等候 30 秒	■■看到偏好食物會等候 30 秒以上

探索	□偏好物不見不會找	□會到處無目的亂摸	□會到處抓物後扔掉	□會找尋 1 秒鐘前用白紙蓋住的小饅頭	□會找尋 5 秒鐘前用白紙蓋住的小饅頭	□會找尋塑膠袋內偏好物	■■會打開塑膠袋尋找需要的物品

動力	□整天不動	□會拿食物入口	■■偶爾站起來走動	□會到處走動	□會走出室外	□會突然衝出室外	□會突然衝來衝去

動機	□對任何事物均無興趣	□會主動碰觸偏好的玩具	□會依指令做動作	■■會主動把玩偏好的玩具

2. 情緒

哭鬧	□每小時	□每天	□每週	□每個月	■偶爾　■無
發怒	□每小時	□每天	□每週	□每個月	□偶爾　■■無
自傷	□每小時	□每天	□每週	□每個月	□偶爾　■■無
打人	□每小時	□每天	□每週	□每個月	□偶爾　■■無
破壞	□每小時	□每天	□每週	□每個月	□偶爾　■■無

3. 認知、溝通、注意

選擇（三擇一）	□不會拿出指定的具體物	□會拿出指定的具體物	■■會拿出指定的圖卡	□會拿出指定的字卡
選擇（五擇一）	□不會拿出指定的具體物	□會拿出指定的具體物	■■會拿出指定的圖卡	□會拿出指定的字卡
說出（二擇一）	■■不會說出指定的具體物	□會說出指定的具體物	□會說出指定的圖卡	□會說出指定的字卡
說出（三擇一）	■■不會說出指定的具體物	□會說出指定的具體物	□會說出指定的圖卡	□會說出指定的字卡
說出（五擇一）	■■不會說出指定的具體物	□會說出指定的具體物	□會說出指定的圖卡	□會說出指定的字卡

注視	□不會注意聲源	□會注意聲源	□會注視呼其名的人	□會注視大人手中物品	□會注視大人手指（距物 5 公分）所指的物品	□會注視大人手指（距物 10 公分）所指的物品	□會注視大人手指（距物 50 公分）所指的物品	□會注視大人手指（距物 1 公尺外）所指的物品	■■會注視大人手指（距物 5 公尺外）所指的物品

追視	□不會隨著扭蛋滾動追視	□會隨著扭蛋滾動追視	□會追視兩個滾動中的紅色扭蛋（內置增強物）	■■會追視兩個滾動的同色扭蛋中內置增強物的扭蛋

接受指令	□聽不懂他人的要求	□被要求時不會反應	□被要求時會轉頭看人	□被要求時會用哭鬧、自傷、攻擊拒絕要求	□會依要求慢慢的做出動作	■■會依要求很快的做出動作

要求他人	□不會要求他人	□會用力拍、打或拉的方式表示要求	■會輕輕的拍、打或拉的方式表示要求	□會用口語要求	□會用口語說明要求理由
互動	□獨自一人遊戲	□會在旁觀看別人遊戲	■被邀請時不會與人遊戲	□被邀請時會與人遊戲	□被要求時會邀請別人一起遊戲	□會主動邀請別人一起遊戲

模仿	□拒絕他人抓著他的手做	□接受他人抓著他的手做	□輕拍其手臂之下會自動完成動作	■會依他人的示範逐步完成動作	□會依一步一步的口語指令完成動作	□會依一個指令即可完成動作

註：■表第一次檢核；■表第二次檢核。

四、認知、情緒與學習優弱勢分析

認知	1. 能指認數字 1～50。 2. 仿寫注音。 3. 能聽從簡單指令。 4. 能做出模仿的行為。 5. 沒有數量概念，無法正確拿出老師要求的數量（如兩枝筆）。 6. 會指認顏色、形狀。
情緒	1. 情緒穩定，沒有哭鬧行為。 2. 配合度不錯，對於被要求做的事情，幾乎都可以做到。 3. 對於陌生環境需要一些時間適應，但經由活動遊戲介入後，個案很快便能進入狀況。 4. 據家長反應，平日在家中情緒穩定，只有在被妹妹欺負時（因妹妹年紀小，會搶個案東西），個案會不知該怎麼處理而生氣哭泣。
學習優弱勢	優勢： 1. 認知——有物件、顏色、形狀的概念，知道買東西需付錢、能辨認錢幣一元、五元、十元。 2. 情緒——穩定。 弱勢： 1. 沒有口語。 2. 對於不喜歡的東西會以靜坐不動的方式來表達。 3. 不會主動找家人或同儕互動。

五、教育需求與教學策略分析

教育需求	教學策略	達成目標
1. 提升人際互動能力	互動遊戲	會與人輪流玩有簡單規則的遊戲
2. 提升口語表達能力	1. 吹乒乓球遊戲 2. 互動遊戲	1. 會將乒乓球吹到指定位置 2. 會仿說我要／不要／我要玩 3.會說我要／不要／我要玩
3. 提升個人生活技巧能力	1. 活動情境製造 2. 生活情境製造	1. 會轉動水壺／罐頭蓋子 2. 會雙手前後扭轉濕毛巾（將毛巾扭出水） 3. 會雙手扭轉濕毛巾（拿在手上不會滴水）

六、教學結果

在整個教學期間，個案曾缺席三次，即第二、四、六週。故該三週資料從缺。

（一）單元一：你丟我接

教育需求：提升人際互動能力。

達成目標：會與人輪流玩有簡單規則的遊戲。

週次	目標	結果	備註
1	會雙手接住前方 50 公分處丟來的物品。	50%	以排球讓個案做接球練習，個案知道要接球，但會害怕被打中，所以常直接轉身閃開。後來拉近距離做接球練習，發現個案開始能接到球，同時因為距離近較容易接球，動機和意願也跟著提升。
2	—	—	—
3	會雙手接住前方 50 公分處丟來的物品。	60%	個案接到球的次數有增加，但若漏接球去撿球時，會因受到周遭環境影響而分心跑開，需要訓練者協助帶回才能繼續課程活動。
4	—	—	—
5	會雙手接住前方 50 公分處丟來的物品。	80%	漏接撿球時，不需提示就會自動走回原來位置上繼續活動。 **11/15 目標通過**

（下頁續）

週次	目標	結果	備註
6	—	—	—
7	會與人來回丟接物品三次（距離 50 公分內）。	80%	觀察個案每次在接到球時都會開心拍手，然後再將球丟給訓練者，動機及參與意願都有明顯提升。 **11/29 目標通過**
8	會與人來回丟接物品三次（距離 1 公尺內）。	60%	丟接球距離變遠，個案出現擔心被球丟到而轉身閃球的舉動，需要先將丟接距離拉近，讓個案有成就感後再逐漸拉長距離。

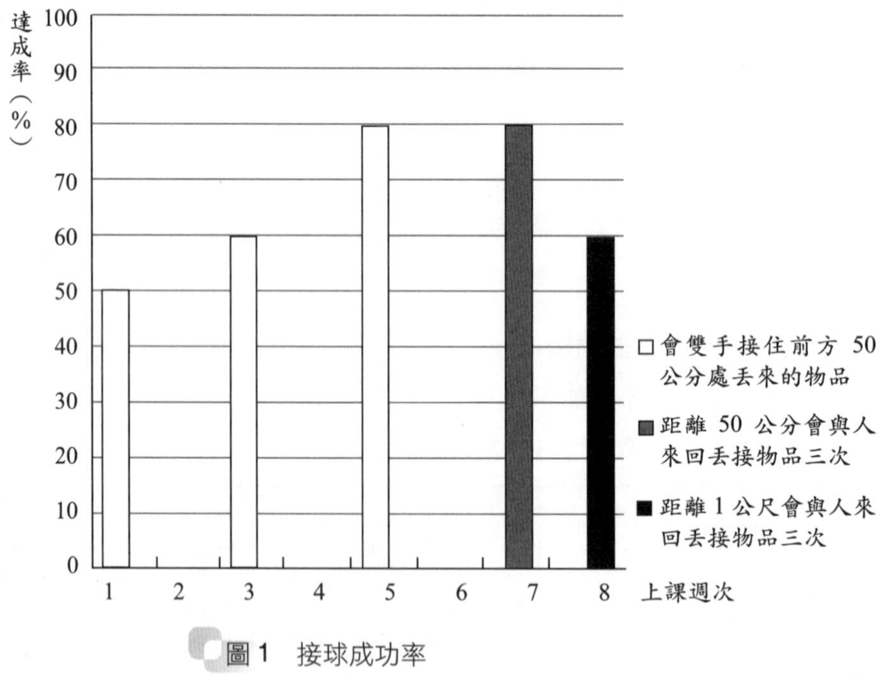

圖 1　接球成功率

由圖 1 可清楚看出，前一、三、五週等三次活動中，個案接球能力是持續穩定提升，第七週時個案已經可以來回和訓練者丟接球多次（十次成功八次）。但第八週因為距離拉長，個案擔心會被球打到，所以接球成功率下降，表示需要再縮短丟接距離，給予個案多一點成功經驗，提升個案信心和參與意願。

（二）單元二：吹一吹

教育需求：提升口語表達能力。

達成目標：會將乒乓球吹到指定位置。

週次	目標	結果	備註
1	會吹動乒乓球。	50%	發現個案吹氣力道弱，且有時還會因感到挫折而對訓練者揮手，表示不要吹了。後來訓練者拿出彩色風車做增強，個案對風車旋轉有興趣，願意配合做吹氣活動。
2	—	—	—
3	會吹動乒乓球。	90%	以彩色風車做增強，發現個案雖然到了後面幾次，因為沒力而吹得有些辛苦，但還是願意和訓練者一起吹球。動機有較明顯提高。 **11/1 目標通過**
4	—	—	—
5	會連續吹氣，將乒乓球吹過 25 公分長的距離。	80%	以塑膠溝槽讓個案練習吹直線，發現個案已經可以將球吹給老師，只是偶爾會因為吹得很累，而用手將球撥到終點。（訓練者提醒說用嘴巴吹後，個案便不再用手撥球。）
6	—	—	—
7	會連續吹氣，將乒乓球吹過 25 公分長的距離。	90%	吹過 25 公分距離。 **11/29 目標通過**
8	會將乒乓球吹到指定位置。	30%	以凹洞紙板放乒乓球，請個案將球吹到隔壁凹洞，發現此次設計對個案有難度，個案不易達成，同時出現了挫折感，須先換成其他較簡單、又符合個案能力的活動。

由圖 2 可清楚看出，個案第一週吹動乒乓球的達成率是 50%，到了第三週時已經有 90%的達成率（目標達成）。第五週和第七週執行將乒乓球吹過 25 公分距離目標，個案的達成率為 80%和 90%，表示個案是穩定進步的。到了第八週，發現個案此次達成率只有 30%，推估是因為活動設計有難度，無法配合個案目前能力，須再換過其他難度較低的活動讓個案練習，以協助個案建立信心與提升參與意願。

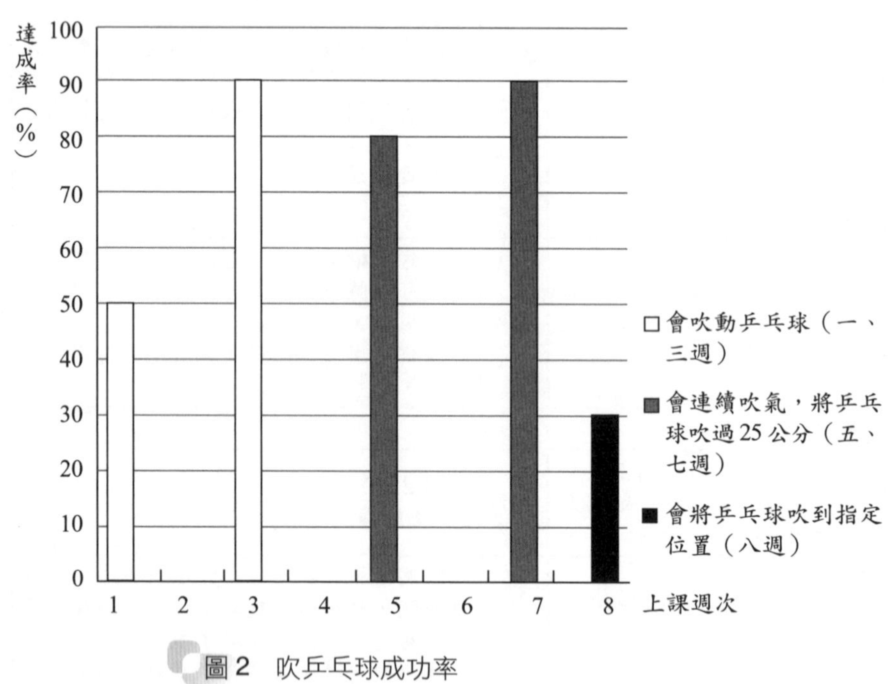

圖 2　吹乒乓球成功率

（三）單元三：我會說

教育需求：提升表達能力。

達成目標：會說我要／不要／我要玩（有音節嘴形即可）。

週次	目標	結果	備註
1	提示下，會仿說我要（有音節嘴形即可）。	60%	第四次開始，個案才看著訓練者的嘴巴，仿說我要（音不清楚，嘴形有出來）。第八、九兩次，個案甚至在訓練者提示的同時，和訓練者一起開口說我要，且發出的聲音有變大。
2	—	—	—
3	提示下，會仿說我要（有音節嘴形即可）。	100%	以衣夾夾小物做練習，手拍板為增強物，而個案因為很喜歡增強物，所以參與意願很高。最後面幾次，甚至清楚發出「要」的音。**11/1 目標通過**
4	—	—	—
5	活動情境下，會說我要（有音節嘴形即可）。	50%	活動中有五次主動開口說我要，另外五次則是事情做完後停下來看著訓練者，等訓練者做出嘴形，提示「我」後才接著說「要」。
6	—	—	—
7	活動情境下，會說我要（有音節嘴形即可）。	40%	此次達成率為40%，推究原因除中間缺課一次外，另個因素是在家中家人已習慣先替個案做完許多事，使個案缺乏開口表達動機需求的機會，所以能力才會無法穩定展現。
8	活動情境下，會說我要（有音節嘴形即可）。	50%	活動中訓練者節奏較慢，增強物沒有即時給，使得個案失去興趣，出現不耐和東張西望的舉動。訓練者的活動掌控節奏要再快一點，必須在第一時間給予增強。

由圖 3 可知，個案前兩次，在第一週和第三週活動中，仿說「我要」一項目標的達成率有逐漸往上提升。第五週，撤除提示下，個案達成率為 50%，第七週，觀察個案目標達成率沒有提高反而下降，推

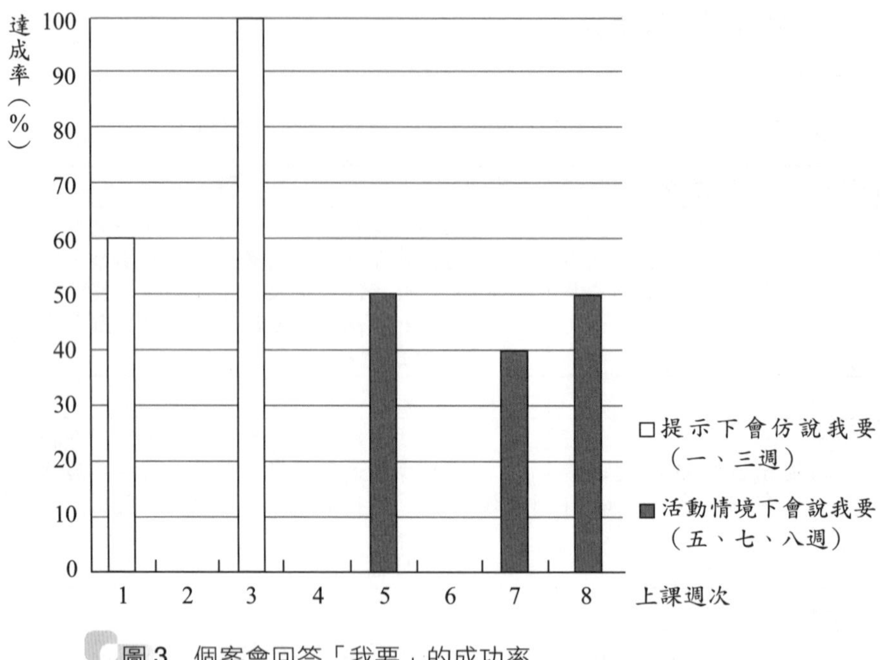

圖 3　個案會回答「我要」的成功率

究原因除了中間缺課，導致本次上課意願降低不想參與活動外，另外家人習慣直接替個案將所有事情做好，讓個案缺乏開口表達需求的練習機會，可能也是導致個案能力無法持續穩定展現的原因。

（四）單元四：手指動一動

教育需求：提升生活技巧能力。

達成目標：會雙手扭轉濕毛巾（拿在手上不滴水）。

週次	目標	結果	備註
1	會輕捏老師肩膀（連續三下）。	50%	前幾次個案的手只放在訓練者肩膀上方隔空晃動手指，後在訓練者協助示範後，個案才出現手指輕捏訓練者肩膀的動作（訓練者反應力道不大，幾乎察覺不出）。
2	—	—	—

（下頁續）

週次	目標	結果	備註
3	—	—	—
4	—	—	—
5	會輕捏老師肩膀（連續三下）。	70%	個案手指力道有增加，訓練者反應與之前上課相較，肩膀有被輕輕捏的感覺。 **11/15 目標通過**
6	—	—	—
7	協助下，會用手指在軟球上捏出指印。	70%	訓練者使用海綿軟球讓個案捏壓，個案很輕易就可以將球擠壓成一小塊。個案信心增加，參與意願明顯提高，活動結束時還抓著球不放。 **11/29 目標通過**
8	會用手指在軟球上捏出指印（至少一個指印）	70%	**目標通過**

1. 由圖4可知，個案由第一週到第八週，雖然只做過四次練習，但已經幾乎完成前三個目標，包括會輕捏老師肩膀、協助下會用手指在軟球上捏出指印、會用手指在軟球上捏出至少一個指印等目標，是不錯的進步。但因為練習時間不足，所以還剩餘兩項擬定目標（會轉動水壺蓋子、會扭轉濕毛巾）來不及執行，為此次課程活動中較可惜部分。
2. 第一週與第五週之間，因組員協調不夠，執行訓練者請假無人替補，使得個案漏做活動，需要記取經驗、加強改善。
3. 課程中考慮到個案精細動作較弱和手指肌力不足，加上缺乏練習機會等因素，因此在原本擬定的達成目標項目上，再加入會輕捏老師肩膀、協助下會用手指在軟球上捏出指印、會用手指在軟球上捏出至少一個指印等三項目標，以讓個案有更多練習和提升能力的機會。

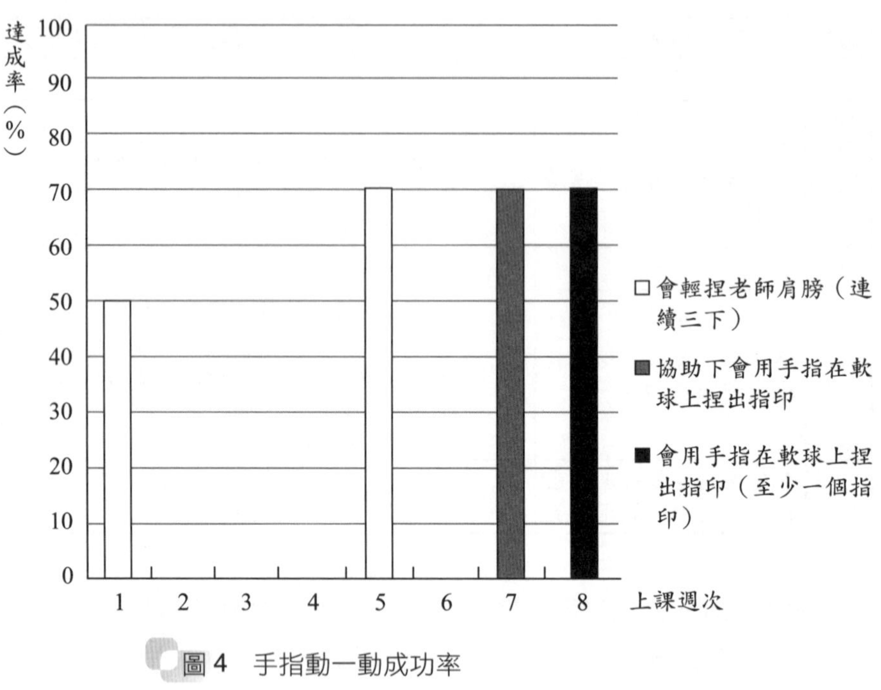

圖4　手指動一動成功率

七、訓練前後整體狀況分析與能力改變描述

項目	訓練前	訓練後
口語表達能力	*除非大人詢問，否則很少主動表達要或不要。 *表達需求時是以搖頭、點頭或手指物來表示。 *需求不被滿足時，會因覺得挫折而乾脆放棄走開。 *口腔功能部分，個案原本吹氣吹不長（約一秒左右），且又因吹氣有難度覺得挫折，常揮手和大人表示不要做。 *發出的音不清楚，「我」和「要」的音聽起來都像ㄚ音。	*課程中主動開口說「要」的次數有增加，家長也反映在家中開口次數有增加。 *對於不喜歡的事物，可以在鼓勵和完成給予增強下，努力把事情做完，同時參與活動動機也有提高。 *會連續吹氣，可以將乒乓球吹過25公分長的平滑桌面。 *「我」和「要」的嘴形及發音，已經可以較清楚分辨出來。同時課程中有數次發現個案主動做出「我」和「要」的嘴形，向訓練者要增強物。

（下頁續）

項目	訓練前	訓練後
人際互動能力	＊不會主動與他人互動。 ＊大人請個案一起丟接球時，個案抓著球跑到其他地方，同時球漏接去撿球時，會分心注意周圍其他事物，無法配合指令回到丟球位置。	＊可以和大人距離50公分來回丟接球將近十次，同時漏接球去撿球時，會立刻回到位置上，繼續未完成的活動。 ＊回家時會主動看著訓練者和同學說 bye bye。
生活自理能力	＊家人非常寵愛，許多個案有能力可以完成的事，都會搶先主動幫個案做好（如刷牙、扭毛巾、餵飯等），以致個案在生活自理部分，無法獲得足夠練習機會，動機不夠，精細部分能力也明顯較弱，只要需用手部做精細操作的活動，幾乎都會抗拒不肯做。 ＊手指力道弱，不會扭濕毛巾、無法壓開衣夾、瓶蓋鎖緊時需要協助才能打開。	＊會用前三指壓開衣夾夾東西、可以配合學習目標在軟球上擠出指印。 ＊對於精細動作部分（如開衣夾夾東西），即使做起來有些辛苦，也願意在鼓勵和有增強物增強下，努力完成活動，對於需要利用手部做精細操作的活動，參與興趣有明顯提高。 （活動中發現個案甚至會迫不及待的主動拿起衣夾，一個接一個的夾東西。）

八、結論

本次課程中，發現個案家人教養態度，是影響學習成效之關鍵因素之一。因家中長輩非常疼愛，捨不得讓個案自己動手做，常直接幫個案做好，以致個案缺乏動手與動口的機會（表達需求）。而個案母親雖然知道溺愛對個案有不良影響，但礙於長輩在場，要求個案做事時常無法堅持執行，使得個案在生活自理、口語表達及動機意願方面都受到影響。課程中有與家長溝通此部分，發現個案母親回家後確實有努力改善此狀況，同時在家中也開始會多給個案一些機會，做生活自理練習和口語表達引導。與家中長輩溝通部分，礙於課程時間關係，並未再與母親有更深入會談，以致無法完整了解之後狀況，是頗為可惜與不足之處。但唯一可確定的是，教養態度對個案學習進步與否及各方面能力的提升，占有極大關係。

另外此次訓練課程，內容充實有趣，若能持續一段時間，相信不僅參與個案會有明顯進步，參與訓練的學員更會有豐盛收穫，但可惜時間不夠，無法完整執行全部設定目標，同時組員彼此間又因協調時間不足，以致對於課程活動內容設計，難免有不足或闕漏之處，但整體而言，半年的課程訓練，仍然學到很多寶貴知識，感謝邱教授辛苦教導，也謝謝同組組員和參與個案家長的努力付出。

九、綜合檢討

（一）限制與待改善部分

1. 限制：因只有一個個案，且上課時間短暫，所以研究結果只限單一個案使用，無法推用至其他個案。

2. 執行上之困難點

(1)課程時間不多，加上中間個案又偶爾有事請假，使得效果無法完整延續。

(2)上課時間不夠，效果無法明顯展現。若要有較明顯進步效果，還需一段時間累積練習。

(3)組員分散各地，彼此間聯繫不易，報告統整及課程內容商討不易。

3. 待改進部分

(1)記錄須更詳實清楚，且要切合教學目標做記錄。

(2)教學內容要緊扣教學目標。

(3)組員間的協調聯繫要再加強。

(4)每次上課都須將所有設定目標一一執行完成。

(5)活動節奏要明快清楚，增強物必須在當下立即給予，才能收到增強效果。

（二）未來方向建議

1. 提升生活技巧能力，加強手部精細能力

個案在日常生活上，較少動手做家事，同時也缺乏練習機會，手指力道不足，遇到有點難度的事如扭乾毛巾等事情，都是家人直接代勞。但是因個案逐漸長大，生活上的自理能力與一些基本生活技巧都是需要的，所以建議可開始讓個案做一些能力範圍內可達成的家事，先提升一些簡單生活技巧能力，同時也加強手指力道與協調性，提升手部精細操作能力（如：協助媽媽用衣夾夾要曬的衣服、收衣服、摺衣服……等）。

2. 提升語言表達溝通能力

建議繼續執行「我要」的主動口語表達能力，之後再延伸句子長度，如讓個案練習「我要玩／我要吃／我要喝／我要筆……」等生活中常用語表達，增加個案溝通與說的機會。

3. 提升人際互動能力

人際互動與溝通，是個案較弱的部分，建議可讓個案多做些需要與人互動輪流的活動（如疊疊樂），來加強個案人際互動能力。

4. 家人教養態度與協調溝通

家人的教養態度與堅持，會影響個案學習狀態與進展。但此部分無法在課堂中執行，需靠主要照顧者的努力及家人間支持協助，才能達成。

附錄 5

遊戲治療對提升自閉症學生專注力成效之研究

林靜文、鍾憶苗、王晴雯、陳春秀、林芝紅
（國立臺灣師範大學特殊教育學系 96 學年度教學碩士班）

壹、緒論（略）

貳、文獻探討（略）

參、研究方法

一、研究對象與教學課程之設計

本研究對象為一名國三畢業即將進入高一就讀之中度自閉症學生，具備生活自理及簡單口語能力，個案的專注力持續時間短，即使是有興趣的項目也僅能持續五分鐘左右，影響個案學習效果。學習過程中為引起老師注意，會有翻桌子或躺在地上之行為，遇學習挫折或拒絕學習時會以吐口水之不適當行為表達，個案喜歡畫畫、堆積木。

研究者透過晤談、社會適應量表與相關書面記錄，對個案進行基本資料的分析、能力的評估，以了解個案之能力現況、學習特性及需求，判斷個案有專注力及社交技巧等方面之教育需求，因此，著手設計相關之訓練：

（一）訓練專注力

1. 撲克牌配對。

2. 拍手動作法。

3. 在哪裡。

4. 打節拍。

5. 打地鼠。

（二）社交技巧訓練：社交禮儀訓練

1. 減少吐口水行為的發生。

2. 正確與人打招呼。

二、實施方法與內容

（一）場地：本系館 220 教室。

（二）教學時間：本案主的訓練時間自 2007 年 7 月 31 日至 2007 年 8 月 23 日止，共七次課程，每次上課 40 分鐘。

（三）教學與觀察記錄：教學與觀察記錄由五位教師輪流擔任，參與本研究之教師為高中或國中之特教教師。

（四）每次上課皆是五個教學單元，每個單元八分鐘，社交技巧訓練則採機會教育，上下課時隨機教導打招呼及正確吐口水方式，教學內容如下：

教學活動	教學目標
撲克牌配對	能自行比對自己手中撲克牌與老師所呈現撲克牌，並進行配對。
拍手動作法	能拍手五下後自動停止。
在哪裡	能找出老師藏在四格抽屜內的積木位置。
打節拍	能在老師示範後，自己用響板打節拍。
打地鼠	能追視並「搥打」從洞中冒出的目標物。
社交禮儀訓練	1. 要吐口水時，能主動找衛生紙並吐在衛生紙裡。 2. 能在上下課時和老師打招呼。 3. 能在接受幫助及獎勵時說謝謝。

三、評量方法

採觀察記錄法，依實際操作結果，計算達成目標的通過比率，當達成率達到 10/10，才可進行下一階段目標（或減少協助程度）。

四、增強方式

個案完成一回合立即給予黏貼一張獎勵卡。每完成一個訓練課程（十回合），立即給予增強，讓個案可以做他喜歡的活動（畫畫），時間兩分鐘。

肆、教學過程與結果

一、撲克牌配對

希望個案能集中注意力，從手中有的撲克牌中找出和老師的手中相同的撲克牌，做正確的配對。在第一次活動設計時，因為要考慮撲克牌花色與數字兩個層面，對個案來說有點困難，所以他在活動過程中不斷地皺眉、停頓。經修正後將變項改為一個，個案的參與及反應即有很大的改善，挫折感減低，專注力及參與感增加，比較能達成設定的目標。

表1 專注力訓練（撲克牌配對）之目標、教學結果及行為觀察

次	日期	目標	通過率	行為觀察
1	7/31	能在三張撲克牌中，找出一張與老師相同花色和同數字之撲克牌。	8/10	過程中會停頓、低頭、皺眉、閉眼，經提醒後能繼續活動。 ＊檢討：降低難度，改成單一變項，同花色或同數字，並調整教學活動順序。
2	8/2	能在三張撲克牌中，找出一張與老師相同花色或同數字之撲克牌。	10/10	過程中偶有停頓、轉頭張望，經提醒後能繼續配對活動。
3	8/3	能在五張撲克牌中，找出一張與老師相同花色或同數字之撲克牌。	6/10	過程中偶有停頓、出現笑容、拍手、轉頭張望，中途三次摺牌，經提醒後能繼續配對活動。
4	8/6	同上	10/10	過程中顯得高興、專注，過程中有兩次幾乎拿錯，但會自行檢查並拿出正確的撲克牌。
5	8/7	能在五張撲克牌中，找出兩張與老師相同花色或同數字之撲克牌。	6/10	1. 過程中仍有分心現象，但老師提示要專心，個案即恢復注意力，專注力有進步。 2. 一開始因旁人發出較多聲音，吸引個案，使個案出現分心現象。
6	8/21	同上	7/10	剛開始會張望、分心，有時會閉眼，但提示下能正確操作，後面四次較專注，其中一次幾乎拿錯，但自己會檢查並拿正確。
7	8/23	同上	10/10	剛開始挖鼻孔，會張望，過程中有兩次望向窗外，有時會閉眼，但經提示要專心即會回神並正確操作。

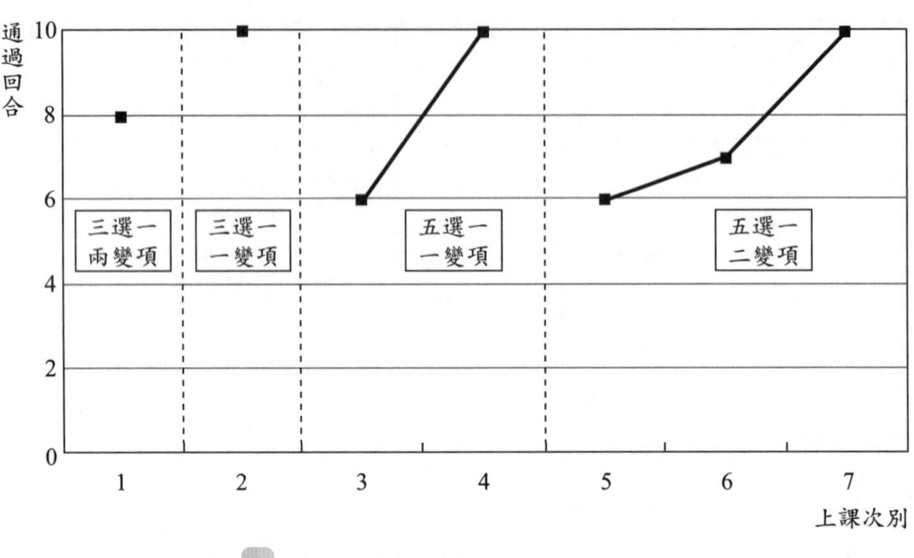

圖 1 「撲克牌配對」的訓練結果

二、拍手動作法

要求個案能聽懂指令並配合拍手動作，從靜止式拍手動作法三下開始訓練，過程中偶爾會因動作不確實或受外在事物干擾分心未能順利通過，經多次提醒、鼓勵下，當老師說：「我們來拍手，拍○下，開始」，聽到開始便會主動伸手拍老師的雙手，並於○下完成後主動停止拍手動作。

表 2　拍手動作法之目標、教學結果及行為觀察

次	日期	目標	通過率	行為觀察
1	7/31	能拍手三下後自動停止	3/10	表情愉悅，過程分心，常東張西望，需經老師口頭協助或肢體協助下，完成三下拍手動作。
2	8/2	能拍手五下後自動停止	0/10	表情愉悅、高興，面帶笑容，過程中分心次數頻繁，聽到鄰組音樂會轉頭看及東張西望，拍手時第一下及第五下會以手指扣住老師的手。
3	8/3	能拍手三下後自動停止	8/10	情緒穩定，受鄰組音樂干擾仍有分心情形，第二回合老師喊開始未有拍手動作，再次提醒後才開始，第十回合拍第二下時，停頓約三秒鐘後再繼續，動作未確實。
4	8/6	同上	10/10	情緒穩定，表情愉悅，聽到老師喊開始後主動將手舉起拍手，並於第五下拍完後主動停止，正確完成十回合拍手動作。
5	8/7	能拍手五下後自動停止	10/10	情緒穩定，表情愉悅，聽到老師喊開始後主動將手舉起拍手，並於第五下拍完後主動停止，正確完成十回合拍手動作。
6	8/21	同上	10/10	情緒穩定，表情愉悅，聽到開始主動將手舉起拍手，第五下拍完會主動停止，正確完成十回合拍手動作。
7	8/23	同上	8/10	想睡覺，精神較差，但情緒表現穩定，偶爾分心望窗外，於第六回合及第九回合當老師喊開始後仍閉眼停頓，經老師提醒後才開始，未能正確完成拍手動作。

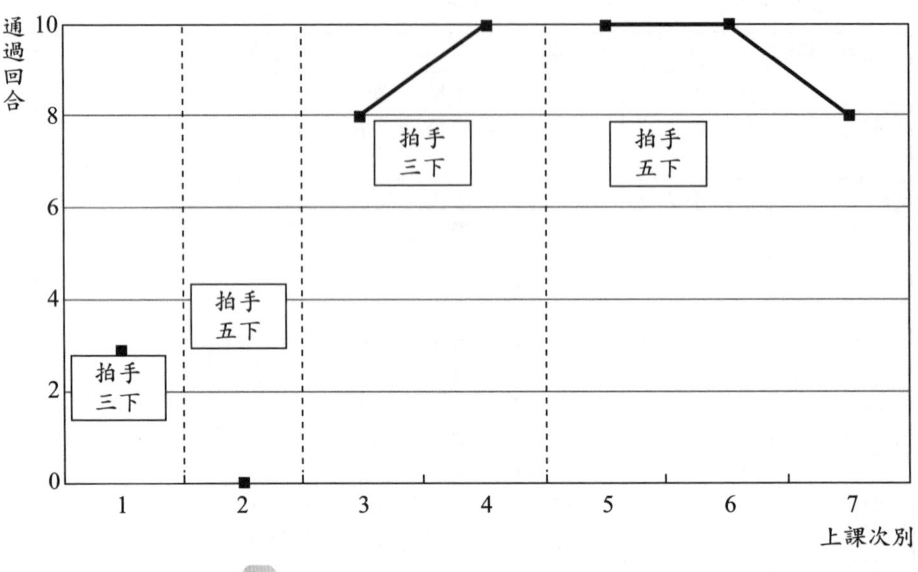

圖 2　「拍手動作法」的訓練結果

三、在哪裡

希望個案能注意老師的動作，並隨後跟著老師指令完成。在第一、二次活動對個案來說太簡單，所以他玩得很愉快。後來積木有兩個之後，對個案來說不是那麼容易，所以他出現一些受挫的反應。

表 3　專注力訓練（在哪裡）之目標、教學結果及行為觀察

次	日期	目標	通過率	行為觀察
1	7/31	在二格抽屜內找老師放進去的積木，並交給老師。	10/10	1. 能吸引個案的注意力，反應快，對此活動表現出喜悅、高興表情，能迅速且正確找出老師放積木的抽屜。 2. 能專注且心情愉悅的完成十次的尋找積木動作。

表3 專注力訓練（在哪裡）之目標、教學結果及行為觀察（續）

次	日期	目標	通過率	行為觀察
2	8/2	在四格抽屜內找老師放進去的積木，並交給老師。	10/10	1. 個案對此活動興致高昂，有些像玩捉迷藏遊戲一般，心情愉快。 2. 能迅速且正確找出放積木的抽屜。
3	8/3	在四格抽屜內找老師放進去的兩個積木，並交給老師。	9/10	1. 過程中個案情緒變化較大，有時表情愉悅，有時閉眼、趴著、停頓，口頭提醒後能合作，且尋找到正確積木時非常高興。 2. 因此次藏匿積木的速度放慢，且藏匿兩個積木，個案在尋找積木過程中會有猶豫及思考過程。
4	8/6	同上	8/10	個案於活動進行中會閉眼，無法正確觀察到老師藏匿之積木位置，所以個案在尋找積木過程中會去猜測，一格抽屜一格抽屜嘗試尋找。
5	8/7	同上	6/10	1. 對於兩行兩列抽屜交叉放置之積木，錯誤率高，同一行或同一列放置之積木正確率高。 2. 受另一組聲音影響而分心，沒注意看老師動作。
6	8/21	同上	10/10	1. 個案能專注完成活動。 2. 進行到第七次時開始有皺眉情形，但仍能配合完成活動。
7	8/23	在四格抽屜內找老師放進去的三個積木，並交給老師。	9/10	1. 一開始因為變成三個積木，所以非常專心看老師藏的位置及順序。 2. 進行至一半時，開始被四周圍環境所影響而分心，需經老師提醒才能專注完成活動。 3. 進行到第七次時開始有皺眉情形，但仍能配合完成活動。

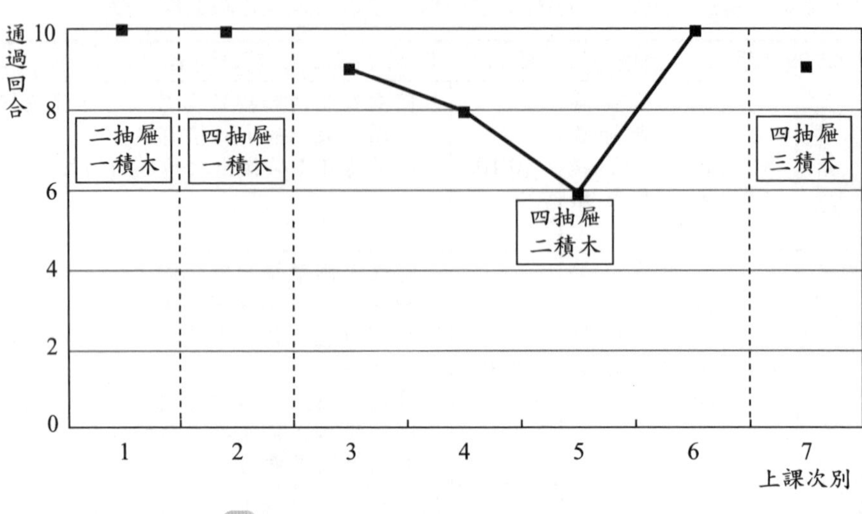

圖 3　「在哪裡」的訓練結果

四、打節拍

由於個案具有唱數及數數能力，但興趣過於狹窄，希望透過打節拍，除了能增加個案專注力持續時間及情緒穩定外，亦希望透過此課程，個案能參與其他種類的休閒活動。

表 4　打節拍活動之目標、教學結果及行為觀察

次	日期	目標	通過率	行為觀察
1	7/31	老師先示範用響板打一個四拍後，個案能獨立完成一個四拍。	10/10	1. 將響板的繩子套入中指的動作不靈活，需老師在一旁協助。 2. 看完老師示範，馬上了解活動方式。
2	8/2	老師先示範兩個四拍後，個案能獨立完成兩個四拍。	0/10	過程中個案表情愉悅，會搶著跟老師一起打，較無法等待，整個過程皆由老師提醒及協助下完成。

表 4 打節拍活動之目標、教學結果及行為觀察（續）

次	日期	目標	通過率	行為觀察
3	8/3	同上	5/10	過程中個案表情愉悅，偶爾分心、停頓或低頭，於口頭提醒後能合作。
4	8/6	老師先示範用響板打一個四拍後，個案能獨立完成一個四拍。	6/10	過程中個案表情愉悅、高興。 ＊因拍手動作法進入五下，在教授提醒下為了一致性以避免混亂，故下次課程打拍子進入五下。
5	8/7	老師先示範用響板打一個五拍後，個案能獨立完成一個五拍。	9/10	過程中個案表情愉悅，偶爾分心，經口頭提醒後能合作。
6	8/21	同上	9/10	過程中個案表情愉悅、高興，偶爾分心看別的地方，但聽到換「個案」時則能專心開始打拍子。
7	8/23	同上	10/10	表情愉悅，打節拍過程常望窗戶外面及看門邊，但十次均能完成五個節拍及動作。

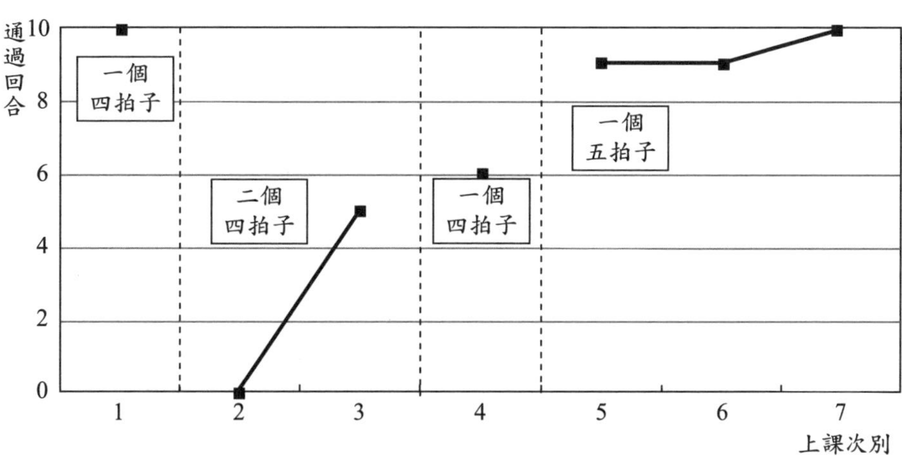

圖 4 「打節拍」的訓練結果

五、打地鼠

在接觸個案家長時，家長對個案的情緒、問題行為感到十分困擾，也表達個案在學校無法參與學習活動，注意力不佳，且會有情緒失控的狀況，故設計較為動態的活動，以引起個案學習興趣，並藉此增加個案專注的時間；訓練過程中，個案打目標物的操作動作逐漸熟練，能聽從指令，不需口語提示，反應時間也加快，注意力表現進步。而個案在參與活動時，對教學者的聲音回饋極有興趣，教學設計者需掌握適當的回饋強度，以免干擾個案學習。

表 5　打地鼠活動之目標、教學結果及行為觀察

次	日期	目標	通過率	行為觀察
1	7/31	在目標物停留五秒內，個案在十次中能打中目標物十個。	10/10	1. 老師說明與示範時很注意看著，顯出很有興趣的樣子。 2. 打中目標物時會有「唉唷」的回饋音效，過程神情愉快，會笑著搥打目標物。 3. 模仿老師的示範動作，第一次示範輕輕打，第二次示範稍用力打。 4. 讓個案站起來再打一遍，可於目標物出現時正確打中目標物。
2	8/2	聽到開始的口令後，能連續打中出現目標物五次，共十回合。	10/10	本次課程為了計算回合，主教者沒有對目標物被打中做「唉唷」的回饋音效，因此個案顯得似乎較不感興趣。
3	8/3	聽到開始的口令後，在目標物冒出來時，個案在八次中能連續打中目標物八個，共十回合。	3/10	1. 中途不耐煩的神情，皺眉，手叉腰，動作停滯。 2. 一開始玩的時候，有抓癢（抓生殖器官）。 3. 個案在打目標物時口裡有口水，但未要求要吐口水。 4. 對打中目標物做出強度弱的聲音回饋。

表 5　打地鼠活動之目標、教學結果及行為觀察（續）

次	日期	目標	通過率	行為觀察
4	8/6	同上	3/10	1. 由協助老師加入較大聲且誇張的音效，結果個案因此過於興奮，兩次想去打音效老師。 2. 由於老師把音效做得太誇張，使個案太興奮，反而分心。 3. 自己數 1、2、3、4、5、6 之後又從頭數 1、2。
5	8/7	聽到開始的口令後，在目標物冒出來時，個案依序在五次中能連續打中目標物五個，共十回合。	7/10	1. 很開心，會笑，扭手，搥自己大腿。過程愉悅。 2. 擊中目標物的聲音回饋強度降低，個案情緒愉悅，未有失控行為發生。
6	8/21	同上	9/10	1. 情緒平穩且比之前幾回合專心，會笑，扭手，過程愉悅。 2. 擊中目標物的聲音回饋強，但回饋聲音以穩定聲調表達，個案在操作過程中亦顯得情緒較穩定。 3. 在操作過程中，個案專心的量與質都有明顯的提升。
7	8/23	同上	5/10	1. 分心很多次，一直有停頓的現象。 2. 擊中目標物的聲音回饋及回饋聲調同上次維持穩定而強，個案在操作過程中亦維持穩定情緒。 3. 因為沒睡午覺，感覺上較易疲倦，頻頻打呵欠。

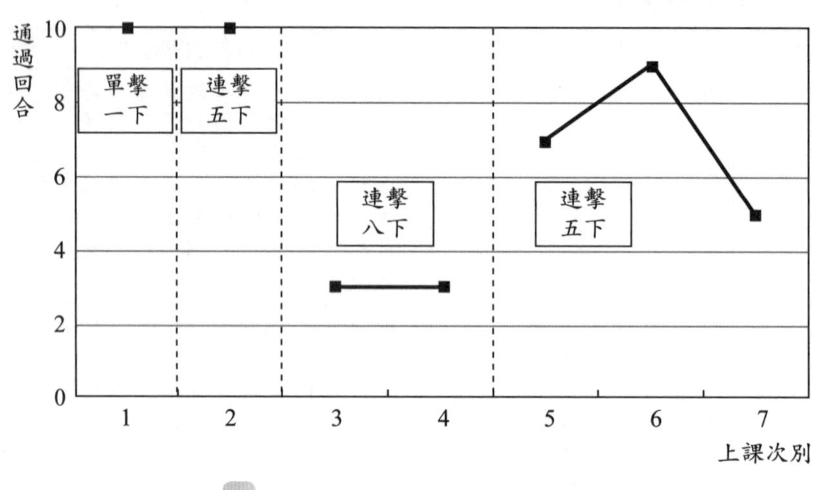

圖5 「打地鼠」的訓練結果

六、社交禮儀訓練

（一）不當行為

1. 個案基本資料中發現，個案於上課期間當未受老師注意、學習受挫或對學習事物沒興趣時，會以吐口水於地上之不當行為，表達拒絕學習或引起注意之方式。
2. 與個案第一次接觸觀察評估過程中，於魏氏評量測試項目時，個案出現停頓、皺眉、閉眼、呼吸聲大、東張西望、扭動身體，並吐口水於地板上以腳底塗抹玩耍。

（二）機會教育內容

1. 透過七次教學課程活動中，教導個案適當之禮儀表達。教學者於第一至五次上課，一開始均會向個案解說關於吐口水的適當做法是：將口水吐於衛生紙並丟在小垃圾盒中，隨時注意其表現，當有吐口水的傾向時，即主動詢問，並觀察其反應。

2. 打招呼訓練：於上課時向老師問好；下課時向老師說再見；接受幫忙或得到獎勵時向老師說「謝謝」等適當的應對技巧。並於每次上課前，由教學者帶領個案敬禮並說「老師好」；下課後，再由教學者帶領個案敬禮並說「謝謝老師」。

表 6　社交禮儀訓練之行為觀察

次	日期	行為觀察
1	7/31	1. 能表達要吐口水，依照老師指示把口水吐在衛生紙中，並摺好丟在小垃圾盒中。 2. 下課時依照老師指示，將小垃圾盒丟入垃圾桶。 3. 老師與個案打招呼、再見，均能正確回應，並做出打招呼的動作。
2	8/2	1. 未有出現要吐口水之情形。 2. 老師與個案打招呼、再見，均能正確回應，但是再見的手勢一開始並不正確（類似甩手的動作），經老師糾正後有更正。 3. 上下課向老師敬禮，個案只會站好，沒有做出敬禮動作，眼神亦未注視老師，需經老師一再提醒。
3	8/3	1. 老師發現個案口中有口水，詢問個案是否要吐口水後，個案表示要吐口水，會主動尋找衛生紙。吐完口水後會將衛生紙置放紙盒中，共發生兩次。 2. 課程結束時，在提醒後將衛生紙垃圾丟入垃圾桶。 3. 老師與個案打招呼、再見，眼神未注視老師，需經老師多次提示後個案才回應。
4	8/6	1. 能主動表達要吐口水，並且會吐在衛生紙裡包好，然後丟在垃圾盒中。 2. 下課後，經老師提示會把垃圾盒丟入垃圾桶。 3. 上下課敬禮時能注視老師，而且注視時間拉長，另外今天敬禮時未經提示主動說「老師好」。 4. 老師與個案打招呼，會適當回應並招手，但是眼神仍會飄移。
5	8/7	1. 喉嚨發出聲響，經詢問是否要吐口水，個案表示同意，能主動將口水吐在衛生紙中，並將衛生紙丟在紙盒中。 2. 活動結束後，經提醒能將紙盒丟入垃圾桶中。 3. 老師與個案打招呼、再見，能在提示下向老師問好，經提醒眼神會注視老師，但在下課時說「謝謝老師」時，一邊敬禮一邊說1、2、3，再次示範後才完成說「謝謝」。

表 6　社交禮儀訓練之行為觀察（續）

次	日期	行為觀察
6	8/21	1. 觀察個案口中有口水，詢問下表示要吐口水，能主動拿衛生紙將口水包於衛生紙內，並放入垃圾盒中。 2. 下課後，經老師提示會把垃圾盒丟入垃圾桶。* 3. 上下課敬禮時眼神能注視老師，提示下能說：「老師好」、「謝謝老師」。
7	8/23	1. 今日未發生吐口水現象。 2. 上下課敬禮時，眼神能注視老師，提示下能說：「老師好」、「謝謝老師」。 3. 獲得獎勵品，在提示下能說「謝謝老師」。

*個案每次課程結束後，都無法在未經提示的狀態下自行處理其垃圾。

伍、討論

一、撲克牌配對

第一次遊戲中因變項有花色及數字兩項需要考慮，對個案較困難，導致在活動中不斷呈現閉眼、皺眉、停頓等行為。後經修正為一個變項，花色相同或點數相同之後，個案的配合度明顯提高，專注力有明顯提升，且能自行檢視是否正確而做修正，每通過一階段進入下一階段，個案的專注力都能隨之提升。由結果顯示，變項太複雜將不利於學習，修正簡化後學習即可改善，符合學者研究所指出簡化步驟可提高專注力的結論。其次從圖 1 觀察發現，每當活動進入下一階段，個案會因為不熟悉操作要求，使得通過率降低，但熟悉活動內容之後則有進步，顯示對新的課程活動，個案需要一段熟悉適應期。

二、拍手動作法

從圖 2 顯示，第一次教學活動通過率 3/10，但由於教學者缺乏經驗，以為個案雖有搶拍或沒有停住的現象，但均有拍三下，即算通過，而晉升至五下十回合。後經與指導教授討論，了解第一次教學活動中，個案未完全依教學者指令完成三下拍手動作，不應視為通過，仍應持續三下之拍手動作至個案完全依指令執行三下拍手動作後，再晉升至五下拍手動作。所以第三次上課回復至三下拍手動作之訓練，確定個案能依指令穩定地拍三下之後，於第五次上課才晉升至五下十回合。個案逐漸能表現動作確實，未有分心現象，專注力明顯進步。

本單元拍手動作法訓練，從七次教學過程中發現，個案前三次上課狀況表現不穩定，動作不確實，且容易受外界環境干擾而分心，至第四次上課，個案拍手動作確實且能遵從教學者指令開始及停止，上課分心情形亦明顯減少，並持續到第五、六次。第七次上課時，個案則因生理因素，精神狀況較差而退步。整體而言，七次課程中個案從需提醒注意老師動作及開始、停止，至個案能聽到老師喊開始及老師手放下自動停止，可明顯看出每一階段拍手次數須於個案正確達成並熟悉後再晉升至下一階段。動作法訓練有助於個案專注力的提升。

三、在哪裡

從圖 3 可知，專注力訓練（在哪裡）的第一、二次訓練，以找抽屜裡的積木為教具，個案的表現比預期的還好，出現 10/10 的高通過率。從第三次教學開始，積木增加為兩個，對個案來說不是那麼容易，所以他出現一些受挫的反應，例如閉眼、趴著、停頓，因此更加不易專心。據教學者觀察，個案遇到較困難的題目容易被旁邊聲音吸引，而不專注於眼前的活動，也由於教學者沒有給予適度的增強與糾正，因此在第四、五次時表現更差。然而，經判斷找兩個積木對個案來說應該具有足夠能力完成，因此教學者於第六、七次的教學活動開始時有特別提醒個案，使個案持續注意教學者動作，因此能提高通過率。

四、打節拍

圖 4 的結果顯示個案第一次表現良好，可能是第一次接觸個案顯得興奮、好奇、專注，故表現不錯。第二次通過率 0，乃因增加節拍次數，加上個案未聽完口令便急於做動作，故表現不理想。第三次稍有進步，通過率為 50%，但仍不盡理想，可能因為目標由一個四拍改為兩個四拍，個案尚未理解老師的溝通方式。由於教授建議放慢教學步調，故在第四次回到一個四拍，個案達成率提升為 60%。為使個案在各類活動能進行類化，故在第五次教學時配合拍手動作法的步調，調整節拍次數（從五下開始）且個案已開始熟悉老師的溝通方式，便顯現出個案持續進步。

五、打地鼠

由圖 5 顯示個案對打地鼠活動十分感興趣，在第一、二次的教學中，個案都能通過標準。第三、四次通過率皆較低的原因，乃是通過標準提高到在八次中能連續打中目標物八個，共十回合。對個案而言，唱數部分對個案形成壓力，在數算敲打的次數時，個案在數到 6 時會有從 1 開始數的現象，也就是沒有數到 8。從第五次開始，打目標物的通過標準回復到連續打中目標物五個，共十回合，且所有活動皆調成相同的次數，之後的教學表現明顯進步。第七次因學生精神疲累，且分心注意外面天候狀況，表現退步，但整體而言在上課專注力的質與量上皆有所提升，並能完成指定的教學活動。在活動過程中，操弄打中目標物之不同聲音回饋強度，發現個案對聲音回饋的強度過高且聲調過於興奮時，反而會有影響其專注力的現象。故在活動設計時需留意此變項之控制，建議聲音回饋強，但聲調保持穩定，將有助於個案情緒控制。

六、社交禮儀訓練

個案於七次課程中，當嘴巴內有口水時，大多會主動表達要吐口水，其中有三次是老師觀察個案口中有口水，詢問下才表示要吐口水，每次均能主動拿衛生紙（衛生紙已事先準備在教室內）將口水吐於衛生紙中包起來，於下課時經老師提醒，會將垃圾丟於垃圾桶內。個案經老師於上課前、課程中隨機教導吐口水應吐在衛生紙中包起來，未再出現將口水吐在地上之現象。

經過教學者教導之後，並能於口頭提示下，在上課前後與老師有適當應對，能說「老師好、謝謝老師、再見」等。

藉由課程中對禮儀的機會教育，個案未再於課程中出現不適當之行為，顯示對自閉症之學生給予明確指令之教導是很重要的。因此，在課程進行中除教學單元外，尚可隨機依實際狀況加入禮儀訓練，將可改善許多不適當之行為產生。

1. **吐口水：**教學者於第一至第五次上課，一開始均會向個案解說關於吐口水，告知個案須將口水吐於衛生紙並丟在小垃圾盒中。由表 6 可知，個案如果想吐口水，會依照教學者指示去做，大大改善之前他會隨意亂吐的習慣。
2. **打招呼：**每次上課前，教學者會帶領個案敬禮並說「老師好」；下課後，教學者會帶領個案敬禮並說「謝謝老師」。由表 6 可知七次教學活動中，每次都需要教學者的口頭提示協助，方能正確完成。

七、綜合討論

1. 由七次課程活動中，起初因各單元活動目標不同，個案需接受不同指令，容易產生混淆，因此調整各單元間之連結，修正教學目標之一致性，從教學活動記錄中發現個案課程參與度及專注力明顯提升。
2. 由學生基本資料及國中教師記錄中發現，個案在校時會出現賴在地上、推桌子等嚴重問題行為，但在七次教學活動中，個案均未曾出現嚴重問題行為，可能因為採取一對一教學方式，且個案受關注之需求獲得滿足。

陸、結論與建議

一、結論

由以上研究可知：

1. 在拍手動作法訓練時個案常呈現愉快表情，且聽老師數到 5 會自動停下來，因此可知拍手動作法有助於穩定學生的情緒、提升學習的專注力及自我控制能力，並能增進人際互動的意願。
2. 依據個案喜愛的事物（如畫圖）給予增強，能有效增強個案對教學活動的反應，提升其學習動機。
3. 五個單元活動進行完畢後發現，個案每個單元活動都有持續進步，且逐漸在整堂課 40 分鐘裡，不再有過去不當的問題（如賴在地上、隨地吐口水、任意走動等）行為發生。
4. 社交禮儀訓練可配合上課情境，使個案在實際情境中練習，增進人際互動技巧。

二、建議

（一）教學內容方面

由拍手動作法訓練過程中，可發現個案專注力明顯進步，因此建議未來教學者可繼續以拍手動作法加強自我控制能力及延長專注力。

（二）教學方法方面

1. 禮儀訓練建議運用在現實環境中實施，使學生所學之時不必再經過推論或類化。
2. 教學活動的進行藉由遊戲的方式可提升學生的學習動機，建議教學者增加遊戲活動的趣味性，提升學生對學習的興趣，增加學生參與度，同時也可減少因為無聊所引發的情緒反應或問題行為。

（三）行為處理方面

1. 表現良好行為時應給予增強，建議教學者運用增強方式使個案良好行為能繼續保持。
2. 個案問題行為時的產生主要因未給予關注，建議在課堂上給予適度關注，並提供個案有興趣之教學活動。

（四）研究方法方面

本研究為個案研究，且自閉症兒童的個別差異大，訓練結果是否可推論應用到其他各類學生，仍有待進一步驗證。

柒、參考書目（略）

附錄 6

透過專注力及社交技巧訓練改善不守教室規則自閉症學生的行為效果研究

潘人豪、張譯文、黃科翰
（國立臺灣師範大學特殊教育學系三年級）

壹、緒論（略）
貳、文獻探討（略）
參、研究方法

一、研究對象與教學課程之設計

（一）專注力訓練

1. 實用數學。
2. 語言溝通。

（二）社交技巧

1. 休閒教育。
2. 語言溝通。

二、實施方法與內容

（一）場地：本系館 220 教室。

（二）教學時間：本案主的訓練時間自 2007 年 11 月 2 日至 2008 年 1 月 4 日止，共八次課程，每次上課 40 分鐘。

（三）教學與觀察記錄：教學與觀察記錄由三位教師輪流擔任。

（四）每次上課皆是三個教學單元，每個單元 20 分鐘，專注力訓練則融入課程裡，藉由課程活動與增強物的吸引，增加注意力的時間，教學內容如下：

教學活動	教學目標
實用數學	能計算硬幣的價值及數量。
休閒教育	能了解猜拳的規則及輸贏後，並藉此與人互動。
語言溝通	能說出五至七個字長度的語句。

三、評量方法

採觀察記錄法，依實際操作結果，計算達成目標的通過比率，當達成率達到 10/10，才可進行下一階段目標（或減少協助程度）。

四、增強方式

個案完成一回合立即給予原級增強物，每個禮拜皆有不同增強物來吸引個案興趣。每完成一個訓練課程（十回合），立即給予增強。

肆、教學過程與結果

一、實用數學

原本希望透過金錢概念的教學，讓個案學會購物的技能。後來卻發現，個案在金錢價值的計算能力上，還未發展到能進行購物的能力。因此降低教學目標，讓教學目標從會使用金錢購物變成能計算硬幣堆的價值。

首先，先要求個案計算一元硬幣堆中的個數來告訴老師，這堆硬幣裡面有多少錢。後來當硬幣堆出現五元時，個案仍把五元當作一元數。再進一步評量個案，發現個案在幣值的轉換上，也未達我們預期的起始能力。因此，又多設定另外一個教學目標：能做一元與五元、一元與十元硬幣之間幣值的轉換。

未進行教學之前，個案沒有前備能力，因此沒有通過任何一次。待後來設定目標進行教學後，個案就能在口語提示的協助之下，老師拿一枚五元硬幣，個案就會從硬幣堆中拿出五個一元跟老師交換。

表1 實用數學之目標、教學結果及行為觀察

次	日期	目標	通過率	行為觀察
1	11/2	能指認一元、五元、十元三種硬幣。	8/10	兩次未通過，都是因為不專心而沒有反應，而不是真的因為不理解而無法通過。
2	11/9	能利用一元硬幣從一元數到十元。	7/10	過程中有不專心的表現，但是經過口語提示之後就能繼續數數，但是拉回注意力之後都會從1開始數，因此就沒達到目標。
3	11/16	1. 能利用一元硬幣從一元數到十元。 2. 數到五元時，能在老師用口語提示後，拿五個一元跟老師換一個五元。	9/10 0/5	1. 個案因分心而有一次算錯，比上次的表現有進步。 2. 個案不會一元與五元之間的轉換，下次先教學之後再進行評量個案。
4	12/7	能將一元與五元硬幣做同價值的轉換。	6/10	雖然針對目標進行教學，但是在五元與一元之間的轉換能力還是無法達到理想的通過率。會有50%以上的通過率是因為經過老師部分身體協助下，才能達到此通過標準。

表 1　實用數學之目標、教學結果及行為觀察（續）

次	日期	目標	通過率	行為觀察
5	12/14	能利用一元硬幣，從一元數到十五元。	6/10	1. 個案第一次數到一半就面露難色，算到七元之後，就開始不專心而撫摸自己的生殖器，而無法算完所有的硬幣，後面連續三次都只數到一半就放棄不算了。 2. 後來帶個案去上廁所之後，個案就明顯較上廁所之前專心，接下來七次的表現均通過預設的標準。只有一次因不專心而沒通過。
6	12/21	1. 能利用一元硬幣，從一元數到十五元。 2. 能將一元與十元硬幣做同價值的轉換。	8/10 4/10	1. 一開始個案不專心的數，所以都數到一半就放棄了。拉回他的注意力之後也是從頭開始數。 2. 給予提示後個案也無法達到預定的標準，可見個案對於該目標尚未精熟，待下次教學後再進行評量。
7	12/28	1. 能利用一元硬幣，從一元數到二十元。 2. 能將一元與十元硬幣做同價值的轉換。	7/10 6/10	1. 個案此次上課，受到同樣在教室內上課的另外一組個案影響甚大。數硬幣數到一半，甚至會跟著隔壁組放的音樂做律動。造成個案在一元數到二十元的部分有三次未通過。 2. 此次一元與十元硬幣之間的轉換能力，在經過教學之後，個案的表現有明顯的進步。只給予口語提示就能比上次給予部分身體協助的表現還要好。
8	1/4	1. 能利用一元硬幣，從一元數到二十元。 2. 能將一元與十元硬幣做同價值的轉換。	9/10 9/10	這一次個案上課，與前面幾次比較起來就較為專心。後來發現個案該日未去學校上課，因此體力以及精神都較前幾次上課時佳，也就較少發生不專心的狀況。由此可見，注意力對於受試學習表現以及效率有很大的影響。

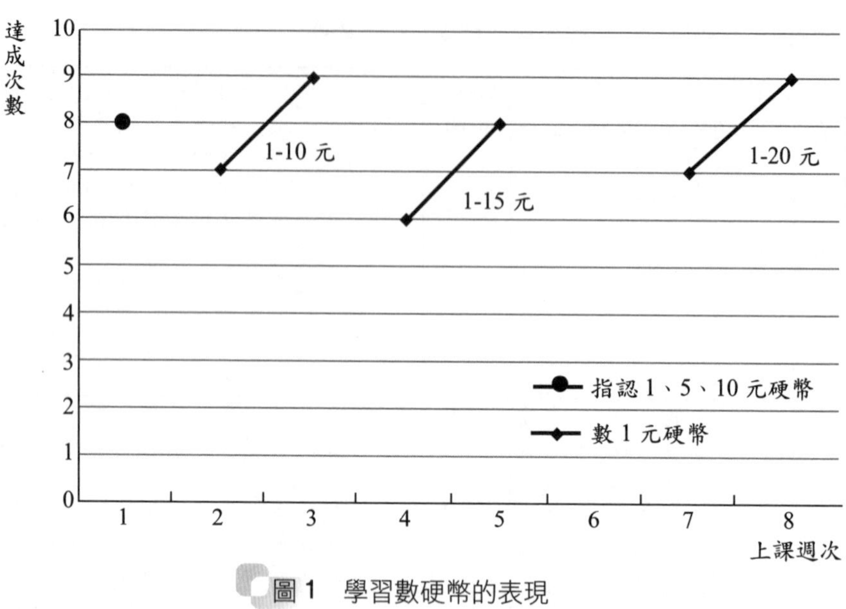

圖 1　學習數硬幣的表現

【分析】

第四週上課的表現，因為受到隔壁組員播放音樂的影響而分心，使得表現不如預期的好，因此在教學成效以及表現上均不如之前數一到十元。第五週的表現受到第四週沒有專心學習的影響而導致結果均比前後兩項目標還要差。

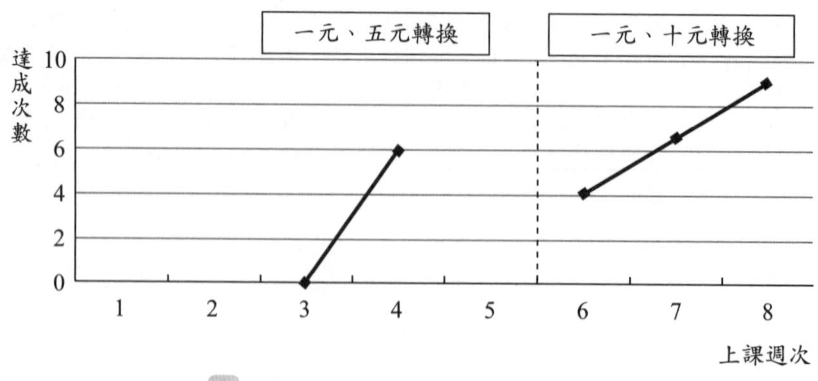

圖 2　硬幣價值轉換表現圖

二、休閒教育

先從猜拳手勢開始，讓個案了解三種拳式的手勢並搭配輸贏關係動作，如布包石頭、剪刀剪布、石頭卡剪刀，從一種拳式密集獲得增強到逐漸增加為三種拳式，讓個案在大量增強與練習下熟悉規則。連續三週的單一拳式密集增強及三種拳式皆反覆練習後，教學者開始隨機變換不同拳式，讓個案逐漸從得到增強物與無法得到增強物中了解輸贏規則，待熟悉規則後進而能與他人猜拳，展開遊戲及與人互動。

表2 休閒教育之目標、教學結果及行為觀察

次	日期	目標	出現率	行為觀察
1	11/2	會平均使用三種拳式	刀：16 石：7 布：29 變拳：9/48	常常出拳之後會變拳模仿與老師一樣的拳式，所以須靠頻繁的增強物增強或老師大量協助，才能使出與老師不同的拳式，而且使出的拳式大多數以布為主。
2	11/9	1. 會平均使用三種拳式 2. 贏拳會做出動作	刀：12 石：6 布：22 變拳：4/40	個案模仿老師拳式的次數逐漸減少，需要老師的協助也減少，且開始會出完後又變拳來贏得增強物，並會做出贏拳的動作，如布包石頭、剪刀剪布等，只是在石頭的拳式出現次數不多，僅有三次，無法平均使用三種拳式。另外，個案大部分在猜拳前會將想出的拳式先表現出來。
3	11/16	1. 會平均使用三種拳式 2. 贏拳會做出動作	刀：25 石：18 布：14 變拳：10/47	個案在三種拳式的使用上，一開始連續十次出現剪刀，接著由老師協助出石頭來贏剪刀後，也連續出十幾次石頭，但在後來會先擺好剪刀的手勢，待老師出石頭後變成布以贏得代幣，變拳的次數逐漸增加中， 但三種拳式的出現機率較平均。

表2　休閒教育之目標、教學結果及行為觀察（續）

次	日期	目標	出現率	行為觀察
4	12/7	1. 會平均使用三種拳式 2. 贏拳會做出動作 3. 能從遊戲與人互動	刀：10 石：7 布：13 變拳：9/23	此次猜拳搭配拼圖遊戲，贏的人可以拼一塊拼圖，利用猜拳開啟個案與人互動的方式。此次個案已不需要老師的協助，便能平均使用三種拳式，贏拳時會出現高興的表情，但輸拳時出現變拳的次數增加或直接將手縮回。
5	12/14	1. 會平均使用三種拳式 2. 能減少變拳次數 3. 能從遊戲與人互動	刀：15 石：10 布：16 變拳：12/29	此次利用猜拳贏的人踩巧拼，踩完五格巧拼以得到增強物，加了更動態的遊戲。個案對於此遊戲也很樂於參與，到終點得到增強物會很高興，但若與主教者的巧拼距離太遠，則會表現出不想玩的態度，能感受到輸贏的利益與差異。
6	12/21	1. 會平均使用三種拳式 2. 能減少變拳次數 3. 能從遊戲與人互動	刀：18 石：10 布：15 變拳：17/30	此次猜拳搭配保齡球遊戲，贏拳便可玩一次，個案多以剪刀等待出拳時機，一旦老師出石頭時，馬上變成布來贏拳，變拳的次數越來越頻繁。但老師若出剪刀個案則會出布，偶爾會模仿老師出剪刀，可能對於剪刀手勢或輸贏規則仍未熟悉。
7	12/28	1. 會平均使用三種拳式 2. 能減少變拳次數 3. 能從遊戲與人互動	刀：18 石：16 布：1 變拳：8/29	這次猜拳是搭配撲克牌配對遊戲，個案也能正確找出可配對的牌。這次當老師出布時，會慢出成剪刀來贏拳，對剪刀的使用率增加及流暢，使得個案出布的次數大幅降低，拳式變化也較多樣，不會多次都出現相同拳式。為了減少個案猜拳後變拳的時間，即使變拳也無法贏得此局需重來，使其減少變拳數。

表 2　休閒教育之目標、教學結果及行為觀察（續）

次	日期	目標	出現率	行為觀察
8	1/4	1. 能減少變拳次數 2. 能與教學者以外的人猜拳 3. 能從遊戲與人互動	刀：10 石：39 布：6 變拳：8/49	這次利用打地鼠遊戲來搭配猜拳，由於個案生病，因此一開始對此遊戲反應不大，後來逐漸樂於其中，前期個案多以出石頭進行遊戲，後期開始樂於參與遊戲後，逐漸會使用其他拳式或變拳以贏得遊戲棒打地鼠。最後改與第三者猜拳時也能表現自如，但在三人一起猜拳時，便無法清楚了解三者猜拳關係及輸贏，反應不大且全以石頭來進行猜拳。

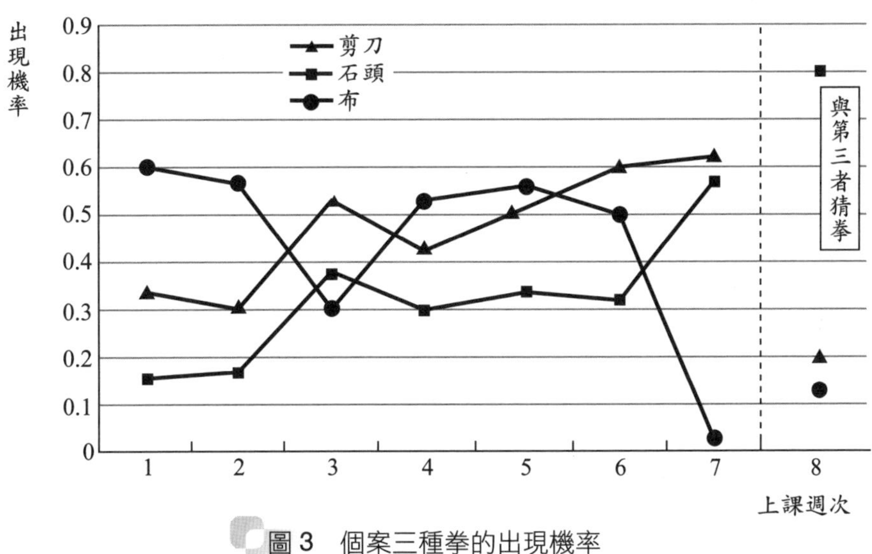

圖 3　個案三種拳的出現機率

【分析】

設計圖 3 是為了從個案使用三種拳式的機率是否平均，以了解其對三種拳式的熟悉度與使用的流暢度。第一、二週剛開始進行教學時，為了讓個案做出贏拳動作來增強對贏拳的意義，首先著重於最簡單的布式練習，剪刀及石頭則大多仍需要模仿老師或助教協助而表現出來，因此個案「布」的出現率明顯高於另外兩種。第三週後，逐漸熟悉三種拳式技巧及規則，因此前兩週教學者拳式變化固定，以便讓個案能穩定習得技巧與規則，接著後兩週教學者開始隨機變化拳式，然而在圖 3 數線圖中看到個案仍能夠平均變換此三種拳式，個案在猜拳習得上已漸漸達到當初期望的目的。第七週拳式出現不平均分布，在剪刀及石頭的出現率仍很相近，但布出現的機率大大下降，其原因是教學者在猜拳過程中多次出布使個案贏得增強物，以至於減少個案出布的動機而影響其出現率。最後一週也出現不平均分布，是由於一開始個案因為身體不適，遊戲動機不強，多出石頭來進行遊戲；後來動機逐漸增強後，其拳式變化也開始增加，但後來又多了兩種不同方式，即與不同人和第三者加入等方式繼續進行猜拳，因為個案不熟悉其情境流程，導致也多以石頭來面對此情境，大幅增加石頭出現機率。

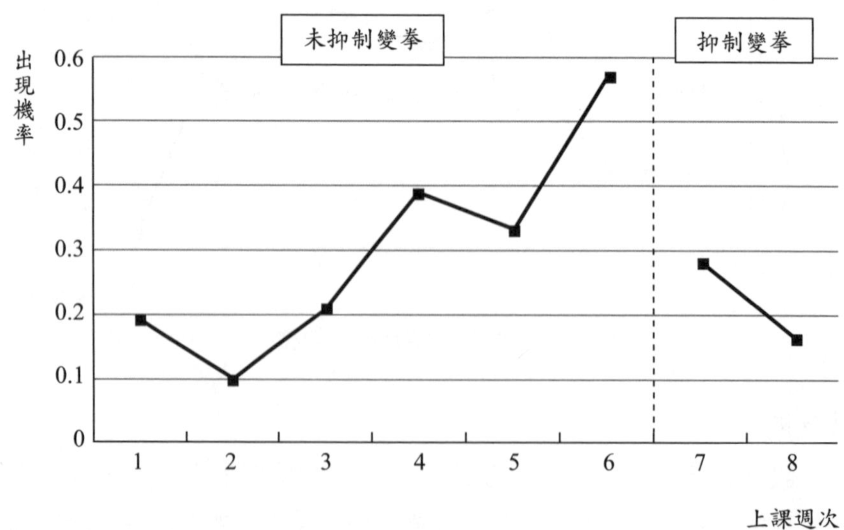

圖 4　變拳機率圖

【分析】

採用變拳機率圖（圖 4）的原因是因為從個案開始會變化拳式，在猜完拳後又變換成贏的拳式來獲得增強物可以得知，他能從是否可得到增強物漸漸了解輸贏的利益關係及規則，因此對於是否達到了解猜拳規則的教學目標，則可以從此圖觀察。第一週，個案還在學習三種不同的拳式，因此這時的變拳機率大多是因為猜完拳後又模仿老師而變拳；第二週，開始熟悉三種拳式後，模仿老師的次數減少，猜完又變拳的機率也相對減少；第三週，個案已漸漸知道如何猜拳能獲得增強物後，猜完拳又變拳的機率則逐漸增加中，一直到第六週，機率越來越高，甚至高達一半，可見此時個案已能掌握規則並流暢地變化拳式。到了第七週後，為了讓個案遵守一般人出完拳不能變拳的規定，教學者縮短猜完拳後的時間，在每次出完拳後即快速給予贏者增強物或進行遊戲，使個案來不及變拳，因此機率馬上下降；第八週，除了一樣縮短猜完拳的時間外，個案身體不適，及變換不同人與加入第三者等三項因素，皆可能影響其變拳機率。

三、語言溝通

個案說話語句短，有時只說一個單詞來表示自己的需求，因而決定先以簡單的句子結構教起，再依個案學習情況拉長句子的長度及提高結構的複雜性。因考慮個案識字量較少，因此先以圖卡作為視覺提示，之後再於圖卡下附上文字，讓個案能將圖卡內容與文字做結合，最後再改以字卡取代圖卡作為視覺提示。

而家長也曾表示希望能增加一點個案的認字量，因此在使用字卡做句子結構練習時，同時會教導個案認幾個單詞，如「籃球」、「棒球」、「老師」等。

表 3　語言溝通之目標、教學結果及行為觀察

次	日期	目標	通過率	行為觀察
1	11/2	能看圖卡說出「動詞＋受詞」的句子，如「打籃球」。	6/10	經老師介紹過所有圖卡後，隨機挑出圖卡讓個案指認，說出「動詞＋受詞」，但有時會因為注意力未集中而需要教學者重述二至三次題目。其中「吃薯條」的圖卡無法說出目標句子，推測應為圖卡中吃薯條的動作不夠明顯，下週將以其他圖卡替代之。
2	11/9	1. 能看圖卡說出「動詞＋受詞」的句子。 2. 能看圖卡說出「主詞＋動詞＋受詞」的句子，如「科翰老師在打籃球」。	7/10 5/10	1. 將「吃薯條」的圖卡改為「放風箏」圖卡，但第一次挑出該圖卡讓個案指認時，個案仍無法說出目標句子，經教學者口語提示後，再做第二次嘗試時，才順利說出目標句子。 2. 加入三位老師的照片作為主詞的圖卡，個案於指認「科翰老師」與「小胖老師」時會搞混（三次），需教學者提示第一個字才能正確答出照片中的人物。 3. 個案表情怪異，教學者問個案是否要上廁所，個案回答：「要」。
3	11/16	1. 能看圖卡說出「動詞＋受詞」的句子。 2. 能看圖卡說出「主詞＋動詞＋受詞」的句子。	10/10 6/10	1. 個案於看圖卡說出「動詞＋受詞」的部分已經相當熟練。 2. 一次錯誤為個案看照片無法說出主詞名稱，另一次錯誤為個案看「科翰老師」的照片說「小胖老師」，但此混淆情形已較上週減少。其他錯誤為個案未專心注意題目，需老師提示後才開始作答。
4	12/7	1. 能看圖卡說出「主詞＋動詞＋受詞」的句子。 2. 能看圖卡說出「主詞＋地點＋動詞＋受詞」的句子，如「科翰老師在籃球場打籃球」。	8/10 2/10	1. 個案未發生混淆「科翰老師」與「小胖老師」的情形，但於老師問問題時，個案有兩次未專心注意，把頭轉向看旁邊，等教學者提示第一個字時，個案才開始回答。 2. 加入地點的圖卡，經老師介紹過一次後，個案於回答問題時無法指認「操場」的圖卡，而「棒球場」及「籃球場」的圖卡會混淆，惟「圖書館」的圖卡能正確指認。

表3 語言溝通之目標、教學結果及行為觀察（續）

次	日期	目標	通過率	行為觀察
5	12/14	能看圖卡說出「主詞＋地點＋動詞＋受詞」的句子。	5/10	個案對於「籃球場」及「棒球場」仍會搞混，對於「操場」的指認三題中錯兩題。
6	12/21	1. 能看圖卡說出「主詞＋地點＋動詞＋受詞」的句子。 2. 能看圖卡說出「主詞1和主詞2＋地點＋動詞＋受詞」的句子，如「小胖老師和科翰老師在籃球場打籃球」。	8/10 6/10	1. 經練習已可區分籃球場及棒球場的圖卡，於說出「操場」的題目錯了一題，另一錯誤為個案說主詞與地點間少加了「在」。 2. 將主詞改為兩個人，除了上述會出現的錯誤外，個案有三題未在兩個主詞中間加連接詞。 ＊個案於本週主動說自己要上廁所。
7	12/28	1. 能看圖卡說出「主詞1和主詞2＋地點＋動詞＋受詞」的句子。 2. 能看字卡說出「主詞＋地點＋動詞＋受詞」的句子。	9/10 6/10	1. 個案有一題分心轉頭看旁邊，直到教學者拉著個案用手指頭指著圖卡，並唸出句子第一個字，個案才開始跟著唸。 2. 個案本週感冒，也許因身體不舒服，因此有三題題目皆是經教學者拉著個案手指並唸出句子第一個字後，個案才開始說出句子。
8	1/4	能看字卡說出「主詞＋地點＋動詞＋受詞」的句子。	9/10	個案表現良好，分心情形少，一次錯誤為將主詞「小胖老師」說成「科翰老師」。

註：於第三週開始，圖卡下皆附有文字，如打籃球的圖卡下會寫上「打籃球」。

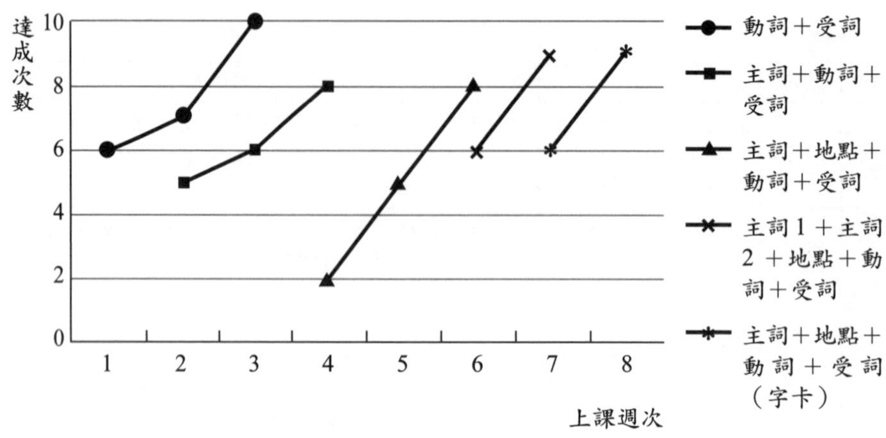

圖 5　語言學習結果變化圖

由圖 5 可見個案進步之情形，可知個案於此方面之學習能力強，尚有許多發展潛能。

伍、結論與建議

一、結論

（一）實用數學

一開始由於對個案不了解，因此忽略了估計個案起始能力。發現個案能指認一元、五元以及十元三種硬幣，就要求個案數數一元硬幣並告訴老師價值。發現個案數數的能力不像之前描述的只能從 1 到 10 而已，可以在專心注意的情形下，從 1 數到 30。因此後來除了數數之外，增加了幣值轉換的教學目標。幣值的轉換對個案來說較為困難，但是在進行教學之後，配合老師的協助以及排除注意力不佳的因素，個案的表現都能符合當初預期設定的標準。

（二）休閒教育

從第一次個案觀察時，發現個案對於猜拳的手勢及規則完全陌生，無法正確表現，因此藉由八週上課時間來讓個案學會猜拳。經過這八週後，個案從不會猜拳到會一直固定拳式猜拳，最後能不固定拳式猜拳，流暢地與教學者進行猜拳活動；除此之外，個案也可以在贏拳時做出贏拳的動作，表示對規則的了解。但此八週教學結束仍有需檢討的部分：第一，教學方式不夠結構化，因為教學者沒有詳細計畫三種拳式出現的次數，導致個案本身對三種拳式的練習無法平均，影響數據的統計與解釋。第二，個案猜拳方式不夠自然，一般而言，猜完拳後不會做出布包石頭等表示贏拳的動作，但此次教學在八週結束前仍未完全移除個案此行為，可能致使個案往後在猜拳時與別人有肢體上接觸，帶給他人不好的感覺。第三，變拳方式未完全移除，正確的猜拳規則，是不允許猜完拳後又更改其拳式，因此雖然逐步在減少個案其變拳機會，但仍未減低至無，以至於未來與人猜拳時被歸咎於犯規。

（三）語言溝通

教學先從圖卡作為視覺提示開始，首先讓個案認識各圖卡所代表的意義，之後再以排列圖卡的方式讓個案學習句子結構，此部分總共分為四階段，每提升一階段即拉長句子長度與結構複雜度。整體來看個案表現良好，惟「主詞＋地點＋動詞＋受詞」此一階段使用較多時間，主要因為個案對於地點圖卡的指認有困難。由圖卡漸進改為字卡的過程中，發現個案對於「棒球場」、「籃球場」的區分有困難，可能因為兩字卡內容相近，只相差一個字，但經教學後個案已能順利區分。

二、建議

（一）教學內容方面

1. 實用數學

未能將錢幣做適當的包裝，也沒有直接對個案說明錢的功用。在八次的訓練當中，只是一直重複的在計算硬幣的價值，略嫌單調無趣。導致後面幾次個案分心的狀況，因受到隔壁小組的影響，較無法集中注意力。

2. 休閒教育

猜拳的教學只是與人互動的開端而已，至於休閒娛樂的培養及與人互動仍須靠環境的支持，再加上個案已進入高職階段，是青少年轉型成人的重要關卡，因此對於休閒娛樂的培養不只在於靜態活動，動態休閒活動更能有效提升社交技能，培養其職業技巧發展，對於時間的掌握也較不流於空洞貧乏，也能達其身心理的滿足，使情緒表現較為穩定。因此對於休閒教育方面能夠再多著重於提供活動的多樣性選擇與培養，而不只是猜拳的技能上。

3. 語言溝通

以圖卡教個案句子結構時，圖卡的種類可再更加多元，如增加不同人物的照片（主詞）或是增加與動詞相關的圖卡。字卡方面則是以一句完整的句子呈現，可嘗試使用如圖卡的模式，將主詞、連接詞、地點、動詞等分製作不同的字卡，可增加句子內容的多元性。

（二）教學方法方面

1. 實用數學

文獻提到的直接教學法、系統化教學法對於個案的教學來說，相當有效果。特別是系統化教學法，先將學習目標利用工作分析法切割成較小的階段目標，所以當個案在某一階段無法通過我們預設的目標時，我們會很清楚的知道，個案在哪部分的能力不足，而導致在此階段的表現通過率會降低。然後再針對個案的弱勢能力予以指導和加強。

2. 休閒教育

剛開始大量且頻繁地增強同一種拳式，並搭配布包石頭等動作，可使個案更熟悉規則，但每個禮拜沒有固定每種拳式的次數，導致個案在拳式的使用較不平均，所以想要使個案平均使用拳式，則教學者需要再設計更精細且結構化的出拳方式，使個案學習更穩定。除此之外，雖然提供個案多種休閒活動，但每週卻沒有固定常變換，可能無法確實習得每個休閒娛樂，因此可選用幾種休閒活動，每個活動連續幾週進行，使能力培養與娛樂可兼具；另外，猜拳對象上常局限於熟悉者，應試著邀請另兩位老師也加入遊戲，以增加互動人數與變化性。

3. 語言溝通

於教學方法上偏向使用傳統語言教學法，提供個案高結構的學習環境，因而較無法顧及個案反應的主動性，建議未來於教學時可加入如自然語言教學法的概念，增加個案主動以口語溝通的動機。

（三）給家長的建議

1. 家長可多觀察個案內在的優勢能力，提供適合的學習管道，如個案短期記憶力為個體內在相對優勢能力，教學時可利用重複練習的方式達到熟練目標的效果。
2. 鼓勵個案做多方面的嘗試，如到各個便利商店或不同的公共場所，以及嘗試不同的休閒活動，以維持高度的學習動機，並能提升活動、職業與社交技能，也能穩定情緒。
3. 家長可以適當的給予個案獨立的空間，如練習自行搭公車上下學、自行購物。

陸、參考文獻（略）

附錄 7

遊戲活動與（拍手、單手舉）動作法
對改善重度自閉兒情緒穩定及參與活動意願
的效果研究

林羿汝、王韋茹、林彥宏、蔡依文、石素貞、林依維、楊漢
（自閉症總會種子教師）

壹、研究動機與目的（略）
貳、研究方法

一、研究對象

1. 姓名：洪○○
2. 性別：男
3. 出生日期：2000 年 7 月 17 日
4. 障礙程度：自閉症重度
5. 學習能力、行為特徵：

個案為情緒不穩定、常離開座位，而且缺乏溝通、參與動機、人際互動能力之八歲重度自閉症。認知能力方面，會將一樣的圖卡放在一起（七種水果圖卡），會描摹 1 到 6 但是不熟練。注意力短暫，可做一個指令的動作。在溝通能力方面，沒有口語，只會簡單的仿說Ｙ、媽等音，能理解單一指令。情緒與人際關係方面喜歡他人的觸摸，生氣時會打頭或哭，會無緣無故哭笑，有時甚至哭到一節課；無緣無故

定格不動也很嚴重，跟班上同學相處沒有互動。在生活自理方面，大致尚可，但部分需要提醒及協助；在行動能力方面，行為能力良好，但小肌肉張力較弱。

因此其教育需求為：認知學習、追視能力、需求表達能力學習、人際互動、情緒穩定及自我控制能力。策略及目標如下：

需　求	策　略	目　標
1. 認知學習	使用積木（紅、綠）來教顏色辨認。	會依老師指令拿指定顏色積木。
2. 追視能力	使用有增強物（食物）的扭蛋。	能用眼神追視球，並能正確拿取有裝食物的扭蛋。
3. 需求表達	利用提示來引導個案表達。	個案會自我表達。
4. 人際互動	拍手動作法。	會與人有所互動。
5. 自我控制能力	單手舉動作法。	會控制自己的情緒與行為。

二、研究程序：本研究採用個案研究法

（一）研究期間、地點

1. 期間：2009 年 7 月 4 日至 9 月 12 日，共進行九週次教學。
2. 地點：自閉症總會。

（二）實施程序

1. 五月開始教育評量及擬定教學計畫。
2. 七月開始個案輔導。
3. 教學內容依每週的學習效果修正次週教材的內容、難度、通過標準。

（三）教學單元內容

本研究依據個案的教育需求，每週 40 分鐘實施四個單元。

1. 認知學習：二擇一的辨認學習

透過喜愛的彩色積木實施二擇一的顏色辨認學習，同時讓個案「聽指令→完成指令→獲得增強」來學會遵守學習活動的規則。教學程序如下：

(1)將兩塊彩色積木（紅、綠）置於個案的前面，主教者一手按於綠色積木上，一手手指輕敲紅色積木旁的桌面，然後下指令：「紅色積木給老師！」協同者立於個案的側後方，一隻手按於個案的背後，一隻手握住個案的手去取紅色積木交給主教者。

(2)完成即給予食物增強。

(3)主教者的提醒度由：a.「按住非指定積木，使其不得不選取指定積木」而獲得成功即獲得增強；b.然後改為輕敲指定積木的桌面暗示該選的積木；c.主教者手放於指定積木的前面暗示該選的積木。提醒的強度若連續十回合成功即逐步減弱。

(4)每週次實施十回合。

(5)兩塊積木的位置有時左右調換。

2. 追視能力：找、抓、開扭蛋

透過扭蛋訓練，能用眼神追視扭蛋並能正確拿取有裝食物的扭蛋，再將扭蛋打開，吃增強物。教學程序如下：

(1)將裝有增強物和未裝增強物的兩顆扭蛋放置於個案的前面，主教者同時滾動兩顆扭蛋。

(2)第一次示範者拿有增強物的扭蛋，並打開將增強物拿出，吃給個案看，再將扭蛋蓋好，還給主教者。協同者協助個案，完成該動作。

(3)每週次實施十回合。

(4)距離可增長。

3. 需求表達：說出我要

透過個案的喜好準備四到五樣增強物，引導個案自己表達「要」。教學程序如下：

(1)將增強物放置個案前面，主教者問個案：「你要什麼？」

(2)協同者立於個案的側後方，抓個案的一隻手，至個案的身前，拍胸說我要，再將個案的手放至增強物前，說出增強物之名字。

(3)當個案表達我要及動作時，主教者便給予個案所選的增強物。

(4)每週次實施十回合。

4. 人際互動能力的訓練：拍手動作法

透過唱數（聽覺），一面要拍手（動作），並要記住拍手次數（短期記憶）的指令，在適當時機停止拍手動作，甚至在移動拍手法時，主要注視、追視外，並要同時注意教師的雙手位置，否則就會空拍。教學程序如下：

(1)主教者坐於個案的對面，舉起雙手置於個案的前面約40公分處不動，並要求個案說：「來拍手拍三下！開始！」

(2)個案開始用雙手拍主教者的手，主教者即開始唱數。

(3)唱數為一秒一數，但個案停止拍手時，則停止唱數；若拍的速度過快則維持一秒一數的速度唱數。

(4)每週次訓練十回合。

(5)若個案能夠一秒一拍，中途不停止，且聽到「三」，即會自動停止，就算通過。

(6)若連續十回合通過，則拍的次數改為五下。

5. 自我控制能力與放鬆訓練：單手舉動作法

透過單手舉動作法使個案意識到自己的肢體動作的部位，進而控制自己肌肉的緊張或放鬆，以增強忍耐、等待的自我控制能力。教學程序如下：

(1)個案坐於椅子，主教者立於其側，一手握住個案的一隻手，另一隻手頂著個案被握的手的手肘，防止其手臂彎曲抵抗。另一位協助者蹲於個案的另一側，用手按住個案的另一隻手，要求個案不要亂動。

(2)主教者牽著個案的手臂由下而上上舉，剛開始時，其上舉全程約花 15 秒的時間，放下時亦同。一上一下為一回合，其上舉或下放的速度依個案的能力來決定，剛開始時速度較快，能力越強速度就越慢。若連續十回合個案不反抗、不用力或亂動，則速度就開始放慢十秒左右，以後並逐步延長。

(3)每週次左右手各舉十回合。

（四）教學程序

1. 教學順序依上述五個單元內容的順序實施。
2. 每個單元的教學固定的由一位擔任主教，一位從旁協助個案完成指令，另一位則擔任記錄。

（五）評量方法

1. 每個單元以實施十回合為原則，然後記錄其成功百分比。
2. 每個單元每週均有其教學目標。

三、研究過程與結果

各單元在九週的訓練過程及結果如下。

（一）認知學習：二擇一的辨認學習

個案應對顏色有所認知，所以一開始訓練就已經會配合主教者，但前三週有偏左或偏右的行為；第四週開始主教者有互換位置，而個案必須重複位置才成功，之後也證明個案已認識紅色，但很少注視。

表 1　顏色認知的學習：玩積木的過程及結果

週次	日期	目標	通過率	具體描述
1	7/4	主教者按住綠色個案可以自己拿給老師紅色積木。	80%	有偏左現象。
2	7/11	個案請假。		
3	7/18	主教者按住綠色個案可以自己拿給老師紅色積木。	100%	上次偏左，這次主教者把紅色都放左邊，結果 ok，下次要換位置。
4	8/1	換位置。	60%	分心、很少注視老師、有偏左邊習慣。
5	8/15	換位置。	50%	換位置不行，重複同樣位置後才行。
6	8/22	換位置。	50%	無注視。
7	8/29	換位置。	70%	已認知但不注意。
8	9/5	個案請假。		
9	9/12	個案請假。		

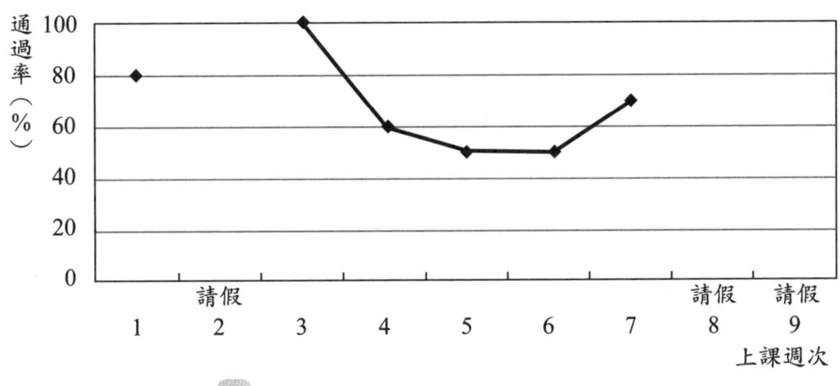

圖 1　二擇一顏色認知學習成功率

（二）追視能力：找、抓、開扭蛋

起初個案對此活動毫無興趣，需全肢體協助，活動進行幾週後，個案慢慢學會規則，也開始會主動拿扭蛋；第七週還會因拿到沒有增強物之扭蛋而生氣。

表 2　追視能力：找、抓、開扭蛋的結果

週次	日期	目標	通過率	具體描述
1	7/4	協助接、開扭蛋，並拿取扭蛋中增強物。	30%	全肢體協助。
2	7/11	個案請假。		
3	7/18	協助接、開扭蛋，並拿取扭蛋中增強物。	60%	全肢體協助。
4	8/1	提示接、開扭蛋，並拿取扭蛋中增強物。	20%	全肢體協助。
5	8/15	提示接、開扭蛋，並拿取扭蛋中增強物。	0%	全肢體協助。
6	8/22	提示接、開扭蛋，並拿取扭蛋中增強物。	40%	沒注視，拿兩顆扭蛋。
7	8/29	接、開扭蛋，並拿取扭蛋中增強物。	50%	拿到沒有增強物的扭蛋而生氣，要口語提示。
8	9/5	個案請假。		
9	9/12	個案請假。		

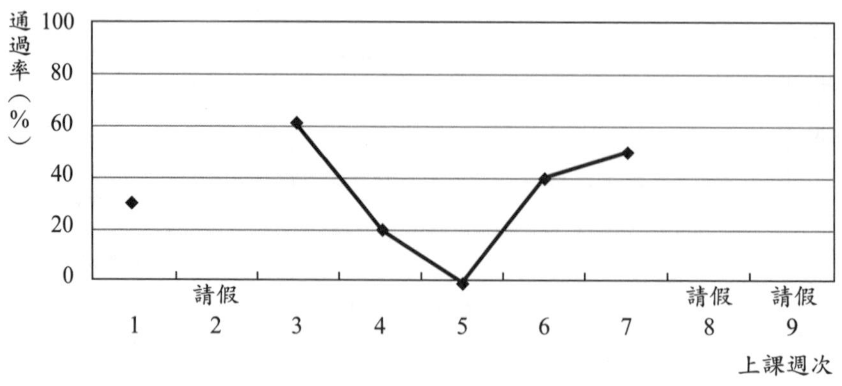

圖 2　追視能力：找、抓、開扭蛋成功率

（三）需求表達：說出我要

起初個案會看著增強物毫無動作和語言，之後協同者以全肢體協助個案，幾週後個案會開始有些口語，即會自己拍胸表示「我要」。

表 3　需求表達：增強物引誘表達「要」的結果

週次	日期	目標	通過率	具體描述
1	7/4	協助動作和說「我要××」。	40%	動作及口語全肢體協助。
2	7/11	個案請假。		
3	7/18	提示動作和說「我要××」。	50%	協同者在背後協助提示。
4	8/1	提示動作和說「我要××」。	10%	全肢體協助。
5	8/15	協助動作和說「我要××」。	40%	沒等主教者的指示。
6	8/22	協助動作和說「我要××」。	100%	
7	8/29	協助動作和說「我要××」。	100%	全肢體協助。
8	9/5	個案請假。		
9	9/12	個案請假。		

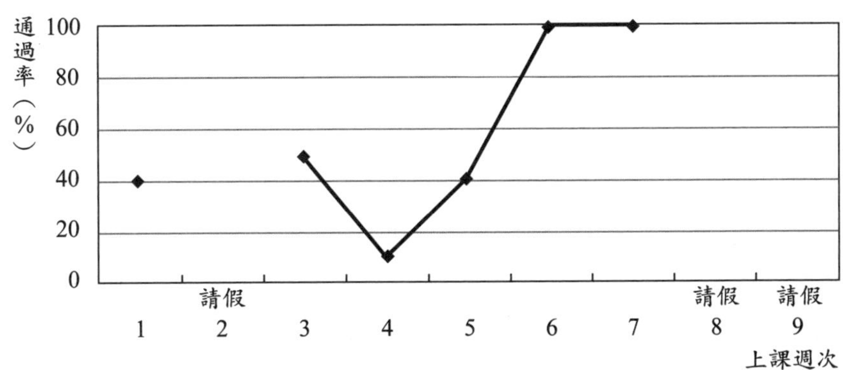

圖 3　需求表達：說出我要的成功率

（四）人際互動能力的訓練：拍手動作法

起初個案注意力不集中，過程會斷斷續續；第五週在第十次時，個案會停止拍手；第七週個案的成功率明顯達到七成。

表 4　人際互動能力的訓練：拍手動作法的結果

週次	日期	目標	通過率	具體描述
1	7/4	能在協同教師的全協助下，拍主教教師的手心三下。	0%	注意力不集中，過程斷斷續續。
2	7/11	個案請假。		
3	7/18	能在協同教師的全協助下，拍主教教師的手心三下。	0%	注意力不集中，過程斷斷續續。
4	8/1	能在協同教師的全協助下，拍主教教師的手心三下。	0%	過程斷斷續續。
5	8/15	能在協同教師的全協助下，拍主教教師的手心三下。	10%	拍完後直接將手放置桌上，沒有將手收回，直到第十次，才會自己停止。
6	8/22	能在協同教師的全協助下，拍主教教師的手心三下。	0%	拍手三下之後沒有停。
7	8/29	能在協同教師的全協助下，拍主教教師的手心三下。	70%	前三下注意力不集中，沒停。
8	9/5	個案請假。		
9	9/12	個案請假。		

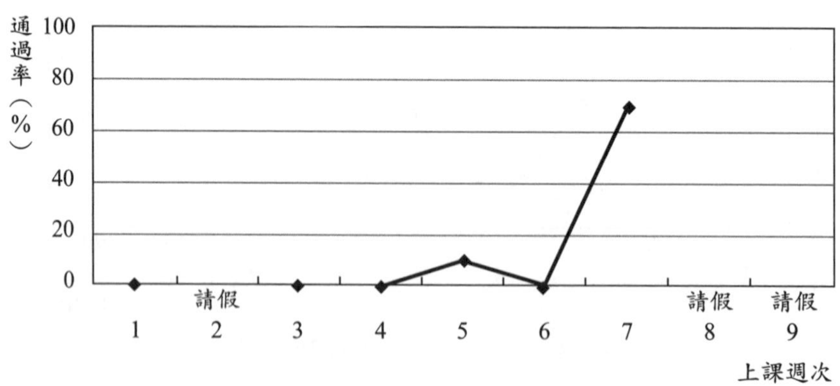

圖 4　人際互動能力的訓練：拍手動作法成功率

（五）自我控制能力與放鬆訓練：單手舉動作法

表 5　自我控制能力與放鬆訓練：單手舉動作法的結果

週次	日期	目標	通過率	具體描述
1	7/4	未實施。		
2	7/11	個案請假。		
3	7/18	未實施。		
4	8/1	1. 能在教師肢體協助下維持單手高舉三秒（右手）。 2. 上下速度各 15 秒。	左 0 右 0	沒放鬆，第四次開始哭。
5	8/15	1. 能在教師肢體協助下維持單手高舉三秒（右手）。 2. 上下速度各 15 秒。	左 10 右 6	左手第二次時，主教者換為教授，個案離開座位，回座後，第三次時，用右手去拉左手。
6	8/22	1. 能在教師肢體協助下維持單手高舉三秒（右手）。 2. 上下速度各 15 秒。	左 0 右 0	沒放鬆，但慢慢接受舉手法。
7	8/29	1. 能在教師肢體協助下維持單手高舉三秒（右手）。 2. 上下速度各 15 秒。	左 0 右 0	急著要完成舉手的動作，自己沒放鬆讓操作者操作，而且手都會彎曲。
8	9/5	個案請假。		
9	9/12	個案請假。		

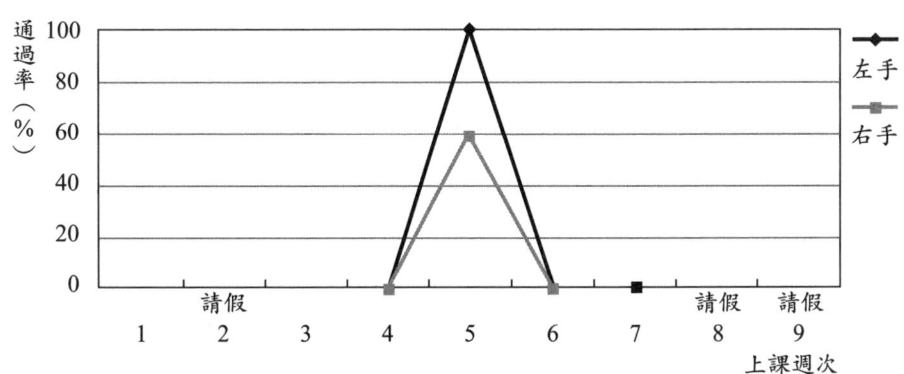

圖 5　自我控制能力與放鬆訓練：單手舉動作法的成功率

四、討論

經過九週次的訓練，從表 1～5、圖 1～5 可發現：

1. 由圖 2 可發現，個案在追視（扭蛋）方面，從一開始毫無注視與興趣，需全肢體協助，到第六次，會自己去拿扭蛋，並打開，吃裡面的增強物，還會因為拿到沒增強物的扭蛋而生氣，過程中也因沒興趣而換了很多種增強物。試過幾次後發現個案偏愛藍莓乾，所以當有藍莓乾時個案的成功率便提高。
2. 由圖 4 可發現，個案在拍手動作法，從一開始的無注視、不會停止及過程斷斷續續，在第五次時，個案慢慢的學會停，而成功率也跟著提高。直到第七次成功率已達七成，由此發現，個案已開始學會數到三。
3. 從本研究的結果可以證明，極重度多障者雖然認知發展極低，嚴重問題行為、情緒問題長年累積成固著狀態，但若能掌握其可介入之點，並針對特殊教育需求提供適當的訓練的話，仍可獲得改善，可減輕照顧者的負擔，增進他們的生活品質。
4. 因為個案在過程中請假三次，所以看似學習的變化較小，有時還需要重來，所以之後的延續也是很重要的。活動是須延續的，個案才會慢慢的進步。

五、結論

從以上的結果可知，動作法及遊戲活動確實能有效改善重度自閉症患者的問題行為、情緒問題。

附錄8

繪畫遊戲、動作法合併認知學習對改善多障成人之情緒抒發、自我控制及人際互動技巧效果研究

何怡萱、黎雅慧、林育瑩、黃舒萱、林可欣
（自閉症種子教師B組）

壹、研究方法

一、研究對象

個案為情緒不穩定、自我傷害、攻擊別人（多為媽媽），且缺乏溝通能力，挫折忍受度低之十七歲男生，日前甫從桃園啟智學校高職三年級畢業。有父母與姊姊一名，家庭支持系統良好，全家人均投入個案的療育工作，除教導個案學習文字外，也會訓練個案一些工作技能（如：縫布等），個案二歲十個月時發現有重度自閉症與中度智能障礙，緩讀進入國小特教班（六年），接著就讀國中（三年）、高職（三年）均與常人無異，從啟智學校畢業後尚未繼續求學或工作。治療方面則未接受過任何早期療育課程，由媽媽在家照顧。

生活自理方面，個案具備大部分基礎生活自理能力（刷牙、洗臉等），粗大與精細動作良好；社會適應方面，個案互動技巧差，溝通能力不足，多以不完整句子回應（有名詞，無動詞、形容詞），無法適當回答問題，亦不會主動開啟話題，但若別人邀請他或引導他玩遊

戲，會對有興趣的遊戲做出反應；認知方面，其數量概念與文句理解概念不足，雖會數 1 到 10，但不知其意，文句常斷章取義；情緒行為方面，個案有過度固著的現象，與自己預期不同時容易生氣，情緒嚴重時會出現打人行為，大部分是打媽媽，也會出現刮手的自傷行為、拿尖銳的物品用力刮自己的手，甚至曾經因此流血送醫，其他則有尖叫、摔東西、打自己的頭、咬指甲等不當行為。

因此其教育需求（見表 1）以人際互動與同步處理能力、認知能力訓練、培養主動表達能力、穩定情緒、培養自我控制能力為主，由於個案喜歡色彩鮮豔的書籍和圖片，因此擬以此為增強物，增加個案學習動機。而行為觀察時本組提供的玩具中，個案一直把玩一隻發聲的驢子，故將驢子列為另一增強物。

表 1　教育需求、教學策略與目標

教育需求	教學策略	教學目標
1. 人際互動與同步處理能力	1-1 拍手動作法	1-1-1 能接受指令拍手。
2. 認知能力訓練	2-1 數量認知訓練 2-2 顏色認知訓練	2-1-1 建立 1～10 的數量概念。 2-2-1 能辨識基本顏色，如：紅黃藍。
3. 增加主動性	3-1 提醒（口頭與示範——利用其仿說優勢建立情境）	3-1-1 能主動表達要求／尋求他人協助。
4. 增加控制自己的情緒能力	4-1 用單手舉動作法提升挫折忍受度	4-1-1 遇到自己不會的問題，能嘗試努力回答，減少逃避行為（找父母）達 70%。
5. 增強自信心	5-1 給予清晰肯定的回饋	5-1-1 能自信地表達意見，語氣肯定而大聲。

二、研究程序：本研究採用個案研究法

（一）研究期間、地點

1. 期間：2009 年 7 月 4 日至 9 月 26 日，共進行 11 週次個案教學。
2. 地點：中華民國自閉症總會 5 樓星兒工作坊。

（二）實施程序

1. 四月開始教育評量及擬定教學計畫。
2. 七月開始個案輔導。
3. 教學內容彈性，依每週的學習效果修正次週教材的內容、難度、通過標準。

（三）教學單元內容

本研究依據個案的教育需求，每週約 40 分鐘實施五個單元。教學過程中均融入主動表達需求之目標，主教老師在給予數個增強物請個案選擇時，要求個案主動表達想要的東西，逐步練習表達出完整的句子，如：「書」→「要書」→「我要書」，其他增強物（驢子、畫畫）亦同。且由於個案聲音較小聲，故每次訓練均鼓勵個案再大聲說一次，以增加自信心，提升人際互動能力。

1. 同步處理能力的訓練——拍手動作法

利用拍手動作法培養追視、探索能力，訓練其短期記憶容量，亦可增進人際互動及同步處理（一心多用）的能力。

(1)主教老師與個案相對坐下。

(2)主教老師舉起雙手置於個案眼前約 30 公分處不動。

(3)主教老師對個案說：「來，拍手拍三下！開始！」等待個案舉雙手開始拍。

(4)當個案開始用雙手拍主教老師的手時，即開始唱數。

(5)唱數為一秒一數，個案停止拍時，則停止唱數；若拍的速度過快，不可跟著變快，應仍維持一秒一數的速度。

(6)每週次訓練十回合。

(7)若個案能夠一秒一拍，中途不停止，並於聽到「三」自動停止拍手動作，即算通過。若連續十回合通過，則拍的次數改為五下。

2. 顏色認知訓練——二擇一的辨認學習

透過彩色積木實施二擇一的顏色辨認學習，同時讓個案藉由「聽指令→完成指令→獲得增強」的過程，學會遵守學習活動的規則。

(1)將兩塊彩色積木（紅、綠）置於個案面前，主教老師一手按於綠色積木上，一手手指輕敲紅色積木旁的桌面，然後下指令：「紅色積木給老師！」

(2)協同老師立於個案側後方，一隻手按於個案背後，一隻手握住個案的手去取紅色積木交給主教老師。完成即給予增強。

(3)教學目標順序為：

a. 按住非指定積木，使其不得不選取指定積木。

b. 輕敲指定積木的桌面暗示該選的積木。

c. 手放於指定積木的前面暗示該選的積木。

d. 手置於兩塊積木中間，不做任何提示。

連續十回合成功即進行下一階段。

(4)每週次實施十回合。

(5)兩塊積木的位置有時左右調換。

3. 數量認知訓練——了解數量概念

透過單色積木實施，使個案能從一堆積木中抓取指定數量的積木。

(1)將一堆積木置於個案面前，主教老師將手伸出，同時下指令：「兩個給老師。」

(2)協同老師立於個案側後方，一隻手按於個案背後，一隻手握住個案的手，從一堆積木中一次抓取兩個積木交給主教老師。完成即給予增強。

(3)連續十回合成功即退除協同老師的協助，由個案獨力完成指令。

(4)若兩個積木的指令已完成，接下來的積木數順序為：四個→三個→五個。

(5)每週次實施十回合。

4. 自我控制能力與放鬆訓練——單手舉動作法

透過單手舉動作法使個案意識到自己肢體動作的部位，進而控制自己肌肉的緊張或放鬆，以增強忍耐、等待的自我控制能力。訓練時：

(1)個案坐於椅子，主教老師立於其側，一手握住個案的一隻手，另一隻手頂著個案被握的手的手肘，防止其手臂彎曲抵抗。協助老師蹲於個案另一側，用手按住個案的另一隻手，要求個案不要亂動。

(2)主教老師牽著個案的手臂由下而上上舉，剛開始時其上舉全程約花 15 秒的時間，放下時亦同。

(3)一上一下為一回合，其上舉或下放的速度依個案的能力來決定，剛開始時速度較快，能力越強、情緒越穩定速度就越慢。若連續十回合個案不反抗、不用力或亂動，則速度就開始放慢十秒左右，以後並逐步延長。

(4)每週次左右手各舉十回合。

5. 繪畫遊戲

此活動主要用來了解個案的心智年齡成熟程度，由自發性的塗鴉中觀察個案的發展階段，激發想像與創造力。無固定訓練順序，基本上讓個案自由塗鴉，主教老師依據塗鴉詢問個案所畫內容，如：在畫什麼？在哪裡？做什麼？不勉強個案一定要回答。此活動若個案有極大興趣亦可作為增強物，替代個案無法抑制的自我傷害行為。

（四）教學程序

1. 教學順序基本上依上述五個單元內容的順序實施，視個案狀況調整先後順序。
2. 每個單元的教學固定由一位研究者擔任主教老師，一位研究者從旁協助個案完成指令，另一位研究者則擔任記錄。

（五）評量方法

1. 每個單元以實施十回合為原則，然後記錄其成功百分比。
2. 每個單元每週均有其教學目標。

貳、研究過程與結果

各單元的訓練過程及結果如下：

一、同步處理能力的訓練——拍手動作法

個案一開始已學會拍手三下，與老師練習拍手五下時，雖有幾次無法跟上拍子或速度過快的情形，但經過數次主教老師協助後，已可以配合主教老師要求的速度進行拍手動作法。至第六週次時更可自行與主教老師進行拍手動作法 15 下，不但延伸等待的時間更加強唱數上的學習，過程中個案曾主動提出「不要」，但仍耐住性子持續完成拍手動作法課程。

表 2　同步處理能力的訓練——拍手動作法的過程及結果

週次	日期	目　　標	通過率	具　體　描　述
1	7/4	未介入拍手動作法		
2	7/11	未介入拍手動作法		
3	7/18	能在主教老師口頭提示下完成拍手動作法 5 下。	100%	今天為情緒低潮期，過程中個案有拍桌子、站起來及離開座位的情況。
4	7/25	放假		
5	8/1	請假		
6	8/8	放假		
7	8/15	能在主教老師口頭提示下完成拍手動作法 8 下。	100%	第一次至第六次時拍子都穩定，但第九次時主動向主教老師搖頭說「不要」。
8	8/22	能在主教老師口頭提示下完成拍手動作法 10 下。	90%	今天上課時周遭環境較為吵雜，課程中有時會看其他個案及老師。
9	8/29	能在主教老師口頭提示下完成拍手動作法 15 下。	20%	第一次嘗試拍手法 15 下，個案拍至第十下時會直接將雙手放下，由主教老師唸出 11 時個案才繼續唱數至 15 下。
10	9/5	能在主教老師口頭提示下完成拍手動作法 15 下。	20%	第二次嘗試拍手法 15 下，個案拍至 10 時會停下，但由主教老師唸出 11 時個案會繼續唱數至 15 下。
11	9/12	能在主教老師口頭提示下完成拍手動作法 15 下。	50%	在進行拍手動作法時心情愉悅，以畫畫做增強物，圖中出現乳牛、驢子，但也主動提出要拍書、拍桌子。

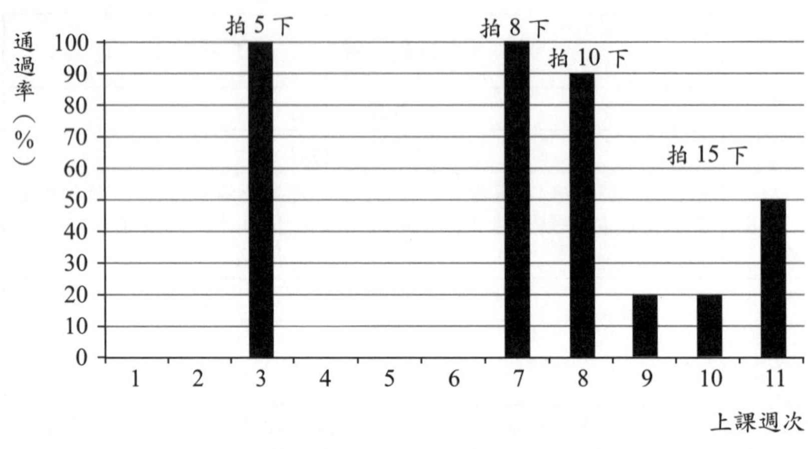

圖 1　拍手動作法成功率

二、顏色認知的學習

個案對於顏色認知的學習並沒有展現太大的興趣，教學過程中往往會看到個案不耐煩的表情，但在安撫之下，個案仍會願意繼續學習。剛開始，個案的學習狀況還算穩定，但於第三次教學時個案處於低潮期，情緒相當不穩定，不時出現拍打桌面的行為。之後的幾次教學，個案皆需老師協助，方能順利完成顏色的認知。於第九次及第十次教學中，嘗試不給予個案協助，但發現個案的通過率僅 30%。之前的顏色教學似乎仍無法讓個案對紅綠色的認知穩定。由表 3 中可得知，個案的學習曲線似乎沒有進步。或許是因為在這次的教學計畫中，遇到個案的低潮期，導致個案情緒不穩定，學習成效降低。

表 3　顏色認知的學習過程及結果

週次	日期	目　　標	通過率	具體描述
1	7/4	個案能依指令，於紅、綠色紙中指出紅色的色紙。	80%	情緒穩定。
2	7/11	個案能依指令，於紅、綠色紙中指出綠色的色紙。	60%	情緒穩定。
3	7/18	個案能依指令，於紅、綠色中將綠色雪花片給老師（老師協助，手壓紅色）。	100%	情緒低落，處於低潮期，不停拍打桌面宣洩。於第九次時介入壓肩法，以緩和個案情緒。
4	7/25	放假		
5	8/1	請假		
6	8/8	放假		
7	8/15	個案能依指令，於紅、綠色中將綠色雪花片給老師（老師協助，手壓紅色）。	90%	發現個案似乎對綠色認知尚未穩定，所以繼續給予協助。於第七次開始，老師則不再給予協助。
8	8/22	個案能依指令，於紅、綠色中將綠色雪花片給老師（老師手放在紅、綠色中間）。	100%	情緒穩定。
9	8/29	個案能依指令，於紅、綠色積木中，拿出紅色積木給老師。	30%	表情不耐煩。
10	9/5	個案能依指令，於紅、綠色中拿出老師要的顏色。	30%	路上暈車並嘔吐，情緒不穩。
11	9/12	個案能依指令，於紅、綠色中拿出老師要的顏色。	70%	情緒穩定。

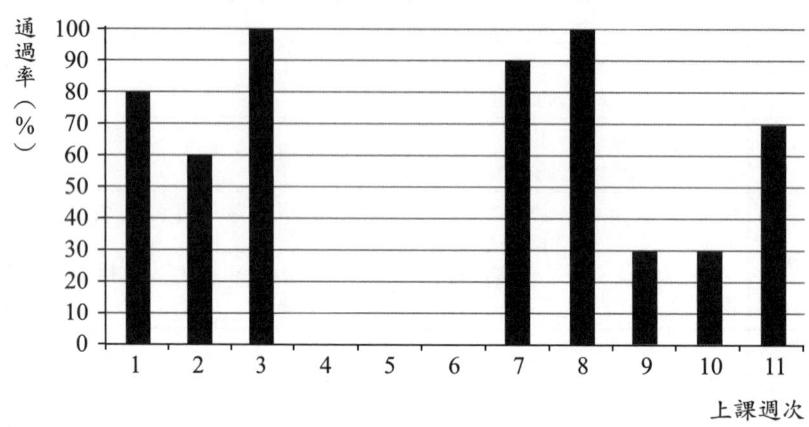

圖 2　顏色認知學習成功率

三、數量認知訓練——了解數量概念

個案在數量概念的學習頗有成效，雖僅訓練四週，但個案對這部分的理解能力頗高。第一週協同老師僅協助兩次，個案即學會抓取兩個給老師；第二週個案便能在不經協助的狀況下，通過指令；第三週訓練剛開始，個案情緒尚稱穩定，也許是指令較難，個案開始出現折手腕的行為，但並未發脾氣，仍完成十次訓練；第四週經邱老師指導，由協同老師示範從五個積木中一次抓取兩個積木，個案很快即學會此策略。

表 4　數量的學習過程及結果

週次	日期	目標	通過率	具體描述
1	7/4	未介入數量認知訓練		
2	7/11	未介入數量認知訓練		
3	7/18	未介入數量認知訓練		
4	7/25	未介入數量認知訓練		
5	8/1	未介入數量認知訓練		

表 4　數量的學習過程及結果（續）

週次	日期	目　　標	通過率	具體描述
6	8/8	未介入數量認知訓練		
7	8/15	未介入數量認知訓練		
8	8/22	經協助後，可拿兩個一組給老師。	70%	情緒穩定。
9	8/29	個案能在不經協助的情況下，從五個積木中抓取兩個積木給老師。	90%	情緒穩定。
10	9/5	個案可以從五個積木中拿兩個給老師。	30%	情緒略為不穩，折手腕三次。
11	9/12	個案可以從五個積木中拿兩個給老師（邱老師介入，協同老師示範）。	70%	情緒穩定，幾次後即學會。

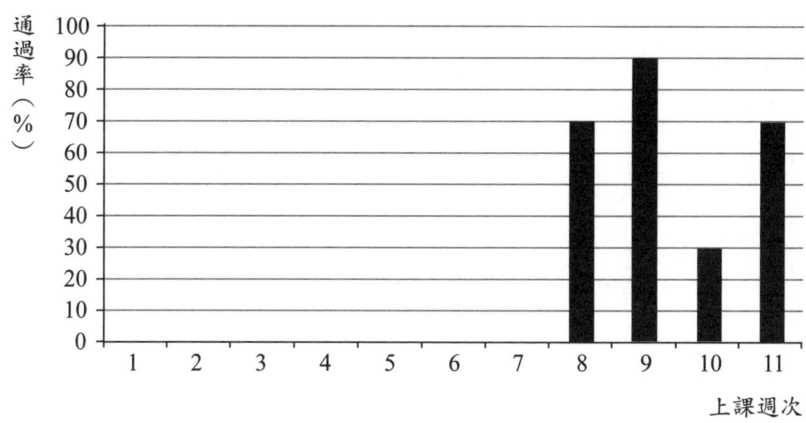

圖 3　數量學習成功率

四、自我控制能力與放鬆訓練——單手舉動作法

自我控制能力與放鬆訓練的過程及結果如表 5。

1. 個案為重度自閉症暨中度智能障礙，剛開始時非常排斥有人舉他的手，以生氣表達抗拒，手肘使力，無法放鬆。
2. 第九至十週次訓練，個案在教師肢體協助下，練習單手舉動作法，舉手速度上舉下放各十秒，最高點停留三秒。過程中發現個案情緒失控，無配合意願，直到第十一週次，個案情緒較緩解，可配合教師的指示，但過程中手肘仍出現使力情況，故未達通過標準。

表 5　自我控制能力訓練的過程及結果

週次	日期	目　　標	通過率	具　體　描　述
1	7/4	未介入單手舉動作法		
2	7/11	未介入單手舉動作法		
3	7/18	未介入單手舉動作法		
4	7/25	未介入單手舉動作法		
5	8/1	未介入單手舉動作法		
6	8/8	未介入單手舉動作法		
7	8/15	未介入單手舉動作法		
8	8/22	未介入單手舉動作法		
9	8/29	1. 能在教師肢體協助下維持單手高舉三秒（右手）。 2. 上下速度各十秒。	右 0%	手肘用力。
10	9/5	同上	右 0% 左 0%	手肘用力。
11	9/12	同上	右 0% 左 0%	手肘用力，但配合度較前次好。

五、繪畫遊戲

共進行 11 週，通常將繪畫遊戲安插於各訓練之間，作為增強物，因為個案喜歡塗鴉。由於僅在 8/29、9/5、9/12 將繪畫遊戲列為訓練項目之一，故表 6 為此三週之記錄。其繪畫內容在 11 週內轉變許多，訓練初期個案以未分化的塗鴉為主，多半是無控制、無意義、沒有方向感的線段或是點，毫無條理（圖 a）；中期以斑馬為主要內容，個案開始使用各種不同顏色的蠟筆作畫，也會同時出現二至三隻斑馬。詢問個案斑馬在做什麼，個案會回答：「斑馬在跑。」顯見已逐漸出現塗鴉式命名（圖 b）；後期開始出現老虎、驢子、刺蝟、牛等動物，筆觸逐漸多元，且能為這些塗鴉命名。9/5 個案畫出房子，出現三角形、正方形等圖形，且能妥善控制線條端點，較訓練初期有極大進步。

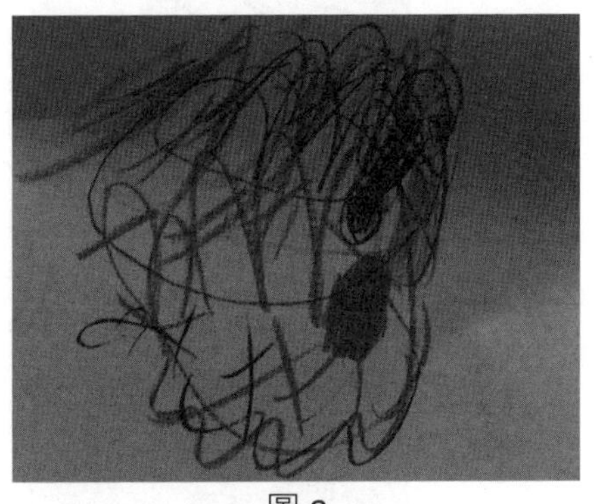

圖 a

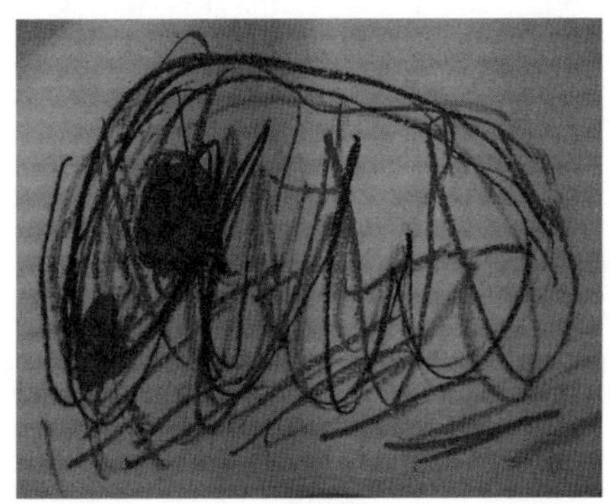

圖 b

表 6　繪畫遊戲的過程及結果

週次	日期	具體描述
1	7/4	未介入繪畫遊戲
2	7/11	未介入繪畫遊戲
3	7/18	未介入繪畫遊戲
4	7/25	未介入繪畫遊戲
5	8/1	未介入繪畫遊戲
6	8/8	未介入繪畫遊戲
7	8/15	未介入繪畫遊戲
8	8/22	未介入繪畫遊戲

表 6　繪畫遊戲的過程及結果（續）

週次	日期	具體描述
9	8/29	1. 不限制繪畫內容，僅於個案畫畫告一段落時，詢問個案：「你在畫什麼？」 →個案回答：「斑馬。」（圖 c） 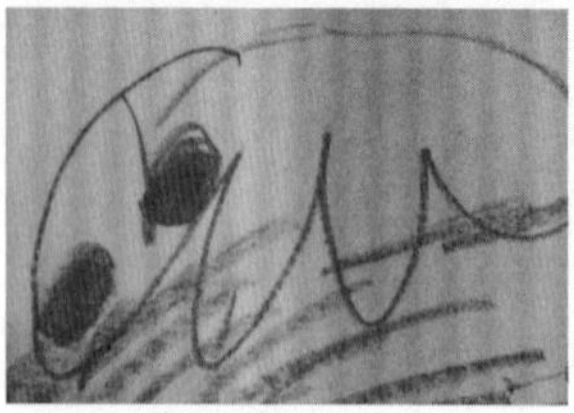 圖 c 2. 個案母親介入，叫個案畫獅子。 →繪畫線條轉為較尖銳、用力，有發洩作用（圖 d）。  圖 d
10	9/5	1. 不限制繪畫內容，僅於個案畫畫告一段落時，詢問個案：「你在畫什麼？」 →個案回答：「畫刺蝟。」（圖 e） 接著詢問個案：「刺蝟在哪裡？」 →個案回答：「刺蝟在草地上。」  圖 e 2. 詢問個案：「你在畫什麼？」 →個案沒有回答（尚未命名）。 由圖畫可知個案在畫房子，已出現三角形、正方形等圖形（圖 f）。  圖 f

表6 繪畫遊戲的過程及結果（續）

週次	日期	具體描述
11	9/12	1. 個案向主教老師要求驢子刮手，利用集點十次，讓個案減少刮手數，而後給個案驢子刮手，畫圖未命名（圖g）。 圖g 2. 不限制繪畫內容，僅於個案畫畫告一段落時，詢問個案：「你在畫什麼？」 →個案回答：「畫牛。」（圖h） 圖h

六、其他行為的變化

在訓練後期可發現個案發生顯著變化，尤其下述三事件最為明顯：

1. 訓練初期個案常主動要求用驢子刮手，拿到驢子後無法控制力道，用力刮手心，即使手心已長了厚重的繭，仍紅腫疼痛，可見其力道之強大，有幾次甚至刮到較細緻的手腕內部肌肉。經幾週訓練後，研究者採取集十次成功達成當週目標換一次增強物——刮手的策略，發現個案可以等到十次才開始刮手，亦可以控制力道，向主教老師要驢子刮手的頻率也變少，可見個案已逐漸學會延宕滿足，但忍耐幾次仍會用驢子刮手，還需要時間改善。
2. 在拍手動作法及數量認知訓練過程中，個案曾主動提出不要，或出現折手腕等行為，但仍將訓練完成，顯見其挫折忍耐度提高。

3. 表達需求方面，個案剛開始以直接拿取增強物或不還增強物給老師的方式表達自己的需求，至第八週已能接受老師指令，於幾項增強物中，選擇想要的增強物並說出「我要××」，或於空閒時間主動向老師表達需求（看書、畫畫或要驢子等），顯見其口語表達能力的提升，亦顯示個案可服從指令，逐漸建立上課制度。

參、討論

經過為期 11 週次的訓練，可發現：

1. 個案的學習效果因情緒上的不穩定呈現極大起伏，故增加其情緒穩定度為進行訓練時須注意的重要因素。幾週觀察下來發現，個案穩定度常受到父母影響，自己亦不太能控制情緒，以下分兩點說明：
   (1)當父母親介入教學——告訴個案要聽話，不可以生氣時（8/29 最為明顯），個案情緒明顯激動，出現不耐煩表情、折手腕、刮手等不服從指令之抗拒行為的次數、頻率皆增加，繪畫遊戲的筆觸與內容亦較為尖銳貧乏，顯示個案負面情緒累積，以上述行為進行宣洩。
   (2)個案自我控制情緒能力不足，挫折忍受度低，容易激動，以不正確的方式進行情緒宣洩，常令旁人不清楚個案此時所需，因此訓練應以加強個案自我控制情緒能力為首務。第九至十一週進行之單手舉動作法正可用於穩定情緒，藉由引導個案專注於身體感覺，增加其自我覺察能力，學習控制技巧，舒緩情緒。
2. 此次訓練於第三週（7/18）開始介入繪畫遊戲，由圖畫中透露出個案的實際心智年齡約停留在二至三歲。而從第一週的仿畫發展至第八週圖畫的命名，不僅在塗鴉部分有極大突破，而其繪畫線條、力道、顏色的使用，更能依當天的上課情緒而有變化，明顯反應其情緒感受，成功藉由繪畫得到情緒抒發，口語表達能力也從銳角、橢圓及命名上得到擴充，建議可繼續保持。

3. 數量認知訓練部分，個案在第二週便能學會一次抓取兩個的策略，第三週指令難度提高，個案未達成功標準，但第四週在邱老師指導下，由協同老師示範從五個積木中一次抓取兩個積木的策略後，個案隨即學會此策略，並能立即運用於後幾次練習中。可知個案理解能力不錯，在情緒穩定的情況下，示範教學能對個案學習認知概念有明顯助益。
4. 訓練初期，教學者曾考慮將主動表達需求獨立成一項訓練項目，觀察個案幾次表現後，將此目標改為融入於其他訓練中，於個案每次達成訓練，主教者給予增強物時，要求個案練習說出完整句子，由協助、提醒進階到主動表達，成功提升個案主動表達需求能力。過程中並要求個案語氣清晰肯定，增強其自信心，幾週訓練後個案已有顯著進步。

肆、結論

從以上的結果可知，繪畫遊戲、動作法確實能夠有效改善多重障礙者的情緒抒發、自我控制能力，認知能力訓練亦有效提升個案之顏色辨認與數量概念；而搭配主動表達需求的練習，使個案在人際互動技巧部分也有所改善。

伍、建議

1. 個案的口語與認知的能力皆相當好，建議可以利用文字交換的活動，教導個案辨認文字的能力。

2. 個案已有兩個一數的能力，等此能力穩定後，建議可以繼續延伸個案的數量能力，利用此策略再取四個、三個、五個延伸至十個，引導個案建立更多數量概念。
3. 個案在三週次單手舉動作法訓練中，由極度抗拒轉而較能配合教師指令，已有些許進步，建議可持續訓練，增加其自我控制情緒的能力。
4. 個案已高職畢業，因無繼續求學而長期待在家中，建議可擴充個案的休閒活動內容，使其體力得以適當消耗，適度宣洩其負面情緒。

陸、參考文獻（略）

附錄 9

強烈多感官刺激之介入與撤離對重度智能障礙者注意力、人際互動動機之影響

王慧婷、詹凱瑋、彭素卿、李俊德、賴虹沂、王宣慧

（國立臺灣師範大學特殊教育學系 92 級）

林玉芳、鄭淑禎、林　妙、陳培芝

（國立臺灣師範大學特殊教育學系教學碩士班）

壹、前言（略）
貳、文獻研究（略）
參、研究目的（略）
肆、名詞解釋（略）
伍、研究方法

一、研究對象

本研究之對象因母親難產造成缺氧，目前就讀於啟智學校高職部，為領有極重度智能障礙殘障手冊之二十二歲男生，在家中為獨子，凡事家人代勞。喜歡音樂，會跟音樂律動跳動，也喜歡看喜劇片、亂丟球（但不會撿），會插棒，視聽覺正常；但不常動，隨時想坐下；生活自理能力缺乏，完全依賴家人，而且離家外出時從不食任何食物。不會認字、唱數、辨認物品；雖可聽懂指令，但口語表達僅會說簡單且少數的「吃飯」、「尿尿」、「你看」等；眼睛很少注視溝通對象、人際互動貧乏；生氣時會出現丟鞋子、打人或以手背擊下巴等行為，

無聊時則會摳手指。無法畫出圓形以外的圖形，所畫多為螺旋狀隨意塗鴉，推估其心智年齡約為兩歲。

從以上可知，個案粗大動作雖可，但由於父母過度的保護，以及缺乏專心注視目標的能力、人際互動的動機，導致其學習量的不足、學習能力發展停滯的現象。故其教育需求為：

1. 專心注視能力的培養。
2. 人際互動動機的增進。
3. 親職態度的改善。

二、研究程序

本研究分為兩個階段：

（一）階段 I

本階段使用強烈的歡呼、律動為增強物，以誘發學習動機。

1. 時間與地點：自 2002 年 3 月 29 日起，至 2002 年 6 月 14 日止，每週一次，共計 11 次，每週五下午由家長帶到臺灣師範大學特教系三樓遊戲室進行 40 分鐘的教學活動。

2. 教學程序：每次依教學內容之順序教學，每個主題一個主教者、一個協助者，其餘人員則依牆靜坐記錄，但增強時則全員參加。

3. 教學策略：使用逐步養成及強烈歡呼增強策略。

4. 教學評量：活動結果使用形成性評量。人際互動之評量採用兩分鐘一次之時距記錄法。

5. 教學內容：透過下列活動培養其專注力、辨認能力及人際互動動機。

(1)打地鼠：以瓦楞紙箱挖圓洞，自製玩偶隨機自洞中伸出頭（由教學者操作），個案舉棒子打。洞數與協助方式如圖 1（頁 316）所示。

(2)投球：要求個案將球投進用呼拉圈及大垃圾塑膠袋製造的大籃框。其協助由半肢體協助至無協助，籃框的移動由靜止至小動，而後至數公尺的移動，個案必須追蹤籃框的位置後投球。

(3)放球：以瓦楞紙箱挖圓洞並封上半透明紙，教學者用手電筒由箱內往洞口照射，案主要將球投入亮燈之洞內。其協助方式如圖 3（頁 317）。

(4)咬球：自製嘴可開合之手偶兩具，要求個案將球放入張開嘴的布偶口中。難度及協助方式如圖 4（頁 318）所示。

(5)顏色配對：本主題為前項咬球的進階活動，屬認知的教學，需要人際互動的動機、能力與專注力，因此在第九次教學才開始。活動方法是個案要將紅球放入紅布偶的口中，綠球則放入綠布偶的口中。

(6)拍手動作：依照拍手動作法實施。

（二）階段 II

本階段的教學一面承續上階段之內容，但一面將難度提高，同時將增強強度逐步減弱，企圖能在增強退除後，仍能維持學習活動的動機及學習的發展。

1. 時間：自 2002 年 7 月底至 8 月下旬，每週兩次，共計七次。

2. 教學程序、策略與評量：如階段 I 。

3. 教學內容：透過下列活動增進其專注力、辨認能力及人際互動動機，並逐步減少增強的依賴。

(1)丟接球：本活動的目的在於藉由個案運用左、右手，和他人一同玩樂的過程，訓練個案使用雙手的能力，增進專注力，並增進其人際互動。首先，個案能在肢體半協助（輕拍個案）及口語協助之下，將球丟進老師的手套及接球。其過程及增強方式如圖 7（頁

323）所示，採逐步退除方式（肢體協助→口語協助→無協助）。

(2)插吸管：本活動的目的在於訓練個案會把吸管插入有杯蓋的杯子，同時訓練其視動能力與專注力。其杯蓋口直徑的變化過程及增強方式如圖 8（頁 324）所示，前者採逐步縮小，後者仍採逐步退除方式。

本單元分成三個小階段：

a. 第一階段：個案能在動作提示下，拿起吸管插入杯中，每完成一杯，即用歡呼並把杯子丟入袋中作為增強。

b. 第二階段：個案能在口頭提示下，拿起吸管插入杯中，每完成一杯，即把杯子丟入袋中作為增強，此階段開始製造問題情境，訓練個案問題解決的能力。

c. 第三階段：個案能在提示下，拿起吸管插入杯中，並拿起杯子靠近嘴巴，每完成一杯，以口頭增強。

註：塑膠杯子口大小的變化從無杯蓋→有杯蓋（洞口直徑 9 公分）→洞口直徑 7 公分→洞口直徑 5 公分→洞口直徑 3 公分→洞口直徑 1 公分→未打洞。

(3)手拉球：本活動係兩個人分別握住穿過球之兩條繩子末端，一方拉開繩子時球即滑向對方，如此球在繩子上一來一往的移動。此活動的目的在於藉由個案雙手拉把柄、眼睛看球、和他人一同玩樂的過程，訓練個案使用雙手及粗大動作（雙手拉開）的能力，同時訓練其專注力、與他人互動的能力。在前三週，輪流拉彩色彈簧、橡皮筋、手拉球，主要是先讓個案習慣「雙手拉開」的動作。當個案熟悉雙手拉開的動作後，第四次到第七次的教學就直接以手拉球來進行。其結果及增強方式如圖 9（頁 326）所示，仍採逐步退除方式。

(4)吃水果：本活動的目的在於訓練個案飲食的技能（打開不同的水果盒，用竹籤、叉子取食物，用濕紙巾清潔雙手及桌面），及願在遊戲室（非在家）飲食的行為。其結果及增強方式如圖 10（頁328）所示，仍採逐步退除方式。

a.第一階段：使用強烈的口頭增強加上拍手，引發個案在口語指令加上大量肢體提示與協助、示範下，學習使用竹籤取放水果、吃水果，用濕紙巾清潔雙手。

b.第二階段：使用低於五次的口頭增強加上拍手，引發個案在指導者口語指令，加上少量肢體提示與協助、示範下，學習打開不同束結的袋子，或打開不同大小形式的水果盒，用調羹取放水果、吃水果，用濕紙巾清潔雙手和桌面。

c.第三階段：使用低於三次的口頭增強加上拍手，引發個案在指導者口語指令，加上少量肢體提示和示範下，學習開合不同大小形式的水果盒。嘗試在外食用薯條，用濕紙巾清潔自己和桌面，清理地面垃圾。

陸、過程與結果

一、階段 I

（一）打地鼠

如圖 1 所示，在最初的階段，個案雖然會參與遊戲，但是需要半協助，且不能專注遊戲。而後，每個階段洞數增加，至最後無提示、五個洞，且增強減弱之下，成功率仍在 90%以上。

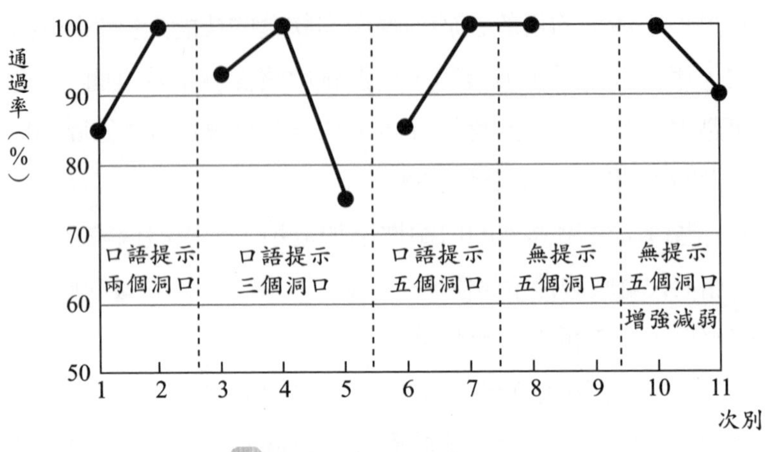

圖 1　打地鼠遊戲通過率

（二）投球

如圖 2 所示，個案第一次上課投球時給予大量協助，因此投進率比較高，但在此次的表現是極不專心，容易分心、亂丟。其後幾次，因為協助量減少，因而表現不佳，遲遲無法專心注視呼啦圈投球。但

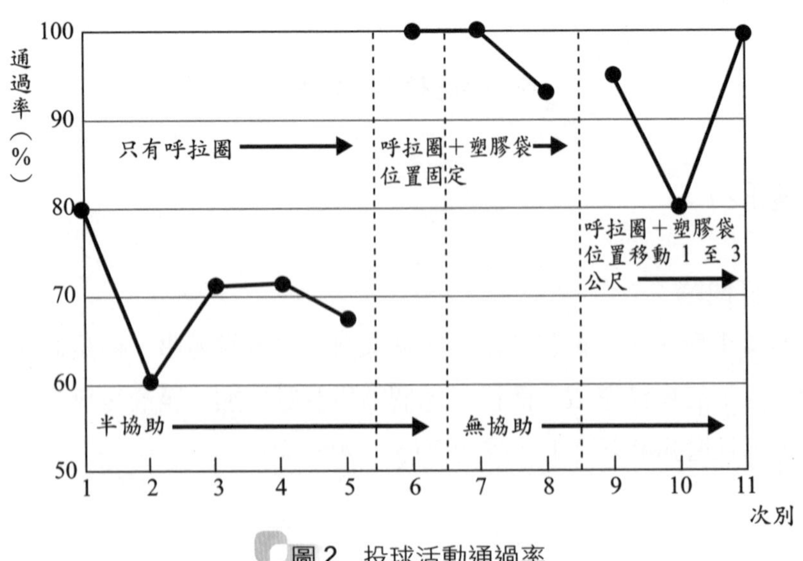

圖 2　投球活動通過率

是，在第六次時，在呼啦圈上加裝了一個大黑塑膠袋子後，很明顯的看到個案的投進率暴增，甚而達到 100%。其原因可能是加了黑塑膠袋後目標物變得更為明顯、具體，球丟進去後可以完全感受到丟進袋子裡的成就感，再加上強烈的歡呼聲，個案自此後的表現一直很好，甚至在無協助下仍能表現得很好。

（三）放球

如圖 3 所示，個案在前三次的教學似乎還不太明白應把球放進燈亮的洞口，而需要一直給予全協助或半協助，至第四次終於明白要把球放於燈亮的洞口，於是慢慢撤除提示。從第六次開始撤除所有提示，並改成放球進洞中玩偶，但個案表現還不錯，第七次教學已能全部通過。第八次改成放球進溝槽玩偶，且無協助，但個案仍能維持其通過率，顯示個案注意力及追視能力的提升。

在前兩次更換條件時均有達成率下降的現象，但第三次的改變則

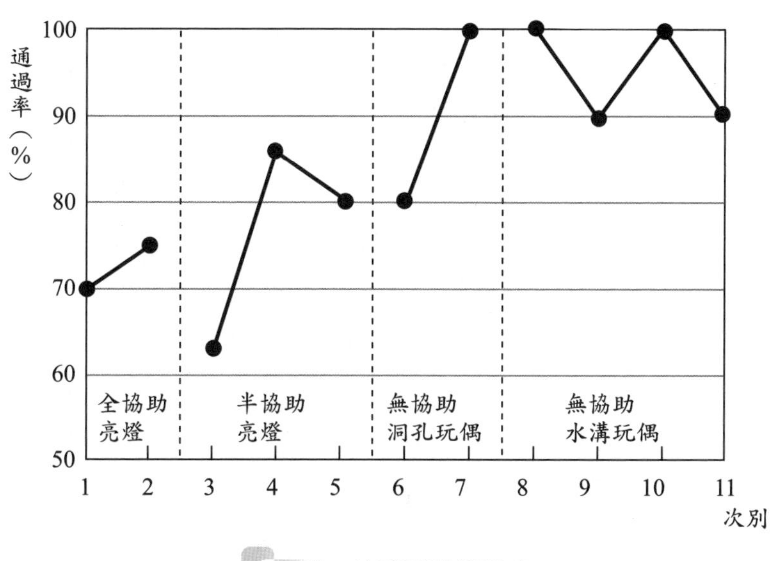

圖 3　放球活動通過率

無此現象，其原因可能是協助的因素所影響，因為第四到第八次的課程變化較大，為了讓個案能熟悉課程內容，在前三回合曾提供全協助或半協助以為練習，其結果不列入紀錄。實施結果發現此有助於個案穩定的效果；在第九到十一次因個案能力達到顛峰，因此這三次教學就沒有給予任何的協助。

在第七次的達成率大幅提升，可能與主教者強烈的聲音刺激有關，每當個案放對一次，即會達到一次聲音刺激，此有助於穩定個案情緒及增進個案的學習興趣。

（四）咬球

如圖 4 所示，本活動自第五次開始實施，個案在此活動表現相當不錯，每次活動皆達到標準 90%以上。第五次及最後三次教學之所以只達到 90%，是因為個案十次中有一次分心，導致協助者給予提示，雖在提示之下完成，但仍列為失敗。

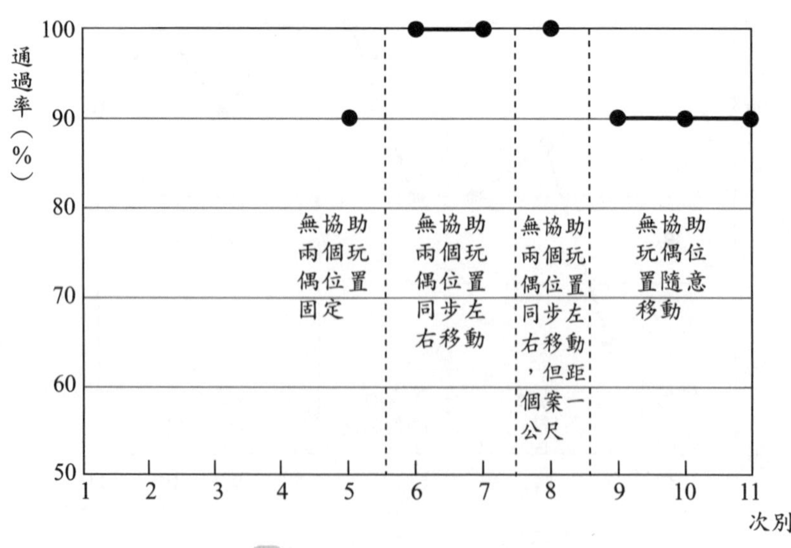

圖 4　咬球活動通過率

第六次教學一開始個案沒有反應，協助者把球遞給個案，但個案都不會拿球。主教者示範二次後，仍無法使個案有反應，因此活動暫時停止，而先進行拍手訓練。拍手訓練後再進行本活動，個案非常的專注，能很快把球放進張口的玩偶中，觀察者可以很明顯看到個案有追視的行為。

從第七次教學開始，當主教者闔著布偶嘴巴讓個案等待時，個案會主動伸手去掰布偶的嘴巴，試圖想把布偶嘴巴掰開。

第九次剛開始實施時，主教者距離個案一公尺，即使主教者給予個案指令，但個案仍未注意到活動已經開始，故將實施方式改為：主教者一開始先站在個案面前，引起其注意之後再往後移動至距離個案一公尺處。

（五）顏色配對

本活動是繼咬球發展出的進階活動，因為個案已能在兩個布偶中選擇張開嘴的布偶，顯示個案的辨別能力已形成，同時企圖從引起動機的目標晉級到區辨學習的目標。

然而在三次的教學中，達成率均僅 60%，接近機會水準，可說完全沒有成功。個案有固定把球放在右邊或左邊的現象，但咬球活動並無此現象，顯示個案對顏色辨認的學習仍有相當的距離。

（六）拍手動作

如圖 5 所示，個案在起初的階段通過率極低，完全需要全協助，在第三次時主教者在教學時會先給予三次的全協助示範練習，結果有效的增進了教學效果。

在第七次時，個案開始會主動與主教者互動，但在進行教學時會打斷教學，會做出與主教者遊戲的動作（如：第四下，故意用單手拍），顯示個案在人際互動上有了改善。然而也影響了達成率，因為

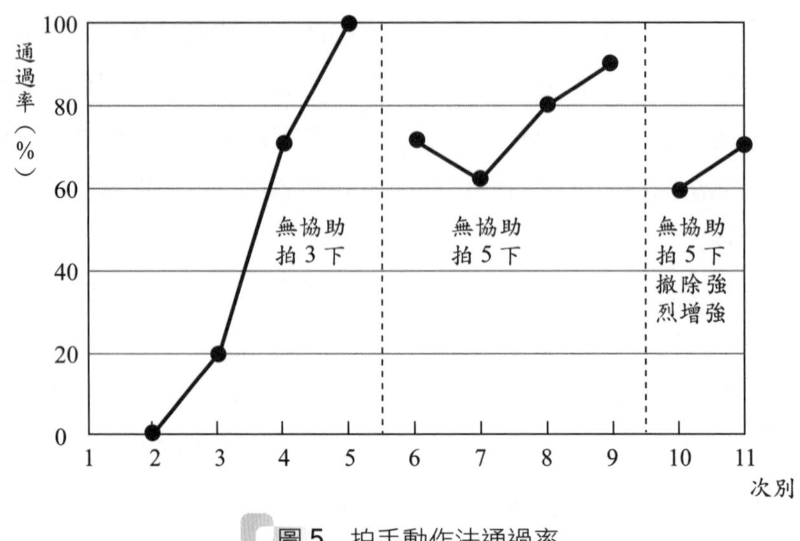

圖 5　拍手動作法通過率

個案為了互動而有分心的現象，在前十回合表現不佳，後十回合亦是在半協助之下完成。

個案在第七次因未通過標準而未得社會性增強，個案的情緒變得不佳，表現亦受連帶影響。顯示個案極為依賴社會性的增強。

（七）人際互動

人際互動的誘發為本研究的主要目標，從圖 6 可知，個案的人際互動不但在量方面獲得很大的進步，在互動方式上也產生了很大的變化。（第二次與第六次因錄影機故障未錄教學過程，因此圖中的曲線有所間斷。）

1. 在前兩次觀察中，個案僅出現過一次短暫的社會性互動外，長達 40 分鐘的評估中，個案不但無法聽從指示，也不理會任何教學者。
2. 第一週次教學有重大的變化，不但發生了六次社會性互動，其中有兩次尚出現口語，而且在此次教學過程中已明顯較前兩次能聽從指示，已經能夠順利地和我們握手。推測原因是這已是第三次與我們見面接

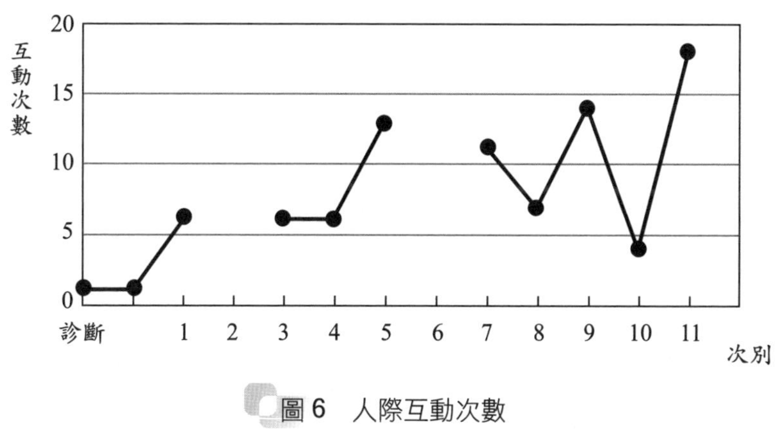

圖6 人際互動次數

觸，對我們比較熟悉信賴所致。

3. 第三次教學時，個案對於要進行之活動已較為清楚，能適當做出反應。此次社會性互動次數雖與第一次相同，但出現互動性質的改變，第一次教學的互動屬被動的，需有所要求才有所反應，但此次開始會主動拉或拍主教者或協助者的手。
4. 第四次教學時，互動次數雖仍為六次，但於此次教學過程中相當和善，不但會主動向我們微笑，主動找我們的次數更多，出現的口語也更清楚。
5. 第五次教學時，個案社會性互動次數驟增，推測原因為增強物改為集體強烈的歡呼所致。
6. 第九次教學時，不但互動次數增加，互動方式也更為多元。除了比手畫腳，還用口語要人看其自摳造成的手腳疤痕，甚至出現了飛吻的動作。
7. 第十次教學時，互動次數驟減，乃因社會性增強突然大量撤除，導致個案不習慣而減少了互動。但在該次的教學活動中，相當合作，表現良好，且已能自己做歡呼動作、自己比「讚」的自我增強，足見個案對於社會性增強不再如此依賴。

8. 第十一次教學時，社會性互動次數可說達到了高峰。

從上可知：

(1)溝通形式轉變，從不理會、而遲鈍、到微笑，再到主動拉人。

(2)互動次數增加。

(3)在跟別人互動時會拉人的手，也會看人的眼睛注視。

(4)不過，口語不清楚、口語互動形式單調，只要人看其自摳造成的手腳疤痕。

整體而言，雖然互動的質未達理想的地步，但是，個案在社會性互動上的進步確實相當明顯。

二、階段II

（一）丟接球

其結果如圖 7 所示。

1. 個案學習狀況：個案第一次通過率達 71%是因為給予大量協助，且只計算丟球通過率，並不包括接球。個案在前三次教學中，需要大量的口語及肢體協助，以引起其注意，方能完成丟接球的活動。直至第四次教學開始，個案對於丟球的反應時間明顯縮短，並且願意主動伸出右手或左手來接球。

2. 退步

(1)個案在第四次教學中，教學協助由原來的口語及肢體協助減少至口語協助，而且必須完成主動丟球、接球，才算一回合的通過，因此通過率較低。

(2)個案在第六次教學中，前兩次活動因為受到他組教師進出影響而未通過標準，導致通過率降低。但實際上，本次教學中，老師在每次的接球均設計問題情境，增加活動難度，但個案都可以順利

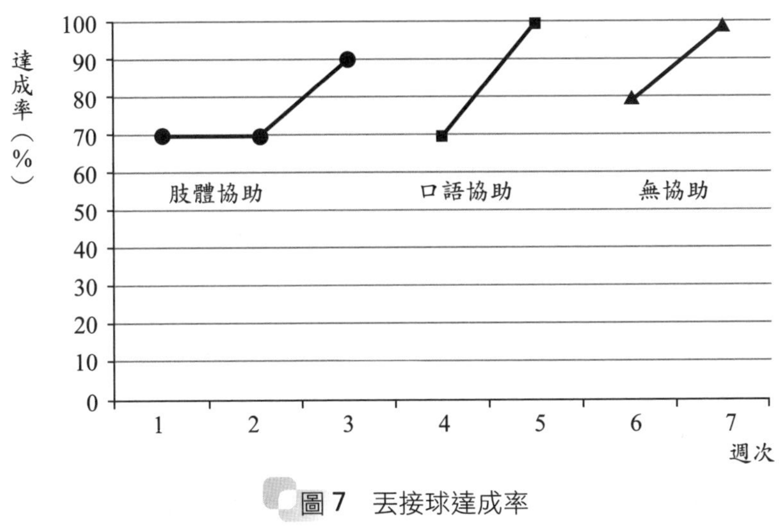

圖7 丟接球達成率

找到球。

3. **改變增強方式**：前三次教學中，都是以強烈的集體歡呼聲來作為增強；第五次教學之後，個案主動性行為增加，所以逐步撤除集體歡呼聲，漸改以主教教師的讚美為主。

4. **個案處理速度**：個案在前三次教學中，每一回合的反應時間都要很久，老師用盡各種方法，如發出聲音、抬起個案下巴、拿東西在他面前晃動，都沒辦法立刻引起個案的專注，因之個案處理速度慢。

5. **問題解決情境**：老師在第六次教學時，每一回合的接球均加入問題解決，老師將球藏起，測試個案是否能自行主動找出球的位置。

   (1)問題解決情境A：老師用某一手手套蓋住球，兩個手套同時呈現在個案面前，個案每次均會主動先翻開右手手套，再打開左手手套。

   (2)問題解決情境B：球不在兩手手套下，個案會注意老師的動作，找出在地上的球，甚至會自己拿起籃子內的球給老師。

從這些問題情境中，可以發現個案變通性高，而且觀察力佳，當在手套下找不到球時，他會注意老師的細微動作（如腿的移動等）以找到球。

6. 個案聽從指令的態度：個案在七次教學活動中，有數次沒有丟中目標，甚至有一次將球丟到老師的臉上，在老師的口語指示下，個案會順從老師的指令去撿球，態度溫順。將球丟到老師臉上的那次，在老師向他說明老師很不舒服時，可以看出個案眼中露出一絲愧疚。

（二）插吸管

結果如圖 8 所示。

1. 學習動機：個案在第一次教學時學習動機很弱，手會退縮排斥，甚至會起身離座，過程也常會分心，第二、三次時仍需大量的動作、口頭提示及示範，也需等待，才願開始，但學習過程已較為專心。第四次以後，個案不但反應迅速，且非常專心，讓老師後悔低估了個案，覺得目標應訂得更高。

2. 問題解決能力：老師放置吸管和杯子的位置會做調整，從放在個案面前、目光可及的桌面、需掃瞄搜尋的桌角、放地上、放老師手中、放

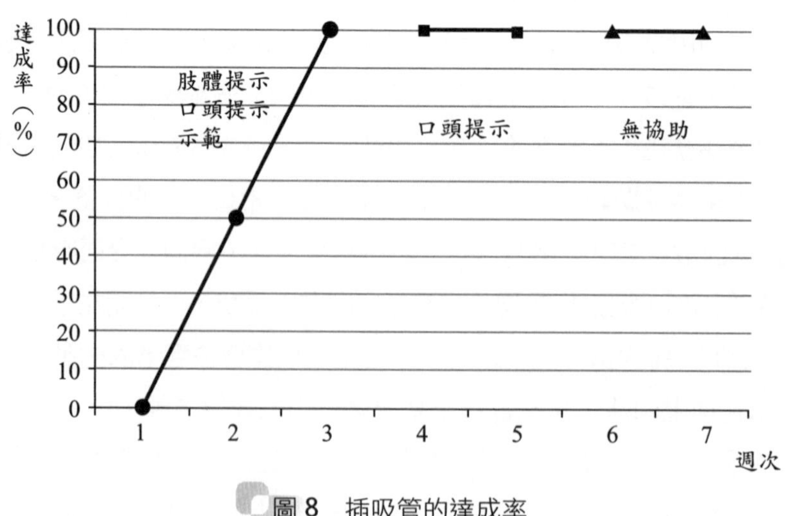

圖 8　插吸管的達成率

個案身上……等情境都曾設計過。剛開始，老師需晃動物品或敲打桌面，提醒個案尋找，但慢慢的個案只需老師口頭提醒，例如：「吸管在哪裡？」就會自己去找。其中個案尚不會處理的情境是：吸管在老師手中，不知如何表達自己想要。

3. **增強方式**：個案學習動機尚弱時，是採歡呼聲加丟杯子入袋，歡呼聲從每回合成功就給，慢慢減少成間歇性的給。在第五次教學，發現他會比大拇指給自己增強，所以就去除歡呼聲的增強，只剩丟杯子入袋增強。

4. **人際互動**：第一次上課要個案坐下，花了許多時間，坐下時，個案也常是呈側坐（面向門外），眼神和老師沒接觸，對學習活動也會先排斥（縮手、起身離開），需等待一段時間才願意開始。第三次以後，和老師眼神接觸次數明顯增加，對學習活動也表現興趣，毋須花很長的時間等待其反應。第四次時上課中對老師笑的次數增加，且在老師們尚未歡呼增強前，就已先轉頭期待。到第五、六次上課時，個案甚至會製造情況和老師玩。

（三）手拉球

其結果如圖 9 所示。

1. **個案進步狀況**：在前兩次的教學中，個案需要較大量的肢體、口語協助，才能參與活動，而且並不是很專注。到了後來，個案參與活動的主動性提高，甚至不需要提示就能自行進行活動。而在第三次、第四次教學中，個案就會主動對我們笑，並故意製造一些情境和我們互動。所以在和個案熟悉後，個案的學習和進步是很驚人的。

2. **改變道具**：在前三次的教學時，輪流呈現彩色彈簧、橡皮筋、手拉球，主要是先讓個案習慣「雙手拉開」的動作。當個案熟悉雙手拉開的動作後，第四次到第七次的教學就直接以手拉球來進行。先熟悉動

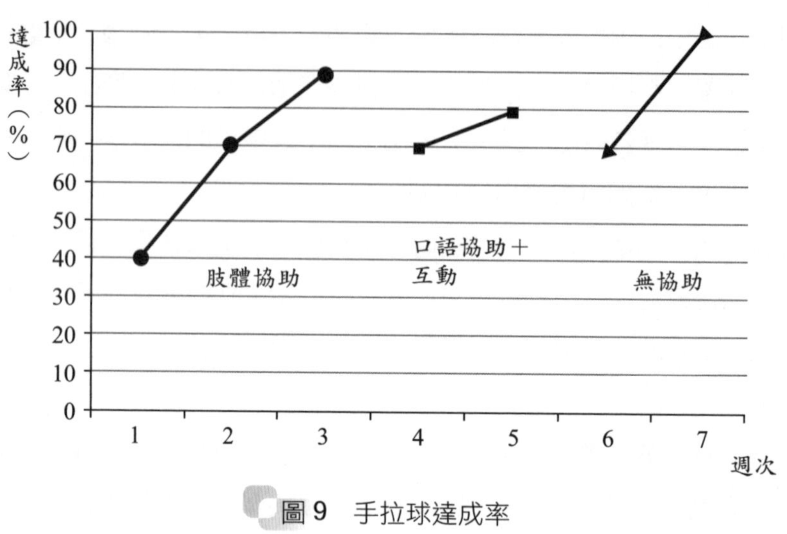

圖 9　手拉球達成率

作果然有助於個案的學習。

3. **改變增強方式**：在前五次的教學，都是以「丟橡皮筋、積木」來增強，到了第六次教學時，因為個案的狀況良好，常常在活動中微笑，所以直接以口頭聲音來增強，效果相當的良好。

4. **個案的處理速度**：第一次、第二次的教學中，在說明、拿出了教具後，個案需在百般的引誘（發出聲音、拍打桌子、拿在他眼前晃動），或是拍其手臂提示後，才會慢慢的拿出手來活動。但是在第三次的教學後，個案就能夠主動的遵循指示來活動，而且等待的時間也縮短了許多。

5. **建立關係的重要性**：在前幾次教學，我們和個案還未建立關係時，個案對活動顯得不太有興致，只願意「丟東西」而已，但在和他互動之後，個案的學習動機被引發了，學習的速度也加快了，甚至還會在活動中主動和我們互動。所以，建立關係、引發動機是相當重要的。

6. **教具的刺激**：顏色鮮豔的教具及聲音對個案來說有很大的吸引力。一開始所使用的彩色彈簧就能讓個案眼睛一亮，主動伸出手來操作。之後的拉球活動，個案也會配合教學者所發出的聲音來拉開雙手及點頭，顯示聲音對個案仍有很大的影響力。

7. **增強物的撤除：**一開始需以「丟東西」和「全體歡呼」來增強，到後來只需教學者以聲音增強，甚至個案自己也會比「讚」的手勢自我增強，顯示個案已經不依賴外在的增強。

8. **時間的調配：**教學者花在讓個案熟悉「拉開」動作的時間稍長，應該可以早一點進入以手拉球進行教學。

（四）吃水果

訓練吃水果的步驟分為三個階段，其結果如圖 10。

1. **第一階段：**第一次教學——個案對任何活動均排斥、不參與。第二、三次教學——個案能在教學者口語指令加上大量肢體指引與協助下，配合強烈口頭增強加上拍手下，使用竹籤、叉子取放五塊水果，用濕紙巾清潔雙手，但拒絕將食物靠近嘴邊或進食水果。

2. **第二階段：**第四次教學——個案能在教學者口語指令加上少量肢體指引與協助下，配合低於八次的口頭增強加上拍手，打開有束結的水果盒，用叉子取放十塊水果，用濕紙巾清潔雙手和桌面，但拒絕將食物靠近嘴邊或進食水果。

3. **第三階段：**第五次教學——個案能在教學者口語指令、示範、提示下，配合低於五次的口頭增強加上拍手，打開不同束結的袋子、不同大小的水果盒十次，用調羹取放十塊水果，用濕紙巾清潔雙手和桌面，撿拾地面垃圾。但拒絕將食物靠近嘴邊或進食水果。第六次教學——個案能在教學者口語指令和示範、提示下，配合低於五次的口頭增強加上拍手，開合不同大小形狀的水果盒五次。在邱教授開導下，吃食餵入嘴裡的薯條三根，使用濕紙巾拭淨番茄醬弄髒的地方和桌面，撿拾地上垃圾。

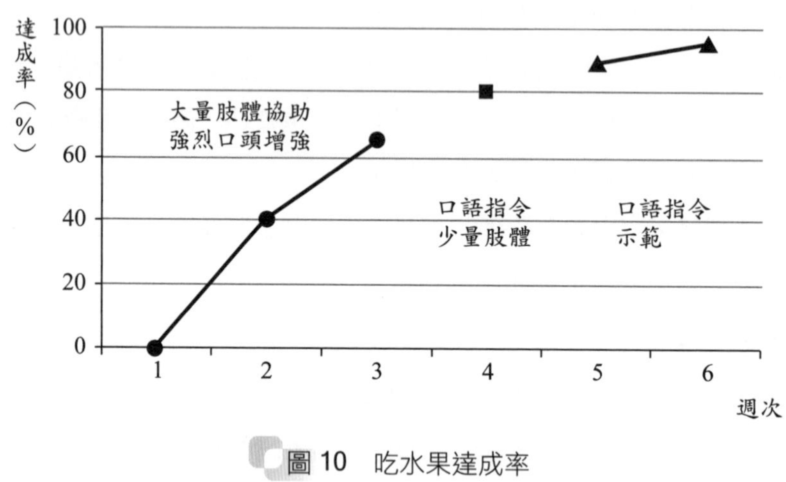

圖 10　吃水果達成率

第一次教學中，即使教學者使用大量口語、肢體協助，觀察者配合大量拍手鼓勵，個案仍拒絕參與任何教學活動。教學者觀察到，個案不時地在觀察教學者，即使展示鮮豔的教具、以大肢體動作示範時，個案仍注視教學者的眼睛或面容，似是在研究教學者，認識教學者。第二次教學經調整教學時間和逐漸熟悉教學者後，個案配合度大幅提升，第二至六次教學達成學習目標的百分比在 40%～96%，個案進步的百分比達 6%～40%，其通過率的趨向是穩定上升的。

當個案學習動機引發之後，教學者給予增強與協助的質與量逐步遞減，但個案卻表現得越來越好。在叉食、清理兩個教學活動中，數度教學者視目標以達成，對個案喊停之後，個案仍繼續追求做得更好。此情形一反個案媽媽陳述其「很懶！」有很大的差別，個案的表現也令其母吃驚。

本教學六次活動，都以消除個案在外不肯吃食的刻板行為為核心，但直至最後一次教學，敦請邱教授出馬指導，才至成功。檢討教學者失敗的原因主要為：未掌握逐步漸進原則；個案媽媽表示，個案吃食時，一定先拿出碗再拿調羹，教學者未保留此相關刻板習慣，驟然想打破最困難的部分，果然遭到失敗。此外，教學者餵食個案的食物都太大塊了，個案抗拒接受，第六次教學，邱教授指導時，餵食給個案的薯條掰成很小段，個案便願意入口，之後一點點增加餵食薯條的長度，個案也願意接受，並成功地吞下食物。

增強系統的逐步退除：教學初，當個案完成學習任務，教學者運用誇張音調、音量，口頭加上拍手增強，讓個案獲得立即回饋，個案也因此願意努力學習。但逐漸發現如此巨大的視聽刺激，往往打斷個案的專心投入，頓時停止學習；個案不是也隨著增強起舞，就是左顧右盼徵求他人增強，要再讓個案回到原來的學習，又得花費一番功夫。之後逐漸退除增強的強度和次數，個案反而能靜心長時間的專注學習，教學者只在個案顯露疲累和缺乏意願的時候，給予強烈增強。做了這番調整後，教學成效持續提高。

柒、討論（略）

捌、結論（略）

玖、參考文獻（略）

附錄 10

動作法對培養機構中極重度多重障礙自閉症住民之自我控制能力的效果研究

王元庭、林榆峰、詹炳松、蔡盈瑩
（財團法人伊甸社會福利基金會辦理內政部宜蘭教養院）

壹、摘要（略）
貳、前言（略）
參、研究方法

一、研究對象

研究對象為二十三歲男生，平時個性溫和，對人會保持微笑，能配合老師指令動作。對於繩結、包裝、瓶蓋及物品的排列有固著行為，必須解開、重新打結或重新排列才可滿足。喜歡物品摔破裂時的情境（破裂聲音、破裂散落景象）。尤其喜歡陶瓷、玻璃類物品（馬桶水箱蓋、玻璃罐……等），藉由摔破東西以得到滿足。當得逞或滿足時會露出笑容，無法得到滿足時、情緒激動時會身體顫抖、咬緊牙根，進而引起自殘或咬人情況發生，或摔東西來表示不滿。

總而言之，其問題行為為摔物品、咬人、自殘。

二、行為功能分析

觀察記錄如表 1。

表 1　行為記錄表（持續記錄法）

8/3	A前事		B行為內容	C後果	
	時間	行為發生情境		處理方法	結果（個案行為）
1	08:30	早餐時	解大夜老師的圍裙	讓他解	解完面帶微笑的離開
2	08:40	刷牙時	衝進教保房要開同學的餅乾	老師動作阻止	雙手發抖
3	08:42	老師在旁指導	雙手緊握拳頭	老師口頭告知這不是個案的東西	繼續緊握拳頭
4	08:43	老師先忽略	走到鄰近同儕旁拉起同儕手臂要咬下	老師隨即動作阻止	目標轉移向老師
5	08:45	老師進行口頭制止	換拉起老師的手臂要咬	握住個案雙手	仍然想咬人
6	08:50	老師做出動作制止	要咬老師肩膀	請同儕趕快拿毛巾，老師將毛巾放入口中讓他咬	緊咬毛巾發洩
7	09:00	老師先忽視	守候教保房門口，等待機會進入	忽視	繼續站在門口
8	09:10	老師指導他人	還是繼續守在門口	老師將餅乾在他面前打開	於是自行離開門口
9	09:20	早餐後打掃空間時	拿瓷碗丟向地上	老師告知下次不可以，很危險	點頭發出笑聲
10	09:25	轉換空間	沿路左顧右盼	不予理會	
11	09:30	全院律動開始	衝去要解養護同學手上的網球護套	老師急忙抓住雙手告知不可以	跟老師一起回到班級位置
12	09:32	老師帶操	同上	老師急忙抓住雙手告知不可以	跟老師一起回到班級位置但頭一直往回看
13	09:40	老師帶操	同上	請養護老師將學生護套解下並告知個案不可以解同學護套，會受傷	於是牽著老師回班級做操位置

表 1　行為記錄表（持續記錄法）（續）

8/3	A前事		B行為內容	C後果	
	時間	行為發生情境		處理方法	結果（個案行為）
14	09:40	老師帶操	左顧右盼尋找目標	不予理會	行為依舊
15	09:50	律動結束轉換空間	看見遠方目標出現（王同學）	老師隨即整隊帶班上同學回教室	跟著大家一起回教室
16	10:00	養生茶時間	衝出教室尋找之前鎖定的目標	讓他去	一間一間找
17	10:10	養生茶時間	每間教室仔細尋找王同學	電聯叫王同學老師將王同學褲子換下，將褲子拿到我們班	找到王同學，看其褲子後低著頭走回教室
18	10:11	準備上課	回到教室看見王同學的褲子	老師告知王同學是女生，不可以隨便要去解人家的褲子	點頭，並坐在座位上準備上課

（一）行為與情境的關係

1. 根據行為觀察記錄統計，個案受引起注意之物品的影響極大，誘發物為易碎品，及可打結之綁結衣物。
2. 觀察個案容易對易碎品感到興趣。
3. 根據行為觀察記錄，個案對感到興趣之單一行為，會重複發生。

（二）處理方式與結果的關係

1. 忽視及口頭制止無效：個案的行為反應為雙手發抖、緊握拳頭。
2. 給予毛巾有效：行為反應要咬人。

肆、教育需求分析

從行為與情境的關係上可知，個案為自我控制能力不足，為改善其自我控制的能力，採用四個單元的課程加以訓練，分別是拍手動作法、單手舉動作法、顏色認知及塗鴉四項活動。

伍、教材及操作

一、拍手動作法

（一）教學策略（逐步養成原理）

個案藉由訓練者的肢體提示，逐步養成聽到主教者不同報數，並依此做適切反應的行為。在個案達到各階段目標的手段上，利用連續增強、延宕增強的原理來強化終點行為的養成。

（二）操作要領

拍手動作法每次進行十回合，成功率須達到 10/10 才可進階拍手次數。個案能夠配合主教者唱數完成，登記為「○」，無法配合主教者唱數完成，則記錄為「×」。教師唱數語氣須肯定、音量足、節奏固定。

二、單手舉動作法

右手／左手須分開操作，且依兩手協調度不同，操作秒數也不同。個案有可能兩手的秒數標準不同，過程中主教者須具備判斷：個案是抗拒產生的抵抗力量，抑或只是調整自身姿勢造成的抵抗力量，作為個案是否成功完成一個回合的依據。

(一) 教學策略(逐步養成原理)

個案藉由訓練者的肢體提示、時間距的拉長,逐步養成對身體的控制力行為提高其耐心,在個案達到各階段目標的手段上,利用連續增強、延宕增強的原理,來強化終點行為的養成

(二) 操作要領

1. 單手舉動作法每次進行十回合,成功率須達到 10/10 才可進階操作秒數。
2. 個案能夠配合將手自然放給主教者,不用力抵抗登記為「○」,無法配合將手自然放給主教者,產生用力抵抗的行為則記錄為「×」;主教者須以手勢告知記錄成功與否,勿直言圈或叉影響個案之後表現。
3. 大多數個案常因肌肉緊繃、協調發展不均,產生舉手便造成身體傾斜的情況,此時若傾斜角度過大,可由一助教協助個案維持身體穩定。若個案出現焦躁無法穩定坐立位置上時,則由助教站在個案後方,雙手放在個案兩肩上輕壓給予穩定的力量,協助個案消除緊張。
4. 搭配握手法、壓肩法進行,提升自我控制能力、注意力、接受指令的訓練。

三、顏色二擇一認知

目的在提升個案對顏色的認知,也同時增進生活品質,具備區辨物品能力。難度由二擇一開始,逐步進階為三擇一,待三擇一皆能準確完成無誤,則個案已具備辨認顏色的能力。主教者在每回合皆須將積木對調位置,藉以判斷個案的選取是真的認識顏色,抑或是依照積木位置、慣用手、主教者提示位置、前一回合的正確位置……等選取積木。

四、運筆協調——塗鴉

目的在於藉由塗鴉的過程，提升個案控制身體行動能力，增進個案運筆協調、模仿能力，幫助學習更多元之休閒活動。開始時，主教者先將白紙遞至個案面前。將彩色筆自盒子拿出後，散放於桌面供個案選擇。塗鴉過程中不給予任何指令，待個案完成塗鴉自行繳回畫紙。

陸、教學結果

一、拍手動作法

第一次操作完成靜止式拍手 3 下十回合的目標，個案眼神飄移。

第四次操作完成靜止式拍手 5 下十回合的目標。

第十次操作完成靜止式拍手 8 下十回合的目標，個案會用眼角餘光注視。

第十二次操作完成靜止式拍手 10 下十回合的目標。

第十五次操作完成靜止式拍手 15 下十回合的目標。

目前操作「完成靜止式拍手 20 下」。

二、單手舉動作法

過程中，個案對自己的身體感覺有認知，會「主動望向自己正在操作單手舉的那隻手、轉頭注視主教者、追視正在操作單手舉的手如何移動、主動與主教者以握手法正確擺位、身體放鬆倚靠在座位靠背上」……等主動性的行為。

三、認知課程

個案已能選擇綠色積木，但有時會故意拿取錯誤顏色積木。

四、運筆協調——塗鴉

由於個案目前塗鴉模式已固定，增加模仿塗鴉（包括直線、橫線、曲線及螺旋）。

五、延宕增強

進行延宕增強，逐步撤除對原級食物增強的依賴，甚至偶爾不用增強物，利用社會性增強拍手鼓勵，個案也能接受。

訓練的結果，個案不但問題行為的發生率由每週兩、三次改善至每月兩、三次，而且每次訓練時，從每回合均要增強到最後可以忍耐等到做完十回合（即滿畫十個圈，一個單元）才要求增強。在第一單元拍手動作法的部分，已達到靜止式拍手法 20 下；第二單元單手舉動作法的部分，已能穩定完成 30 秒；第三單元認知課程，個案已能正確選擇綠色積木；第四單元塗鴉活動，由自由塗鴉進階至模仿塗鴉。

柒、結論

從上面各項結果顯示，本研究所使用的教材教法，確實能提高個案的自我控制能力，進而改善個案之嚴重的問題行為。

附錄 11

透過遊戲活動逐步減少選擇性緘默症學生焦慮的效果

鄧立群、翁嘉彗、蔡易良、李家昀、賴香綾、邱宏龍、呂建達
（國立臺灣師範大學特殊教育學系）

壹、前言（略）

貳、提診原因（略）

參、研究方法

一、研究對象

個案為十五歲國中三年級選擇性緘默症的女生〔註：選擇性緘默症的界定：(1)在任何被期望說話的社會情境中，總是一直不說話。(2)持續一個月不說話（不包括學期開始的第一個月）。(3)不是起因於知識的缺乏。(4)不是起因於溝通的障礙（例：口吃）、心智障礙、自閉症。(5)會干擾到學業、工作〕，從國小至國中共九年的學校生活中不曾開過口，頂多跟最要好的那位朋友傳紙條。但在家會跟家人說話，尤其還會跟母親說心事，跟父親會保持距離，家中還有哥哥和妹妹，與他們的關係不是很好。

個案智力正常，但其母考慮到升學而請領中度智能障礙的身心障礙手冊，不過個案非常排斥有這個證明。

個案的行為表現如下：

1. 學業：國中小階段一直在普通班就讀，成績殿後。
2. 口語表達：個案的口語表達能力很好，詞彙能力並不遜於同年齡的國中生，說起娛樂新聞或是其他個案常接觸、有興趣的話題，便能夠滔滔不絕，說個沒完。另外，與其交談之間，發現個案除了眼睛不常注視交談對象之外，對話時應有的反應、對話技巧都相當正確，推想應是個案平時自行觀察而來的。
3. 社會性互動：個案的社會性互動，取決於個案對於交談對象的信任，能夠使她放心，讓她有安全感的人。個案平時最喜歡做的休閒娛樂，多為一些單獨活動，如看電視、上網，就算逛街，也是獨自一人，不曾和同學一起到外面玩（如演唱會、逛街）。
4. 個案熱衷於偶像明星，對於偶像明星的動向相當的清楚，在家上網時，也都是上一些明星的網站，甚至還列印了許多相關的資料。
5. 在就讀學校的表現（如表 1）：

表 1　在就讀學校的初始表現（由教師課堂觀察記錄）

聽課狀況	與同學互動	對於班上狀況反應	回答問題（全班）	回答問題（個人）	抄寫板書
偶爾投向眼光 33%	無互動 67%	不為所動 60%	沒反應 80%	肌肉緊張 33% 無任何回應 20%	不予理會 40% 低頭抄寫 33%

二、實施方法

（一）課程設計的考量

本研究的對象是選擇性緘默症的學生在學校不語的行為，在教育診斷中發現，個案已是國三的青春期少女，喜好青春偶像的消息，在學校的焦慮主要來自教師及同學。

因此，本研究各單元內容的考量，在於如何逐漸減少個案對學校人員的焦慮。逐步減敏的步驟為：(1)首先減少對本小組成員的焦慮；(2)其次減少個案要好同學的焦慮；(3)暑假期間，未來學校人員即將進入的高職綜職科的級任導師一起參與。

（二）終點目標

終點目標設定在個案能夠在學校中與一位好朋友開口（在單獨的情況下）。

（三）課程設計

由於個案並非重度障礙的孩子，因此無法使用針對中重度孩子、設計形式較為固定的結構式課程，故依照個案每一次的表現和實際情況，作為調整課程設計方式的標準。另外，每次遊戲活動進行之前，均有「心情溫度計」的活動，不僅為遊戲暖場，也可以了解個案這個星期所發生的大小事情。

表 2 是每一次課程大略的教學活動和教具：

表 2　各次教學活動的內容

課程次數	教學活動內容	教　具	備　註
1	賓果遊戲	圖畫紙、蠟筆	從輕鬆的活動氣氛中，讓個案自由發言。
2	繪本說一說	繪本	
3	簡單英文團康活動	CD 音響、CD、英文歌海報、英文單字卡	透過個案主動要求的英文課程，設計輕鬆的團康活動。
4	晤談	心智圖	了解個案在學校的人際互動。
5	製作邀請卡	卡片製作用具	希望幫助個案以非口語的方式與同學互動。
6	圖畫故事接龍	圖畫紙、蠟筆	配合個案同學沒有來的緊急應變活動。
7	大圓和小 P	繪本交流	增加個案被動口語表述的質與量。

表2 各次教學活動的內容（續）

課程次數	教學活動內容	教 具	備 註
8	默契大考驗	題目、題本	讓個案透過遊戲，在主教者的帶領下，間接與同學互動。
9	戶外活動課	籃球	從個案喜歡的活動中，減少與同學互動時產生的焦慮。
10	回顧		
11	淡水之旅		新學校導師參與，但未讓個案知其為未來之導師。

另外，從第四次開始安排如下的作業單，以個案在學校中與同學自然的互動為主題，漸進式的增加個案與同學互動的頻率，建立與同學互動的愉快經驗。

1. 透過同學幫忙老師做事，例如請老師讓個案的好朋友告訴個案到導師室拿聯絡簿。
2. 能夠被動的與同學互動，如在同學邀請下，加入同學的體育遊戲；或是願意在同學請求幫忙時，給予協助。
3. 能夠被動的回應同學或老師的打招呼（不一定要出聲）。
4. 願意接同學打來的電話，並以簡單的話語被動的回答，如：好、不要、嗯、喔、知道了。
5. 在學校中與其好朋友打招呼（在單獨的情況下）。
6. 單獨的情況下，能與好朋友在學校中說話。
7. 進行一些團體的活動時（如體育課），能與該團體中的成員開口。

（四）記錄方法

1. 各次之教學記錄採質的記錄方法。
2. 在就讀學校之表現由任課教師以○、×記錄每節課的互動情形。

肆、結果與討論

一、各次教學活動中的表現

（一）第一次：圖畫賓果遊戲（活動方式：遊戲智商）

目標：讓個案藉由遊戲方式減低焦慮，並從圖畫中誘發她的溝通意圖。

1. 遊戲過程中，個案滿配合教學活動，但還不是很了解教學活動方式。個案沒有反應，需要再提示。
2. 個案因外在干擾，所以活動中斷一下，也造成個案內心的緊張；直到外在干擾消除，個案才慢慢投入教學活動。
3. 畫圖中，個案若不知道如何畫時，都會左右觀看。
4. 在解圖中，個案也認真回答問題，並將圖意告訴大家，與大家分享。

此次活動進行滿順利，因為個案大部分都可以表達自己所想的事物，個案也願意藉由圖畫的方式，表現內心的想法。基本上，個案在與主教者相處時，並沒有顯現出太大的焦慮，加上活動的進行，可以讓個案將目光轉移到遊戲上。唯有在詢問到個案學校的情況時，個案沒有太多的語句，似乎詢問到此問題時，會讓個案感到焦慮。

（二）第二次：看圖說故事

目標：讓個案藉由輪流說故事的遊戲方式，增進與人溝通的口語表達和信心。

1. 個案的回答好像只是為了應付我們，一直都很被動，若不問就不會主動開口；但一旦說到她感興趣的話題，則會滔滔不絕。
2. 個案的固執性很強，對於她所不想做的事情，就是堅持不願意去做，這種情況不論在家或在外都會出現。

3. 這次的活動是看繪本，然後分享自己的想法，但個案都沒說話。不知道是這項活動太無聊她不感興趣，無心思考，還是故事內容隱喻太深奧，個案回答不出來。
4. 記錄員動作過大，表現太過明顯，甚至還問主導活動者個案剛剛說哪些話。

此次活動進行並不如預期的目標。因為此次的活動主要是藉著繪本，大家輪流說故事，希望能藉此練習口語上的表達意願，以及在說話上的信心。但由於這次所選擇的繪本，對個案而言具有難度，在無法理解的情況下，導致個案無法說出她的內在想法，也減少她使用口語的機會。再者，原本設計為大家輪流說故事，想以這樣的方式，讓個案能更融入活動中（不會只有個案一個人在唸書），但這樣的方式，卻減少了很多讓個案表達的機會。

（三）第三次：認識好朋友（遊戲互動）

目標：透過個案本身要求的英文課程，促進個案與我們的人際互動。

1. 由於這是第一次換教室上課，個案不停的探索觀察這個教室，並顯得有些不適應，不過一下子就習慣了，而且滿喜歡這間教室的，因為空間寬敞，視野遼闊，在裡頭很舒服。
2. 雖然個案對組員們都願意開口說話，但似乎並非能如此放得開。這次的活動大多是動態的，可以很明顯的觀察出個案無法很自在的進行，放不開。如人體字母這個遊戲，需要運用肢體表現出英文字母，個案就相當害羞，並顯得有些不知所措。這樣大膽的嘗試，原本想藉由肢體上的活動，讓彼此能更放鬆，但由於個案沒有預期中的放鬆，導致遊戲並不順利。

3. 活動無法順利進行的原因可能是：遊戲規則沒有說明得非常詳細、分組比賽分散個案的注意力、活動步調過於緊湊，個案一下子反應不過來，並造成緊張氣氛，單獨表演容易造成個案緊張。

（四）第四次：誰是好朋友（心智圖進行晤談）

目標：了解個案在學校的人際互動情形（促使個案邀請同學前來一起上課）。

1. 個案一開始由於跟妹妹吵架，因此在情緒溫度計給自己 0 分，而主教者用安慰讓個案的心平靜下來，並且順利進行活動。
2. 因個案對主教者較有好感覺，在此活動中相當配合，且願意說出自己的心情及對班上事件的看法。
3. 個案也願意幫助我們找她的好友一起過來參與活動。
4. 以心智圖進行晤談時，提供個案明確的脈絡，可以較有系統的陳述自己的想法。原本預計會造成個案緊張的話題，都得到個案許多回應，及相當完整的回答。
5. 在話題的安排上，從學校活動（如科展）切入個案對同學和老師的感覺，再到與同學相處的情況，慢慢的了解個案在學校的生活情形。

基本上，個案對「心理諮商」的方式，接受度頗高，可經由諮商的方式，更深入了解個案的想法。由於個案在智力上是正常的，所以在對話上，可採用一般的對話方式（例如可以說笑話等），個案對主教者的話都能夠理解。如果聊到個案熟悉的話題時，個案的主動性語言會比較多。此次的活動進行得相當順利，也有達到預期的目標。

（五）第五次：邀請卡製作

目標：人際互動的練習（以非語言的形式邀請同學到來）。

1. 雖然個案在活動過程中話不多，但她的心情是不錯的，跟上次認識好朋友活動比起來，雖然都不是說很多話，但明顯看出個案對這次的活動比較感興趣。

2. 剛開始，個案在聊她與父親、妹妹去陽明山玩的過程時，顯得非常興奮，且講得很起勁，但我們因時間關係，很快進入課程。這真是很可惜，其實應該讓個案多聊，畢竟個案比較少如此主動性的與人分享。
3. 對於做卡片的活動，個案應該還頗能接受，雖然在過程中沒說什麼話，但知道她是保持著輕鬆愉悅的心情。
4. 最後編織中國結的活動有點失敗，因為從個案的表情看出她不是很喜歡這個活動及滿意這個作品。
5. 最主要是讓個案了解，送卡片也是達到人際關係互動的一種方式。人際關係間的互動有許多的形式，邀請卡也是一種，為了邀請個案同學的到來，試著教導個案，讓個案自己做卡片以表歡迎。這是之前個案沒有做過的事，所以藉此機會讓個案練習。個案對此次的活動是感興趣的，或許因為之前沒有類似的經驗，所以在單元目標上，可說是有達到的。
6. 應事先想好和個案互動的方式或內容，否則個案本身無法主動加入群體的對話中，通常只會聽到好笑的就笑。（跟在學校和一群同學的相處情形類似，甚至有同學不喜歡個案這樣「偷聽」他們講話而發笑。）

（六）第六次：故事接龍（異想天開）

目標：在自然情境下，與同學有非語言式的互動。

1. 因為個案的朋友臨時不來而改變活動內容，幸好這次組員的臨時應變能力很快，活動才不致開天窗，下次應先準備好備案，以防無法掌握的不可控制因素發生（如：這次朋友和個案及媽媽錯開，而沒出現）。
2. 活動方式輕鬆活潑，讓個案放鬆了一下原本因朋友要來而產生的焦慮感。

3. 因為沒有個案朋友的參與，不但使整個活動方式改變，也使整個教學進度延後一週。
4. 事後問個案對於朋友沒來的反應，她稍微吐了一口氣，可見朋友將可能會成為下次活動時，個案緊張的來源與整個課程突破的重點。
5. 個案在畫圖說故事的時候，畫完圖還要延宕一段時間或是經人提醒後，才肯告訴我們她畫的是什麼。有時會想很久才畫，可能比較不能隨心所欲的想到什麼就畫什麼，可能因為擔心而不知該畫什麼。
6. 個案在團體互動中能開心的隨著我們的起鬨而發笑，可見心情是愉快而輕鬆的。
7. 有比較多一點的主動性發言，如：看到有人畫狗，就開玩笑說：「又不是像新聞上的那個柯〇海……」開始劈里啪啦講了一大串自己某天看到的新聞。
8. 偶爾會插上幾句玩笑話，能自然的融入愉悅的氣氛中，是預料之外的一項突破（因為在學校都是聽別人開玩笑，自己在一旁偷笑，而招致某些同學不滿）。

此次活動是為了配合個案同學的到來所設計的，但由於同學有事無法參與，因此改變其目標與活動設計（目標：藉由故事接龍引起個案的自發性語言；在自由的創作中，希望進一步了解個案對生活中人、事、物的想法）。由於此次活動是臨時應變所想出的活動，因此在結構上比較不完整，也比較不容易完整的詢問個案問題。但在自由發揮的情況下，個案所出現的自發性語言較多，因為個案所畫的圖以及所想的事情，都是接近她生活周遭的，再者，其思考的事物比較能符合她的邏輯。

（七）第七次：大圓和小 P（繪本閱讀）

目標：藉著讀繪本的內容，和個案聊些生活中待人處事的經驗與感受，進一步了解個案在學校與同學的相處情形。

1. 個案在活動開始時，相當的沉默，幾次活動的觀察發現，她對於繪本故事書的興趣不高。
2. 由於這次選用的繪本文字簡短，圖畫也用簡單的線條來表現故事，因此她能很快的進入故事的情境中，另一方面，可以很容易就閱讀完。所以，到後來的表現也可以回答我們的問題。
3. 當同室中接受輔導的另一個案（JY）靠近時，她露出擔心、不喜歡的表情，可是當我們開玩笑用「臭臭」（JY 的口頭禪）來代表該個案時，她很開心，因為這是我們建立的默契，是祕密！
4. 當我們的話題和她的學校、生活經驗互相結合時，她的反應比較熱絡，主動開口的次數也比較多。
5. 她很喜歡一位同學，但是對於這位同學的參與還是感到相當緊張。

此次活動主要的目的，是因為組員們並不了解個案在學校的生活實際情況是如何，以及個案與同學的相處情形，藉由接近話題的繪本，讓個案自己閱讀，在其關鍵點時，再詢問問題。個案的表現都有達到預期的理想，在詢問其問題時，個案都能表達自己的想法。主要是繪本的內容能吸引個案的興趣，個案經常會主動的翻閱下頁。

（八）第八次：默契大考驗（好朋友坐在旁邊一起活動）

目標：不要求個案在整個活動之中有口語的出現，但能夠透過遊戲進行與同學間接互動，如一起笑、眼神交會等。

1. 個案嚴重退縮到完全不講話，顯得十分的緊張，從開始進來，到最後交代作業單時，嘴唇甚至出現發抖的現象（當時站在朋友的身旁），讓我們間接看到個案在班上可能表現的狀況。

2. 個案在回答遊戲題目時，只要牽涉到朋友或班上的部分，一律空白或寫不知道（即使是有些我們以前問過的題目），可見是不敢寫，而非不會寫。
3. 個案一開始進行「心情溫度計」時，神情凝重，很難突破自己在同學面前習慣不講話的障礙。
4. 個案在遊戲的過程中，有時會被組員逗笑，但只要希望她回答問題時，又會變得很凝重，整個人緊繃起來。
5. 個案和朋友在聽到共同討厭老師的作業單題目時，一起做了很激動的反應（雖然沒有說話），顯示兩人對此老師的觀感是有共識且默契十足的。
6. 最後活動結束時，個案被組員拉到一旁講話，聲音終於從口中迸出來，並坦承自己很緊張，但是當朋友慢慢移近時，又變得默默無聲了。
7. 個案的朋友個性活潑爽朗愛笑，講話也很直。如問她最想對個案說的一句話，她回答：「希望個案能快點講話！」

因為個案在學校中，沒跟同學說過話，即使對她的好朋友也是一樣，因此我們並不要求個案能在活動中開口。整個活動進行中，個案果真沒說過半句話，這是預料中的事。不只如此，個案也顯現出焦慮的樣子，而且是非常焦慮，或許由於這個原因，整個活動中，個案的參與感不高，例如在某幾題問題，個案所寫的答案是「不知道」。個案在整個過程中，也不曾跟同學正眼看過。因此本次的活動，嚴格來說是沒有達到預期目標的。

（九）第九次：跑跑跳跳、舒筋活血（好朋友坐在旁邊一起活動）

目標：讓個案能以自己的優勢能力來參與活動；藉由打球等肢體的活動來替代和班上同學的言語溝通。

1. 第二次剛分組時，個案錯把球傳給其中一位訓練者，可見還沒反應過來。
2. 當問她為什麼給自己的心情溫度計打 6 分時，因同學在旁邊，所以還是不說話。
3. 叫她把禮物露出一點點給同學看時，顯得不是很願意。
4. 上次交代的作業沒完成，可能是太忙沒時間，和礙於個案不肯說話，所以無法完成。

由於考量到時間的問題（同學能參與的機會不多），如果找到替代性的互動方式，對個案而言也是一種幫助。本次的活動進行得相當順利，由於打籃球是個案喜愛的活動，因此個案的焦慮並不明顯，而且很專心的參與整個活動。

（十）第十次：抽一抽，想一想

目標：藉著回顧，讓個案分享在師大這些日子的想法，以及對每個活動的感受。

1. 個案一開始原本有說有笑，但活動一開始，反應就變得很被動，對於我們帶領的方式，也就是以圖卡回顧之前所進行過的活動，並沒有很高的興趣，回答相當有限。根據我們的推測，可能是活動進行前，個案尚未清楚整個活動的進行方式以及遊戲規則，在每一次的活動回憶中，我們也沒有引導出個案比較有印象的部分，導致個案無法回答我們安排的問題，甚至有些焦慮的情形出現。
2. 其中有一題行動題，我們要求她向邱紹春老師開口說話，個案覺得不好意思不想說，然而，我們改變方式，要她把媽媽帶來的芭樂送一顆給老師，並且由一位同學陪在她旁邊，一塊兒向老師開口，最後，她以很小的音量達成目標。
3. 最後由老師進行的放鬆訓練，個案雖然意願不高，但仍然願意配合，可以歸納出以下幾點原因：

(1)個案對於我們整個團體有相當的信任。

(2)個案本身有意願改變目前容易焦慮的窘境。

(3)在場的人員均是個案能夠信任的，因此放鬆訓練得以順利進行。

4. 以個案為焦點的活動進行方式，讓個案容易焦慮，因為活動目的就是希望能夠聽到個案的一些自發性語言，如此反而使個案更侷促不安；因此在往後的活動設計上，參與的人數可以依情況減少，並盡量分散活動的焦點到每個進行者身上，如此應該能夠改善個案在進行活動時的焦慮。

個案所表現的想法及感受並不明顯，有些部分的活動，個案無法說出當時的感覺，只有偶爾引起她記憶的東西，她會微微的一笑。此次活動算有達到目標，只是在分享部分，個案似乎比之前的活動更少。

（十一）第十一次：淡水之旅

個案在第十二年安置計畫的安置會議中確定進入某國立高職特教班，乃與該校特教組長聯絡，商請新的級任教師參與淡水之旅，並要求不得告訴個案，以便讓個案認為是小組成員之朋友。因此，是日個案在不知情之下，自然的與新導師聊天、照相。

二、就讀學校的紀錄

1. 第一次來到師大以後，回去馬上會跟某些學校老師做點頭或搖頭性的回答，不再是完全沒反應。
2. 漸漸的會和資源班的老師講話，敘說自己在師大參加活動的內容與感想。
3. 在資源班上課時，對於閱讀內容，會很認真的回答老師上課的問題。
4. 在班上仍舊不敢和朋友互動，有實行上的困難，似乎無法突破自己三年來都閉口的狀態。面對科任老師對全班的問答，會依老師給個案的感覺與氣氛決定反應的方式，大部分是沒反應，少數像理化、體育課時，會點頭或搖頭。

整體而言，個案產生了一些變化：

1. 主動性語言的增加，從抱怨式的內容晉級到和我們開玩笑。
2. 已能在資源班講話，在普通班則頂多會點頭與搖頭。
3. 會和組員通電話，並在來師大聽演唱會時，主動打電話給組員。
4. 會融入團體的情境中，感覺自己是其中的一份子，並希望暑假能繼續聯繫（歸屬感的建立）。
5. 會希望讓自己喜歡的朋友一起參與這裡的活動。

三、追蹤（高職階段）

1. 把暑假與導師出遊時（未告知為未來導師）照的相片帶到班上與同學分享，並會回答同學的詢問。
2. 教師們經常藉機要求其用口語轉達其他教師、同學，個案均能達成。
3. 高一上學期時，大部分在特教班上課，下學期起開始逐步增加回歸普通班的科目，至高三時已全部回歸。
4. 升高二時，個案及家長要求學籍回歸普通班，但因入學管道不同，導致無法如願。

伍、結論

本研究的結果獲得下列的發現：

1. 個案在學校的人際互動、口語溝通獲得明顯的改善，顯示透過活動逐步減少對焦慮目標的焦慮，可以有效改善選擇性緘默症學生的焦慮。
2. 本研究的成功因素除了上述策略之外，就讀學校及新學校教師的配合與協助，亦即自然情境人員的參與亦為重要的關鍵。尤其新導師的參與，在個案不知為老師的情況下與新導師互動，待入學時發現是新導師時，對新導師已無焦慮的存在，因此可以適應新學校的環境。不過，在第八次的教學時，由於已認識且要好的同學的參與，導致個案極度的焦慮，顯示處理選擇性緘默症學生很難有立竿見影的效果，處理的步驟不能過急。

3. 在十次活動中，顯示「諮商」的方式對個案而言，是比較有用的。帶活動雖然可以減低個案的焦慮，但只能在其情境中，很難類化到學校的環境內。

陸、建議

1. 由於個案在學校的情境中已有九年未曾開口說話，因此在上課時，暫時先不以需要長句子的話語來問她，也不要直接在全班面前詢問：「為什麼你不回答？不要說話？」相反的，老師可以使用只需回答「對不對、是不是」等短句來讓個案回答。
2. 過去，個案所接受的輔導方式是片斷的，許多老師都是直接針對她的問題行為（選擇性緘默症）要求她開口說話，依據我們一學期的觀察，發現這樣的做法只會增加個案的壓力與負擔，因此我們提出具體的輔導策略如下：
   (1)教師們對於個案的輔導方式必須有共識、做法一致，不要從她的問題行為直接要求改善，可以從旁提醒她要放輕鬆，並可以暗中利用些小技巧引導個案說話。
   (2)讓個案有更多的機會參與學校的團體活動，透過在自然情境中與同學產生互動。
   (3)建立個案與班上同學之間的關係，例如運用小天使與小主人的遊

戲等等。

3. 以個別的心理諮商來進行輔導，透過深入並單獨的談話過程，讓個案更進一步了解自己不開口的原因，並且能在過程中鼓勵她，逐漸的建立自己的信心。

附錄 12

透過行為改變技術改善隨地拿取食物吃的行為

陳柏佑、黃子倚、洪妍倩
（臺北縣立八里愛心教養院）

壹、基本資料（研究對象）

一、生長史

小芳（1979 年出生，28 歲），性別女，約十一歲時（1990 年）轉入本教養院，一切醫療皆由院方安排。

二、成長史

小芳為足月自然產，出生四個多月發高燒未及時送醫，之後住進臺北長庚醫院，持續發高燒約 15 天導致 CP（腦性麻痺）。

三、受教史

未受任何教育。

四、醫療史

消化與排泄系統：時常腹脹腹痛，常需浣腸。目前服用促進腸胃蠕動及降低腹脹的藥，並禁食「奶製品」避免腹脹。2003 年 10 月因泌尿道感染、腹脹至恩主公醫院住院治療。2004 年健檢：腹部超音波檢查異常為「右慢性腎炎」，需定期至內科門診。

五、家庭背景

父母離異，案母（1950 年出生）從事自由業，案兄（1971 年出生）目前在公所上班，已成家，育有一女（五歲）。案母目前與叔叔（朋友）同住桃園，另案兄也住桃園，平常案主的寄養費以案母支付為主，但沒錢支付時，案兄也會給案母錢。

六、教養態度

以約束／預防方式來解決其問題行為。

七、生活環境

安置在本院的「祥雲軒」，此院房的院生特性為認知能力低，但較具活動力者。

1. 飲食：每日提供三餐正餐＋三餐點心。

2. 院房團體作息：星期一：多感官體驗或視聽室
星期二：戶外活動
星期三：復健室
星期四：感官課（先）→活動室（後）
星期五：音樂療坊（每月第一週）／音樂遊戲

八、綜合分析

1. 視覺、聽覺：正常。

2. 粗大動作：具有「坐、站、走、跪、趴、翻」的基本能力。即具獨力行走能力，但速度、平衡度可再加強。

3. 精細動作

(1)有基本抓握能力。

(2)有物件由一手交至另一手中的能力。認知程度低，故難以達成較有功能性的精細動作，無生活自理能力。

4. 社會技能

(1)會用哭、笑來表達需求，無口語表達能力，少與人互動，性情溫和。

(2)會用眼神注視人、物表達需求。

(3)聽到「不可以、不要」等禁止語氣，稍可暫停正在做的事。略可聽從簡單指令。

(4)略可聽從口語或手勢動作下的簡單指令。略有簡單肢體語言理解能力。

※**目前個案最主要的問題行為**：吃為其生活主要重心，當看到東西時，不論可食、不可食都直接往嘴裡送並吞入肚（如：頭髮、樹葉……等）。故目前個案的穿著以「連身裝」為主（如圖 1），目的在防止上述問題。

圖 1　個案所穿著之連身裝

九、教育需求

1. 具備能力（優）：具獨力行走能力，能自取食物放入口中。

2. 欠缺能力（劣）：針對可食與不可食的東西無辨識能力。

3. 需求：改善劣勢以便可正常進食，進而可穿正常服裝。

貳、教育計畫

一、聽指令（溝通訓練）

1. 目標：能配合老師簡單的指令，並發展出簡單與人互動的能力。

2. 教學流程：單元一「拍手動作法」。

二、忍耐力（自我控制）

1. 目標：訓練拿容器中的食物，並降低拿取容器外食物的頻率。

2. 教學流程：單元二「拿容器裡的食物」。

三、顏色辨識（認知能力）

1. 目標：訓練將可食用食物與顏色做連結，並學習簡單顏色辨識能力。

2. 教學流程：單元三「拿紅色扭蛋給老師」。

四、問題解決（認知能力）

1. 目標：訓練手部精細動作，並學習將蓋子打開拿取食物食用。

2. 教學流程：單元四「掀蓋子」。

五、物體恆存觀念的建立

1. 目標：提升專注力及追視能力。

2. 教學流程：單元五「猜一猜」。

參、實施方法

一、過程步驟

1. 日期：2006/6/17～2006/11/26。
2. 時間：每週六 10：00～11：00。
3. 地點：華光智能發展中心。
4. 人員：指導者一名、協助者一名、記錄一名。
5. 步驟：針對小芳的問題行為提出討論、訂定目標、執行訓練、討論及修正教案。

二、想達成的目標

因為小芳時常隨意撿落葉、毛髮、木屑食用，造成腸胃問題，所以希望藉由此訓練能降低亂吃東西的行為。

三、針對需求的教材

1. 增強物：食物、塑膠袋。
2. 教具：扭蛋蓋（紅色、藍色、透明各一）、方形透明盒、圓形透明盒、碼表。

肆、實施結果

一、單元一：拍手動作法

表 1　拍手動作法的訓練結果

次	日期	目標	結果	具體描述
階段一				
1	6/17	能在全協助下，和老師做拍手動作法三下。	90%	配合度高，無抗拒，較不易專心。
2	7/8		80%	眼神不注視老師，皆看旁邊。
3	7/15		100%	自發性舉起手，並用手背靠近指導者的手。
4	7/22		100%	自發性舉手。
階段二				
5	7/29	能在半協助下，和老師做拍手動作法三下。	20%	在協助下有五次自動將手抬起。
6	8/12		50%	注意力不集中，眼睛一直看別處。
7	8/19		100%	有五次幾乎是獨力完成，拍手的幅度較明顯。
8	8/26		100%	取走增強物後，會將蓋子推給老師，和老師開始有互動。
階段三				
9	9/2	能在無協助下，和老師做拍手動作法三下。	40%	專注力不夠，眼神容易看到其他地方。最後幾次手掌有打開。
10	9/16		30%	拍手的力道太小，故在需協助時使用較大的力量給個案體驗。
11	9/23		40%	今天狀況比較好，可主動抬起雙手用手背拍手，最後四次也能用手掌來拍手。
12	10/21		30%	因有三週未上課，所以一開始始終未進入狀況，注意力不集中。
13	10/28		0%	今天情緒不佳，注意力不集中，且一直哭，上課速度進行緩慢，需中途暫停休息。
14	11/4		40%	雖需半協助舉手，但自己可完成拍手，只是力道還是不太明顯。
15	11/11		10%	皆可自動舉手，會碰觸老師的手，但碰到後就停止不動。
16	11/18		40%	
17	11/25		60%	力道有較明顯。

討論：

主要是訓練小芳能聽懂簡單的指令，配合老師做活動，增加與人互動的機會。一開始的時候，小芳對於外界環境除了食物以外，少有探索外在人事物的動機，經過拍手動作法訓練之後，發現小芳漸漸能主動碰觸指導者的手，要求做活動。甚至在院內時，也會拉扯其他照顧者的衣服，漸漸發展出與外在環境互動的能力（圖 2）。

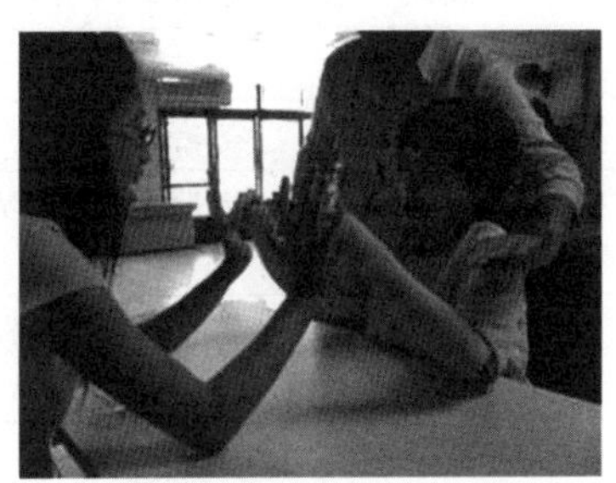

1.一開始可將手背放在手上

2.漸漸可以將手打開

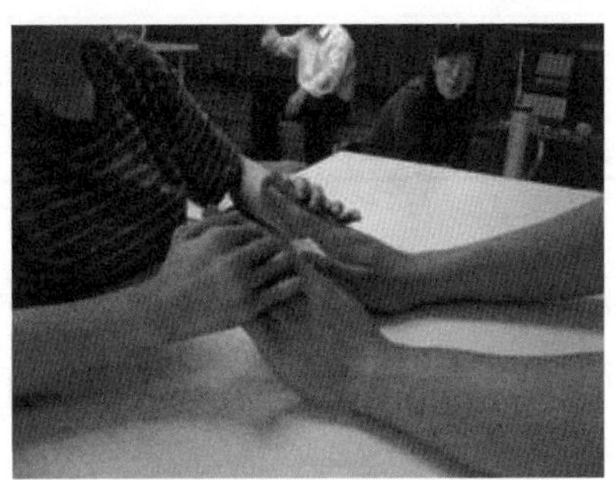

3.會主動拉老師的手

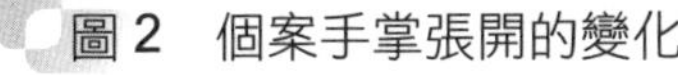

圖 2　個案手掌張開的變化

二、單元二：拿容器裡的食物

表 2　取容器內食物的訓練結果

次	日期	目標	結果	具體描述
階段一				
1	6/17	在全協助下，選對在容器中的食物食用。	60%	會撥開老師的手，想拿容器外的食物。
2	7/8		60%	會使用雙手左右開弓。
3	7/15		80%	經老師引導後，會拿容器內的食物。
4	7/22		100%	已經有四次不經協助就主動拿容器內食物。
5	7/29		100%	有六次不經協助就主動拿容器內食物。
階段二				
6	8/12	在半協助下，選對在容器中的食物食用。	50%	吃完後，會將空容器交給老師。
7	8/19		80%	八次皆自己獨力完成，故開始結合拍手動作法。
8	8/26		50%	會解決問題，如主動站起、將容器傾倒。
9	9/2		50%	不專心，眼神一直看往他處。
10	9/16		100%	無協助，皆獨力完成，忽視容器外的食物。
階段三				
11	9/23	在無協助下，選對在容器中的食物食用。	50%	因之後小芳在拍手時一直無法專心活動下去，故後面五次暫停。

1. 第一次活動後，直接將容器拿給小芳選擇，似乎較無結合學習情境，故在第二次上課時開始結合拍手動作法，將增強物拿給小芳時給予容器中的食物活動。
2. 因在第十次之後，小芳皆百分之百拿對在容器中的食物且忽視容器外的食物，但可能因活動興趣不大，所以容易分心導致活動做不下去，

故可發展其他活動來提高小芳做活動的興趣。之後以活動五「猜一猜」來提高其專注力。

3. 在訓練期間的偶然機會，插入了物體恆存概念與探索能力的訓練，其結果請參閱第四篇第四章「物體恆存概念與探索行為的形成一段」。

討論：

主要是訓練小芳能辨識在容器外的食物不可食用，在活動的一開始，小芳對於食物的出現，反應都很大，無論是容器內或容器外，都想要拿，訓練一段時間後，發現小芳漸漸能忽視容器外的食物（圖3），且甚至當桌上有她以前最愛的頭髮，不但沒往嘴巴塞，還主動拿給老師。

1.忽視容器外的食物，只專注老師手中的容器

2.從藍色球中取出小饅頭

圖 3　個案能忽視容器外的食物

三、單元三：拿紅色扭蛋給老師

表 3　顏色辨識的訓練結果

次	日期	目標	結果	具體描述
階段一				
1	6/17	能在全協助下，將紅色扭蛋的蓋子拿給老師。	80%	配合度高，故全協助可完成，但尚無顏色辨識能力，因半圓形倒蓋容器不好抓握，故抓起後容易掉落。
2	7/8		100%	經全協助，將手放在紅色蓋子上後，可自行抓握起拿給老師。
階段二				
3	7/15	能在半協助下，將紅色扭蛋的蓋子拿給老師。	30%	今天情緒一直不佳，突然從口中吐出一個彈力球後，情況改善許多。
4	7/22		100%	輕觸小芳的手，小芳即可自己抓握起蓋子給老師。
5	7/29		100%	
階段三				
6	8/12	能在無協助下，將紅色扭蛋的蓋子拿給老師。	0%	今日整體狀況不佳，少有獨力完成的項目。

討論：

實際活動施行後，發現與實際欲訓練目標相去甚遠，因小芳幾乎無顏色的辨識能力，相較於訓練其辨別顏色的能力，還不如說是訓練其抓握蓋子的能力，故此活動暫停，改為掀蓋子的活動，訓練其手部精細活動度。

四、單元四：掀蓋子

表 4　問題解決（掀開蓋子）的訓練結果

次	日期	目標	結果	具體描述
階段一				
1	8/19	在 30 秒內，全協助下打開透明容器的蓋子（牙線盒）。	60%	有二次雖在秒數內打開蓋子，打開蓋子的方式還是不穩定，所以食物掉出算失敗。
2	8/26		30%	有四次雖在秒數內打開蓋子，打開蓋子的方式還是不穩定，所以食物掉出算失敗。
3	9/2		60%	因其力道及容器方向控制不好，所以導致食物很容易掉出，當指導者介入後，情況改善且自行壓住容器底部的行為顯然也增加。
階段二				
4	9/16	在 30 秒內，半協助下打開透明容器的蓋子（牙線盒）。	60%	經老師協助教導後，自行壓住底部的行為增加，顯然有學習行為的潛能。
階段三				
5	9/23	在 30 秒內，無協助下打開透明容器的蓋子（方形牙線盒）。	70%	每次皆能用一手固定容器，另一手開蓋子的方式拿取食物。
6	10/21		90%	每次都能獨立打開蓋子，一直無法打開時會將容器交給老師，接下來幾次動作熟練，其中一次失敗是因為食物不小心掉出。
階段四				
7	10/28	在 30 秒內，全協助下打開透明容器的蓋子（圓形餅乾桶）。	30%	無法辨識哪邊是蓋子。
8	11/4		40%	動作更小心，不讓食物掉出，如果開錯蓋子方向的話就會固執的一直開，不懂得換邊。
9	11/11		20%	雖不在秒數內完成，但這次老師將蓋子的部分漆成黑色，個案每回合都找得到蓋子直接開啟。
10	11/18		60%	較能控制力道，每次都能順利打開蓋子而食物不掉落。
11	11/25		70%	打開蓋子的時間明顯縮短許多。

討論：

一開始，雙手協調的功能很差，常常無法正確的打開蓋子，即使打開了，食物很容易掉落到桌面上而不可食用。經過幾次指導者協助教導以一手固定底部、一手開蓋子的方法後，成功打開蓋子的頻率越來越高，顯示小芳有學習的行為；此外，第二階段的容器因頭尾難以分辨，常常因為找錯方向而打不開，當我們將蓋子的部分塗成黑色後，小芳能夠明確的找出蓋子的方向打開後拾取容器內的食物，證明小芳雙手協調的能力進步，且發展出問題解決的能力（圖 4）。

1. 專注力亦提升許多

2. 能一手固定，一手開蓋子

圖 4　打開蓋子

五、單元五：猜一猜

表 5　專注力的訓練結果

次	日期	目標	結果	具體描述
1	11/11	在全協助下，打開藍色的蓋子。	80%	顏色辨識力仍須仰賴外力，需協助才能選對目標物，但專注力明顯進步許多。
2	11/18		80%	有七次皆無協助就獨立完成。
3	11/25		90%	眼神追視成功，所以即使隨機放在不同顏色的容器中，皆能拿取正確有食物的蓋子。

圖5 追視塑膠袋

討論：

在幾次訓練下來，發現小芳的專注力還是稍嫌不足，導致活動有時無法進行。故在單元五中訓練小芳的專注力，因活動僅進行三次，尚無顯著成效，但有觀察到小芳在活動的專注力及追視能力（圖 5）有些許的進步。

伍、綜合討論

1. 發現小芳在這幾週的訓練下來，因訓練刺激連結及經驗學習，對於人際互動、簡單指令均有所提升。
2. 在活動設計課程時，亦考量到小芳會用手隨地取食的問題，故特意設計互斥行為，如拍手、開蓋子等活動，發現小芳會隨意拾取不可食用的東西亂吃，是因為太無聊。透過活動訓練，發展出其他的休閒技能，也使小芳可以將對食物的專注力轉移到其他對人、事、物上。
3. 過去，小芳在動作的表達上都是以哭的方式來引起別人的注意，在過程訓練中，已經慢慢發現小芳有建立些許與人互動的能力，如玩塑膠袋的時候會主動遞給對方、在活動中會將空的容器主動交到老師的手上、在院內其他時間會拉其他照顧者的衣服等（圖6），未來在訓練的過程中可以再多注意正確的建立小芳「動作表達的要求」。

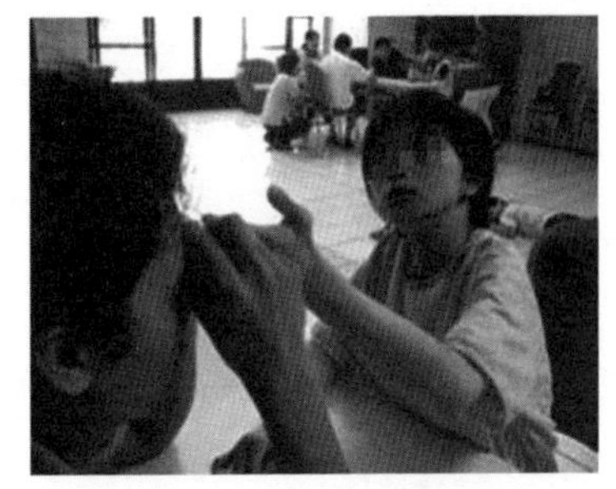

圖6 要求行為出現

4. 如圖 7 探索行為已形成了。
5. 拍手動作法部分，發現小芳的力道還是太小，未來在訓練課程中，可設計發展肌力相關的遊戲，以及多使用聲光效果等回饋的教具，增加其感官刺激。

圖7　探索能力形成，尋找塑膠袋食物。

陸、結論

經過行為改變技術課程，利用增強物結合活動設計刺激連結，消弱其隨地取食的行為確實有顯著效果，亦發現增進其發展休閒活動之重要性。

附錄 13

針對國小妥瑞氏症伴隨智能障礙教育需求其訓練效果研究（之一）

戴瀞禹、許凱文、謝東霖、孫筱雯、陳雅婷

（國立臺灣師範大學特殊教育學系）

壹、前言（略）
貳、文獻研究（略）
參、研究目的（略）
肆、名詞解釋（略）
伍、研究方法

一、對象

個案為一國小五年級妥瑞氏症候群兼智能障礙的女生，以下分述個案各領域的能力：

1. 動作

在粗大動作方面，個案的一般大肢體動作無太大問題，但平衡協調的動作不佳，發展年齡約為三歲十個月；精細動作比粗大動作弱，尤其是手部穩定度很差，發展年齡三歲八個月。

2. 口語表達

句子組織力弱，常以「動詞＋名詞」或「主詞＋形容詞」來表現，表達之詞彙多以日常生活的為主，詞彙量不足，可佐以簡易肢體動作表達較具體或呈現在個案面前的項目。

3. 視知覺

已有直線追視能力；但在視動協調方面，因其手部功能不佳，故發展遠較其生理年齡落後；在空間位置方面，個案可分辨位置的異同，但分辨不出左右；在空間關係方面，個案的空間關係能力極弱，發展的程度亦遠落後其生理年齡。

4. 數的能力

個案唱數可從 1 唱到 100；在數數方面可數到 20；在量方面亦可達 20。

5. 專注力

個案專注力約只有五分鐘，極易分心。

二、實施方法

1. 場地

從 4 月 7 日開始至 6 月 9 日的十次訓練，訓練地點均於臺灣師範大學博愛樓二樓的遊戲室，該處隔音效果佳、牆壁加裝軟墊、地板鋪有巧拼。另外每次訓練時，有兩組同學於同一間遊戲室內分別進行課程教學，故兩組教學偶有干擾情形發生。

2. 教學時間

自 2006 年 4 月 7 日至 2006 年 6 月 9 日止，每週一次共十次。

每次授課時間均為 40 分鐘。

3. 教學觀察記錄

由其餘為授課之同組組員進行觀察記錄的工作。

4. 教學流程

共有五項教學單元，如表 1：

表 1　各教育需求與其相對應之教學單元

單元	名稱	教學內容
第一單元	口語表達	手偶講故事
	專注力	拍手動作法
第二單元	視知覺	打地鼠
	專注力	請你跟我這樣做
第三單元	數量	加法
	專注力	拍手動作法
第四單元	知動協調	立體迷宮、漸進式著色
	增強	拼圖

陸、教學過程與結果

一、口語表達

訓練結果如圖 1。

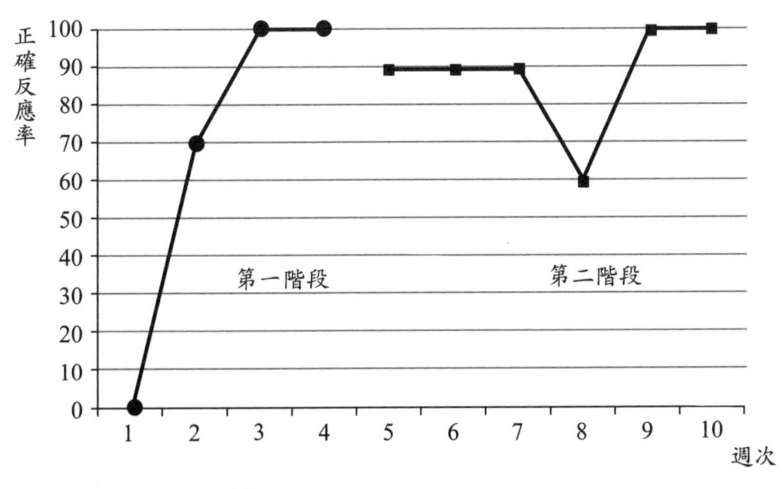

圖 1　口語表達之教學成效

1. 第一階段

第一週時個案因對整體情境不熟而無法進入狀況，且主教者下達的指令不夠明確，較像教導認知而非跟個案互動，故個案完全無法達到標準。在經過課程調整後，個案當週的反應良好，在達成率方面提升，並穩定的進步，在第三第四個禮拜達成目標，所以進入第二階段。

2. 第二階段

延續上階段的基礎，個案在第一次實行新的訓練內容時，馬上可以進入訓練的情境，可見經由情境式教學，個案口語表達能力成長快速。除了在第八個禮拜個案明顯情緒不穩，因為個案在學校裡發生問題，心情大受影響而呈現情緒不穩的狀態，故在訓練時無法達到要求，因而達成率下降外，其他週都穩定的成長。並在第九週與第十週有連續語句與主動問話的情況發生，且在上其他課程時與教學者的口語溝通也明顯增加；由以上的訓練發現，個案的口語表達方面已經趨於穩定的成長，可進入下一階段的訓練。

二、視知覺

視知覺的訓練結果如圖 2。

個案於第二到六週均達通過標準，然百分比卻有下滑趨勢，推估原因可能為個案的情緒起伏占最大因素，第二週個案情緒過 high，該天上課狀況異常良好，個案亦特別專心，故各次均能命中目標；第三週與第五週，個案上課情緒下降，課堂上不專注，情緒不穩直接反應在教學結果上的落差。個案情緒起伏確實造成教學結果一定程度的落差，然此一階段五週均達通過標準（75%），故更改通過標準，繼續下一階段的訓練；第三週、第四週於開始介紹恐龍玩偶時播放恐龍音效（叫聲），個案明顯對教學者提供之聲音刺激富有興趣；因教具已殘破不堪，於第七週改變通過標準時一併更換成教具二。從圖 2 發現，

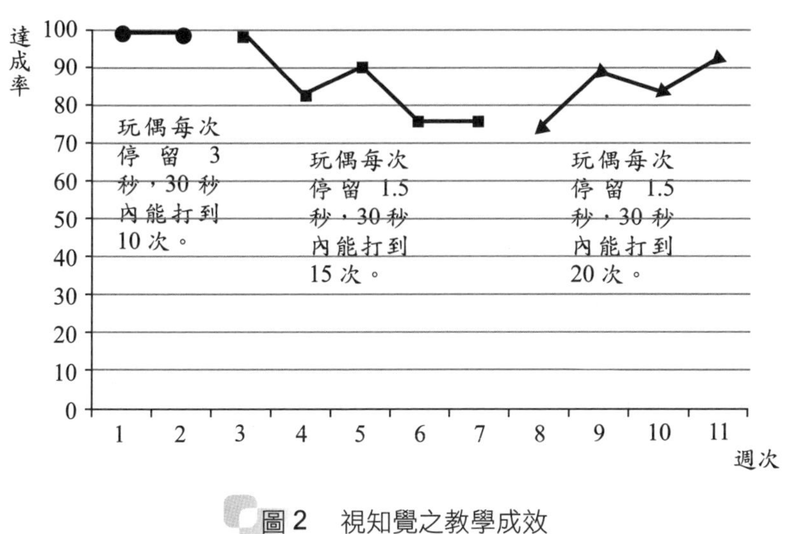

圖 2　視知覺之教學成效

個案有在進步，各次訓練也都有達成該階段的通過目標，最後一階段更可發現個案不斷上升的高命中率。據此推估若持續訓練，個案將有機會達到 100%的命中率！

三、專注力

在「拍手動作法」方面如圖 3 所示，前五週上課皆訓練兩次，故有兩次紀錄。從第六週開始，改為移動式拍手法，只訓練一次；第一週的第二次、第三週的第二次、第五週的第二次以及第八週，個案的通過率下降，是因其變換標準個案尚無法馬上適應，是正常的表現。

在「請你跟我這樣做」方面，第一週上課只有一種訓練目標：訓練者以一秒鐘一個動作的速度示範，個案須在示範兩次內跟上。經修改後，以後的訓練目標分為兩個要求水準如圖 4 所示，第一水準較簡單：訓練者以一秒鐘兩個動作的速度示範，個案須在示範五次內跟上；第二水準較困難：訓練者以一秒鐘一個動作的速度示範，個案須在示

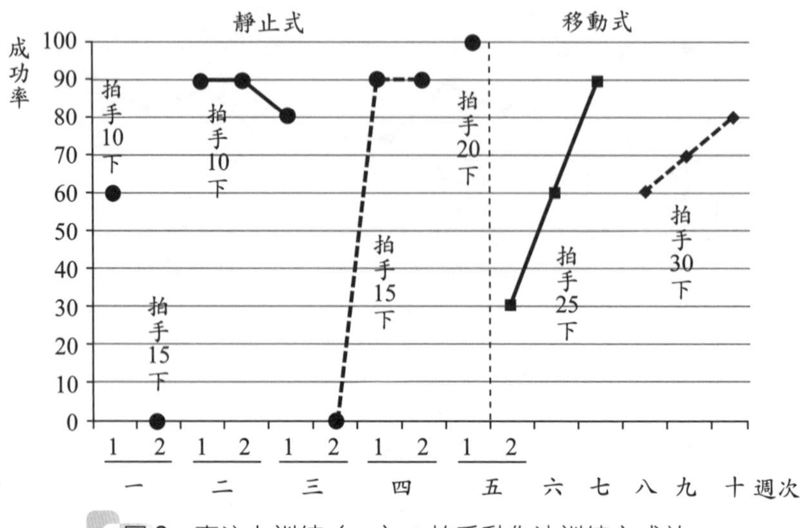

圖 3　專注力訓練（一）：拍手動作法訓練之成效

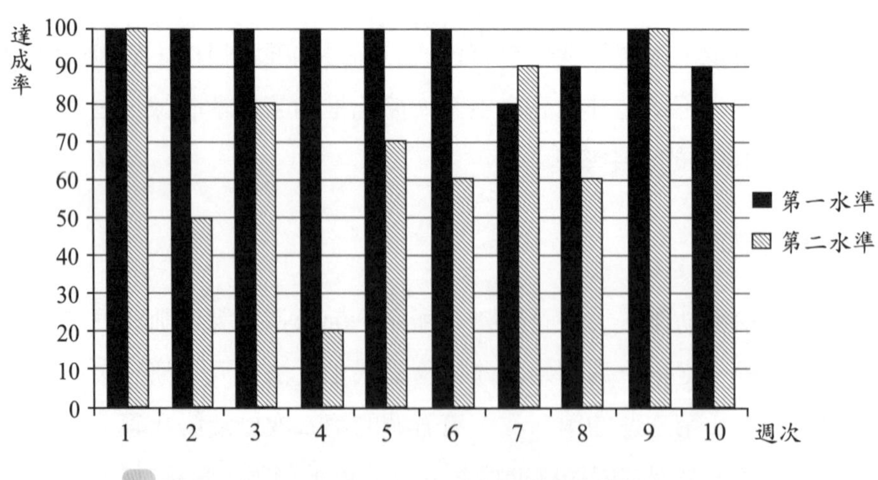

圖 4　專注力訓練（二）：請你跟我這樣做之成效

範三次內跟上。訓練者會依當週個案狀況再細部調整動作的困難度，因此雖然第一水準前幾週皆有達到 100%的通過率，但實際上並非同一套難度的動作。動作由身體同側，漸進到過身體中線；由身體較常使用部分，漸進到不常用之處；由大肢體漸進到小動作。週次越後，則難度慢慢的提升。故整體而言，個案的專注力是有進步的。

四、數量

第一到六週進行「總和」概念的教學，但由於符號的教學對個案而言太過抽象且較不實用，且因為有些教材雖然個案的答對率達到100%，但他對於「加」的概念仍不是相當清楚，而只是單純的數數。因此決定退一步評估個案是否具有「不從 1 開始的數數」的能力。第七、八週開始將教學內容改為「不從 1 開始的數數」，但之後經過評估，此課程並非個案目前最迫切需要的能力。第九、十週進行「比大小」和「堆積木累加」的教學，若個案能正確的比較兩個阿拉伯數字的大小，則代表其對於「量」的概念已發展成熟，也就可以進入加法的概念。

五、知動協調

1. 知動（一）：迷宮

分為四個小階段，每個階段若以手指或尺斜邊碰到者即失敗。

(1)第一階段：

a. 以軟質塑膠尺與小彈珠做教材。

b. 一次活動有五回合，每回合須走完全程的迷宮。

c. 給予大量肢體協助。

d. 完成全部訓練後給予增強。

(2)第二階段：

a. 以鐵尺及小彈珠做教材。

b. 一次活動有五回合，每回合須走完全程的迷宮。

c. 給予口頭提示。

d. 完成全部訓練後給予增強。

(3)第三階段：

a. 以塑膠圓尺及方形小磁鐵做教材。

b. 一次活動有五回合，每回合須走完全程的迷宮。

c. 給予口頭提示。

d. 完成階段性訓練後給予個案立即增強。

(4)第四階段：

a. 以塑膠圓尺及方形小磁鐵做教材。

b. 一次活動有六回合，每回合須走完三分之一的迷宮。

c. 給予口頭提示。

d. 完成階段性訓練後，給予個案立即增強。

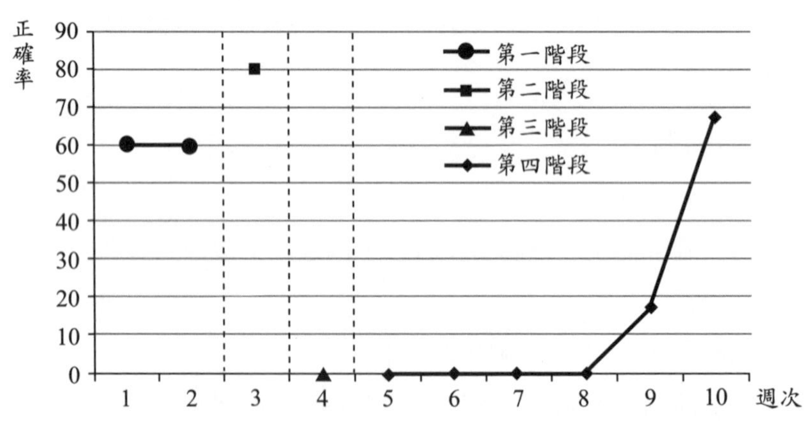

圖 5　知動（一）之教學成效

2. 知動（二）：畫圓

分為四個階段，每個階段若不離虛線畫圓即成功。

(1)第一階段：

a. 以大海報呈現畫圓：讓個案照著框描。

b. 給予肢體協助。

c. 完成全部訓練後給予增強。

(2)第二階段：

a. 以大海報呈現畫圓：讓個案照著框描。

b. 給予口頭提示。

c. 完成全部訓練後給予增強。

(3)第三階段：

a. 此階段教材以故事書形式呈現畫圓：讓個案照著框描。

b. 給予口頭提示。

c. 完成全部訓練後給予增強。

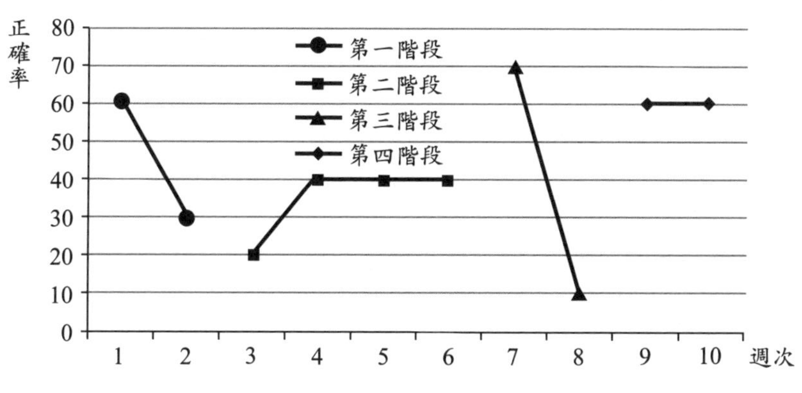

圖 6　知動（二）之教學成效

(4)第四階段：

a. 此階段教材以故事書形式呈現畫圓：讓個案照著框描。

b. 給予口頭提示。

c. 一有正確反應即給予增強。

3. 知動（三）：畫直線

分為五個階段，除第一階段不偏離虛線將點連成線即成功外，其他四階段若不超過提示線畫直線即成功。

(1)第一階段：

a. 此階段教材以大海報呈現畫直線：照點描直線。

b. 給予肢體協助。

c. 完成全部訓練後給予增強。

(2)第二階段：

a. 此階段教材以大海報呈現畫直線：在兩條提示線的中間畫直線。

b. 給予肢體協助。

c. 完成全部訓練後給予增強。

(3)第三階段：

a. 此階段教材以大海報呈現畫直線：在兩條提示線的中間。

b. 給予口頭提示。

c. 完成全部訓練後給予增強。

(4)第四階段：

a. 此階段教材以故事書分頁呈現畫直線：在兩條提示線的中間。

b. 給予口頭提示。

c. 完成全部訓練後給予增強。

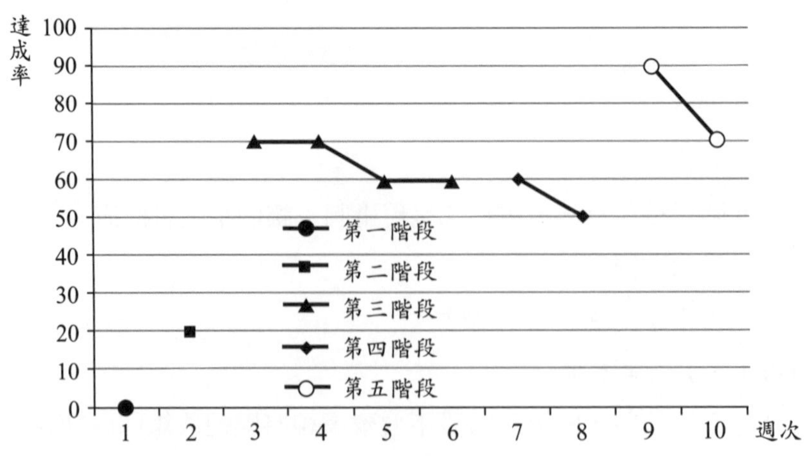

圖 7　知動（三）：畫直線之教學成效

(5)第五階段：

a. 此階段教材以故事書分頁呈現，訓練內容改為由右至左畫直線及左上至右下畫斜線（個案為左利）：在兩條提示線的中間。

b. 給予口頭提示。

c. 一有正確反應及完成全部訓練後，給予增強。

個案於一開始受訓時易分心，因此給予大量肢體協助，而後的訓練課程針對個案狀況調整教學內容與教具，調整後發現個案在受訓時不專心的狀況確實減少，亦能專注於畫直線與圓的訓練上。值得一提的是，個案在最後幾次畫出的直線與圓皆較評量能力基準線時穩定平直。由此看來，肢動訓練對個案的動作發展有一定的貢獻存在。

柒、討論

從以上結果顯示，雖然在第八次的教學中，個案受到在學校誣賴事件的影響，而使情緒低落，造成訓練效果不彰，但之後二週的訓練可看見個案明顯的進步。個案主要的改變有：(1)口語表達能力的進步；(2)專注力的進步；(3)手眼協調能力增進；(4)對於量與數的概念鞏固；以及(5)肢動能力的提升。這證明了本研究的教學方法及內容的有效性。

在口語表達上，整體而言，個案的口語溝通能力已經被引發出來，並在第九次、第十次有主動式的問句與互動。可見情境式及溝通式教學法，對個案是有效的訓練方法。訓練教材的設計及主教者的指令與態度，對個案有很大的影響，一開始因主教者的指令下達不夠明確，且教材選用不夠貼近個案生活，故效果不彰，在之後設計及下達指令上更改後，個案顯得較能配合整體教學；經過這次訓練可見個案的學習潛能已被激發，故之後可以繼續更高深之口語表達訓練。

在視知覺上，吳純純等（1999）合著之《遊戲教具的教學運用》

書中提到：「遊戲可以吸引兒童的興趣」、「遊戲降低兒童對教具的排斥感」、「遊戲讓兒童自然而然的發展大小肌肉動作、語言、人際關係等能力」，基於這樣的論點，我們設計「打地鼠」以訓練個案的手眼協調與追視能力。從各次訓練結果，可以明顯發現個案不斷有進步，另外最後一階段的命中率更是不斷的提高。由此可見，此課程對個案有很高的訓練成效！確實能訓練個案的手眼協調與追視能力。

在專注力上，從圖 3 中可清楚的看出個案在拍手動作法上有顯著的進步，未來有很大的發展空間；在「請你跟我這樣做」的遊戲裡，從圖 4 中，可看出個案有穩定的成長與進步。惟其動作標準量化記錄困難，因此無法從圖中看出個案各週的動作表現，是本研究的限制。

在數上，整體而言，個案在「數的概念」上的進步並不是很明顯，但在這十次的教學中發現，個案已經可以進入到「量」的比較，也就是可以讓個案學習比較兩個數字的大小。接下來可以繼續訓練其對「量」的敏感度，並以積木累加的方式培養其累積的概念，再慢慢讓個案銜接上「加法」的概念。此外，在教學中發現，利用情境式的教學和個案做互動可以得到很好的效果，個案的學習動機會顯得比較強烈，學習效果也會有明顯的成長。

在肢動上，最後兩次訓練活動中，由於區辨增強給予的時機適宜，因此個案對整體課程參與度提升，畫出來的線與圓都較第一次教學還平穩。這項教學成果也能與之前的文獻探討相呼應，亦即幼兒的動作發展受神經肌肉、肌肉骨骼、感覺能力和認知能力等影響。因此，若能繼續訓練個案的肢動能力，相信對個案急切需要的手部精細功能一定能有所提升。

捌、建議

就整體教學內容來看，在口語表達方面，個案已會使用主詞＋動詞＋名詞，因此我們認為現在對個案而言最迫切需要加強的是其「構音」以及「認字」（非注音），以幫助她和別人在溝通時能更清楚的表達自己的意思；在視知覺方面，打地鼠活動的目的在訓練個案的追視和手眼協調的能力，而在這次的訓練過程中，個案已有相當明顯的進步，與其他課程活動比較來看，拍手法亦可達到相同的訓練效果，因此可考慮將此課程更改成一個可達到相同訓練目標的活動；在專注力方面，個案目前拍手法已可拍到 30 下，我們認為可以繼續維持此活動，並且放在整體課程的第一個活動，不僅可以訓練其專注力及耐力，更可以使個案較快進入學習的狀況內。在第九次及第十次的課程上，因把拍手動作法調至第一個活動，使得個案在進入口語表達時更為專注的學習，也因為個案的專注使得成功率高達 100%。故建議可以把拍手法放在整體課程的第一個活動；在數方面，目前個案對於「量」的概念仍不夠成熟，因此我們覺得可以繼續進行「比大小」和「堆積木累加」的活動，等個案的能力皆能達成時，再慢慢進入到「功能性加法」的部分。此外，在進行數學的教學時，立即的增強對於教學有很大助益，個案也會有更強的動機去學習；在肢動方面，經由此次的訓練，個案手部的穩定性也有非常明顯的進步，因此可以考慮繼續進行此活動，加強手部的穩定性和持久性。

玖、參考文獻（略）

附錄 14

針對國小妥瑞氏症伴隨智能障礙教育需求其訓練效果研究（之二）

羅心美、王政茹、林佳靜、巫艾庭、胡淑雅
（國立臺灣師範大學特殊教育學系暑期身心障礙教學碩士班學生）

壹、緒論（略）
貳、文獻探討（略）
參、研究方法

一、對象

本研究對象是一位十一歲十個月就讀國小五年級特教班的中度智障兼妥瑞氏症女生。八歲時因在家中、學校連續出現咬人行為，繼而發現其有長期眨眼、身體不自覺動作的問題，經就醫診斷為妥瑞氏症。因其嚴重咬人行為未能消除，2005 年經母親轉介至國立臺灣師範大學邱紹春教授接受為期一年半的個案輔導，亦成為本研究之對象。

此生於 2006 年 7 月接受施測評量。《魏氏兒童智力量表》測驗結果為全量表智商 40，語文及作業智商均為 46。《文蘭適應行為量表》施測結果，適應行為總量表在平均數兩個標準差以下；次領域量表除「動作技巧」落於平均數一個標準差以下之外，「溝通」、「日常生活技巧」及「社會化領域」皆落於平均數兩個標準差以下。

其能力現況簡述如下：

（一）認知學習

1. 能背誦簡易短文約 15～20 個字。
2. 描寫簡單筆畫的字。
3. 能理解簡易的短文，會聯想與課文相關的事物。
4. 會分辨顏色。
5. 有 1 到 10 數量的概念。

（二）溝通

1. 限於仿說及說簡單句。
2. 在問答或社交對話時無法說出完整句表達事件。
3. 主動表達時的語句無法讓他人立即意會。

（三）行為特質

1. 喜歡他人關注，受忽略時容易發脾氣，但持續時間短暫。
2. 發脾氣或表達不及時，會出現咬或捏人的狀況。
3. 注意力不持久且容易分心。
4. 喜歡吃水果，尤其是番茄，可作為增強物。

經晤談、測驗及綜合診斷結果，研究者發現此生有以下教育需求：(1)增進溝通及情緒表達的能力；(2)控制動作幅度並增進操作協調能力；(3)提升參與課程的注意力；(4)增進語文數學之基礎能力。本研究將以此生教育需求為基礎設計包裹式課程，並了解包裹式課程對於妥瑞氏症教學應用之效果。

二、實施方法與內容

（一）場地：本系館 220 教室。

（二）教學時間：本案主的訓練時間自 2006 年 8 月 2 日至 2006 年 8 月 18 日止，共九次課程，每次上課 40 分鐘。

（三）教學與觀察記錄：教學與觀察記錄由五位教師輪流擔任，參與本研究之教師為國中或國小之特教教師。

（四）教學內容：共分為五個單元（如表 1 所列），採活動及認知課程交叉的方式安排，單元之間利用拍手（自己拍手四下後與老師移動式對拍三下）配合謝詞（「謝謝老師，我好棒！」）來轉換。每次上課則使用結構化的圖片課表，讓個案掌握每次的課程流程，上完一個單元就將圖卡撕下交給老師。

表 1　教學單元內容

教學活動	教學目標	終點行為
請你跟我這樣做	1. 能夠注意聽話，眼神注意說話者，並做適當的回應。 2. 能聽兩個以上的指令。	參與學習活動，不需提示，學生會主動注意看與聽並做正確的回應，注意力能維持三個指令的反應。
認識常見國字	能增進運筆能力。	能正確仿寫及仿讀 15 個國字。
說話訓練	1. 能增進詞彙量：名詞 20 個以上。 2. 能說完整的句子：主詞＋動詞＋名詞，達到簡單敘述的能力。	能用「主詞＋動詞＋物品名詞」的完整句敘述順序圖卡的內容，並說出圖片中人物的感受。
和為 10 以內的加法	1. 能看算式，了解加法的意義。 2. 能看加法算式，用具體物品算出答案（和為 10 以內）。	能算出和為 10 以內的算式結果。
休閒活動技能訓練：裝扮遊戲	1. 能夠使用裝扮玩具，依照一般使用步驟來玩。 2. 能夠利用娃娃及裝扮玩具排遣休閒時間。	能自己利用娃娃及裝扮玩具玩裝扮遊戲。
移動式拍手動作法	1. 能利用移動式拍手動作法，延長注意力時間。 2. 在干擾下能繼續完成移動式拍手動作法，達成專注的效用。	能在干擾下與訓練者做移動式拍手 60 下。

三、評量方法

全程採觀察記錄法，記錄個案各單元表現，並計算該目標通過的比率，決定是否要繼續目前的目標或進入下一個預定的目標。

肆、研究結果

一、單元一：請你跟我這樣做

已經學會：面對說話者，需不斷口語提示學生才會注意看與聽，並做正確回應，注意力只能維持兩個指令的反應。

表 2　請你跟我這樣做的訓練結果

行為目標	協助方法	通過標準	評量日期（□為該目標達成日期）	
1. 老師示範手叉腰＋頭左右動＋腳左右前踢**組合的肢體動作**，口語提示學生注意看與聽，並正確模仿老師的動作。	A、B、C、D	9/9	8/2	8/3
2. 老師示範拍手＋摸肩＋腳左右踏**組合的肢體動作**，口語提示學生注意看與聽，並正確模仿老師的動作。		9/9	8/2	8/3
3. 老師示範手畫圈＋跑一跑＋蹲下來**組合的肢體動作**，口語提示學生注意看與聽，並正確模仿老師的動作。		9/9	8/2	8/3
4. 老師拿出動作提示圖卡手叉腰＋頭左右動＋腳左右前踢三張，學生注意看圖卡排列順序，正確做出三個動作。	C、D	9/9	8/7	8/9
5. 老師拿出動作提示圖卡拍手＋摸肩＋腳左右踏三張，學生注意看圖卡的排列順序，正確做出三個動作。		9/9	8/7	8/9
6. 老師拿出動作提示圖卡手畫圈＋跑一跑＋蹲下來三張，學生注意看圖卡的排列順序，正確做出三個動作。		9/9	8/7	8/9

表 2　請你跟我這樣做的訓練結果（續）

<table>
<tr><th rowspan="2">行為目標</th><th rowspan="2">協助方法</th><th rowspan="2">通過標準</th><th colspan="2">評量日期（□為該目標達成日期）</th></tr>
<tr></tr>
<tr><td>7. 老師說出手叉腰＋頭左右動＋腳左右前踢動作名稱，學生注意聽，並正確做出三個動作。</td><td rowspan="3">C、D</td><td>9/9</td><td>8/11</td><td>8/14</td></tr>
<tr><td>8. 老師說出拍手＋摸肩＋腳左右踏動作名稱，學生注意聽並正確做出三個動作。</td><td>9/9</td><td>8/11</td><td>8/14</td></tr>
<tr><td>9. 老師說出手畫圈＋跑一跑＋蹲下來動作名稱，學生注意聽，並正確做出三個動作。</td><td>9/9</td><td>8/11</td><td>8/14</td></tr>
<tr><td>10. 老師示範二種節奏樂器的操作＋一個動作（打邦哥鼓＋搖沙鈴＋跑一圈），口語提示學生注意看與聽，並正確模仿老師的動作。</td><td rowspan="3">A、B、C、D</td><td>9/9</td><td>8/14</td><td>8/15</td></tr>
<tr><td>11. 老師示範二種節奏樂器的操作＋一個動作（拍鈴鼓＋搖雪鈴＋跳一圈），口語提示學生注意看與聽，並正確模仿老師的動作。</td><td>9/9</td><td>8/14</td><td>8/15</td></tr>
<tr><td>12. 老師示範二種節奏樂器的操作＋一個動作（手搖鈴＋拍響板＋大象走路），口語提示學生注意看與聽，並正確模仿老師的動作。</td><td>9/9</td><td>8/14</td><td>8/15</td></tr>
<tr><td>13. 老師拿出動作提示圖卡（打邦哥鼓＋搖沙鈴＋跑一圈）各三張，學生注意看圖卡的排列順序，正確做出三個動作。</td><td rowspan="6">C、D</td><td>9/9</td><td>8/15</td><td>8/16</td></tr>
<tr><td>14. 老師拿出動作提示圖卡（拍鈴鼓＋搖雪鈴＋跳一圈）各三張，學生注意看圖卡的排列順序，正確做出三個動作。</td><td>9/9</td><td>8/15</td><td>8/16</td></tr>
<tr><td>15. 老師拿出動作提示圖卡（手搖鈴＋拍響板＋大象走路）各三張，學生注意看圖卡的排列順序，正確做出三個動作。</td><td>9/9</td><td>8/15</td><td>8/16</td></tr>
<tr><td>16. 老師說出動作名稱三個（打邦哥鼓＋搖沙鈴＋跑一圈），學生注意聽，並正確做出三個動作。</td><td>9/9</td><td>8/16</td><td>8/18</td></tr>
<tr><td>17. 老師說出動作名稱三個（拍鈴鼓＋搖雪鈴＋跳一圈），學生注意聽，並正確做出三個動作。</td><td>9/9</td><td>8/16</td><td>8/18</td></tr>
<tr><td>18. 老師說出動作名稱三個（手搖鈴＋拍響板＋大象走路），學生注意聽，並正確做出三個動作。</td><td>9/9</td><td>8/16</td><td>8/18</td></tr>
<tr><td colspan="5">終點行為：參與學習活動不需提示，學生會主動注意看與聽，並做正確的回應，注意力能維持三個指令反應。</td></tr>
</table>

註：協助方法 A：肢體協助　B：口語提示　C：增強板　D：直接教學

二、單元二：視—動訓練——仿寫能力
認知能力——認讀常見國字

已經學會：用左手寫字畫圖，簡單線條字都能仿寫正確，但遇到「大」、「小」這種筆畫橫豎交錯的字便會多幾筆，字無法辨認。

表 3　仿寫、認讀的訓練結果

行為目標	協助方法	通過標準	評量日期（□為該目標達成日期）				
1. 能畫出直線、橫線。	A	5/5	8/2	8/3	8/7		
2. 能畫出斜線、圓弧線線條。	A	5/5	8/2	8/3	8/7		
3. 能仿寫國字一、二、三、四、五。	A	5/5	8/3	8/7	8/9	8/11	
4. 能認讀國字一、二、三、四、五。	B	5/5	8/3	8/7	8/9	8/11	
5. 能仿寫國字六、七、八。	A	5/5	8/9	8/11	8/14	8/15	
6. 能認讀國字六、七、八。	B	5/5	8/9	8/11	8/14	8/15	
7. 能仿寫國字九、十。	A	5/5	8/9	8/11	8/14	8/15	8/16
8. 能認讀國字九、十。	B	5/5	8/9	8/11	8/14	8/15	8/16
9. 能依照筆順，仿寫國字山、土、水。	B	5/5	8/15	8/16	8/18		
10. 能認讀國字山、土、水。	B	5/5	8/15	8/16	8/18		
11. 能依照筆順，仿寫國字木、火。	B	5/5	8/16	8/18			
12. 能認讀國字木、火。	B	5/5	8/16	8/18			
終點行為：能仿寫、認讀 15 個常見國字。							

註：協助方法 A：肢體協助　B：口語提示　C：增強板　D：直接教學

三、單元三：說話訓練

已經學會：能使用常用名詞命名，能說出部分動詞＋名詞；完整句的敘述使用能力較弱，需部分提示。

表 4　說話訓練的結果

行為目標	協助方法	通過標準	評量日期 （□為該目標達成日期）				
1. 能說出圖卡裡的 5 種東西（常用名詞）。	B	10/10	8/2	8/3			
2. 能說出圖卡裡的 10 種東西（常用名詞）（超級市場有……）。	B	10/10	8/7	8/9	8/11		
3. 能說出圖卡裡面有 15 種東西（超級市場有……）。	B	10/10	8/14	8/15			
4. 能說出圖卡裡面有 20 種東西（超級市場有賣……）。	B	10/10	8/16	8/18			
5. 老師呈現第一張圖卡，個案能說出他要買的東西（我要買○○）。	B	10/10	8/2	8/3	8/7	8/9	
6. 老師呈現第一張圖卡，個案能說出她要買哪兩樣東西（我要買○○和○○）。	B	10/10	8/11	8/14	8/15	8/16	8/18
7. 老師呈現第二張圖卡，個案能說出她跟媽媽要去哪裡買什麼東西（個案要跟媽媽去超級市場買○○）。	B	10/10	8/3	8/7	8/9		
8. 老師呈現第二張圖卡，個案能說出她跟媽媽要去哪裡買什麼東西（個案要跟媽媽去超級市場買○○和○○）。	B	10/10	8/11	8/14	8/15	8/16	8/18
9. 老師呈現第二張圖卡，個案能說出圖卡中人物現在的心情（開心、難過或生氣）。	B	10/10	8/14	8/15	8/16	8/18	
終點行為：個案看到順序圖卡，能敘述圖卡中的內容，主詞＋動詞＋物品名詞，並說出圖片中人物的感受。							

註：協助方法 A：肢體協助　B：口語提示　C：增強板　D：直接教學

四、單元四：和為10以內的加法

已經學會：能正確點數五個以內的物件，正確率100%；當物件增加至六至十個時，會因為動作衝動而導致手的點數與口頭的數算無法配合，以至於數算錯誤，正確率約80%。

表5　10以內加法的訓練結果

行為目標	協助方法	通過標準	評量日期（□為該目標達成日期）		
1. 能正確認讀數字1～10。	B	6/6	8/2	8/3	
2. 老師呈現數字1～5，學生能拿出正確的數量。	B	6/6	8/2	8/3	
3. 老師呈現數字6～10，學生能拿出正確的數量。	B	6/6	8/2	8/3	
4. 老師雙手各拿著物件然後靠近，學生能說出東西變多了。	B	6/6	8/2	8/3	
5. 能說出合起來就是加起來。	B	6/6	8/3	8/7	
6. 辨認十字形的符號「＋」叫做「加」。	B	6/6	8/7	8/9	
7. 兩條線「＝」叫做「等於」。	B	6/6	8/7	8/9	
8. 學生能唸出老師所指定的數學算式。	B	6/6	8/7	8/9	
9. 學生能操作黏貼出與老師一樣的數學算式並唸出。	B	6/6	8/7	8/9	
10. 老師唸出算式，學生能跟著複誦並黏貼出正確的數學算式。	B	6/6	8/9	8/11	8/14
11. 老師拿出加法板示範，學生能針對被加數與加數的數字，將正確的數量放到空格中（被加數1～5、加數為1～3）。	B	6/6	8/11	8/14	
12. 老師拿出加法板示範，學生能針對被加數與加數的數字，將正確的數量放到空格中（被加數1～5、加數為4～5）。	B	6/6	8/11	8/14	

表 5　10 以內加法的訓練結果（續）

行為目標	協助方法	通過標準	評量日期（□為該目標達成日期）		
13. 學生能針對被加數與加數的數字，將正確的數量放到空格中，接著將兩空格中的物件集合起來放到第三個空格，數算其數目，並拿出正確的數字卡貼在「＝」的後面。	B	6/6	8/14	8/15	8/16
14. 能正確使用加法圖形板算出被加數為 1～5、加數為 1～3 的加法。	B	6/6	8/14	8/15	8/16
15. 能正確使用加法圖形板算出被加數 1～5、加數為 4～5 的加法。	B	6/6	8/14	8/15	8/16
16. 在部分提示下，能正確算出被加數 1～5、加數為 1～5 的加法算式。	B	6/6	8/16	8/18	
17. 能自行正確算出被加數 1～5、加數為 1～5 的加法算式。	B	6/6	8/16	8/18	
終點行為：學會和為 10 以內的加法。					

註：協助方法 A：肢體協助　B：口語提示　C：增強板　D：直接教學

五、單元五：休閒活動技能訓練

已經學會：呈現裝扮遊戲玩具，個案在示範玩法及立即口語提示下，會模仿裝扮遊戲流程的五個步驟（拿梳子梳頭髮→塗假口紅→拿假粉刷塗腮紅→拿假香水噴→拿髮夾夾頭髮）。

表 6 裝扮遊戲的訓練結果

行為目標	協助方法	通過標準	通過日期
1. 會在示範玩法及延宕三秒的提示下，依序玩裝扮遊戲的五個步驟。	示範、口語提示（延宕三秒）	10/10	8/2
2. 會在步驟圖卡提示及延宕三秒的提示下，依序玩裝扮遊戲的五個步驟。		10/10	8/3
3. 會在延宕三秒的提示下，依序玩裝扮遊戲的五個步驟。	口語提示（延宕三秒）	10/10	8/7
4. 會在延宕五秒的提示下，依序玩裝扮遊戲的五個步驟。	口語提示（延宕五秒）	10/10	8/9
5. 會自行依序玩裝扮遊戲的五個步驟。	無	10/10	8/11
6. 會自行依序玩裝扮遊戲的五個步驟，並依照五個步驟幫老師打扮。	無	10/10	8/14
7. 加入新的裝扮遊戲玩具（項鍊、戒指和手環），會在延宕五秒的口語提示下依序玩裝扮遊戲的八個步驟（拿梳子梳頭髮→塗假口紅→拿假粉刷塗腮紅→拿假香水噴→拿髮夾夾頭髮→戴項鍊→戴手環→戴戒指）。	口語提示	16/16	8/15
8. 會在提示下利用娃娃玩裝扮遊戲的八個步驟。	口語提示	16/16	8/16
9. 會自行裝扮並用娃娃依序玩裝扮遊戲的八個步驟。	無	16/16	8/18
終點行為：看到裝扮遊戲玩具，能自行裝扮並依照八個步驟來玩裝扮娃娃遊戲。（拿梳子梳頭髮→塗假口紅→拿假粉刷塗腮紅→拿假香水噴→拿髮夾夾頭髮→戴項鍊→戴手環→戴戒指）			

六、單元六：移動式拍手動作法

已經學會：移動式拍手法 30 下。

表 7　移動式拍手動作法的訓練結果

行為目標	協助方法	通過標準	評量日期（□為該目標達成日期）	
1. 能與訓練者移動式拍手 40 下。	無	5/5	8/14	
2. 在問話及聲音干擾下，能與訓練者移動式拍手 50 下。	無	10/10	8/15	8/16
3. 在問話及聲音干擾下，能與訓練者移動式拍手 60 下。	無	5/5	8/18	
終點行為：在問話及聲音干擾下，能與訓練者移動式拍手 60 下。				

伍、討論

一、請你跟我這樣做

經過這幾次教學，訓練者與個案面對面進行的活動，訓練者的雙手依穩定、一致的節拍在身體的各部位和不同的樂器做動作的變化，要求個案模仿訓練者的動作並記憶、做出並說出所模仿動作的順序。該生面對說話者，已無需不斷口語提示，學生即會注意看與聽並做正確回應，注意力能維持兩個指令的反應，進步許多，令人欣慰。

二、視—動訓練——仿寫能力
認知能力——認讀常見國字

由於這門課是利用坊間的教材幫個案上課，印刷精美、圖片搭配

文字，個案的學習慾很強，學習速度、成果超乎當初所預期。因為個案個性較為衝動，一開始拿筆寫字時，都會超出教材的範圍，後來老師用自己的筆、貼紙當作中繼點、終點，要求個案慢慢畫，隨著上課次數的增加，個案也越來越能控制自己的運筆能力。在學習國字一到十時，利用自製的數字圖片、變魔術遊戲引起個案動機，個案的表現也非常出色。教材進行一半後，在教學時會邀請其他老師加入出考題，個案得到的鼓勵加倍，動機更強，表現更好！最後四次的教學中，開始要求個案國字的筆順，希望她能慢慢寫、正確寫出國字，老師唸出數字 1、2、3，要求個案照著順序來寫，再輔以其他老師的口頭協助、鼓勵，個案一開始雖不習慣但仍表現得很好！短短九次上課的時間，個案學會認讀、仿寫 16 個國字，或許是因為一對一（多對一）、坊間教材的協助，連個案學校的任課老師都很滿意她的進步。

三、說話訓練

個案的說話訓練課，我們使用直接教學及多媒體教學，綜合文字、圖片、影像等元素來呈現教學內容，並讓個案對其呈現的教材內容做出有意義的連結。透過該生喜愛的電腦來當成學習材料呈現的媒介，將閱讀課程的教材轉化為有聲音、圖像及文字的 PowerPoint 檔案，在課堂中進行播放以增進學生識字、聽覺理解及口語表達等能力。發現此方式對個案相當受用，並配合拍手動作法訓練持續的專注力，效果相當顯著，個案也從中得到很大的增強和自信心；日後在學校亦可持續此方法的教學。

四、和為 10 以內的加法

個案的實用數學教學目標是要達成「能透過具體的實物操作，學會和為 10 以內的加法」。第一次教學引起動機的方法是使用變魔術、抽卡片的方式，透過遊戲的方式讓個案對數量的概念更加地熟練。從中也發現個案對此教學方式很有興趣，接下來的八次教學中皆穿插遊戲，讓原本操作式的練習變得有互動性，教學效果及目標也能在預期的時間內達成。個案對於有結構性、順序性的教學方式記憶力佳，所以透過加法圖示板的輔助下，教學者只要用手給予視覺的提示，個案即可透過自我教導，將正確的數量放置在正確的位置，達到正確做出和為 10 以內的數學加法。在九次的教學中，個案一次比一次進步，複習前一次的教學內容所需的時間也變短了，所以每一次預期的教學目標皆能達成，還有超出預期目標的情形出現。建議以後的教學者如透過動態的教學方式，必能讓個案的教學效果達到最好的發揮。

五、休閒活動技能訓練

教導個案玩裝扮遊戲後，才發現個案十分喜歡與人互動，希望她多一項休閒的技能。隨著上課次數的增加，個案逐漸提升自我概念，打扮提升她對自我的觀感，從關心自己的外貌開始得到啟發（她原本不看鏡子的，後來卻開始能停五秒以上的目光在端詳鏡子中的自己）。由於對課程的掌握度增加，她對打扮的流程經過兩、三次的練習就能立即記住，且幾乎沒有錯誤；後來加入三個新物品，她也能迅速記得步驟，雖有討厭的觸感的物品，仍會按照步驟穿戴完後脫掉，這是相當難得的，代表她對外界的要求與內在的衝突能夠找到一個平衡點。有趣的是她與娃娃的互動，在一開始介紹時，她對娃娃果然有一種生澀的感覺，但經過引導及取名後，她對娃娃也能開始假裝性的互動，從幫娃娃裝扮開始，每個步驟鉅細靡遺都未遺漏，成功的將幫老師打扮的流程套用到娃娃身上。課程進行時用了非常久的延宕增強，也就是增強通常在她完成眾多步驟後才出現。個案在表現上並未受到沒有增強物的影響，足見這個活動對她的吸引力是足夠的。

六、移動式拍手動作法

原本拍手動作法並未列入課程範圍內，在第六次上課前個案剛好在鬧脾氣，邱老師藉由拍手動作法讓個案進到教室上課，並建議我們也可以加入課程中。小組討論後，決定在每位老師課程結束後，與個案進行移動式拍手動作法，從 40 下開始，個案的表現很好，在接下來兩次上課增加為 50 次，希望個案能培養出一心二用的能力。在個案與老師進行移動式拍手動作法時，其他老師會在旁問個案問題讓她分心，個案一開始覺得很有趣，但還是能順利完成，接下來幾次，都能一邊回答問題、一邊進行拍手動作法，進步相當神速！在最後一次上課時，已能一邊回答問題、一邊與老師完成 60 下的移動式拍手動作法。個案開學後，在學校亦會持續這項教學，甚至老師還考慮使用在其他學生上，因為注意力能集中對於教學、情緒控制有相當大的幫助。

陸、參考資料（略）

附錄 15

透過手部訓練、認知活動、休閒活動、視動訓練和生活適應增進雷特症候女孩在人際互動、粗大動作與精細動作、生活自理及專注力的效果研究

吳南真、黃雅君、吳季芳、林淑貞、柯馨絜
（國立臺灣師範大學特殊教育學系教學碩士班）

壹、緒論（略）

貳、文獻探討（略）

參、研究方法

一、對象

（一）成長及醫療史

本研究對象為一位十一歲九個月的女孩。出生時一切正常，二歲時因口語發展遲緩，至長庚兒心科就診，醫師診斷認為個案沒有問題。三歲左右，再度就醫，經診斷為疑似腦性痲痺，另一位醫師則經核磁共振等詳細檢查後，診斷為智能障礙，家長積極從事早期療育。四歲多時，個案整體情況急轉直下，整體發展急速退化，沒有口語，甚至吃飯行動都有問題，且手、臉、身體開始變形。五歲時，整體狀況未見好轉。七歲之後才確定診斷為雷特症（Rett syndrome）。進入小學

後，個案家長在就醫時面臨許多大醫院的名額問題，且個案障礙度較重，效果也不如預期，所以不積極於在醫療體系中取得協助。個案五年級時，在學校受傷致鎖骨斷裂，就醫時才發現脊椎側彎得很嚴重，之後訂製背架矯正至今。個案母親認為在鎖骨斷裂後，雖經治療痊癒但身體姿勢更為不端正。目前未在醫療體系中做定期的身體檢查，僅每週在診所做兩小時的職能治療。

（二）能力現況

各項施測、觀察及訪談蒐集的資料統整如表 1，個案有溝通、認知、動機等障礙，對外界事物的關心度低。但個案的情緒反應平和，聽覺指令理解及接受程度相對較高，是其優勢能力。個案喜歡吃水果，尤其是芭樂，可作為訓練之增強物。

表 1　個案的能力現況

向度或領域	結果說明
一般生理狀況	◆ 基本感官功能：視聽覺正常，但有觸覺防衛，不喜歡他人觸碰，尤其是臉部與口腔。 ◆ 身體四肢外觀：脊椎嚴重側彎，身體傾斜一邊。肌肉張力較差，致使上肢力量不足，下肢則顯彎曲及細瘦。
認知能力	◆ 因少眼神接觸，注意力無法集中，加上缺乏語言理解與表達能力，所以無法進行一般基本能力的標準測驗，推知其記憶、理解、推理及注意力等基本認知能力。 ◆ 幾乎沒有學習動機。
學業表現	◆ 目前讀寫能力的表現約為兩歲左右。 ◆ 無法認讀圖卡，無數字概念。
溝通能力	◆ 目前溝通領域表現約為兩歲兩個月。接受性溝通能力較佳，表現約為五歲四個月。 ◆ 除了會說「爸爸」、「媽媽」、「阿嬤」、「再見」，沒有其他的口語。 ◆ 聽理解能力是優勢能力，聽懂了會以點頭的方式互動。 ◆ 口腔肌肉張力不佳，會流口水。

表1 個案的能力現況（續）

向度或領域	結果說明
社會人際能力	◆目前社會化表現約零歲三個月。 ◆會指著自己，協助下會點頭回應，也會說再見。 ◆協助下會和同學有一點互動，如老師唸到同學的名字，會用視線跟隨到同學所在的位置上。
生活自理能力	◆目前個人生活自理能力表現約一歲六個月。 ◆可在協助下穿脫衣服，但僅限於只需拉上的衣物。 ◆可以自己使用湯匙進食，因咀嚼能力不佳，以吞嚥方式進食，所以速度很快。 ◆會用手勢動作或肢體語言表示要上廁所，但需協助如廁後的處理，如沖水、洗手等。 ◆想喝水時，會用手勢或肢體語言表示，如拿杯子或走到有飲水器的地方等。 ◆無法自行洗手、洗臉、刷牙、洗澡等盥洗動作，也無法處理經期間衛生棉的更換。 ◆因口腔觸覺防衛，所以母親協助刷牙時，個案會有極強力的抗拒。
情緒行為表現	◆情緒有時會不穩定，以打頭、哭鬧或生氣的方式呈現，但短時間可以安撫平復，若安撫無效時則需以較嚴厲的態度才能制止。 ◆半年前個案尚有玩口水及吐口水的問題，今年四月之後轉變成由口中發出「嗯……嗯……」的聲音，且從起床即開始。但遇喜歡的事時則會停止，如：和小狗玩，或老師有所獎勵時。
動作行動能力	◆目前動作技巧能力表現約一歲八個月。 ◆能自行上下樓梯，上樓時可以一步一階不須扶欄杆，下樓時則兩腳停在一階上，須扶欄杆且速度變慢。 ◆喜歡走跑步機，家中及學校都有固定且持續的訓練。 ◆一向只使用右手，幾乎不用左手。 ◆走路時兩腳張開成弓字形，醫生認為是因肌肉張力問題而在生理上自行調整的平衡方式。
特殊興趣及優勢能力	◆喜歡吃，多是正常飲食中的飯及水果。 ◆喜歡看師大校園內的鴿子，也很喜歡和家裡的小狗玩。 ◆喜歡聽兒歌和看卡通（哆啦A夢、哈特利），可持續30分鐘。

二、實施方法與內容

（一）場地：本系館 220 教室。

（二）教學時間：本案主的訓練時間自 2006 年 8 月 2 日至 2006 年 8 月 18 日止，共九次課程，每次上課 40 分鐘。

（三）教學與觀察記錄：教學與觀察記錄由五位教師輪流擔任，參與本研究之教師為國中或國小之特教教師。

（四）每次上課皆是五個教學單元，每個單元八分鐘，教學內容如表 2。

表 2　教學內容及其目標

教學活動	教學目標
手部訓練（掛鉤勾）	能轉動手掌角度把塑膠手提袋（裝兩顆軟球，約 500 公克）掛到高鉤勾上。
認知活動（水果指認）	能在三種水果（蘋果、番茄、芭樂）圖片中，以按壓溝通板的方式正確選出與桌上真實水果名稱相符的圖片位置，最後並以此法表達自己想吃的水果。
休閒活動（音樂律動）	聽到電腦播放卡通歌曲時，能注視螢幕。
視動訓練（打擊遊戲）	能追視從洞中冒出的娃娃。
生活適應（吃水果）	使用叉子吃水果（芭樂、蘋果、番茄）。
拍手動作法	能拍手三下。

三、評量方法

採觀察記錄法，依實際操作結果，計算達成目標的通過比率，當達成率達到 10/10，才可進行下一階段目標（或減少協助程度）。

肆、教學過程與結果

一、手部訓練（掛鉤勾）

個案在第一次套圈圈的活動中，發現她在翻轉手掌並不靈活，手眼不協調，但後來她出現意圖要把圈圈掛在柱子上的動作，遂改變活動為「掛鉤勾」，訓練個案掛手提袋的動作。訓練過程中，個案掛手提袋的動作逐漸熟練，由完全老師動手協助到口語提示，提示之後的反應也加快，到第七次可以完全掛好空手提袋，遂加重手提袋的重量（約 500 公克），也能成功達 9/10。不過，過程中發現若手把滑到虎口則不會調整位置而掛不上，個案對於調整手握手把的能力仍需加強，手眼協調及操作動機仍需繼續訓練。

表 3　手部訓練之目標、教學結果及行為觀察

週次	目　標	通過率 1	通過率 2	行為觀察
1	能在輕拍手背提示下，轉動手掌角度套圈圈（與眼睛高度相當）。	6/10		最後兩次個案不尋常地把圈圈試圖掛在桿子上，而非掉下來，她顯得自主的要如此做，而非遵從的套圈圈。
2	能在輕拍手背提示下，轉動手掌角度把硬塑膠圈圈掛到高鉤勾上（高於頭部）。	9/10		服從度高，老師輕拉手臂、協助轉頭、要求再做，都平和地接受。
3	1. 能在口語提示下，轉動手掌角度把硬塑膠手提袋掛到高鉤勾上（高於頭部）。 2. 能在口語提示下，眼睛能看著手部操作。	7/10	7/10	掛手提袋的工作對個案而言教材單調欠缺趣味性，個案經常想離開，故從第五次之後決定採「分散練習」的方式，穿插在其他活動之間。每回合練習掛三次，並提供巧克力糖作為增強物，個案動機顯然變強，主動走向門後掛鉤，動作也加快完成，表情更多微笑。

表 3　手部訓練之目標、教學結果及行為觀察（續）

週次	目　標	通過率 1	通過率 2	行為觀察
4	1.同上 2.同上	6/10	5/10	發現個案掛鉤勾時若輕敲掛鉤使其與門發生碰撞的聲音，對她的提示比口語有效。
5	1.同上 2.同上	9/10	8/10	1. 掛袋子顯得更熟練一些，較為迅速，只是掛袋子有時一邊有時兩邊。 2. 在口語提示下，也可以較快地看手的動作。
6	1.同上 2.同上	9/10	7/10	掛袋子的動作有進步，從接過袋子、眼睛看掛鉤、把手舉到掛鉤前、翻轉手掌手指角度掛上袋子，整體速度加快且成功率提高。
7	1.同上 2.同上	10/10	4/10	個案掛手提袋已經相當熟悉，在口語提示下可以做到，考慮加重袋子的重量。
8	1. 能在口語提示下轉動手掌角度，把硬塑膠手提袋掛到高鉤勾上（手提袋加重約 500 公克） 2. 能在口語提示下，眼睛能看著手部操作。	8/10	5/10	今天的手提袋內放了兩顆球（軟球）企圖加重，以訓練手部力量。所以難度加高。
9	1.同上 2.同上	9/10	7/10	發現手拿袋子的方法不同，會影響是否掛得上：若只用手指抓袋子手把則容易掛上，若手把滑到虎口則不會調整位置而掛不上。

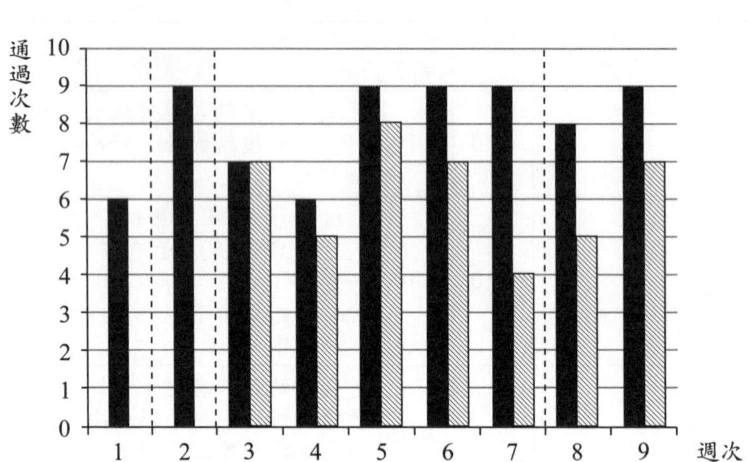

圖1　手部訓練之結果

二、認知活動（水果指認）

從與個案母親的晤談，了解個案可以聽指令開始，在第一次上課時利用個案對自己照片的辨識，確認了她可以直接使用溝通板，並依要求在溝通板上做出按答動作。之後，第二次到第七次的上課期間，便一步步從單種水果指認到兩種水果指認，再到三種水果指認。到最後個案能自行利用溝通板表示自己想吃的水果名稱，其間的學習歷程及表現水準在預期之外。所以，利用溝通板這樣的工具，並以圖片兌換溝通系統概念進行溝通教學，除了替無口語的個案找到可用的溝通管道，更重要的是，引導了個案主動溝通的意圖。

表 4　認知活動之目標、教學結果及行為觀察

週次	目　標	通過率	行為觀察
1	能在老師的指令下，正確使用溝通板並按出自己照片的位置。	9/10	使用溝通板沒有問題。
2	能聽老師的指令，在兩種水果圖片中以按壓溝通板的方式，正確選出芭樂圖片的位置。	9/10	聽指令沒有問題，但手指顯得無力，有時手掌會碰到板面，但因力量小所以沒有聲音。
3	能聽老師的指令，在兩種水果圖片中以按壓溝通板的方式，正確選出蘋果圖片的位置。	9/10	對蘋果的喜好度沒有芭樂高。
4	能聽老師的指令，在兩種水果圖片中以按壓溝通板的方式，分別正確選出蘋果及芭樂兩種圖片的位置。	7/10	今天溝通板的訓練，難度提高。但個案能在按錯三次之後，便能正確聽指令按答，超出老師原先預期。
5	同上	6/10	今天的訓練，延續第四次訓練。整體來說並沒有進步，觀察中發現個案有可能因較喜歡吃芭樂，且今天的蘋果不好吃而有所選擇或分心所致，下次上課時考慮更換部分的指令、圖片及指認方式。
6	提示水果名稱下，能以按壓溝通板的方式分別在三種水果（蘋果、番茄、芭樂）圖片中正確選出與桌上真實水果（蘋果、番茄）名稱相符的圖片位置。	8/10	在練習七次後，更能先行選擇自己的喜好，才予按答，整體表現超出老師原先預期。今天情緒穩定，教學過程中沒有「嗯」聲出現。
7	不提示水果名稱下，能以按壓溝通板的方式分別在三種水果（蘋果、番茄、芭樂）圖片中正確選出與桌上真實水果（蘋果、芭樂）名稱相符的圖片位置。	9/10	今天的訓練中，個案能明確選擇自己對水果的喜好，過程之中有時手會先移至番茄的位置，但並不按下，之後才移至蘋果的位置按答。甚至老師予以混淆，如說：「個案，按番茄啦！」但個案很明確的不為所動。但今天情緒穩定度較差。

表 4　認知活動之目標、教學結果及行為觀察（續）

週次	目　標	通過率	行為觀察
8	不提示水果名稱下，能以按壓溝通板的方式分別在兩種不斷更換位置的水果圖片（蘋果、番茄）中，按出自己想吃的水果。	8/10	會依自己的喜好，按壓溝通板選擇想吃的水果，表現得很棒。
9	不提示水果名稱下，能以按壓溝通板的方式分別在兩種水果（蘋果、芭樂）圖片中按出自己想吃的水果，接著從桌上兩種真實水果中正確選出自己想吃的水果。	9/10	在很愉悅及順利的過程中完成。

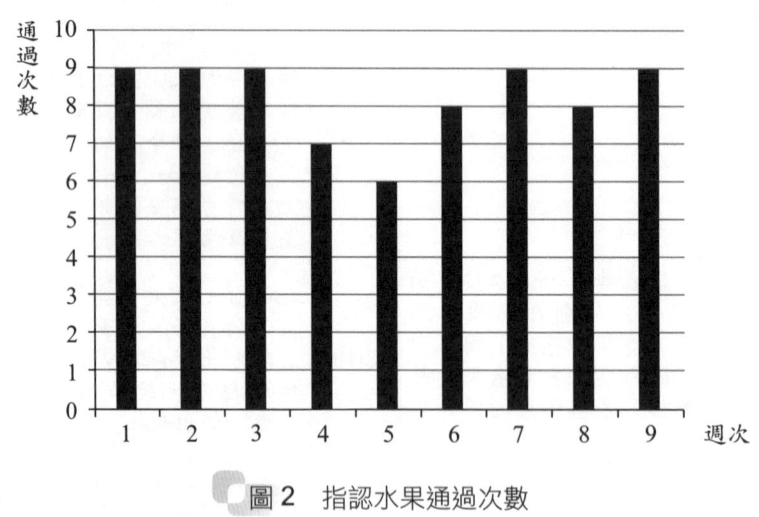

圖 2　指認水果通過次數

三、休閒活動（音樂律動）

由於個案在訓練過程中，很容易就被音樂所吸引，所以就算眼神有所遊走，只要經老師稍加提醒則可以很快的再注視螢幕。同時在使用打擊樂器來配合音樂曲調及節奏的過程中，個案不但能夠愉悅而主動，而且感覺上是可以配合節奏的。利用多媒體 CAI 的呈現，以多重感官方式，即兼用視、聽、觸、動的學習方法，對個案的休閒學習來說果真是有效的。

表 5　休閒活動之目標、教學結果及行為觀察

週次	目　標	通過率 1	通過率 2	行為觀察
1	聽到童謠音樂時，能在協助下拍手。	0/10		
2	1. 聽到童謠音樂時，能注視螢幕，以每 30 秒為時距。 2. 聽到童謠音樂時，能搖手搖鈴，以每 30 秒為時距。	7/10	4/10	情緒穩定，且時常露出愉悅的表情。雖然有時候眼神會遊走，但稍微提醒即可再注視螢幕。
3	1. 聽到「哈巴狗」兒歌時，能注視螢幕，以每 30 秒為時距。 2. 聽到童謠音樂時，能搖手搖鈴，以每 30 秒為時距。	8/10	5/10	雖然有時候眼神會遊走，但稍微提醒則會再注視螢幕。在第八次時還舉起手，向螢幕中的小狗揮一揮。
4	1. 聽到「哆啦 A 夢」卡通歌曲時，能注視螢幕（30 秒為時距）。 2. 聽到「哆啦 A 夢」卡通歌曲時，能搖手搖鈴（30 秒為時距）。	8/10	7/10	韻律活動時常露出愉悅的表情。雖然有時候眼神會遊走，但稍微提醒則會再注視螢幕。有兩次主動站起來，一邊注視螢幕一邊搖手搖鈴，表情很是開心。
5	1. 同上 2. 同上	9/10	9/10	今天有幾次會主動放下搖鈴，感覺好像是手痠了。
6	1. 聽到「哆啦 A 夢」卡通歌曲時，能注視螢幕（30 秒為時距）。 2. 聽到「哆啦 A 夢」卡通歌曲時，能搖手搖鈴和沙鈴（30 秒為時距）。	6/10	8/10	1. 個案較不喜歡沙鈴，可能是因為沙鈴較重的關係。 2. 注視螢幕較容易分神，但情緒尚稱穩定愉快。

表5　休閒活動之目標、教學結果及行為觀察（續）

週次	目　標	通過率1	通過率2	行為觀察
7	1. 聽到「哆啦A夢」卡通歌曲時，能注視螢幕（30秒為時距）。 2. 聽到「哆啦A夢」卡通歌曲時，能搖手搖鈴、沙鈴和鈴鼓（30秒為時距）。	7/10	9/10	先用「兩隻老虎」的兒歌出現，發現個案有點害怕就不看了，換成「哈巴狗」的兒歌後，情況就較為改善。個案這次上課心情不太好。 手搖鈴有節奏感出現，拍打鈴鼓顯得有點畏縮。
8	1. 聽到「哆啦A夢」卡通歌曲時，能注視螢幕（30秒為時距）。 2. 聽到「哆啦A夢」卡通歌曲時，能搖手搖鈴、沙鈴、鈴鼓和邦哥鼓（30秒為時距）。	9/10	10/10	手搖鈴有節奏感出現。對於手拿鼓棒敲打，仍無法握好棒子，需要老師的協助方可完成。
9	1. 聽到「哆啦A夢」卡通歌曲時，能注視螢幕（30秒為時距）。 2. 聽到「哆啦A夢」卡通歌曲時，能搖手搖鈴（30秒為時距）。	10/10	8/10	全程都有愉快的心情，注視螢幕狀況良好，越來越進步了。

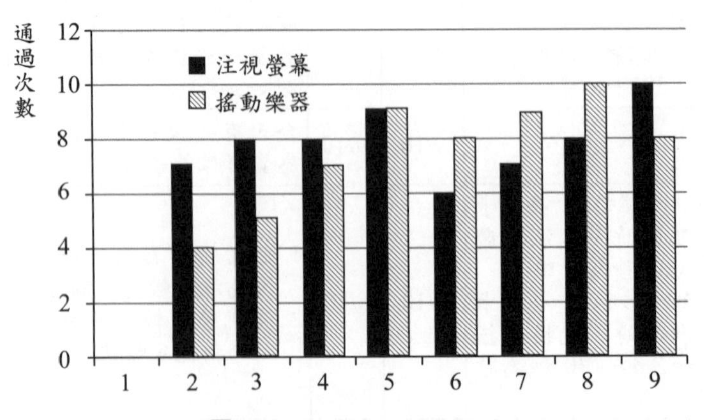

圖3　休閒活動通過次數

四、視動訓練（打擊遊戲）

第一次教學時由於個案力氣不夠無法使用打洞器，因此第二次教學時改為使用印章，但此活動卻引不起個案的興趣；於第三次時，透過類似打地鼠的活動，藉此訓練個案的手眼協調以及追視持續的次數。經過幾次的訓練後，個案追視的持續次數拉長，連續 15 回都能看著娃娃然後打擊。原本是在肢體半協助下幫助個案去用槌子敲打娃娃，但到最後兩次時，有時透過口頭提示即可讓個案回神去注意娃娃冒出的位置。敲打的力量仍舊不足，無法讓槌子發出聲音。

表 6　視動訓練之目標、教學結果及行為觀察

週次	目　　標	通過率 1	通過率 2	行為觀察
1	能在老師半協助下，使用打洞器按壓出圖案。	0/10		個案因為力氣不夠，按打洞器時壓不下去，需要老師全協助。討論後，決定以蓋印章方式練習手指按壓的動作。
2	能在老師半協助下，使用印章蓋出圖案。	6/10		個案對此活動興趣不高，雖可聽懂拿印章的指令，但眼睛不予注視，只漫無目的的移動手部。經討論，決定下次改為「打地鼠」式的活動。
3	1. 能追視從洞中冒出的娃娃。 2. 半協助下拍打娃娃（拉出也可），或能用槌子敲打。	5/10	6/10	個案對冒出娃娃的活動頗有反應，娃娃連換四個洞都能以眼神追視，第四次讓個案抓到娃娃作為小小的增強。
4		3/10	3/10	今天狀況不如上次專心，玩打地鼠時追視到第四個洞，還沒抓到就會放棄。因此，最多到第三次就要讓個案抓到娃娃。今天尚有分心的狀況，如往同伴那邊看及站起來走到另一組去。

表 6　視動訓練之目標、教學結果及行為觀察（續）

週次	目　　標	通過率 1	通過率 2	行為觀察
5	1. 能追視從洞中冒出的娃娃。 2. 在半協助下，能用槌子敲打娃娃。	10/10	10/10	今天個案雖一來就持續發出「嗯～」的聲音，不過在做打娃娃活動時，「嗯」的聲音不見了！（是站著活動的關係嗎？）另外在個案打中時，就要節奏明快的將娃娃拉下，這樣才能持續引起她的注意，下回試著將打娃娃的次數增加到 20 次。
6		14/20	20/20	今日開始進行 20 次。當娃娃打中時的反應越大，如：叫得越大聲，個案的專注次數會延續比較久。
7		12/20	19/20	玩追視活動時，未發出任何聲音。
8		18/10	20/20	打地鼠時能追視娃娃，多次能用槌子敲打娃娃但手部力量不足，槌子無法在敲擊時發出聲音。
9		17/10	19/20	玩打地鼠時會追視娃娃，多次能用槌子的正確位置敲打娃娃，很有進步。

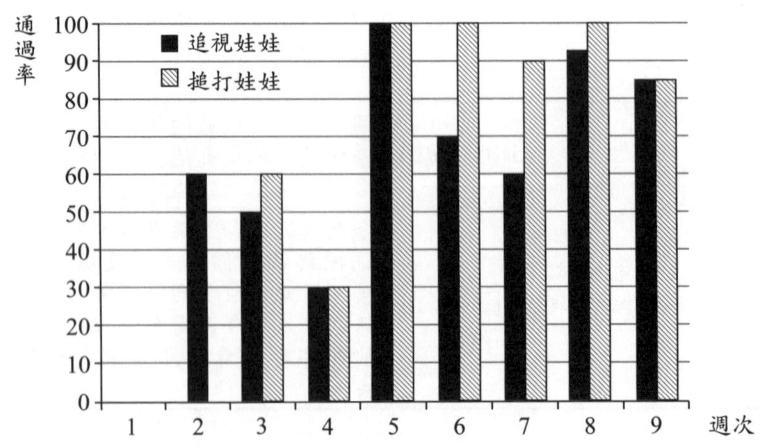

圖 4　視動訓練通過率

五、生活適應（吃水果）

因為個案對於水果相當喜愛，所以經過幾次教學，個案已能主動拿起叉子對準水果，且也會注視叉水果的動作，然而因手部力氣較為不足，施力的方向也未全然熟悉，所以未能完全褪除協助，進入下一目標。但已經為使用叉子吃食物的這項技能奠定良好的基礎，相信再給予多次練習的機會，個案必能學得此一技能。

個案剛開始沒有擦口水的習慣，但幾次提醒使用手帕擦口水後，就會拿到手帕就往嘴巴擦，有時連拿到抹布也會想做出擦口水的動作。個案的母親將手帕用別針別於個案的衣服上，讓個案明確知道手帕的位置，也有助於個案養成擦口水的習慣。

表 7　生活適應之目標、教學結果及行為觀察

週次	目　　標	通過率 1	通過率 2	行為觀察
1	1. 全協助使用叉子吃盤子裡的蛋糕。 2. 老師以動作協助個案，照鏡子使用手帕擦口水。	6/10	10/10	個案似乎不喜歡吃蛋糕，因此擬與溝通單元結合，將使用叉子的訓練項目更換為水果。
2	1. 全協助使用叉子吃盤子裡的水果（芭樂）。 2. 老師以動作協助個案，使用手帕擦口水。	6/10	10/10	把手帕給個案，再說：「擦口水」，個案即能自己完成擦口水的動作。
3	1. 半協助使用叉子吃盤子裡的水果（蘋果）。 2. 老師以口語提示個案，使用手帕擦口水。	2/10	10/10	媽媽表示平時在家，個案對於各種水果都很喜歡，可能因為上課前已給個案吃過芭樂，而讓個案覺得飽足，才會對蘋果不感興趣。
4	1. 半協助使用叉子吃盤子裡的水果（芭樂、蘋果）。 2.老師以口語提示個案，使用手帕擦口水。	7/10	10/10	注視叉水果的次數漸有增加，有時會重複出現幾次把水果放進嘴巴又拿出來的動作，自己玩得很開心，提醒她把水果吃掉，才把水果吃掉。
5	1. 同上（芭樂、蘋果） 2. 同上	9/10	10/10	不斷發出「嗯」的聲音，連咀嚼水果時都持續不斷。

表7 生活適應之目標、教學結果及行為觀察（續）

週次	目　　標	通過率1	通過率2	行為觀察
6	1.同上（芭樂、番茄） 2.同上	10/10	10/10	個案明顯較喜歡吃芭樂，讓個案吃番茄時，個案會對著番茄皺眉頭。已能在口語提示下拿起叉子，將叉子對準到水果上。
7	1.同上（蘋果、番茄） 2.同上	10/10	10/10	注視叉水果的次數漸有增加，有時會重複出現幾次把水果放進嘴巴又拿出來的動作，自己玩得很開心，提醒她把水果吃掉，才把水果吃掉。
8	1.同上（芭樂、蘋果） 2.同上	10/10	10/10	能在口語提示下拿起叉子，將叉子對準到水果上，而且吃得很開心，露出了微笑。會主動接近老師，一直盯著老師看。可能因為沒有提醒個案吸口水，以至於個案流口水的次數增加。
9	1.同上（芭樂、蘋果） 2.同上	10/10	10/10	心情特別好，不但每次都能注視叉水果的動作，而且拿叉子和吃水果的動作都非常迅速。

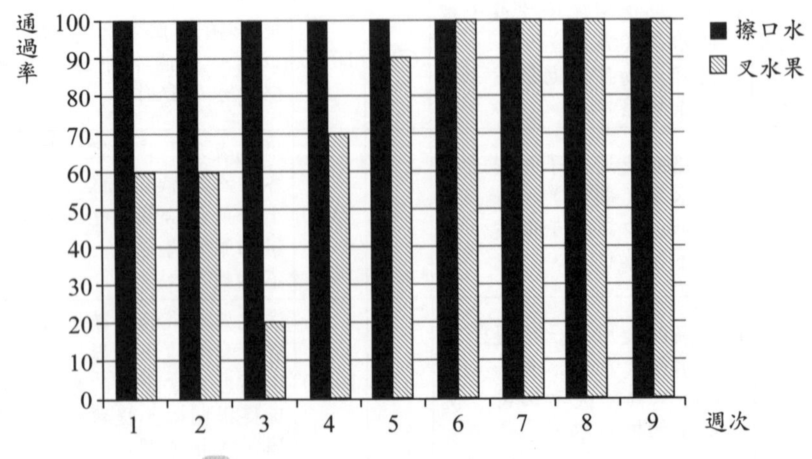

圖5 生活適應訓練通過率

六、拍手動作法

個案從一開始不願配合做拍手動作，經一次次的誘導及鼓勵，從需身體協助及不會數次數，但後來老師手一伸出來說：「我們來拍手」她便會主動地輕拍老師的手，到最後可以在每個教學活動之間和每位老師做靜止式拍手法三下。惟個案的右手在做拍手動作法時，右手經常為蜷曲形狀，經老師口頭提示可以將右手張開。以下為每次上課進行十次訓練中通過的次數：

表8　拍手動作法之目標、教學結果及行為觀察

週次	目　　標	通過率	行為觀察
1	經口語提示，能完成拍手動作法拍三下。	0/10	仍需肢體協助，經提醒能伸出雙手。
2	經口語提示，能完成拍手動作法拍三下。	4/10	幾次需肢體協助，才伸出手來。
3	經口語提示，能完成拍手動作法拍三下。	5/10	拍手力氣很小，拍手時離開老師的手之距離也很短。
4	經口語提示，能完成拍手動作法拍三下。	5/10	聽到老師數到三時，有時仍會繼續要拍，等老師把手放下，才會停止。
5	經口語提示，能完成拍手動作法拍三下。	8/10	老師手一伸出來說：「我們來拍手」，她便會主動地輕拍老師的手，但不會數次數，且右手會蜷曲。
6	經口語提示，能完成拍手動作法拍三下。	7/10	右手會蜷曲，但也有拍的動作。
7	經口語提示，能完成拍手動作法拍三下。	8/10	有時右手會蜷曲，提醒個案把手打開，拍第一下時會打開，但二、三下就又握起來了。
8	經口語提示，能完成拍手動作法拍三下。	9/10	聽到老師數到三，幾乎都會自動停下來。
9	經口語提示，能完成拍手動作法拍三下。	10/10	已很習慣和老師們玩拍手動作（拍三下），聽到老師數到三，會自動停下來。

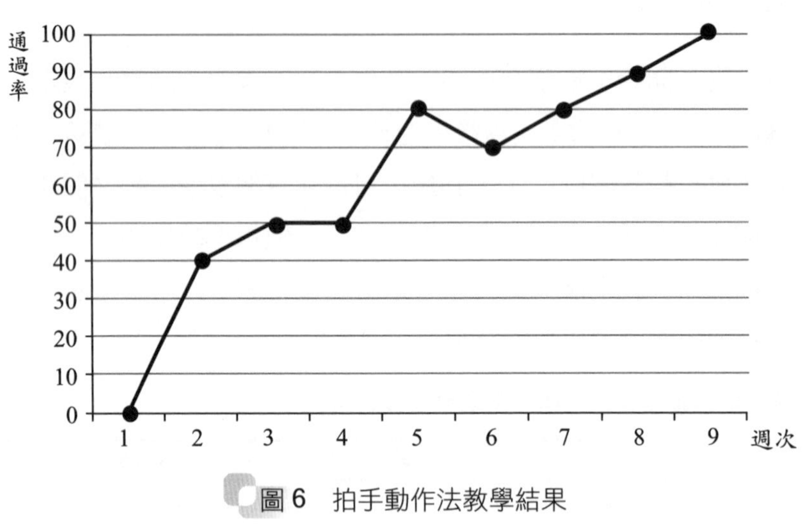

圖 6　拍手動作法教學結果

伍、討論

一、手部訓練

從表 3 可知手部訓練的第一和第二次訓練，以套圈圈為教具，個案的表現比預期的還好，出現 6/10、9/10 的高通過率，因此結合個案所需的生活技能，從第三次訓練起改採為生活取向的功能性課程，以掛手提袋的活動加強個案轉動手掌角度的技巧。而圖 1 顯示第三、四次剛剛更換訓練項目為掛袋子，提袋的把手比原來的圈圈軟，個案不易控制而使得通過率大幅降低之外，到了第五至第九次的訓練，通過率都能達到 9/10、10/10，顯示個案對於吊掛物品的手部動作已經相當熟悉。而且由表 3、圖 1 可知，掛手提袋的活動對個案而言較單調、缺少趣味性，個案容易分心或企圖離開，第五次訓練起雖採「分散練習」，但個案眼睛注視手部動作的專注情形仍是時好時壞。

二、認知活動

此一單元活動以溝通板訓練個案表達自己的需求，表 4、圖 2 顯示除了第四次訓練因交錯詢問個案兩種水果的位置，難度提高以致通過率略有降低。而第五次的訓練則是很特別的，在觀察中發現個案因較喜歡吃芭樂，加上當日準備的蘋果不好吃，而偏向於按壓芭樂圖片，以通過率來看，可以說是分心而沒有進步，但也可以說是個案有自己的意願而有所選擇所致，所以也可以說是另一種進步。之後，上課時雖更換了部分的指令、圖片及指認方式，但通過率皆高達 8/10、9/10。進行最後幾次訓練時，個案更是透過溝通板選擇自己喜愛的水果，明顯提升了個案與他人溝通的意願。

三、休閒活動

利用個案喜愛的哆啦 A 夢、小狗等主題進行 CAI 教學，以電腦播放兒歌，並搭配圖片、照片一起呈現。第一次訓練以老師協助個案拍手方式進行，發現個案對於兒歌搭配的電腦照片很有興趣，對此單元活動的參與動機極佳，因此在第二次課程加入了搖動樂器的訓練。由圖 3 可發現，剛開始使用樂器讓個案不太習慣，因此表現較不佳，但隨著訓練次數的增加，個案的表現越來越好，大有進步。在表 5 中更是清楚呈現個案在音樂律動的訓練下，心情相當愉悅，幾次上課時會出現向螢幕圖片揮手或開心得站起來的情形，而個案搖動樂器時也漸漸能配合兒歌的節奏。

四、視動訓練

第三次訓練起，以突然冒出洞的娃娃吸引個案注意，並要個案以槌子敲打娃娃。由圖 4 可發現除了一開始的第三、四次訓練，個案的通過率較低之外，之後幾次的訓練皆有明顯進步，追視的專注力也有所提升。而表 6 中顯示，個案在此一單元活動中，雖偶爾會因另一組個案而分心，但發出「嗯」聲音的情況明顯減少，應是情緒較為平穩。

五、生活適應

由表 7、圖 5 發現，以個案喜歡的水果作為訓練題材，個案使用叉子、對準水果的參與意願甚是強烈，因此除了第三次訓練，媽媽在上課前已讓個案吃過水果，以致上課表現不佳之外，其餘各次訓練，表現皆很棒。有時個案吃得很開心，會露出微笑並主動接近老師，一直盯著老師看。另外，提醒個案吃完東西或流口水時要用手帕擦口水，個案聽從指令的能力佳且很願意配合。

六、拍手動作法

由表 8 可知，一開始必須肢體協助個案伸出手來，和老師們玩拍手動作法，但之後幾次訓練中，只要聽老師說「我們來拍手」，個案就會主動伸出手和老師拍手，直到聽老師數到三時，才會主動停止。在圖 6 更顯示，個案拍手動作法的通過率節節高升，越來越有進步。

陸、結論與建議

一、結論

由以上研究可知：

1. 個案喜歡和老師拍手，且聽老師數到三會自動停下來，因此可知拍手動作法有助於穩定學生的情緒、提升學習的專注力，並能增進人際互動的意願。

2. 五個教學單元輪流進行，以明確的指令和結構化的教學情境，可以使學生很快了解學習活動的程序，而願意參與其中。
3. 依據個案喜愛的事物，如水果、哆啦 A 夢、小狗，改變刺激的學習材料，能有效增強個案對教學活動的反應，提升其學習動機。
4. 休閒活動單元藉由 CAI 教學，提供多感官刺激，經由各種感官的學習管道，讓個案接收訊息和學習都能更加完整。
5. 雖然學生的專注力逐漸提升、學習意願有所改善，與人互動的動機也大有提升，但因其探索行為的出現，仍然容易因外界事物（另一位個案）而分心。

二、建議

（一）教學內容方面

1. 課程進行時，個案雖能參與活動，專注力的持續度仍稍嫌不足。因此，仍需以拍手動作法加強自我控制能力及延長專注力。
2. 依據個案在日常生活環境中所需的技能，發展功能性課程，透過個別化課程的設計，使個案能在學習時建立日常生活必需的生活技能。
3. 提供與生活息息相關的動作訓練，藉由生活中能看到或使用的物品，提供學生想產生動作的動機，而在無形中增強其動作發展。

（二）教學方法方面

1. 使用零推論的教學策略，直接教導真實與自然情境中所要使用與呈現的技能，使學生所學之時就可直接應用於現實環境，不必再經過推論或類化。
2. 增加學習活動的遊戲趣味，不但可提升學生的學習動機，讓學生在遊戲時增進人際互動的技能，同時也可減少因為無聊所引發的情緒反應或問題行為。

3. 提供自然性的教學過程，盡可能在不同的對象、不同的地點或情境下，進行自然而真實的教導，因此家長的配合相當重要，後續教學可以擴展至家庭中。

（三）行為處理方面

1. 個案發出聲音表示情緒不佳，若能以其喜好事物設計單元活動，設法轉移其注意力，即可稍微改善。
2. 加強課程的緊湊性，掌握上課流程的節奏，可避免個案在單元活動銜接時到別組遊走的情形。
3. 上課環境及座位的安排，有助於減少其上課分心的頻率。

（四）研究方法方面

1. 本研究為個案研究，只使用一個個案，考慮障礙學生的個別差異性大，訓練結果是否可推論應用於其他各類學生，仍待進一步驗證。
2. 研究過程發現，操作性課程使個案的雙手忙碌而無暇搓手，但本研究並未針對個案的搓手行為進行觀察記錄，因此無法證實操作性課程是否可有效消弱雷特症的搓手習癖。

柒、參考書目（略）

附錄 16

「功能性課程」對貓哭症候群患者的學習成效研究

潘叡儀、李培琳、楊琇雅、林莉琪

（國立臺灣師範大學特殊教育學系 93 級）

壹、前言（略）
貳、文獻研究（略）
參、研究目的（略）
肆、名詞解釋（略）
伍、研究方法

一、對象

本研究對象為就讀中和某國中特教班三年級，為貓哭症候群的女生。個案無口語、有扔丟東西、突然大笑、抓人、噴口水、脫衣服、躺在地上、用腳和手拍打地上的行為，會拉別人的手來打自己的臉，看到人會有衝向人突然抱人或親人的動作。在學習時會有突然失神的現象。平時包尿布，不會用動作或語言表達需求，會流口水滴在衣服上。由個案母親勾選修訂文蘭適應行為量表（吳武典等，1992），其評量結果四大領域及總量表皆為百分等級 1 以下，個案的認知能力及適應行為皆低。

二、實施方法

（一）場地

於師範大學特教系館之教室，教室內位置分配圖如圖 1，個案在每一單元上完後需要到 C 處將課程單元表撕下，表示做完此單元；白板為與他組阻隔之用，以免個案受干擾。

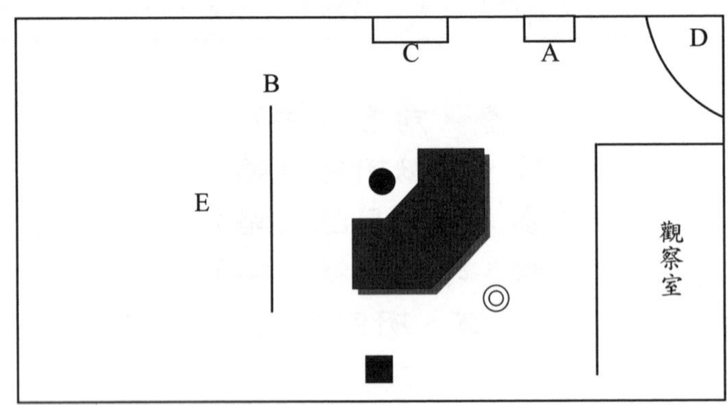

●：個案　■：觀察者　◎：教學者
A：教學用櫃子　B：白板　C：課程表　D：門　E：他組

圖 1　上課教室配置圖

（二）教學時間

2003 年 3 月 7 日進行個案診斷，3 月 21 日為基準線觀察，4 月 11 日至 6 月 6 日為九次的教學，6 月 13 日評量個案教學成效，教學共九次，每次為 40 分鐘。

（三）教學與觀察記錄

教學活動與觀察記錄由四位特教系學生輪流擔任，主教一人，協助一人，其他兩人為觀察記錄者。

（四）教學內容

1. **擦口水**：個案在活動進行中有流口水的現象，教學者一開始以肢體全協助的方式慢慢退除協助至個案能獨力完成，此單元主要目的為個案在流口水時能自己拿衛生紙擦口水。
2. **用動作表達上廁所**：先用唱歌的方式帶領個案學習用手拍褲子兩側的動作，學會之後，再將拍褲子與上廁所做連結。每次教學都會先請個案拍褲子再帶到廁所上廁所，主要目的為讓個案想上廁所時能用拍褲子表示。
3. **認知課程**：內容為訓練個案辨認日常生活及喜歡的物品，主要目的為讓個案學習認知性的物品，與生活上做功能性的結合。教材內容為：球、碗、書、杯子。
4. **操作方法**：教學者把該單元學習的物品與另一物品擺放在桌上，要個案選出該單元學習的物品，拿給教學者。如：把球給教學者。
5. **與人互動**：主要目的是與他組的個案和其他教學者進行遊戲作互動，增進個案參與遊戲的能力。方法為大家一起唱歌做活動，一開始為火車過山洞，而後為手牽手繞圈圈。
6. **握手**：由於個案有抱人或親人的動作，利用教個案握手以取代其行為，指令由「握手」再變成「××，你好」，個案聽到教學者指令即跟教學者握手。
7. **拍手**：藉著拍手法訓練個案的注意力，能夠聽教學者的指令，拍完後能自動停止。
8. **收拾東西**：每次上完課，就帶著個案把教具收到櫃子當中，養成收東西的習慣，藉此希望可以類化至家中。

（五）問題行為處理

1. 對於個案噴口水，抓人、抱人的行為和拉別人的手來打自己的臉，皆以嚴厲的口吻對個案說：「不可以。」

2. 躺在地上的行為，教學者用握手法的方式協助個案站起來，並堅定的對個案說：「〇〇，起來。」若個案站起來，馬上給予口頭增強。
3. 對於個案失神或突然笑的情況，教學者提醒個案在上課，先平復個案的情緒，再進行教學。

（六）評量方法

1. 採功能性評量，評估個案行為發生的原因。
2. 採觀察記錄法，由教學者輪流擔任記錄，記下每次的教學記錄及個案的學習狀況。

（七）增強物

於每一次個案達成之後，給予增強物，由於尚未找出個案非常喜愛的增強物，所以用很多物品嘗試，如音樂娃娃、無尾熊布偶、搖鈴、響板、沙鈴、水、口頭增強，個案拿到增強物有反應即數五秒就收回，同一單元須變化不同種類，才能維持個案對增強物的興趣。

陸、教學過程與結果

一、擦口水

在第一至六次的教學中，個案由教學者的肢體全協助到半協助下擦口水。在第五次教學，甚至能不經教學者肢體協助達成目標。在第七至十次的隨機教學中，第七次與第十次，都能在教學者的肢體半協助之下達成目標。

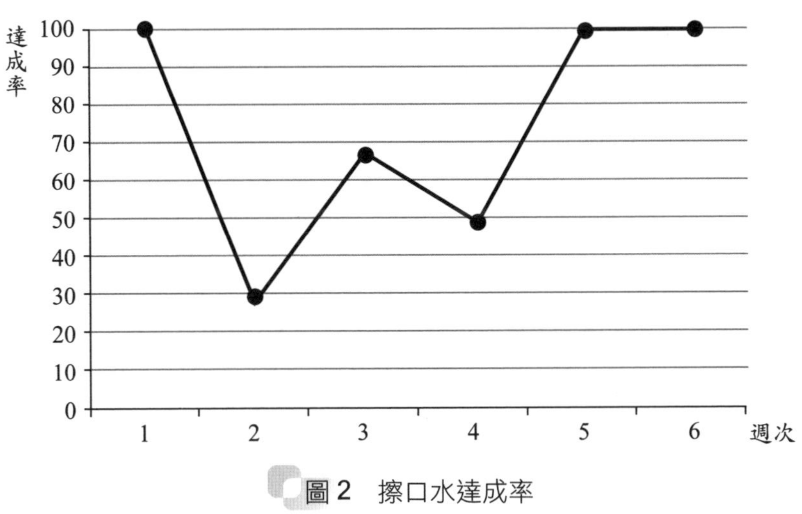

圖 2 擦口水達成率

二、上廁所

上廁所的單元目標，是教導個案拍褲子表達要上廁所的意思。從全協助到半協助再到視覺協助個案，邊唱歌邊用手拍褲子兩側。

個案在第一次教學的肢體全協助下，有 100%的達成率，在第二次教學的肢體半協助下，亦能達到 85%，但因認為教學次數不夠多，不足以代表個案已能達到肢體半協助的目標，所以第三次仍繼續進行肢體半協助教學。第三次教學達成率僅 30%，因執行上的失誤，從第四次之後皆進行視覺協助的教學，在第四至十次教學中，個案有 0%（第八次）～80%（第五次）的達成率。雖然個案表現不夠穩定，但經研究者觀察，個案只要站到定位就會拍褲子，個案母親也表示，個案聽到母親說要到師大也會拍褲子。所以研究者認為，個案有學習拍褲子的能力，但仍需加強對上廁所的連結。

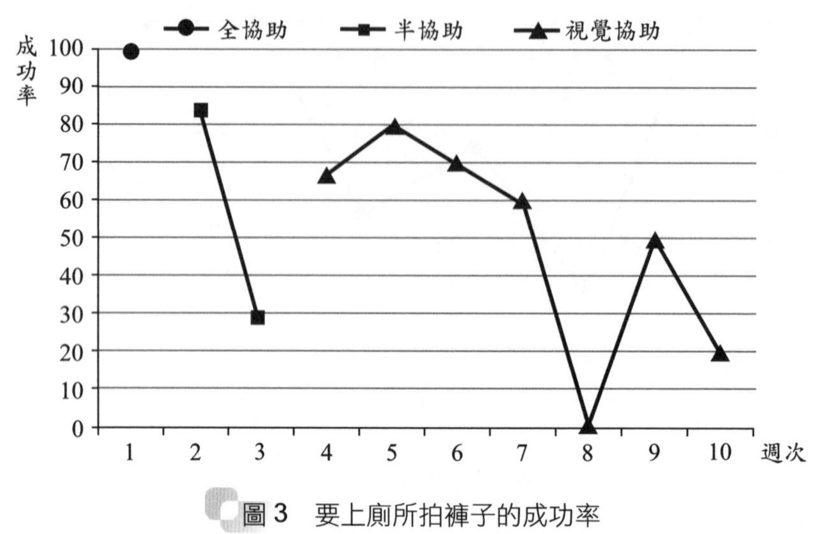

圖 3　要上廁所拍褲子的成功率

三、與人互動

個案在十次的教學過程當中，進行火車過山洞及手牽手圍圈圈，活動進行中，個案皆能融入活動與他組個案及教學者互動。在火車過山洞的活動中，個案較無法了解遊戲規則，所以需要教學者的協助下才能完成活動，因此後來活動改為手牽手圍圈圈，個案則可以跟著活動進行。整體來說，個案都能進入狀況。

四、認知課程

在認知課程教學中教導個案學習球與碗，十次教學中，第一次確認個案是否有選擇的能力，第二次開始，共有三次教球，六次教碗。三次教球的過程中，由圖 4 中看出個案一次比一次進步，最後一次已達到 90%，因為個案喜歡球，所以在球的教學過程，個案三次即可達成目標，繼續進行碗的教學。第五次教學為在碗和書兩者中選擇碗，

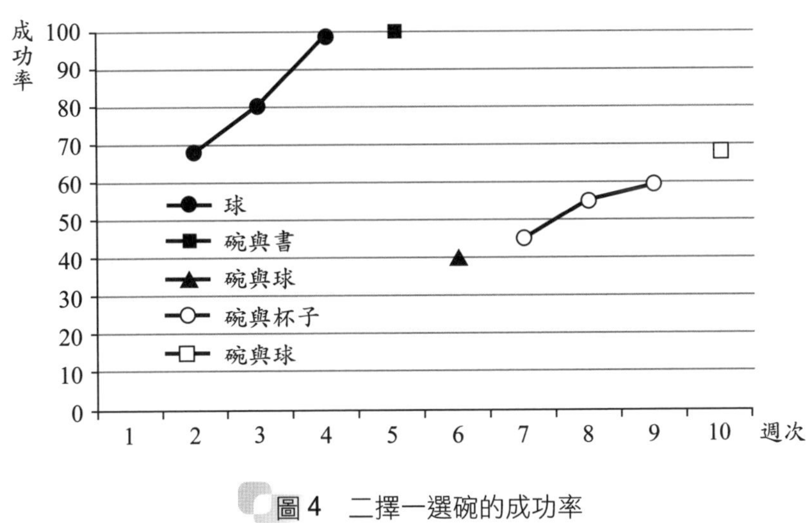

圖 4　二擇一選碗的成功率

個案達成率為 100%，第六次為碗和球中選擇碗，個案達成率為 40%，推測可能因為球已是個案學過的東西，所以達成率較低，所以在第七次開始改為碗和杯子。個案在第九次已達成 59%，所以在第十次教學再由球和碗中選擇碗，個案的達成率還是只有 67%。大致而言，個案在認知課程中的學習狀況，有進步的趨勢。

五、握手

個案有抓人、抱人等行為，在課程中途加入握手的教學，以握手的方式替代，改善其抓人及抱人的問題行為。剛開始，教學者以唱歌的方式，教導個案握手的動作，之後退除唱歌，口頭提示「握手」，最後改以「〇〇，你好」。第一次及第二次教學中的落差，可能是因為個案對於此項活動失去新鮮感，而失去學習動機，大致來說，個案的握手學習是逐漸向上增長。

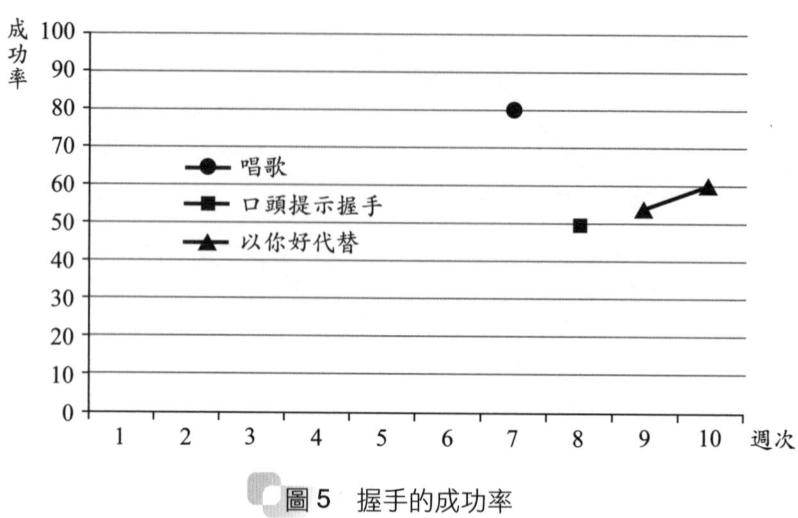

圖 5　握手的成功率

六、拍手

拍手法一開始是全協助，個案表現相當好，即改成只協助拍一下，第一次及第二次中間的落差，可能是因為協助退除太快，或個案失去

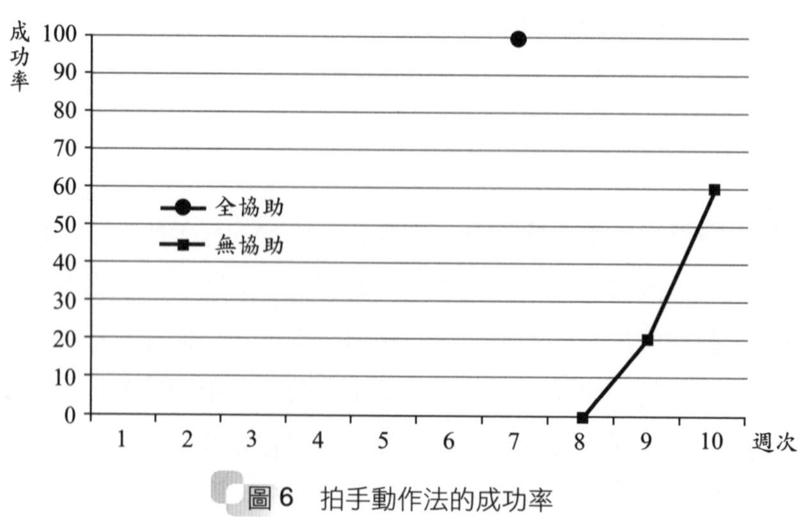

圖 6　拍手動作法的成功率

新鮮感而沒有強烈的學習動機產生的。拍手法及握手的進步相較於其他項目，顯得較為穩定，推測為個案在其他情境中也有練習的機會，個案在課堂之外，旁人也常會以握手替代其抱人、抓人的行為，而家長在家中也會與個案練習拍手。

七、收東西

因個案在家會有亂丟東西的習慣，所以想讓個案習慣於用完東西要收拾。所以在每節課結束的時候，均要求個案須把自己今天上課所用到的東西，放進籃子裡，並放到櫃子裡，由於個案拿東西時難以保持平衡，所以由教學者半肢體協助完成。起初，個案較不習慣這樣的要求，所以會有抗拒或是拒絕的行為，但到較後面幾次教學，個案已能習慣這樣的例行公事，能夠在沒有抗拒的情況下，讓教學者協助完成收拾。

八、問題行為

起初，個案常會有抓人、抱人、拉別人的手來打自己的臉或是噴口水的狀況，在課堂進行的時候，有時也會趴在地上不起來，或是會有失神、不停發笑的情況。

在抓人、抱人和拉別人的手來打自己的臉的情況方面，除了制止以外，也在個案動作前，採取馬上和個案握手的方式，以替代掉此情況。讓個案學習想和人接近，可用握手的方法。噴口水的情形，則是盡量在個案有動作之前馬上制止，說：「不可以！」趴在地上的時候，則以握手法和半肢體協助的方式，以堅定的語氣，要個案起立。個案失神或發笑時，則是吸引個案的注意力，使其較恢復狀況，再繼續進行教學。

在十次的教學過程中，可以發現到，個案的這些問題行為減少了，到較後面幾次教學，個案已少有抓人、抱人或是噴口水的情況發生，也幾乎沒有趴在地上的情況。此外，個案的眼神也已較能專注在目標物上或是注視教學者，而笑的時候，也是在遊戲中或是得到增強，是符合情境的微笑。

柒、討論

一、功能性課程

（一）認知課程

在教個案選擇球和碗的課程中，發現雖然個案的功能較差，但確實也有能力學習認知課程，儘管有時候有倒退的現象，但可發現，個案在學習球的時候，學習快速，這是因為個案喜愛軟球的關係。所以，在設計認知課程時，可由個案有興趣的物品著手，增進其學習效率。在教學過程，個案偶有失神狀況，而當下是完全沒有動作的，所以，需要稍微引回個案注意力以後，才繼續進行教學。

（二）收東西

在教學的前幾堂課，要求個案把自己上課用過的東西收拾好的時候，個案常會有反抗不想收的情況，或是用力量抵抗教學者的半協助，但在後期，慢慢的就較沒有反抗的現象，能很順利在教學者協助下收完東西。所以可以得知，在可以做到的範圍領域裡，個案是能夠被要求的。

（三）擦口水

由於個案流口水的時機不定，所以進行擦口水教學時，就從集中式變成隨機式，但在進行集中式教學的時候，已能看到個案的進步，當轉為隨機的時候，經由觀察和記錄，可以發現個案的達成率仍相當高，所以，雖然改成隨機式教學，但是對於個案的學習，仍是有效果存在的。

（四）與人互動

在與人互動的過程中，可看出個案是較被動的，很少處於主動的狀態，都需他人引導。而在互動初期，個案較難融入遊戲情境，常玩到一半時，會有後退、面無表情或是拒絕和人牽手的狀況；但到後期，個案已較能融入情境，少有後退或是拒絕的行為，且常在遊戲當中，露出符合情境的笑容。

（五）上廁所

在上廁所單元新教個案拍褲子的動作，由唱歌協助個案學習，個案在十次教學中已學會拍褲子動作。在第六次教學時，個案聽到主教者說拍褲子即能馬上反應，但在之後幾次的教學中，個案聽到主教者說拍褲子會反應，聽到歌曲即停止動作。雖不清楚個案的反應為何意義，但由教學來說，個案學會了拍褲子的動作。

在課程中安排用動作表示上廁所的教學，與個案平時包尿布互相衝突，由於包尿布的限制，個案不一定要到廁所才能如廁，所以在學習表達部分，無法很快的連結。

個案每次來進行教學前，會在就讀的學校上過廁所，所以十次的教學中，個案只有一次在廁所小便，有可能上過廁所而影響了教學的成效。

進行教學的教室與廁所兩者相距大約有八公尺，所以在教室中教導個案拍褲子的動作，再帶到廁所上廁所，兩者的時間差可能導致個案的連結失效。

（六）握手

一開始進行教學以個案喜歡的唱歌融入教導個案握手的動作，握手的第一次教學個案能夠達成 100%，但第二次達成率下降，有可能是因為唱歌握手的時間太長，導致個案缺乏興趣而有抗拒學習的情形。

在每一次的握手教學中，會輪替兩位教學者與個案進行握手，個案皆能與其握手，可利用此行為類化至其他情境中，讓個案學會適當的互動。

二、替代性溝通

（一）上廁所

教導個案以拍褲子的方式表達需求，期望以替代的方式讓個案學會表達。但在拍褲子與上廁所之間的連結不當，在教學時個案站在上課的地方即會拍褲子，會讓個案將上課地方與拍褲子做連結，影響替代性溝通的期望。且聽個案的母親描述，當母親說要帶個案到師大，個案即有拍褲子的動作，此單元教學的連結需要再澄清，讓個案有正確的連結。

（二）握手

個案平時與人互動時，會有抓人、抱人或拿別人手打自己臉的行為，以握手的教學將其問題行為替代，所以在平時個案來上課或下課時出現上述行為，教學者們皆會以握手的方式替代，有減少個案問題行為發生的次數，需要再將替代握手的方式類化到個案生活的情境中，幫助個案減少其問題行為。

三、拍手法

在拍手法教學過程中，第一次教學目標為全協助，但個案已能在協助者協助拍一下後完成拍手拍三下，因此往後的三次教學中皆協助個案拍手拍一下。雖然個案有時會用一隻手拍，但在協助之下還是能完成動作。在最後一次的教學，個案未達成目標，可能退除協助過快，但已有幾次能夠自己拍手拍三下。據母親的說法，平時於家中會與個案進行拍手法，有多重練習的效果，個案的進步情形較大。整體來說，在個案進行拍手法後的幾堂課之中，較有眼神的注視，且能聽從教學者指令，顯示拍手法之成效。

四、增強物

在觀察期的時候，發覺個案學習動機薄弱，但較喜歡球，所以就把球當作增強物。但是在接下來的教學時，發現個案對球漸漸失去興趣，所以開始變換各種不同的東西，尋找個案的增強物，然而個案喜好一個物品的時間都很短暫，所以整個教學過程中，都沒有找到較穩定的增強物，而增強物則很有可能會影響到個案的學習動機。所以，如果在事前能多下點功夫，找到個案的增強物，或許在教學時，更能增強個案的學習動機。

五、問題行為

在個案的問題行為方面，其抱人和抓人的行為，即在個案有動作前，便以握手替代此行為，所以，個案抱人和抓人的行為有減少，頗有成效。而個案的其他問題行為，則是忽視或馬上制止，到教學最後，也可看出個案的問題行為減少，有其成效。

捌、結論

一、「功能性課程」對貓哭症候群患者的學習成效

功能性課程教學的實施，針對個案需要而進行擦口水、選擇碗、選擇球及上廁所、互動、握手等教學，除上廁所在後期較為不穩定外，其餘課程教學的達成率百分比圖均呈現向上爬升的狀態，擦口水、選擇球均已達到通過率，而選擇碗、握手等也以穩定的狀態接近通過率，因此對於貓哭症候群患者，功能性課程教學確實可協助其學習。

二、「功能性評量」配合「替代性溝通」對貓哭症候群患者的問題行為的影響

在課程實施期間，主要以替代性溝通行為取代個案之問題行為，以握手取代抱人、抓人，要上廁所以拍褲子表示，但是因為在課程實施期間訓練者會制止個案之問題行為，且研究者主要將問題行為限制在抱人及抓人，對於個案其他的問題行為採取忽視，未列入記錄，因此關於替代性溝通行為對於問題行為的影響，目前尚無結論，但是就研究者觀察，個案抓人、抱人等問題行為在課程教學期間有逐漸減少。

三、「拍手法」對貓哭症候群患者注意力的影響

拍手法在第七次教學時，才加入課程中，由於個案之母親在家中會與其練習，因此就個案之學習成效可看到穩定的進步。並且在研究者觀察中發現，個案由無法注視他人，漸漸增加注視訓練者的次數，拍手法可培養及訓練貓哭症候群患者之注意力。

玖、限制

一、研究上

1. 未確實配合目標執行對個案的協助，造成某些研究結果難以分析。
2. 對個案問題行為出現的次數未確實記錄，雖發現其問題行為似乎逐漸減少，但因沒有記錄而無法獲得實證。
3. 教學主題過多，且其中有些重疊，如功能性課程與替代性溝通，難以針對單一主題做出結論。

二、教學上

1. 在研究過程中未找到對個案有效的增強物。
2. 個案上課的情緒不穩定，偶會發笑或失神，常因此無法進行教學。
3. 同時有兩組個案在同一間教室進行教學，本組個案常會受到另一組影響，因此而分心、無法學習。
4. 某些教學內容的情境無法由研究者控制，如流口水、上廁所。

拾、建議

根據以上研究結論與限制，提出研究與教學的建議。

一、研究上

1. 確實計畫與執行教學目標。
   肢體全協助→肢體半協助→視覺協助→口頭協助……。
2. 除針對個案的課程表現記錄，也同時記錄其問題行為，可採用時距記錄法。

3. 減少教學主題，選擇研究上的重點進行教學。

二、教學方法

1. 尋找並使用有效增強物，以提升個案學習動機。
2. 觀察個案上課的情緒，並記錄引起其情緒不穩的可能因素。
3. 選擇不易導致個案分心的上課環境。

三、教學內容

1. 因為個案流口水的時間不定，所以繼續採隨機方式教學。
2. 上廁所的教學，宜先觀察個案有如廁需求的時間，再教導拍褲子與之連結。在家中也要進行此教學。
3. 在認知課程中，個案已會在教學者說：「○○，拿球給教學者」時選擇球。繼續實施認知課程，教導個案日常生活中其他常使用的東西，並使用個案熟悉的物品進行教學。
4. 繼續以握手取代個案抓人、抱人等行為，並教導個案能在教學者說：「○○，你好」之下握手。
5. 據研究上的推測，拍手動作法能增進個案的專注力，所以繼續教導個案拍手動作法增進其專注力。
6. 個案能在教學者的協助下，在遊戲中與他人互動。繼續進行以增進個案與他人互動的機會，並逐步退除教學者的協助。
7. 個案已能在教學者的協助下，收拾自己用過的東西。在家裡或其他情境都可以帶領個案繼續進行此活動。

拾壹、參考文獻（略）

國家圖書館出版品預行編目（CIP）資料

重度、極重度心智障礙者的輔導／邱紹春著.
--初版.-- 臺北市：心理，2013.06
面；　公分.--（障礙教育系列；63117）
ISBN 978-986-191-546-3（平裝）

1. 重度智障者教育　2. 教育輔導

529.62　　102009290

障礙教育系列 63117

重度、極重度心智障礙者的輔導

作　　者：邱紹春
執行編輯：林汝穎
總 編 輯：林敬堯
發 行 人：洪有義
出 版 者：心理出版社股份有限公司
地　　址：231 新北市新店區光明街 288 號 7 樓
電　　話：(02) 29150566
傳　　真：(02) 29152928
郵撥帳號：19293172 心理出版社股份有限公司
網　　址：http://www.psy.com.tw
電子信箱：psychoco@ms15.hinet.net
排 版 者：辰皓國際出版製作有限公司
印 刷 者：辰皓國際出版製作有限公司
初版一刷：2013 年 6 月
初版二刷：2020 年 9 月
I S B N：978-986-191-546-3
定　　價：新台幣 480 元